蔡仁厚 著

孔孟荀哲學

臺灣學生書局印行

自序

儒家之學的基本性格，通常都說它是人本主義，人文主義，重視倫理道德，持守中庸之道，主張和平改革，反對極權暴力。又或者說，由於儒家——
開發了「人性本善的道德動源」與「天人合德的超越企向」；
建立了「孝弟仁愛的倫理思想」與情理交融的生活規範」；
體證了「生於憂患、死於安樂的人生智慧」與「因革損益、日新又新的歷史原則」；
提揭了「修齊治平、以民為本的政治哲學」與「內聖外王、天下為公的文化理想」；
因此，歷經二千五百年的考驗，仍然能夠在不斷調整中適用於人類生活而歷久彌新。這些說法，都是對的，亦應該是人所共許的。

但是，民國以來的知識分子，卻對儒家普遍地存有一種觀念上的隔閡和疏離。筆者嘗思其故，認為主要的原因有五：第一、由於三百年前，滿清入主，民族生命受挫折，文化生命受歪曲，讀書人走入故紙堆中，形成乾嘉以來「唯考據」的學風，致使文化心靈日趨固蔽而僵化。因此，對於儒聖的德慧生命及其精微弘深的義理思想，便很難接得上了。第二、由於民國初年以來，學界人士把當代中國落後的責任，全部歸罪於儒家，歸罪於二千五百年前的孔子；這種貶視儒家、怨懟孔子的說法，竟日漸發生影響，使得知識分子對儒家產生抗拒的心理。第三、由於西方文明的衝擊，打掉了我們的民族自信與文化自信，加上紛然雜陳的思想觀念引誘人向外追逐，於是人人盲爽發狂而疲於奔命，很少有人能回頭對中國文化作一番平心的反觀省察。第四、由於社會形態之轉變與學校教育之西式化，中國學問被逼到文學院一角，而文學院又常由外文系出鋒頭，歷史系保住半壁江山，哲學系則三分天下失其二；中文系雖講中國學問，而義理的訓練不可諱言地有所不足，因而對儒家學問亦不易有生命的感通和存在的呼應（豪傑之士例外，自不待言）。第五、由於現代知識分子的心習，大多停在淺薄的理智主義上，很少有人能自覺地培養文化意識；即使是文史學者，亦多半只能根據文獻材料、列舉地講文化，而不了解民族文化亦是一個生命，是一條古今通貫的生命之流。在如此情形之下，便很難顯發文化自覺與文化理想，亦把握不住民族文化生命的原則性與方向性，對於儒聖的精神血脈及其義理規模，當然亦就懵懵然而無所知了。

義理，本就是通貫古今的。而學術思想，亦實無新舊之異，而只有是非之別。在學術的王國裡，不容許有「私臆之說」，亦不容許有「門戶之見」。講得對的，理當採取；講得不對的，自應捨去；而講得不周洽、不相應的地方，亦必須加以批判疏導以求其實理，得其實義。因此之故，學術上的本末、主從、正邪、偏全，不可以不慎擇而明辨。為偏為末者，不可妄尊為本主；為本為正者，不可屈抑為賓從。這是古今之通義，不易之常理。否則，本末主從顛倒錯亂，偏全正邪等同並立，將何以評鑑天下學問之價值？又將如何顯立國家學術之標準？

儒家之學，是生命的學問。這個由孔子仁教而開顯的內聖成德之學，經過二千多年的發展，早已凝成民族生命中的常道——定常的骨幹。生活的原理與生命的方向途徑，都植根於此。這實在是國脈民命之所繫，應該永遠承續不絕，並不斷求其充實與開展。而要想達到這個目的，就必須時時講明，以保持文化心靈的醒覺；亦唯有如此，乃能提撕精神理想，以貞定文化生命的原則和方向。蓋歸根而後可以復命，返本而後乃能開新。沒有緜緜穆穆的文化意識之醒豁貫注，是不可能有文化慧命之相續不斷的。而歷代儒者之所以鄭重於「講學」，其用心正在於此。

本書的論述，並非專重於對各項觀念理論作特為深細的層層探索（這是屬於各種專題研究的工作），而比較著重於基本綱領及其義理的疏導說明。多年來筆者一直有一個感覺，覺得有關先秦儒家的哲學思想，似乎缺少一本統括性、基礎性的書。從思想綱脈和文化教養的意義上看，這是一個很大的缺憾，亦可以說是人文學者對青年的一份虧欠。而這種性質的書，應該是專著中的通論——

一、不以專深為尚，而以通義為本；

二、不以精奇為美，而以明達為貴；

三、不以立異為高，而以平正為歸。

如此，則初學者可以循序而入，而積學之士亦可參證而有所取益。當然，這樣的一本書，是很不容易寫的。筆者撰著本書，雖確乎以表述儒聖之學為志，而不敢以標舉私己之見為心；但是否真能免於謬誤，則敬俟時賢碩學與讀者諸君不吝指正。

十多年前，我曾寫過《儒家哲學與文化真理》一書，由香港人生出版社印行。該書分上下兩卷：上卷講述孔孟荀之學而不夠完備，下卷則通論道德宗教與社會文化問題而亦不免於疏略，故決定不再印行。近數年來又陸續有所撰述，自覺略有進益，而可稍補前書之所未備。關於該書下卷之意，兩年前已另有《新儒家的精神方向》一書由學生書局出版；而其上卷所論，則擴大而改寫為這部《孔孟荀哲學》。

本書分三卷，每卷各分九章。上卷為孔子之部，中卷為孟子之部，下卷為荀子之部。各卷之內容章節，已見本書目錄，茲不贅述。書前列〈緒論〉一篇，以綜述儒家之起源，儒家與諸子，儒家學問之特質與綱領，以及了解儒家之學的進路；而儒家在當前所面臨的文化問題，及其所當承擔的文化使命，亦順就「新外王」之義而有所提揭。書後原定有一人名書名與學術名詞之「索引」，以時間匆迫，未及編出，容日後再為增補，特此說明。

蔡仁厚

民國七十三年九月
於東海大學哲學系

孔孟荀哲學 目次

卷中　孟子之部

卷下 荀子之部

緒 論

一、儒家的起源

儒家以孔子為開山，這是人人皆知的。「儒」字在古籍中首見於論語孔子對子夏說：「汝為君子儒，毋為小人儒」。據說文解字：「儒、柔也，術士之稱。」章太炎在〈原儒〉文中以為儒字從需，本為求雨之師，故衍為術士之稱。胡適之繼作〈說儒〉，又作了一番推想。文中主要的論點大致如下：

1. 儒是殷遺民祖先教的教士，穿殷人衣冠，治喪以相禮為業，而形成一特殊的社群，人稱之為儒。
2. 周初，殷士開始為周人服役，經數百年之時間，養成柔順的人生態度。但他們有一種「五百年必有王者興」的復國預言，而「達者」孔子被認為是應運而生的聖者。
3. 孔子與孔門弟子特重禮，亦相禮，可見與殷士有很深的淵源。
4. 結果，孔子卻採取了「吾從周」的態度，又把柔遜取容的殷儒，變為「仁以為己任」的新儒。

5.老子是一位正統的「老儒」，將儒教變成法利賽人式的文士式的宗教，而未能成為民眾宗教，後來的墨子則成為民眾宗教的領袖云。

胡氏的說法，帶有很多的想像。第5點可勿論，第4點則頗為中肯有見。1、3二點後面再說，第2點乃是以猶太民族與耶穌降生為模式，而提出的一種聯想式的比附。事實上，⑴殷人亡國不同於猶太之亡國——猶太亡於異族，是徹底亡國；而殷人之祖先契（司徒），與周人之祖先棄（后稷）同為舜帝之大臣。殷人的王朝雖已傾覆，而宗祀未滅，宋國尚存。⑵周不同於羅馬——羅馬以異族征服猶太，而周之代殷，則非異族征服，而是以伯長號召諸侯弔民伐罪，以取代共主的地位。⑶孔子不同於耶穌——孔子並不託其國於天上，而是要重整人間秩序（周文）。至於「五百年必有王者興」的信念，是表示天命靡常，天下應歸於有德者；與猶太民族「人王」的預言根本不同。而且殷人對周，亦不可能產生如同猶太對羅馬一般的敵愾之情。尤其到了孔子的時代，所謂「殷遺民」的意識，早已淡漠無存了。

至於以「相禮」為業而名為「儒」的禮生，可能與殷士有關，亦可以與所謂「術士」關聯起來作一解說。古代的術士，實即當時的知識階層，亦多半屬於貴族，其中顯達的擔任王朝或侯國的太史、師保、祝史、家宰，不能顯達的便散於鄉里教人以道藝，並以相禮為副業。周初的殷士，亦大致與這種情形相類似。因此，在民間教道藝與相禮為業的人，當與殷士系統有歷史演進上的關連。這種人就是孔子所說的「小人儒」。

孔子既告誡弟子「毋為小人儒」，而要做「君子儒」，則孔子所開創的「儒家」，當然是「別開生面」了。孔子設教授徒，亦是民間教師。但他「好學」「博學」「就有道而正」，他以當時最高的學術——詩書禮樂教弟子，又贊易、作春秋，並且創發了「仁教」。仁是最高的價值標準，而君子與小人之別，最後亦就是仁與不仁之別。仁者立己以立人、成己以成物，孔子時時透露對普遍人間之肯定，他的政教亦是以天下為對象的。他所開創的「儒家」是剛毅進取而志在天下的新儒——君子儒。我們如果把他對子夏所說的「汝為君子儒，毋為小人儒」改用現代的語言來說，意思應該是這樣：

你要做一個有人格，有學問，有文化理想，有道德勇氣，能夠以仁為己任，以維護人道尊嚴自任的知識分子；千萬不可以成為一個只靠一點小學問、小知識，以謀求溫飽的知識分子。

至於班固漢書藝文志說「儒家者流，出於司徒之官」，自亦反映一部分歷史事實，但卻忽視了學術思想興起的「時代、社會」之背景以及「人」的因素。其實，儒家的開創，乃是孔子之功。孔子是繼承堯舜禹湯文武周公之道，而含弘光大、恢廓發皇的。所以孟子說「孔子之謂集大成」。由於孔子開創儒家，而提高了知識分子的眼界與氣概，成為一個有生氣、有理想的新學派，終於發生了深遠的影響，而成為中國文化和中國哲學的主流。

二、儒家與諸子

諸子之學的興起，是孔子講學著書而使學術流布於民間的結果。班固說孔子「上承六藝（六經），下開九流」，可見「儒家」這一家，和其他諸子百家的身分地位是不相同的。一般所謂儒道墨法，儒家是其中的一家，為什麼又和其他各家的身分地位不相同呢？因為儒家以外的各家，只是諸子之一而已。而儒家除了列為諸子之一，它還有另外一重身分——中華民族道統的代表者。這可以從兩方面看出來。

甲、儒家所繼承的，是二帝三王相承下來的全民族的文化業績；從文獻上說，就是人人皆知的「六經」。經者，常也。六經是立國的常經大法，代表民族文化的大統。在漢書藝文志裡，六經著錄在「六藝略」，諸子百家著錄在「諸子略」。經與子的身分地位，有如根幹與枝葉，是不可以相提並論的。

乙、儒家所開發的，是常理常道，而不是「一時之見、一家之言」。常理常道，是恆久不變的理，人所當行的道。所以，儒家學術不同於一套專門的知識，而是我們日常生活的一個依據。離開常理常道，人就不能表現生活的意義，不能成就人生的價值。而孔子所講的仁，孟子所講的怵惕惻隱之心，正就是這常理常道最內在的根核。

由此可知，儒家一面繼承民族文化之統，一面又能開發常理常道。它既是諸子之一，同時又代表民族文化之統——道統。（通常對於秦漢以前的學術思想，籠統地稱之為「子學」或「諸子哲學」，不但忽視了孔子以前的文化思想，實亦不能概括儒家「代表民族文化之統」的那個身分。）由於儒家具有雙重身分，所以其地位是高於諸子百家的。尊儒，不是尊諸子百家之一的那個儒家，而是尊儒家所承續光大的民族文化之統。儒家在中國文化中的「主位性」，從孔子整理六經開始，就已經確定了。再經歷代儒者的護持與弘揚，更使得這個主位性與儒家緊密合一而不可分。這是歷史自然形成的事實，不是任何人所能強調出來的。所以，尊儒尊孔子，根本拉扯不上什麼「思想獨霸」「壓制學術自由」這一類的誣妄之言。事實上，儒家的精神理想，一直在委屈限制中；而且歷代受到政治權力迫害壓制的，並不是諸子，而正是儒家。如秦代焚書坑儒、東漢黨錮之禍、北宋南宋之禁偽學、明代東林之禍、清代之文字獄，以及今日大陸之批孔、毀壞孔林，莫不皆然。而儒家之所以特顯「批判精神」與「抗議精神」，亦以此故。先秦諸子，大致可以「儒、道、墨、法」四家為代表。唐君毅先生曾經從「個人」「社會」「國家」這三方面，來比較四家思想的著重點：

道家——偏重個人，而輕忽社會、國家
墨家——偏重社會，而輕忽國家、個人
法家——偏重國家，而輕忽個人、社會
（以上三家合觀）儒家——三者並重，皆予成全

順著這個表，我們可以作如下之說明：(1)「道家」以致虛守靜為修證工夫，其主要目的

是要恢復自在的心境，求得心靈的自由，以達於逍遙無待、獨與天地精神相往來的境界。他們只重視個體性的精神自由，對於社會的禮樂教化、國家的政治責任，則輕忽而不加重視。所以說，道家只重視個人，而輕忽社會和國家。⑵「墨家」提倡兼愛、非攻、勤勞、節儉，他們重視社會正義、國際和平，嚮往一個愛無差等的社會；但卻疏忽禮樂教化、典章制度、以及國家的價值和責任。至於個體生命獨立的地位，亦為墨家所輕忽，尤其在墨者集團的嚴格紀律之下，個體性的價值更是難以獲得伸展和實現的機會。所以說，墨家只重視社會，而輕忽國家和個人。⑶「法家」特重君國之利，在他們眼中，人只是「耕戰」的工具——耕以富國，戰以強兵。至於個人的人品、節操、才學、藝能，則一概加以貶抑甚至抹煞。（參見韓非子五蠹篇）。對於社會的倫理道德禮樂教化，亦採取敵視的態度，而主張「以法為教，以吏為師」[1]。所以說，法家只重視國家，而輕忽個人和社會。⑷總之，道、墨、法三家皆有所偏，有得有失。只有「儒家」，大中至正，無所偏失。個人方面的人格、品節、思想、才藝；社會方面的人倫常道、禮樂教化、公益事業；國家方面的建國創制、設官分職、以及保民養民的政治設施；這三方面同時兼顧並重，一一予以成全。

現在再換一個角度，從「文質」觀念作一個考察。儒道墨法四家都看出「周文」之弊，都想「以質救文」。⑴道家返璞歸真（質），想要回到生命的真樸，以恢復自在自適的心境，求得精神的逍遙解脫。但一往不返，道心流為孤明，雖然有觀照的智慧，卻不能開出客觀的人文價值之世界。⑵墨家的「質」，只是自然質樸生命的直接表現，而不是精神實體的透顯。墨家之道，既不足以潤人，亦不足以自潤，終於形成文化心靈之窒息與枯萎。(3)法家後起，以利欲生命為「質」，而抹煞德性主體，否定文化理想，落到徹底反周文的地步。據上所述，道、墨、法三家，都不能達成「以質救文」的目的。(4)只有儒家，一方面繼承文化傳統，一方面疏通文化生命，點出文化的意義和價值，而歸於仁義之心——這才是常理常道的根、禮樂文化的「質」。至於文制度數，則可以本於「因、革、損、益」之義，而「與時變革」以制宜。所以在先秦各家之中，只有儒家可以承續文化生命，以開出人文世界，成就人文價值。

1 近見一文，有云：「李斯所謂以吏為師，主要是指博士而言的。因為焚書令以後，保藏詩書百家語已是博士的專門官職了。」這個說法是很成問題的。他似乎忘了上一句「以法為教」。事實上亦必須「以法為教」，而後才會「以吏為師」。前一句是主，後一句是從，豈可單抓從屬的一句而曲為辯解？何況當初之整句是「無書簡之文，以法為教；無先王之語，以吏為師。」正因為貶棄「書簡之文」與「先王之語」，才會下達律令：「有偶語詩書者棄市！」（史記始皇本紀）在如此情形之下，還可能讓天下人從學於保藏「詩書百家語」的博士嗎？再說，博士既只保藏「詩書百家語」，又如何能滿足「以法為教」的要求？秦無「教」，只有「法」，故以「法」為「教」。既是以「法」為教，當然以「吏」為師。李斯之言，甚為一致，何勞後人代為辯解？代為辯解，李斯不受也。

三、儒家學問的特質

儒家學問重實踐，而不習慣於作概念性的思辯和知識性的論證。所以，儒家之學應該是行為系統的學問，而不是屬於知識系統的學問。儒家重視所學的與所做的通而為一，所知的與所行的打成一片，因此主張學行合一、知行合一。這都是重實踐的表示。因為重實踐，所以就特別正視這個實踐的主體——生命。儒家是以人的生命作為學問的對象，因而形成了以生命為中心的，所謂「生命的學問」。

人的生命，可以從正負兩面去說。正面的是德性生命，負面的是氣質生命（或情欲生命），對於正面的德性生命，要求涵養充實、發揚上升，以求得最後的圓滿的完成。對於負面的氣質生命或情欲生命，則須予以變化和節制：⑴變化，是對氣質而言，化掉氣質中的偏與雜，使生命變得中正合理而無所偏，變得清澈純一而無所雜；⑵節制，是對情欲而言，使情欲納入軌道的限制中而不放縱，不泛濫。這從負面說的變化氣質和節制情欲的工夫，固然為儒家所重視，但其用心著力的重點，則集中在正面的積極的德性實踐方面。

就正面的道德實踐而言，又可以分為主觀面的實踐與客觀面的實踐。⑴主觀面的實踐，以完成德性人格為目標。這是各歸自己，以要求生命內部的合理與調和，亦即調和「天人、理欲」的關係。⑵客觀面的實踐，以淑世濟民、成就天下事物為目標。這是由自己出發，而關聯社會人群與天下事物，以要求自己與他人、自己與事物之間的合理與調和，亦即調和

「群己、物我」的關係。無論主觀面或客觀面的實踐，要想得到合理與調和，都必須從「內省修德」做起，以培養德性的主體。所謂「德性的主體」，就是內在的道德心性，亦就是孔子所說的「仁」和孟子所說的「本心、善性」。

但仁心善性這個道德的心性，卻不只是內在的，它同時亦是超越的。譬如中庸所謂「天命之謂性」（乃至孔子所謂：天生德於予），是天道天命貫注到我們生命之中而成為我們的性，這是由上而下，由超越而內在。而孔子所謂「下學而上達」（上達天德），易傳所謂「與天地合德」，以及孟子所謂「盡其心者知其性也，知其性則知天矣」，則是表示，人有了天所賦予的仁心善性，再通過盡心盡性的工夫，上達天德，以與天道天命相合，這是由下而上，由內在而超越。由上而下是來，由下而上是往，在這一來一往之中，主觀內在面的心性，和客觀超越面的天道天命，便通貫而為一，這就是所謂「天道性命相貫通」。儒家就是根據這個「既內在而又超越，既主觀而又客觀」的心性本體，來進行他們學問的講論，來展開他們人生的實踐，來完成他們價值的實現和創造。

總括地講，儒家這「生命的學問」——

1. 由主觀面的縱的實踐，要求與天道天命通而為一（上達天德，與天合德），這是成就生命之「質」的純一高明。

2. 由客觀面的橫的實踐，要求與天下民物通而為一（聯屬家國天下而為一體，與天地萬物為一體），這是成就生命之「量」的廣大博厚。

純一高明以配天，廣大博厚以配地。當我們通過實踐而把縱橫兩面的意義通合於一身時，人的莊嚴高貴與充實飽滿的生命，就可以得到真實的完成了。

四、儒家學問的綱領

儒家之學，以「內聖」為本質，以「外王」表功能。茲據此意，以略述儒家學問的綱領。

(一)內聖成德之學

內聖之學，以成聖成賢為目標。儒家認為人人都可以成聖賢，都可以通過道德實踐，完成自己的德行人格，以進到聖人的境地。真的人人可為聖賢嗎？可能的根據在那裡呢？我們如此追問道德實踐所以可能的超越客觀的根據，便是關於「本體」的問題；追問道德實踐所以可能的內在主觀的根據，便是「工夫」的問題。內聖之學，主要就是集中在本體與工夫這兩個問題上。重視工夫，固然是滿足實踐的要求；而討論本體，亦不純粹是理論的興趣，而仍然是為了滿足實踐的要求。這亦是儒家學問的一大特色。儒家談「本體」，含有超越義與內在義，而超越與內在兩面又是通而為一的。

超越地說的本體，是意指那形上的實體。在這方面，無論說天道、天命、天理，或者說乾元、太極，全都是意指天道本體，簡稱「道體」。又中庸說「誠者天之道也」，所以誠亦是本體，可名曰誠體，誠體即是道體。這個「體」，既是形上的實有，而又能顯發創造生化的作用。這是在詩經、中庸、易傳都有明顯的表示的。詩經說「維天之命，於穆不已」，這是表示天命之體深奧深邃，而又流行不已。中庸說「天地之道，可一言而盡也。其為物不貳，則其生物不測」，是說天道生化萬物，神妙而不可測。繫辭傳云「易無思也，無為也。寂然不動，感而遂通天下之故。非天下之至神，其孰能與於此？」無思無為的易，是易道、易理，它即寂即感，能通天下之故、成天下之事，正表示它神感神應，能自起創造生化。總之，儒家所講的道體，是即體即用、即寂即感，能發用流行，能自起創造生化的本體。

這個道體，由超越而內在化，下貫而為人之性，它就是性體、心體、仁體。這是天之所命，是「天所與我、我固有之、人皆有之」的。所以儒家講心性，一定要透到心性之源，要通到天道誠體上。這個超越與內在通而為一的心性本體，亦可以稱為天心仁體。（天心，表示它是超越的；仁體，表示它是內在的。總之，是既超越而又內在的。）人人有此本體，則人人皆可以成聖賢；這個本體，就是道德實踐所以可能的超越客觀的根據。

以上是關於「本體」方面。接下來再說「工夫」的問題。人具備了這個心性本體，它是否就能在我們的生命中起作用呢？換句話說，在於我們自己主觀這一面，道德實踐是否必然地可能呢？這步追問，就是實踐入路的問題，亦就是「工夫」的問題。

遠從孔子的「踐仁以知天」，孟子的「擴充四端，盡心知性以知天」，中庸的「慎獨、致中和」，易傳的「窮神知化、繼善成性」，大學的「明明德」，以至於宋明時期周濂溪的「主靜、立人極」，張橫渠的「變化氣質、盡心以成性」，程明道的「識仁、定性」，程伊川的「居敬窮理」，胡五峯的「以心著性」，朱子的「涵養察識、敬貫動靜」，陸象山的「辨志辨義利，先立其大」，王陽明的「致良知」，劉蕺山的「誠意、慎獨」，凡此等等，全都是指點工夫的進路，亦就是指點為學入道之方。

指點工夫的目的，是為了體證本體，使本體通過工夫而呈現起用。本體既已呈現，我們便能自覺、自主、自律，能自定方向、自發命令，來好善惡惡，為善去惡，以完成道德的實踐，並不容已地表現道德行為。儒家這樣鄭重地注意實踐工夫的問題，就是為了要建立道德實踐所以可能的內在主觀的根據。

等到本體與工夫的問題都透徹了，最後一定是體用合一——即體即用，體用不二；承體起用，即用見體。所以明代的儒者常說「即本體即工夫，即工夫即本體」。這時，內聖成德之學才算達到通透圓熟的境地。

(二)外王事功之學

「外王」是「內聖」的延伸，內聖一定要通向外王。因為道德的心性，不僅要求立己，同時亦要求立人；不僅要求成己，同時亦要求成物。所以一定要往外通，通向民族國家、歷史文化，要聯屬家國天下而為一體。尚書所謂「正德利用厚生」，孔子所謂「修己以安人，修己以安百姓」，孟子所謂「親親而仁民，仁民而愛物」，都表示要通出去，以合內外、通物我，以開物成務，利濟天下，這就是外王事功之學。

儒家講外王，在以往是聖君賢相修德愛民的「仁政王道」。這方面的理想很高，但在今天看來，在客觀義理上還有不足夠處。其中最主要的關鍵，就是只有安排治權的「治道」，而沒有安排政權的「政道」，連帶地「開物成務」的知識條件亦有所不足。

中國傳統政治對於政權的轉移，當然亦有一套解決的方式，那就是禪讓、世襲、革命、打天下。

「禪讓」是公天下，但讓賢傳位並沒有客觀的法制，所以天下為公的理想，欠缺一個法制以保證它的實現，終於轉為家天下的「世襲」制度。由於世襲家天下的不合理，又促成了湯、武「革命」。革命本是應乎天理、順乎人心之事，但湯武革命的結果仍然是家天下的延續。到了秦漢以後，乾脆就用武力「打天下」，搶奪政權，而形成私天下，連三代家天下的半私半公亦說不上了。（按，三代雖是家天下，但封侯建國，則亦表示與諸侯共治天下，其中含有相當的公性。）所以黃梨洲在明夷待訪錄原君篇中，說三代以上是藏天下於天下，秦漢以下則視天下為私產，是藏天下於筐篋。

由禪讓而世襲，而革命，而打天下，正明顯的表示，在政權轉移這個問題上，並沒有建立客觀的法制。亦就是說，安排政權的「政道」還沒有開出來。所以在今天講外王，必須有新的開擴和充實。

「新外王」的內容，應該含有兩方面：

1.政治方面，要開出政道，以消解中國傳統政治的三大困局：⑴朝代更替，治亂相循；⑵君位繼承，宮廷鬥爭；⑶宰相地位受制於君權。再簡要而具體的說，就是要完成民主政體的建國大業。

2.開出知識之學，以極成事功。外王事功，不只是英雄主義的事功，亦不能停在聖君賢相的形態上；而應該真正「開物成務」「利用厚生」，進而「為生民立命，為萬世開太平」。要想完成這個使命，除了要開出政道，另一方面還要開出知識之學，以建立純知識的學理，同時亦要解決成就事物的具體知識和實用技術的問題。

總括地說，「新外王」的內容，一行是「國家、政治、法律」，完成民主建國。一行是「邏輯、數學、科學」，開出知識之學。這兩項內容，不但是中國文化前途之所關，而且本來就是順著儒家「民本、民貴」的思想，及其「開物成務、利用厚生」之內在目的，而必然要完成的一步新開展。事實上，這亦正是中國現代化的二大重點。（請參看拙文〈儒家思想與中國現代化〉，鵝湖月刊九十五期。）茲列一表，以助了解：

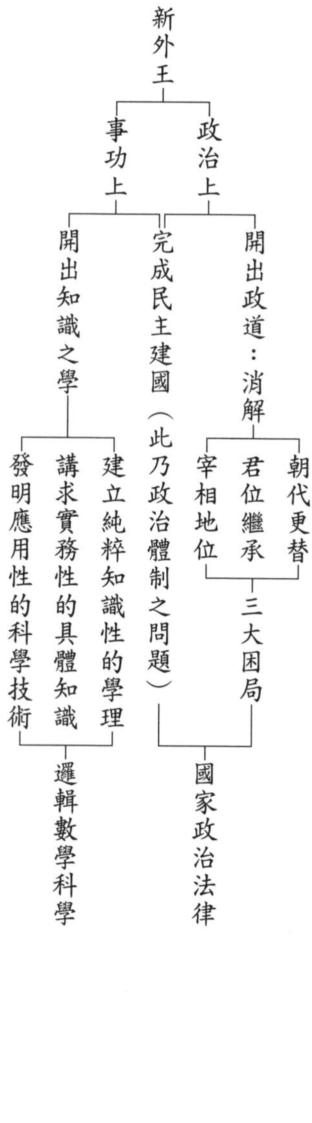

五、如何契會儒家之學

對於儒家這一套兼含內聖外王的生命的學問，我們將如何來契會它？或者說，我們將從什麼進路來體悟它呢？在古人，首先是教人立志。所謂「志於道，志於仁」，希聖希賢，做第一等人。志，是心所存主，亦是心之所向。人能顯發內心的信念和嚮往，不安於卑陋凡下而企向高遠，確實是契入「生命的學問」的一個很順當的門徑。還有所謂「居仁由義」，居於仁，由於義，同樣亦是很切當的為學入道之方。但這些話已經講老了，不易醒人耳目。今天，我們可以換一個方式來說。

一個真正的儒者，必然有深厚而強烈的文化意識。所以要了解儒家，也應該從文化意識入。王船山有言：「有家而不忍家之毀，有國而不忍國之亡，有天下而不忍失其黎民，有黎民而恐亂亡，有子孫而恐莫保之。」不忍家國天下淪亡，不忍民族文化之統斷滅，而思有以「保存之、繼述之、光大之」的仁心悲願，這就是文化意識。一個具有強烈文化意識的人，就容易契會儒家的精神，對儒家學問亦容易有相應的了解，因而亦能很自然地將儒家所講的道理、和自己的生命關聯起來。

如果再講得具體一些，我們所說的「文化意識」，它可以含有三方面的意義，一是價值意識，二是道德意識，三是民族意識。

一、價值意識：就儒家而言，價值意識首先是通過「人禽之辨」來顯現。人自覺地和禽獸劃清界線（不把人只作動物看），這是人性自覺的第一步。這一步自覺，亦就是價值意識的萌發。有了這一步價值意識的覺醒，然後乃能進一步有人文世界各種價值的創發和建立。

「人是人，不是物」，這是一句無限莊嚴而又含義豐富的話。孟子說：「人之異於禽獸者幾希。」這「人禽之辨」，的確是「人之所以為人」的最初界線，亦是最後的界線，是人自始至終必須堅守不渝的。儒家正是緊守這「幾希」而微的仁義之根，來建立人性、人格、人倫、人道，以開出人文世界的價值。

二、道德意識：是通過「義利之辨」來表示。自從孔子說「君子喻於義，小人喻於利」孟子說「何必曰利，亦有仁義而已矣」，以後的儒者便特別重視義利之辨。但近世以來，董仲舒「正其誼（義）不謀其利，明其道不計其功」這句話，卻常受到誤解。殊不知「義正」

即是利，而且是利於民的公利，利於國的大利。「道明」即是功，而且是遍及天下的廣大之功，澤及後世的長遠之功。至於所謂「不謀其利、不計其功」，只是告誡人不可謀求私己之利，不必計較一時之功，以免害義害道而已。所以義利之辨，也同時即是公私之辨。

儒家又嚴辨王道霸道：王道以德為本，以義為先；霸道以力為本，以利為先。所以嚴辨王與霸，亦正是嚴辨義與利。至於君子小人之別，更是以義利公私作為衡量的尺度。無論人品或功業，在儒家都是以「義利之辨」作為評判的準據。這就是強烈的道德意識。

這種道德意識，是發自憤悱怵惕的道德感，這是一種不安於卑陋，不忍心墮落，而要求德性生命上升的表現。沒有道德意識的人，對於儒家所講的「慎獨」、「內自訟」、「誠意正心」，以及所謂「義之所在，生死以之」等等的道理，是很難有真切之了解的。

三、民族意識：是通過「夷夏之辨」來表示。春秋「嚴夷夏之防」，是所謂「諸侯用夷禮，則夷狄之；夷狄進於中國，則中國之」。這種民族意識，實在是以文化意識為本，是「文明」與「野蠻」的分辨，而不是狹義的種族界線。通過這種以文化價值為依據的民族意識，而培養出來的民族精神，乃是「理性的、開放的、和平的」；不但不會基於狹義的民族主義以滅人之國、亡人之族，而且還能表現「興滅繼絕」的大仁大公的人類愛。歷史事跡，斑斑可考。而抗戰勝利之後，我們對日本的態度，亦仍然是這種偉大的傳統精神之具體表現。

但當我們的民族國家遭受侵略、面臨危亡的時候，保衛國家民族、保衛歷史文化的民族意識，便立刻激發出來，高漲起來，而左傳上那句「非我族類，其心必異」的古訓，亦立即浮現腦際而促使中國人驚醒。於是，團結自保，一致對外，而發揮為「春秋大復仇」的民族精神，來抵抗侵略，懲罰暴力。中華民族立國以來，其民族性永遠要求國家的統一，要求領土的完整。「分」只是暫時的無奈，「合」則是永恆的要求。而收復失土，還我河山，更被肯定為全民族的責任，而且是子子孫孫的責任。陸放翁「王師北定中原日，家祭無忘告乃翁」的絕筆詩，正表示出對於民族國家一種至死不忘的責任感。

據以上三點之所述，可知由價值意識、道德意識、民族意識凝斂而成的「文化意識」，乃是儒家之學的血脈所在。它植根於仁義之心，而外通於家國天下。如果割離了文化意識，可以說就沒有真正的儒家學問。所以，人要相應地契會儒家之學，就必須先激發剛大之氣以培養其強烈而深厚的文化意識。

孔子之部

第一章 孔子的一生及其論贊

第一節 生平行述[1]

孔子名丘，字仲尼，生於周靈王二十一年、魯襄公二十二年，卒於周敬王四十一年、魯哀公十六年（當西元前五五一至四七九），七十三歲。與孔子並世的世界性的人物是釋迦牟尼（傳說釋迦生於西元前五五七，卒於四七七）。至於蘇格拉底，則要到孔子卒後十年，始出生於希臘[2]。

孔子是儒家之祖，亦是中國平民知識分子之第一人。他開發了中國文化的長江大河，永

---

1 本節述孔子之生平，係參採史記孔子世家，與左傳、論語、孟子諸書相關之記載而寫成。而拙著《孔門弟子志行考述》（臺北、臺灣學生書局出版）附錄〈孔門師弟年表〉，亦可供參看。

2 論者或謂，孔子的時代，正是人類心智成熟放光的關鍵時刻，亦即所謂「軸心時代」。希臘的哲學思辯、希伯來的超越嚮往、印度的本體探究，分別為科學、宗教、玄解播下了善種。而中國的儒家，則本乎「憂患意識」而昭顯了「創造轉化」的人文精神。此一說法雖嫌簡略，而亦頗為醒豁。故附識之。

遠灌溉中國民族的心靈，他是中國文化精神的象徵。而他的仁教，更為人類開啟了無限向上之機，所以他又是人類精神的導師，是世界文化史上三數位最偉大的靈魂之一。

1. 先世：

孔子是商湯之後，故自稱殷人。殷商亡後，周立微子啟為宋君，經二百餘年傳到宋閔公。閔公的太子弗父何就是孔子的十世祖，弗父何讓位於其弟，是即宋厲公（約與周厲王同時）。孔子七世祖正考父佐宋戴公、武公、宣公三世，三命為上卿。六世祖孔父嘉為宋大司馬，受穆公遺命，保傅殤公。華父督殺孔父、弒殤公。孔父子孫奔魯，遂為魯人。

孔子之父叔梁紇（左傳作郰叔紇，亦稱孔紇），多勇力，為郰邑大夫。左傳記載他兩次戰功：一次是襄公十年五月，晉人會合諸侯之師攻打偪陽（偪音福，穀梁傳作傅陽，在今江蘇徐州附近），偪陽人開城門以誘諸侯之師，先鋒既入，忽然放下門閘，打算「甕中捉鱉」；孔紇奮其勇力，托住了門閘，使入城的戰士得以退出。另一次是襄公十七年秋天，齊人把魯國名大夫臧孫紇（即論語之臧武仲）圍困在防邑。孔紇率甲士三百，夜襲齊師，護送臧孫紇脫險，然後又突破齊人的包圍線，而回防守城。齊人無奈，只好解圍而去。

2. 好學與知禮：

孔子三歲而孤，由母親顏氏夫人撫養長大。他自稱「少也賤，故多能鄙事」，據孟子說，孔子此時是為貧而仕，做過委吏（庫藏會計）乘田（牛羊畜牧），都很稱職。

孔子極好學，而「學無常師」，又「不恥下問」，故能無所不學。他自稱「十有五而志於學，三十而立」。此後設教授徒，賢聲日著，並以「知禮」而名動公卿。孟僖子將卒，遺命二子（孟懿子，南宮敬叔）從孔子學禮，其言曰：「禮，人之幹也。無禮無以立。吾聞有達者，曰孔丘，聖人之後也，而滅於宋……臧孫紇有言曰，聖人若不當世，其後必有達人。今其在孔丘乎！」（文見左傳昭公七年，其事則屬昭公二十四年。）此時，孔子三十四歲。

3. 適齊返魯，教學不仕：

孔子三十五歲時，魯昭公與三桓（孟孫氏、叔孫氏、季孫氏）發生衝突，被逐而奔齊。魯亂，孔子亦去到齊國。「子在齊聞韶，三月不知肉味」，可見他對雅樂的愛好之深。齊景公問政，孔子告以「君君、臣臣、父父、子子」，首先揭示了他的正名主義。孔子在齊，時間不長，大約住了一二年，便回到魯國，仍以教學為事。

孔子四十六歲時，伍子胥率領吳國之兵攻入楚國的郢都，弭兵之會以後持續四十年的國際和平，至此告一結束。次年，魯國亦發生政變：季孫氏的家臣陽虎，囚禁了季桓子，又要脅魯定公，而做了三年執政（此即所謂陪臣執國命）。陽虎曾邀孔子出仕，但陽虎有才幹而無原則，孔子無意支持他。史記云：「孔子不仕，修詩書禮樂，弟子彌眾，至自遠方，莫不受業焉。」顏子、閔子、伯牛、仲弓、冉有、子路、宰我、子貢等，都是這個時期的學生。

4. 仕魯，魯大治：

孔子五十歲那年，三桓合攻陽虎，虎奔陽關，明年再奔於齊。陽虎雖去，而魯國仍未安定。魯定公與執政的季桓子為了收拾人心，特請孔子出山，時孔子五十一歲。他先做中都宰，政績斐然。後升司空、司寇，魯國大治。

次年，孔子相魯定公與齊景公會於夾谷。齊人打算兵劫魯君，而魯國方面亦作了防備，在盟會之上，孔子以禮折服齊國君臣，齊君終於將汶陽之田歸還魯國[3]。

孔子為了整飭禮制，又在五十四歲那年，勸三桓墮毀他們的私邑。叔孫氏的郈邑與季孫氏的費邑都先後拆毀了，而孟孫氏的家臣郈悍然抗命，乃使「墮三都」的壯舉功敗垂成。冬天，季孫氏代表魯君接受齊人女樂，孔子更感到洩氣。次年春郊，孔子從祭，而又膰肉不至，孔子知道魯國君臣已不足與有為，便藉故辭職，開始他連續十四年周遊列國的生活。此時，孔子五十五歲。

5. 去魯適衛：

孔子這次出國，顏子、子路、子貢、冉有等隨行。首先到衛國，看見衛自遷都以後，經過一百六七十年的休養生息，人口竟已如此眾多，不覺脫口說道：「庶矣哉！」（衛國當初幾乎為狄所滅，賴齊桓公救助，以七百餘人渡黃河，建新都，始有今日。）冉有聽了孔子的話，便問：「既庶矣，又何加焉？」答道：「富之。」又問：「既富矣，又何加焉？」答道：「教之。」這「庶、富、教」三字，便是孔子為政的基本宗旨了。

衛靈公對孔子很禮遇，加上「衛多君子」（如蘧伯玉、史魚、公叔文子、公子荊等），所以孔子在衛國先後住了五年。有一次，孔子經過匡邑，匡人誤以為是陽虎，乃圍攻孔子師弟，情勢甚為危險，顏回幾乎送命。孔子說：「文王既沒，文不在茲乎！天之將喪斯文也，死後者不得與於斯文也；天之未喪斯文也，匡人其如予何！」

及衛靈公卒，其孫輒繼立為君，而出亡在外的世子蒯聵來爭君位，形成父子相抗的局面。孔子不願參預其中，便決定離開衛國。時為魯哀公二年，孔子五十九歲。

6. 去衛過宋：

孔子去衛，眾弟子隨行。路過儀邑，儀封人請見，出而對眾弟子說：「二三子何患於喪乎？天下之無道也久矣，天將以夫子為木鐸！」這儀邑封人身處交通孔道，見人多矣，在這許多來來往往的並世君子之中，竟沒有一人能夠合他的意。如今孔子來到，一見之下，便使人眼目發亮，誠信沛然；他知道，這個時代的木鐸已經來了。這位隱於下吏的賢者，對孔子的生命有一種直覺，他看出這是一個有道的生命；並深信孔子之失位流離，乃是上天要孔子周遊四方，以宣揚大道，來作警醒世人的木鐸。所以儀封人所表露的，不僅是一種信念，而且是一種前所未有的感動。而這感動的振幅，亦終於層層地擴大了，不僅感動了眾弟子，亦徹通了天下後世之心。孔子不只是春秋時代的木鐸，而且是人類世界永世的木鐸。

孔子出了衛境，過曹、過宋。一日，在大樹之下與眾弟子習禮，而發起弭兵之會的向戌之曾孫——宋國大司馬桓魋（向魋），竟橫加干涉，派人砍伐大樹，並且意欲加害於孔子。孔子說：「天生德於予，桓魋其如予何！」經過鄭國，仍然遭人忌害，竟與群弟子失散了。

3 事見左傳定公十年。

弟子到處尋找，有人告訴子貢：東門有一人，額頭像堯，頸項像皋陶，兩肩像子產，自腰以下似乎比禹短三寸，看起來，纍纍然若喪家之犬（纍纍、不得志貌），他或許就是你們夫子吧。子貢見到孔子，把這話亦說出來，孔子笑道：形貌未必如他所描述的那樣，但說像喪家之犬，卻是善於形容哩！在此，我們可以見到孔子的安和、從容，亦可以感受到他的坦蕩、幽默。

7.在陳、思魯之狂士：

經過連番的困頓流離，孔子終於到了陳國。這時，孔子正六十歲。

這年七月，季桓子病重，他特地坐車出門眺望魯國的都城，喟然歎道：「昔此國幾興矣！以吾獲罪於孔子，故不興也！」說完，回頭對兒子（季康子）說：「我即死，汝必相魯，必召仲尼。」康子原想秉父遺命，迎孔子歸魯，卻為家臣尼阻，乃改召冉有。冉有返魯，加上孔子留在魯國的弟子作輔翼，照理說是可以有一番作為了。但孔子想到，在魯國的那些弟子，志大才疏，未經裁成，不禁掛念起來，所以感歎道：「歸與，歸與！吾黨之小子狂簡，斐然成章，不知所以裁之。」

8.陳蔡絕糧，自楚返衛：

孔子在陳住了幾年，到他六十三歲的春天，吳國伐陳，孔子打算到楚國去。走到陳蔡之間，被困絕糧，有的弟子餓得爬不起來，而孔子依然誦讀弦歌不輟。脫困之後，進入楚國邊境，又先後受到許多隱者的冷嘲熱諷。天下之大，竟沒有人是孔子的知音。子貢說：「夫子之道大，天下莫能容，夫子盍少貶焉？」顏回最能了解孔子，接著說道：「不容何害？不容然後見君子。」

孔子滿懷是仁心，通體是德慧，認為「鳥獸不可與同群，吾非斯人之徒與，而誰與？」他奔走道路，是想尋求行道的機會，以正道移易天下，所以說「天下有道，丘不與易也」。他曾使子路告訴荷蓧丈人：「君子之仕也，行其義也。道之不行，已知之矣。」孔子這種「知其不可而為之」的精神，正是仁者的精神（心不容已），亦是聖者的襟懷（情切救世）。

孔子至葉（時屬楚），葉公問孔子於子路，子路不知如何措辭，未作回答。孔子知道了，便說，你何以不這樣告訴他：「其為人也，發憤忘食，樂以忘憂，不知老之將至云爾。」葉公問政於孔子，孔子告以「近者悅，遠者來」。但楚國是蠻霸之邦，如何能接受孔子的政教理想！就在這個時候，衛君正好遣使來禮請孔子，孔子乃復返於衛。子路問：「衛君待子而為政，子將奚先？」孔子答道：「必也正名乎！」因為「名不正則言不順，言不順則事不成，事不成則禮樂不興，禮樂不興則刑罰不中，形罰不中則民無所措手足」。據此可知，要想「安國家，安百姓」，正應先從「正名」著手。只是衛君亦「非其人也」，所以孔子自楚返衛，雖得衛君之尊養——孟子所謂「公養之仕」，但依然無法行道。

9.去衛歸魯：

當孔子在衛時，魯國正值多事之秋，北有長期與魯為敵的齊國，南有志在北上爭霸的吳國，兩大之間，肆應為難。幸好此時子貢出仕於魯，在外交盟會方面，表現了卓越的才能。

而哀公十一年的郎之戰，又賴冉有樊遲之果決義勇而獲勝。季康子問冉有：「子之於軍旅，學之乎？性之乎？」對曰：「學之於孔子。」於是，康子備了厚禮，遣使迎接孔子歸魯。這時孔子六十八歲，上距孔子去國之時，已經十四年了。

魯國君臣雖待孔子以國老，魯哀公、季康子亦頻頻問政於孔子，卻並不真能奉行孔子的政治理想。孔子亦不求仕，只一心一意講學，曾子、子游、子夏、子張、有若等，都是他後期的高弟。孔子曾說：「吾自衛返魯，然後樂正，雅頌各得其所。」史稱孔子刪詩、序書、訂禮、正樂、贊易，都是這個時期的事。孔子這時的心情，正如桃花扇鼓詞所唱：「任憑那滄海變桑田，桑田變滄海，俺那老夫子只顧矇矓兩眼定六經。」

在孔子七十一歲那年春天，叔孫氏的家眾西狩於大野，獵獲一隻麒麟，孔子歎曰：「吾道窮矣！」行道之路既窮，乃因魯史作春秋以明道。蓋道不可以空講，故以嚴正之史筆，評判二百四十二年的人和事，至獲麟而絕筆。這一年顏回死，次年子路又死，孔子非常悲慟。又次年，孔子亦卒。

10.卒後哀榮：

孔子的逝世，既不像蘇格拉底之飲酖而死，亦不同於耶穌之釘死十字架，他是在逍遙詠歌的感歎中而離開人間的。

禮記檀弓上載：孔子早作，負手曳杖，逍遙於門，歎曰：「泰山其頹乎，梁木其壞乎，哲人其萎乎！」既歌而入，當戶而坐。子貢聞之曰：「泰山其頹，則吾將安仰？梁木其壞，哲人其萎，則吾將安放（放、上聲，倣依也）？夫子殆將病也。」遂趨而入。夫子曰：「賜，爾何來遲也？……予疇昔之夜，夢坐奠於兩楹之間（奠、定也，置也。兩楹之間、就生者言，乃南面當道之位，就死者言，乃殷人停喪之位）；夫明王不興，天下其孰能宗予？予殆將死也！」蓋寢疾七日而沒。

檀弓又載：「孔子之喪，門人疑所服，子貢曰：昔者，夫子之喪顏淵，若喪子而無服，喪子路亦然。請喪夫子若喪父而無服。」於是，弟子廬墓，服心喪三年。

孟子公孫丑上：「三年之外，門人治任將歸，入揖於子貢；相向而哭，皆失聲，然後歸。子貢反，築室於場，獨居三年，然後歸。他日，子夏、子張、子游以有若似聖人，欲以所事孔子事之，彊曾子，曾子曰，不可！江漢以濯之，秋陽以暴之，皜皜乎不可尚已！」

太史公曰：「詩有之：高山仰止，景行行止。雖不能至，而心嚮往之。余讀孔氏書，想見其為人。適魯，觀仲尼廟堂車服禮器，諸生以時習禮於其家，余低回留之，不能去云。天下君王至於賢人，眾矣；當時則榮，沒則已焉。孔子布衣，傳十餘世，學者宗之。自天子至於王侯，中國言六藝（六經）者，折中於夫子，可謂至聖矣。」（「至聖」二字，首見於中庸三十一章。）

第二節　夫子自道

論語記載孔子之言甚多，通過孔子之自述來了解孔子，是最為信而有徵的了。

子曰：「默而識之，學而不厭，誨人不倦，何有於我哉！」（述而）

子曰：「若聖與仁，則吾豈敢。抑為之不厭，誨人不倦，則可謂云爾已矣。」（述而）

子曰：「女（汝）奚不曰，其為人也，發憤忘食，樂以忘憂，不知老之將至云爾。」（述而）

孔子這幾句平實的話，都是從他生命的奮發過程來表示的。不厭就是不厭足，不倦就是不倦怠。因為不厭足，所以興趣盎然，樂以忘憂。因為不倦怠，所以健行不息，發憤忘食。非聖人，其誰能在整個生命過程中不厭不倦呢？當孔子說「聖則吾不能，我學不厭，教不倦也」，子貢立刻就說：「學不厭、智也，教不倦、仁也。仁且智，夫子既聖矣。」所以，不厭不倦乃是我們了解孔子的法眼。離開了不厭不倦，便沒有孔子，離開了不厭不倦，亦沒有聖與仁。然則，孔子何以不以聖與仁自居？此無他，理固如是而已。須知聖與仁皆是全德之名，一個具有道德真誠的人，絕不會淺薄地自己認為已能盡到道德的全量；一個人纔以聖與仁自居，便表示他已驕矜自滿，其生命亦必昏墮閉塞。孔子不驕矜、不自滿，故不以聖仁自居。他只如理如實地說個「不厭不倦」，只說個「發憤忘食，樂以忘憂，不知老之將至」，便是「至誠無息」的表白，便是既平實而又極充實的話。

孔子雖不以聖與仁自居，但孔子卻實是聖人，實是仁者。不過，孔子並不是所謂「天縱之聖」，而是通過他一生的實踐步步達到的。

> 子曰：「吾十有五而志於學，三十而立，四十而不惑，五十而知天命，六十而耳順，七十而隨心所欲不踰矩。」（為政）

孔子一生成學成德的進程，以這一段話說得最完整而清楚。在孔子自己，只是平平實實地把他實踐的經歷說出來；而事實上，這就是一個「踐仁成聖」的型範。從志於學而不厭，到自立而能守，到明理而不惑，再到知天命而透出人與天的親和感（在此即函有「性命天道相貫通」之義），到耳順而聽不失聰、聞不失理（聲入心通，乃不思而得之境界），最後隨心所欲不踰矩，心是理，身為度，至此，便已臻於何思何慮、天理流行的大成之境。[4]

此外，我們還可以從孔子的自述裡，了解另一層道理。人人都知道孔子博學多能，但對於一個經過仁智之通化的德性生命，卻不宜於從博學多能去衡量。

4 在中國，有一「知人之學」的傳統，尤其德性人格之品評論贊，下語最為鄭重。今人「不知人、不明理」，學失其軌，言失其度，老者失其尊，少者失其義。或恣肆無忌憚，或諂媚不知羞，真教人難以為情。常見市井之流送輓幛，動輒大書「哲人其萎」，此乃「無知」之過，可歎而不忍責也。今乃有博學之徒焉，率意（或竟故意）以「隨心所欲不踰矩」諛媚某一自然生命達七十之年者！噫，意何居耶？

達巷黨人曰：「大哉孔子，博學而無所成名！」子聞之，謂門弟子曰：「吾何執？執射乎？執御乎？吾執御矣！」（子罕）

達巷黨人見孔子之博大，而又婉惜孔子未能特精一藝以成專家之名。他贊慕孔子而實不知孔子。所以孔子說，叫我專執什麼好呢？我看還是專執御車，做一個成名的駕御手吧。須知禮、樂、射、御、書、數，都是一藝，都可以專而執之以成專家之名。在孔子「博學而無所成名」的生命奮發之過程中，禮樂射御書數，都曾步步經過，而且他「學無常師」「多能鄙事」，可以說無所不學。[5]孔子之所以不專執一藝，只是在他「大而化之」的聖境之中，自然而然地超化了這些界限性的成果而已。每一種專藝都代表一個成果，有了專家之成果，物質生活才有著落，這當然亦很重要。但每一種專藝，亦正表示一個矢向、一個界限。而「大而化之」的聖者生命，則不能有執著，不容有矢向、有界限，所以必須一起化掉。有矢向性與界限性的專藝成果，借老子的話來說，是「有之以為利」；矢向界限化掉之後，便是「無之以為用」。無之以為用，乃是「君子不器」之後「用無不周」的大用，亦是通過「大而化之之謂聖」，而進至「聖而不可知之之謂神」的神用。[6]

孔子在成學成德的過程中，不但化掉了有之以為利的「界限性」，同時亦化掉了生命中的「隱曲性」。

子曰：「二三子以我為隱乎？吾無隱乎爾。吾無行而不與二三子者，是丘也。」（述

而）

隱瞞藏私，是由於生命不瑩澈、有隱曲。要把生命中的隱曲性化除淨盡，就如同佛教之「破無明」。這對個人來說，乃是一個無限的實踐過程。二三子以孔子為隱，正因二三子中心尚未瑩澈，還有隱曲。孔子說「吾無隱乎爾」，則表示他的生命瑩澈明朗，廓然大公，直而無曲。由「直而無曲」而達於「圓而無缺」、「盈而不虛」，即是儒家聖人的型範，而孔子就是這個型範的體現者。

第三節 感通與仰讚

了解聖人並不容易，稱讚聖人尤其難以措辭。鄙俗的心思固然不能了解孔子，而聰明人的智測亦不足以知聖人。上面已就孔子自述之言略作解說，現在再就孔門弟子對於孔子的稱述與仰讚，分別作一說明。

---

5 史稱孔子問禮於老聃，問古官判於郯子，訪樂於長弘，學古瑟於師襄；其他如政事、軍旅、射、御、歌唱、書算，以及會計、出納、牧放、戈釣等等屑末之技藝（所謂鄙事），孔子皆能之。

6 按，「充實之謂美，充實而光輝之之謂大，大而化之之謂聖，聖而不可知之之謂神」，乃孟子盡心下篇之言。聖是體，神是用；即體即用，神聖只是一。並非聖人之上別有一等神人也。

一、欲從末由

顏淵喟然歎曰：「仰之彌高，鑽之彌堅，瞻之在前，忽焉在後。夫子循循然善誘人，博我以文，約我以禮，欲罷不能。既竭吾才，如有所立，卓爾。雖欲從之，末由也已！」（子罕）

朱注云：「此顏子自言其學之所至，蓋悅之深，力之盡，所見益親，而又無所用其力也。」又引楊氏（龜山）曰：「自可欲之謂善，充而至於大，力行之積也；大而化之，則非力行所及矣。」這楊氏之言說得實在好，他是舉孟子之言，來說孔子所達到的境界。孟子說「可欲之謂善，有諸己之謂信，充實之謂美，充實而光輝之之謂大」，楊氏以為這幾句話，是力行之積，是可以用得上力的。而再下面一句「大而化之之謂聖」，則非力行所及，是著力不得的。孔子的造詣，正已進入大而化之的聖境。蓋道體流行，無所不在，而亦不滯不礙，而無所在。孔子既已進於「仰之彌高，鑽之彌堅，瞻之在前，忽焉在後」之境，則其德慧生命，正是道的體現，所以顏子「欲從末由」。因為人格精神是一個生命的活體，不像「文、禮」之可以據之用力而博之約之也。顏子學孔子，其所得駕乎同門之上，所以形容聖人，亦能如此善於措辭。

二、不可階而升

叔孫武叔毀仲尼，子貢曰：「無以為也。仲尼不可毀也。他人之賢者，丘陵也，猶得而踰也；仲尼，日月也，無得而踰焉。人雖欲自絕，其何傷於日月乎？多見其不知量也。」（子張）

陳子禽謂子貢曰：「子為恭也，仲尼豈賢於子乎？」子貢曰：「君子一言以為知，一言以為不知，言不可不慎也。夫子之不可及也，猶天之不可階而升也。夫子之得邦家者，所謂立之斯立，道之斯行，綏之斯來，動之斯和。其生也榮，其死也哀，如之何其可及也！」（子張）

政治上的官爵名位有等差之別，一個人的德業品位亦有尊卑高下之分。丘陵高於平地，但丘陵是人可以喻越的；賢人君子的成就，亦是人所可以奮力企及的。唯日月麗於天，其高不可躋踰，其光永世普照，聖人「與天地合其德，與日月合其明」（易乾文言），所以說「夫子之不可及也，猶天之不可階而升也」。為什麼不可階而升？朱注云：「大、可為也，化、不可為也，故曰不可階而升。」化、如天地生化之化。程子常說：「仲尼、天地也」，「仲尼、元氣也」。正因為孔子是天地元氣，所以能化。所謂「立之斯立，道之斯行，綏之斯來，動之斯和」。子貢這幾句話，實最能形容聖人德業功化之妙。器小識淺如叔孫子禽之流，只能在「其高及肩」的門牆之外，窺見一點室家之好，真所謂「鼹鼠飲河，不過滿腹」，其智量既如此之淺陋，自然只知小補，不見大功。善乎孟子之言曰：「夫君子所過者化，所存者神，上下與天地同流，豈曰小補之哉！」（盡心上）「豈曰小補之哉」！真不啻一聲驚夢春雷。願世之常說孔子是什麼家什麼家云者，三復斯言。

三、生民未有

宰我曰：「以予觀於夫子，賢於堯舜遠矣。」

子貢曰：「見其禮而知其政，聞其樂而知其德。由百世之後，等百世之王，莫之能違也。自生民以來，未有夫子也。」

有若曰：「豈惟民哉！麒麟之於走獸，鳳凰之於飛鳥，泰山之於丘垤，河海之於行潦，類也。聖人之於民，亦類也。出於其類，拔乎其萃，自生民以來，未有盛於孔子也。」（皆引自孟子公孫丑上篇知言養氣章）

孔子盛贊堯舜，而宰我說「夫子賢於堯舜」。宰我之言，當然不同於一般人之比論高低，而是要藉此顯示孔子在文化上的地位與功德。堯舜為天子，功施於當世，孔子明聖道，德垂於萬代。堯舜自有聖德，但若不經孔子之點化，後人豈知堯舜德業之盛？又豈能挺顯堯舜三代的聖王之統、以垂範後世？且孔子又不僅是繼承堯舜三代而已。聖王的禮樂教化，只是使人被動地沐浴薰化；須待孔子以仁立教，才轉被動為自覺，而開出「人人皆可踐仁成聖」的大路。孔子為人類作眼目，完成了開光點化的使命，故曰「天不生仲尼，萬古如長夜」。此即孔子賢於堯舜處。

子貢以為夫子之道，百王莫能違；有若以為夫子之盛德，群聖所不及。二人之意，皆以為自有人類以來，以言德教之美盛，實無人可與孔子相比匹。他二人的說法，又得到孟子的印可，所以孟子亦說「自有生民以來，未有孔子也」。

四、皜皜乎不可尚已

他日，子夏子張子游以有若似聖人，欲以所事孔子事之，彊曾子。曾子曰：「不可。江漢以濯之，秋陽以暴之，皜皜乎不可尚已！」（引見孟子滕文公上）

這裡所謂「他日」，雖未明說是什麼時候，但依理推之，應該上距孔子逝世很多年了。子夏諸人在孔門中年輩最晚，先進弟子如子貢等此時恐已去世，所以文中只說「彊曾子」。我們試想想，一群弟子，當師尊謝世之後，守喪盡哀之不足，而時思之念之，思之念之不足，乃更想到言行氣象似聖人的有若，而欲以師禮事之。這實在是由於他們對孔子的眷念之情太深厚了，而亟欲復活孔子，使孔子的人格精神能通過有若的言行體貌而具象化，以期重溫師門之樂。由於深情之一往凝注，乃不自知有昧於理，竟至要勉強曾子同意。這是何等深摯的師弟之情，又是何等肫懇的孺慕之思！曾子之不可同門之請，自屬可敬，而子夏諸人豈不亦深可愛耶？雖然，曾子之言，固不易之理也。蓋「聖人者，人倫之至」，而師尊者，生命之所依歸也；此豈可以他人擬而代之？陸象山讀到曾子這幾句話，便歎道：「曾子見得聖人高明潔白如此！」之後，在論及伊洛諸賢時，還說：「然江漢以濯之，秋陽以暴之，未見其如曾子之能信其皜皜。」[7]其推崇曾子可謂甚至。推崇曾子，即是推尊孔子。曾子見得孔子之道明德著，光輝潔白，而又能反己守約而篤信之，故能傳孔子之道。

人類史上幾位偉大的人格如釋迦、耶穌等，他們的精神宏願，亦同樣對門徒有甚深的啟示與感發，而其門徒對師尊教主的尊仰禮讚，亦可以說誠信有加，不可尚已。但總不免涉於神奇，未若孔門師弟「平情敦篤、風義相感、德慧相承」之感人之深。中庸云：「故君子尊德性而道問學，致廣大而盡精微，極高明而道中庸。溫故而知新，敦厚以崇禮。」又云：「肫肫其仁，淵淵其淵，浩浩其天。苟不聰明聖智達天德者，其孰能知之！」這二段話，真是淵深已極，懿美已極。

7 陸象山之言，前句見《陸象山全集》卷三十六〈年譜〉，後三句見全集卷一〈與侄孫濬書〉。

第二章 孔子對文化的貢獻

第一節 開發內在的人格世界[1]

文化是人類創造的，人格是在文化之陶養中完成的。在人類文化較早的時期，評判智愚賢不肖的標準，大體是外在的；譬如知識、言論、名位、功業、財富等等，都是生命以外的東西。即使評判道德的高低，亦是以外在的禮法、規儀、教條，作為衡量的標準。在這種情形之下，是沒有內在的人格世界的。而觀念思辯的產物如柏拉圖的理型世界，或宗教信仰所構造的天堂等等，亦都與內在的人格世界無關。

內在的人格世界，是在人的生命中開闢出來的世界。此一世界之開發，必須通過高度的反省自覺，纔能開發得出。孔子的「仁」，正代表這內在的人格世界。在孔子以前，禮只是

1 徐復觀先生《中國人性論史》（臺北、商務版）第四章，曾列舉六點以論孔子在中國文化史上之地位。本章前四節頗參採其意。唯輕重詳略之間，自有斟酌損益，不必盡同。

外在的規範，外在的標準。到了孔子，纔將禮統攝於內心的仁，以仁作為禮的根基。所以說：「人而不仁，如禮何！」（八佾）仁，不是外在客觀世界的物事，而是內在於人的生命之中的。它是人之所以成其為一個人的內在本質，是先天本有的，是可以在人的反省自覺中隨時呈現的。人而「不仁」，亦不是他生命中沒有仁，只是為形氣物欲所蔽，一時未能呈現而已。一念警策，仁心自現。所以孔子說：「仁遠乎哉！我欲仁，斯仁至矣。」（述而）

依照孔子的意思，仁的表現，不但是應當的，而且是可能的。他說：「有能一日用其力於仁矣乎，我未見力不足者。」（里仁）又說：「為仁由己，而由人乎哉？」（顏淵）又說：「君子無終食之間違仁。」（里仁）所謂「為仁由己」，表示人之「為仁」與否，乃是屬於人自身內部之事，是人的精神世界人格世界中之事。而「用力於仁」則表示人人皆可以主宰自己的生活行為，以從事道德的實踐和價值的創造。有了這個內在的人格世界之開發，人不但可以自己塑造自己、成就自己，而且還可以通出去：一方面「由內到外、由己到物」而層層擴充，使客觀世界與主體世界相溝通、相融和；一方面「由下而上、由人而天」而步步提昇，使超越的宇宙生命和我內在的精神生命通貫而為一。由此可知，「仁」既通內外，亦通上下；通物我，亦通天人。內在的人格世界與外在的客觀世界，實可由相隔而進到融和相通。了解了這個意思，就可以知道這內在的人格世界之開發，乃是孔子對中國文化以及世界文化一步最大的貢獻。茲再分二點，作一歸結：

1. 孔子不是在抽象的觀念中，而是在具體的生命中開闢了「質的、立體的、層層上達」的人格世界。他為人類開啟了「無限向上」之機，指出了一條康莊坦蕩的生命之途徑。

2.此一內在的人格世界，是通過反省自覺，人人自主地踐仁以成德、以知天，推己以及人、以及物，而完成的一個「主觀客觀通而為一」的生命之宇宙。

第二節　透顯「普遍的人間」之理念

「普遍」與「差別」，是一組相對的詞語。一個文化系統中的「人間」理念，如果含有階級、種族等等的差別性，則其所謂「人間」便是不平等的，不是「普遍的人間」。譬如古埃及、古希臘文化便欠缺普遍的人間之理念。能夠提供普遍而平等之人間理念的，是孔子、釋迦、耶穌。而孔子尤其平正而落實。茲分三點略作說明。

1.突破階級之限制：

孔子首先將政治階級上的君子小人之差等，轉化為品德上的君子小人之分判。君子的名分不繫於在位不在位，而繫於才德之有無。照孔子的意思，治國以才，為政以德，政治上的職位，應以才德為選用之準衡，而不能由固定的公族階級世代繼承。春秋「譏世卿」，正是發揮這個意思。自從孔子提揭此義，平民參政之路便隨之而漸次打開了。

2.主張賢者為君、天下為公：

孔子答問政，總是責備君卿大夫，從不歸咎於人民百姓。他認為政治權位，應由有德者居之；平民有德，則平民可居君位。因此，孔子曾公開宣稱他的弟子仲弓可以南面為君。由於孔子並不認為天下應歸於一家一姓，所以又有「天下為公」、「世界大同」之主張。春秋大義，一方面誅責「破壞統一、殘害百姓」之亂臣賊子，這是維持政治秩序的常理；一方面又「貶天子、退諸侯、討大夫，以達王事」（王事即王道），此則可以視為申張「天下為公」此一原則之筆法。

3. 超越種族與地方之畛域：

孔子心目中的「人」，是涵蓋一切人類而說的。所以除了「鳥獸」不可與同群，一切人類皆可相與共同生活。他一度「欲居九夷」[2]，認為「君子居之」，自可行禮義以移風易俗，「何陋之有」？春秋嚴華夷之辨，乃以禮義文化為前提，而並非基於狹義的種族界限。韓愈所謂「諸侯用夷禮，則夷狄之；夷狄進於中國，則中國之」。其言可謂深得孔子之旨。孔子「有教無類」，其立教實以天下為對象。他周遊列國，「仕以行義」，地無分東西南北，國無分魯衛齊楚，總是心在天下。而天下觀念，亦實即「普遍的人間」之理念。

第三節　對教育與為學之道的啟示

孔子依於「仁」的普遍性，而肯定教育的價值，亦肯定所有的人類（無分種族、階級、性別、貧富、貴賤）皆有受教育的權利。所以「有教無類」這一偉大的宣示，由孔子首先說出，固非偶然。教育的功能，深廣而永恆，無須列舉，亦無法形容。「內在的人格世界」之醒豁，以及「普遍的人間」之善化，都有賴於教育。所以「有教」而「無類」這句話，的的實實乃是人類真正的「福音」。

孔子不但積極肯定教育的價值，而且對教育的方法亦有偉大的啟示。就如現代教育家所津津樂道的誘導的教學方式、以及因材施教的個性教育，孔子在二千五百年前便已經身體力行了。

> 子曰：「不憤不啟，不悱不發，舉一隅不以三隅反，則不復也。」（述而）

朱注云，憤、是「心求通而未得」，悱、是「口欲言而未能」。一個人誠心向學，而有一竅未開，一間未達，此時自應給予啟示，使他意通而能悟。又有人焉，心有所悟而辭不能達意，此時亦須給予引發，使他辭達而能言。方角為隅，物之方者有四隅，舉示了東南角，則相對的西北角與其餘兩個角，都可以類推而知。其他事物亦皆可「以類相推」，由此而推彼，由正而推反，自能舉一反三，觸類旁通。這表示在為學的過程中——

---

2 子罕篇載孔子「欲居九夷」，韓國李朝大學者李栗谷（西元一五三六——一五八四，與張居正同時），以為蓋即指朝鮮而言。夫子本有「道不行，乘桴浮於海」之歎（公治長），故欲至海東以興教化也。

1. 必須有求知的真誠；
2. 必須有表達的意願和能力；
3. 必須舉一反三，依類推求。

如果說，一個為學的人竟然「不憤、不悱、不反」，豈不正是「飽食終日，無所用心」？這種人，自可暫且不予理會，以待他「知憤、知悱、知反」。由此可知，教者之啟發，實有待於學者之憤悱。否則，雖啟之頻頻，發之屢屢，亦將徒勞而無功。顏回說「夫子循循然善誘人」，正因為孔子自己好學，故能以各種方式誘導他人亦憤悱而好學。（譬如對鄙夫，叩其兩端而竭焉，亦是一種誘導之方式。）

同時，孔子又善於因人資稟才性之不同，而因材施教，個別裁成。譬如冉有資性較弱，所以教他「聞，斯行之」，以使他勇於進取。子路勇於行而或失之太過，所以告誡他「有父兄在」，應先稟告而後行；以使他收斂一點，不致過分孤意專行。再如「柴也愚，參也魯，師也辟，由也喭」（先進），亦各隨其資性稟賦之不同，而一一加以裁成，終於皆成大賢。孔子當然希望得到「中行」性格的人來任道傳道。但中行不可必得，所以亦有取於「狂狷」。[3]從各人不同的個性中，發現其長處優點而分別加以成就，這就是孔門之所以多賢了。

在為學之道方面，孔子留下很多的教訓，現在只就「學思並重」之意，以略說孔子求知之方。

子曰：「學而不思則罔，思而不學則殆。」（為政）

學、是吸收累積的工夫，思、是消化通貫的工夫。學習客觀方面的經驗，當然以見聞為主。見聞須廣博，但若不加簡別，便只是量上的雜多，未必皆信而有徵。所以孔子雖教人「博學於文」，但亦告誡人「多聞闕疑」，「多見闕殆」，並因杞宋文獻不足以徵驗夏殷之禮而致其感歎。這闕疑、求徵驗，其實就是思的作用。當然，思的工夫不止於此，它還須由已知以推求未知。這種推理的工夫，才是「思」的主要內容。孔子所謂「溫故而知新」（為政），「告諸往而知來者」（學而），以及子貢「聞一知二」，顏子「聞一知十」（公冶長），都是經由思考推理而獲得的結果。一個人如果不思，便不可能有推理的能力。所以孔子對於「舉一隅，不以三隅反」的人，不願再予教誨。但在此亦須明白一個道理：思考推理必須在知識事實的基礎上進行，而不可以懸空冥想。所以孔子又說：「吾嘗終日不食，終夜不寢，以思，無益：不如學也。」（衛靈公）由此可知，學思並重，交互為用，才是切實而完整的求知之方。

為學之道，除了求知識，還有「立德」一面。立德的方法，亦可以說就是開闢「內在的人格世界」之方法。這是屬於德性實踐的工夫。就孔子之教而言，這立德一面，尤為學問之中心。下文各章，將有較詳盡之論述，在此暫從略。

---

3 論語子路篇：「子曰，不得中行而與之，必也狂狷乎。狂者進取，狷者有所不為也」。

第四節　整理古文獻，賦予新意義

史稱孔子刪詩、序書、訂禮、正樂、贊易、作春秋。這個說法，今人每多致疑。然而論語明載孔子教弟子「學詩、學禮」（季氏），述而篇亦云：「子所雅言，詩書執禮，皆雅言也。」史記謂孔子以詩書禮樂教學，自可信從。而據子罕篇「子曰，吾自衛返魯，然後樂正，雅頌各得其所」之言，更知孔子確確實實對「樂」與「詩」作過訂正的工夫。再從孔子論禮之言，如禮之本，禮之用，人而不仁、如禮何，禮云禮云、玉帛云乎哉，損益三代、百世可知，以及三年之喪等等，又可知孔子常賦予「禮」以新的闡釋、新的意義。依類而推，孔子對於「書」，亦必有一番整理與闡述。而孔子因魯史而「作春秋」，在孟子書中早有明文，乃確然無疑之事。至於「易」，則問題比較複雜。論語書中有兩處提到易。易傳（十翼）雖然不是孔子親筆，但易傳的義理一定出於孔門。而且其中所引「子曰」之句，據徐復觀先生的仔細考證，認為「可信其多出於孔子」（參考中國人性論史錄二、第八節）。

孔子自稱「述而不作」。實際上，他是以述為作。賦予古文獻以新的解釋與新的意義，使它產生新的作用，表現新的價值，此便是「作」。

六經皆是古文獻，從某一個意義上指說「六經皆史」，亦未嘗不可；但經過孔子整理闡釋之後，這原本「皆史」的六經，便不再是史，而是「經」了。經，是常理常道。一旦成為經，便不可以只作史料看。

孔子訂正六經，儒家傳述六經，因而在文獻上奠定了中國文化的基礎。而孔子對於六經的整理與闡述，則更使六經本身「別開生面」——此便是孔子的創造。

第五節 「道之本統」的再開發[4]

「道統」這個名詞雖屬後起，但中國文化有一個一線相承之道，則是歷史的事實。從論語所載孔子盛贊堯舜禹之至德，言三代之禮的損益相因，以及「文王既沒，文不在茲乎」的感歎，皆可以看出孔子實已洞悟堯舜三代一線相承的立國之道。而孟子最後一章，更對由堯舜到孔子的道之傳承，作了明確的表示。[5]孔子的稱述，是對堯舜三代的反省，而孟子的反省，則推進一步以孔子接文王之傳。後世又一代一代繼續反省，終於提出「道統」之說。一經提出，則人同此心，口同此言，而民族文化所託命的道統，遂在念念之反省提醒中，繩繩

4 本節所說，義本牟宗三先生《心體與性體》（臺北、正中書局出版）第一冊綜論部第四章，請參看。

5 孟子盡心下末章載孟子曰：「由堯舜至於湯，五百有餘歲；若禹、皐陶則見而知之，若湯則聞而知之。由湯至於文王，五百有餘歲；若伊尹、萊朱則見而知之，若文王則聞而知之。由文王至於孔子，五百有餘歲；若太公望、散宜生則見而知之，若孔子則聞而知之。由孔子而來，至於今，百有餘歲。去聖人之世，若此其未遠也，近聖人之居，若此其甚也；然而無有乎爾，則亦無有乎爾。」在此，孟子雖未用道統二字，而敘述道之傳承，其統緒已極為明確。後儒言「道統」，實本於此。

相繼，守護勿失。

堯舜三代一系相承的道統，到孔子時有了一步創闢性的突進。而其創闢突進的關鍵，是在於道的本質內容之自覺，通過此一自覺而開闢了一個精神的領域，這就是孔子所立的仁教。以孔子的仁教與堯舜三代的政規業績合起來看，便是所謂「內聖外王之道」。「外王」的初義，是源自堯舜三代的政規；而「內聖」一面的彰顯，則始於孔子之「立仁教」。單就堯舜三代的政規而言，是「道之本統」，繼之以孔子的仁教，通合起來便可稱之為「內聖外王之道」。所以，內聖外王之道的成立，正表示孔子對於「道之本統」的開發與重建。

王者的禮樂典制，是業績；而所以構造此禮樂典制的指導原則，則是道。業績不可傳（其人存則其政舉，其人亡則其政息），可傳的是「道」。周公順王者政教之跡而構造「周文」（制禮作樂），是據事以制範（凝成道之本統）。孔子立仁教，是反身上提以透顯形上的仁義之心，予周文以超越的解析與安立（故曰人而不仁，如禮何，如樂何），這是攝事以歸心。至此，道之所以為道的本質內容）——仁義之心，始具體而明確地點示出來。所謂長龍點睛，全龍皆活。而中國文化的精神方向，亦因孔子之立仁教而獲得貞定。前文所謂「孔子開發了中國文化的長江大河，永遠灌溉中國民族的心靈」；這句取譬之言，正應從這裡了解。

孔子以後，曾子、子思、孟子、中庸、易傳之傳承，都是本於孔子的仁教（亦可曰孔子之傳統）而展開。而其中以孟子為中心。孟子講仁政王道，其器識自足以籠罩外王，但孟子學的核心及其最大的貢獻，則是落在挺立內聖之本這一點上。宋儒興起，亦是承此內聖之學，而繼續發展，其重點與中心點亦仍然落在內聖之本的挺立處。（雖然宋明諸大儒從未忽視外王，其器識亦足以籠罩外王，但全盤地通過歷史文化之反省來看，畢竟還是內聖強而外王弱。）從孟子下及宋明儒者的內聖成德之學，乃是孔子仁教最本質亦最順適的發展。他們把握了「道」的內在而本質的意義、以從事正本清源的工作（開發道德之根，價值之源），亦開出了道德實踐的工夫入路、顯立了道德實踐的最高歸宿（成聖人、成仁者，與天地萬物為一體）。因此，宋明儒學確實是上承孔子之仁教，而完成的最有永恆價值的一步發展。

至於外王一面，在以前是聖君賢相的方式，外王是由內聖直接推出來。又由於中國傳統政治沒有開出客觀法制化的「政道」，中國文化亦沒有充分透顯知性主體（沒有開出知識之學的傳統），所以外王之道一直未能獲得充分的完成。當前儒家第三期的文化使命，除了內聖成德之教的承續與光大之外，主要就是集中於開出新外王（含政治、事功、知識三層），以期「內聖外王之道」中的「外王」一面，亦能如同「內聖」一面之充其極[6]。

6 關於儒家當前的文化使命，牟先生的《歷史哲學》、《道德的理想主義》、《政道與治道》三書，以及拙著《新儒家的精神方向》，皆有論及，併請參看。（以上各書，皆由臺北、臺灣學生書局出版）

第三章 孔子理論的形成與引申

第一節 理論發生的背景

孔子身當春秋後期，春秋時代最有代表性的觀念是「禮」。禮的原初義，當然與祭祀有關，禮這個字亦本是從豐字發展而來。由意指「行禮之器」的「豐」（後簡化為豊）字，發展到意指「祭祀者之行為儀節」的「禮」字，再拓展到包括「法制、規範」的意義，乃是經過西周三百餘年的演變而漸次形成的。到了春秋時代，在說明「禮」的內容意指時，便已脫離了原始宗教的意味，而成為一個涵蓋全幅人文世界的共同理念了。所以徐復觀先生直稱春秋時代為「以禮為中心的人文世紀」。

據徐先生的考察[1]，尚書周初文獻中出現五個「禮」字，皆指祭祀的儀節而言；又出現十個「彝」字，歸納起來，包括有「常、法典、規範、生活威儀」等意義。這些全係人文觀

1 參看徐復觀先生著《中國人性論史》第三章二三兩節。

念，大體是承尚書洪範的「彝倫」觀念而來。周初之時，對「殷禮」「殷彝」二者分別得很清楚，殷禮指祭神，殷彝則指威儀法典。至於春秋時人所謂「周公制周禮」，以及孔子在論語中所說的「殷禮」，則已綜合了周初所說的「殷禮」「殷彝」二者的意義，可視為「彝」向「禮」的移殖擴充。

同時，春秋時代的許多道德觀念，幾乎都由禮加以統攝。(1)敬是周初最重要的道德觀念，到春秋時代，則經由彝觀念的溝通轉手，而與禮關聯在一起。如左僖公十一年「敬，禮之輿也，不敬則禮不行」。成公十三年「禮，身之幹也，敬，身之基也」。(2)忠信與禮相關聯。如成公十五年「信以守禮，禮以庇身」。昭公二年晉叔向謂「忠信，禮之器也」。(3)昭公二十六年晏子謂「君令、臣恭、父慈、子孝、夫和、妻柔、姑慈、婦聽，禮也」。這個講法，更將所有的人倫道德皆統歸到禮的範圍之中。

此外，到了春秋後期，已開始出現區分禮與儀的言論。左傳昭公五年載：

> 晉侯（平公）謂女叔齊（司馬侯）曰：「魯侯不亦善於禮乎！」對曰：「魯侯焉知禮？」公曰：「何為？自郊勞至於贈賄，禮無違者，何故不知？」對曰：「是儀也。禮所以守其國，行其政令，無失其民者也。……而屑屑於習儀以亟，言善於禮，不亦遠乎？」君子謂叔侯於是乎知禮。

禮的功能，首在建立政治社會之秩序。女叔齊所謂「守其國、行政令、無失民」，正指此義。而左傳隱公十一年所載君子之論言：「禮，經國家、定社稷、序民人、利後嗣者也」，義亦同此。女叔齊指出「禮」與「儀」之不同，以為儀文種種皆屬屑屑末節，唯有「秩序性」才是禮之本義。這個分別，使禮之意義有了進一步之發展。而從末句「君子謂叔侯於是乎知禮」看，可知女叔齊的見解，亦是當時君子共許之義。至於再進一步，明確地指出禮的實質，以建立禮的真實基礎，則有待於孔子。

第二節 理論形成的關節

1. 攝禮歸義：[2]

論語記載孔子論禮之言甚多。對於儀文一面，孔子雖不廢棄，但儀文既不關乎禮之本義，自可斟酌損益，隨宜改變。

子曰：「麻冕，禮也。今也純，儉，吾從眾。拜下，禮也。今拜乎上，泰也。雖違

---

2 「攝禮歸義」「攝禮歸仁」二詞，係勞思光先生所提出，見於其所著之《中國哲學史》（臺北、三民書局出版）第一冊頁五十八。茲亦借取之以說明孔子理論形成的關節。至於「仁」之實義，以及「性與天道」諸問題，則須另作進一步之闡釋與疏解，將於以下各章次第說明。

眾，吾從下。」（子罕）

麻與純（絲）所關涉的，乃是製造冠冕之材料與手工繁簡的問題，這與拜下或拜乎上，都只是具體設施的儀節，並非禮之本義所在，所以不必拘泥。但禮無大小，皆須求其合理合宜。或「從眾」，或「違眾」，皆應從行為之是否合理來考慮。傳統的「麻冕」，時俗的「拜乎上」，既不合宜合理，所以皆可依事理之宜而斟酌變通。說到這裡，乃接觸到禮之實質（或基礎）的問題，亦即林放所謂「禮之本」的問題。

林放問禮之本，子曰：「大哉問！禮，與其奢也，寧儉；喪，與其易也，寧戚。」（八佾）

孔子的回答，指出奢侈鋪張（奢）、禮儀完備（易），外有餘而內不足，其本將亡；儉約簡樸（儉）、哀戚慘怛（戚），則外不足而內有餘，其本尚存。禮雖以「本末兼顧、內外兼盡」為貴，但當於內在之「質」與外在之「文」二者之中取其一時，則寧可「儉、戚」，以保住禮之實質（本）。孔子舉兩端以啟迪林放，意在使他先知禮之意，而後自加斟酌以得其宜。於此可見，禮之真實的基礎，是落在合理合宜上。而合理合宜，即是所謂「義」。

子曰：「君子義以為質，禮以行之，孫以出之，信以成之，君子哉。」（衛靈公）

禮是君子所守的生活規範，但君子的實質，卻不在「禮」，而在「義」。此所謂「義以為質，禮以行之」，可視為孔子對於「禮」與「義」之關係最明顯的說明。質、實也。以今語言之，即所謂「實質」之意。義這個實質，通過禮而踐行於外，所以禮是義的表現，義便是禮的實質或基礎。

禮由義而出，故後來禮記禮運亦說「禮可以義起」。何以說「禮由義出，禮以義起」？因為禮代表生活秩序，而人之所以要有生活秩序（大而至於典法制度，小而至於生活儀節），則是由於人之要求正當合理、以期表現生活意義和成就人文價值。而價值的準據，既不能求之於歷史事實與社會事實，亦不能求之於個人的生理心理與生活方面之事實；唯有人自覺地求正當合理的意識，才是價值標準的根據。由此可知，傳統、信仰、習俗，皆不足以作為禮的基礎，唯有人要求正當合理的這個「正當合理性」（義），才是禮的基礎。

總括地說，禮的本義是一生活秩序，故「禮」觀念即是「秩序性」觀念。一切秩序的具體內容（儀節之文），皆可依「理」而予以改變，這個「理」（正當合理性）即是孔子所說的「義」，而禮的基礎正在於此。孔子提出「義」觀念，使禮的基礎歸於自覺。在理論的進程上說，是謂「攝禮歸義」。但這只是第一步，孔子對於禮的價值之規定，還有比義更深一層的「仁」。

2. 攝禮歸仁：

論語記孔子答子貢之問仁，曰：「夫仁者，己欲立而立人，己欲達而達人。」據此，則

「仁」乃是化除私欲，視人如己的大公境界。除私欲，立公心，是純自覺的活動，故大公境界亦是自覺的境界。在這裡，既不假外求，亦不受約制，所以孔子又說「仁遠乎哉，我欲仁，斯仁至矣」。在「欲仁、仁至」處，即可見出人之自覺主宰性。

前文曾說，人之所以要有生活秩序，是由於人要求正當合理。現在可以推進一層說，人之所以要求正當合理，是由於人能立公心。公心不立，則必蔽於私意、溺於私欲；公心既立，自能循乎理而盡其分。立公心是仁，循理盡分則是義。後來孟子以仁為「人心」，義為「人路」，又說「居仁由義」，實最能闡發孔子之仁義觀念。因為能立公心（居仁）者，在實踐中必求正當合理（由義而行）；故知「仁」是義的基礎，「義」則是仁的客觀顯現。義之依於仁，猶如禮之依於義。說到這裡，乃可進而說「禮」與「仁」之關係。

> 顏淵問仁，子曰：「克己復禮為仁。一日克己復禮，天下歸仁焉。為仁由己，而由人乎哉！」顏淵曰：「請問其目。」子曰：「非禮勿視，非禮勿聽，非禮勿言，非禮勿動。」（顏淵）

此章義旨甚深。在這裡，只藉以顯示禮與仁之關係。克己即是去私，復禮即是循理。人能不徇私欲而歸於禮，即可依於他求正當合理的意志方向，而進行實踐活動（循理而行）；在這自覺地循理而行的實踐之中，公而無私的仁心自能隨時顯現。所以說「克己復禮為仁」。綜上所述，禮以義為實質，義又以仁為基礎。三者相循而溯其本源，乃可推進一步說：仁是禮的基礎，禮是仁的表現。此之謂「攝禮歸仁」。因此，孔子又說：

「人而不仁，如禮何！」（八佾）

禮者仁之表，仁者禮之基。不仁之人既不能立公心，自然發不出要求正當合理的意識，因而亦建立不起禮的秩序。因為秩序性（禮）依於正當合理性（義），而要求正當合理又是依於人之公心（仁）。以是，人而不仁不義，必不能守禮行禮。這「仁、義、禮」三者，乃合成為孔子的基本理論。

第三節 理論之引申與應用

將禮攝歸於義，攝歸於仁，乃是孔子理論形成的關節。進一步由「禮」而通向正名，以解決政治問題；由「義」而通向直道，以透顯價值原則；由「仁」而顯發為忠恕，以開出成己成物的德性工夫之路道；則是孔子理論之引申與應用。[3]

3 禮與正名之關係，近人蕭公權之《中國政治思想史》曾言及之。而由義通向直道，則是義理上很自然之引申。至於曾子以忠恕發明孔子之仁道，更為古今學者所共知。勞著《中國哲學史》合此三者以言孔子之引申理論，自為有見。本節亦頗參採其說，唯輕重損益之間，則互有異同，讀者自能察之。

一、禮與正名

上文說過，禮之功能，首在建立政治與社會人間的秩序，故名分名實之問題，固是直接與禮相關者。孔子的正名主義，實由禮而引申出來。

依周文之義，禮樂征伐之權出自天子。但東周以還，王室日趨衰微，禮樂征伐之權，逐漸下降於諸侯、大夫之手。最後，大夫之家臣亦居然執掌國家之政令矣。論語載：

> 子曰：「天下有道，則禮樂征伐自天子出。天下無道，則禮樂征伐自諸侯出。自諸侯出，蓋十世希不失矣。自大夫出，五世希不失矣。陪臣執國命，三世希不失矣。天下有道，則政不在大夫。天下有道，則庶人不議。」（季氏）

制禮作樂，征伐叛逆，本皆天子之事。如今大權旁落，每況愈下，依周文而建立的政治秩序，在層層僭位侵權的情勢下，遭受全面的破壞。孔子於此通論天下大勢，正透露了他所以要重建周文（禮樂文制）的理由，亦表示了他對政治問題的基本觀點。「禮樂征伐自天子出」，是代表政治秩序之確立。反之，則表示禮制秩序之崩壞。孔子既以「僭位、侵權」為政治秩序崩壞之主因，則欲建立政治秩序，自必以「正位分、不侵權」為首要之務，此便是他的正名主義。

> 齊景公問政，孔子對曰：「君君、臣臣、父父、子子。」（顏淵）

這是孔子首次表露正名的主張。君、臣、父、子，各有其位，各有其名，因而亦各有其分。所謂「君君」，意即有君之名的人，就必須盡到君之職分，完成君之任務；同時，為君者亦只能相應君這個名分，以享其為君之權利。其餘「臣、父、子」以及居人間社會各種名位者，皆同此解。循其「名」以求其「實」，始能名實相應、名實相當。孔子的說法，是一個「形式的、原則的」表示，並沒有涉及君臣父子之權利義務的內容。蓋權利義務無論如何劃分、如何決定，名分、權分總是必須遵守者。這是普遍而永恆的真理，古今中外莫不皆然。而且，只要人類社會存在著不同的職分，孔子之言便永遠成立。（君臣之名雖可改變，但改變以後仍有其名如總統、部長之類。有名，便必然有因名而來之分（實），亦必然要各盡其分以正其名實。）

> 子路曰：「衛君待子而為政，子將奚先？」子曰：「必也正名乎？」子路曰：「有是哉！子之迂也。奚其正？」子曰：「野哉！由也。君子於其所不知，蓋闕如也。名不正則言不順，言不順則事不成，事不成則禮樂不興，禮樂不興則刑罰不中，刑罰不中則民無所措手足。……」（子路）

為政以「正名」為本。舉凡言論之順達、政事之成功、禮樂之設施、刑罰之中度，以及人民生活秩序之安定，皆以正名為始基。孔子論正名之意，以此章最為詳備。孔子以為名不正的結果，最後必使百姓生活失度、手足無措。而正名的目的，正為建立生活秩序，以使天下人各安其位，各盡其分；此則必須在一統一的秩序中始有可能。若無統一秩序，則無統一規範，而權利義務亦將隨事實條件而變易；既然一切訴諸實力，則將無是非曲直之可言。因此之故，孔子必然主張恢復統一秩序。他念念不忘周文，即以此故。

但政治秩序不可由強力建立，故凡涉及具體的政治主張，孔子必然反對強力，反對戰爭[4]，反對經濟掠奪，反對殘暴統治，而強調禮樂教化，主張以德服人。如顏淵篇答季康子「政者，正也。子帥以正，孰敢不正？」「子為政，焉用殺？子欲善而民善矣。」憲問篇稱讚管仲「九合諸侯，不以兵車」。以及季氏篇所謂「不患寡而患不均，不患貧而患不安」「均無貧，和無寡，安無傾」，「遠人不服，則修文德以來之」。此種「以道德指導政治」之觀念，對後世儒者之政治思想，影響甚大。

二、義與直道

論語載孔子論「直」之言，見於下列各章。

子曰：「人之生也直，罔之生也幸而免。」（雍也）

朱注引程子曰：「生理本直。罔，不直也，而亦生者，幸而免爾。」生命原則（生之理、生之道）本是直而無曲的。一個枉曲失軌、脫離生命原則的人，當然不可能成就有價值的人生。

> 子曰：「吾之於人也，誰毀誰譽？如有所譽者，其有所試矣。斯民也，三代之所以直道而行也。」（衛靈公）

天下之民，其「生」本「直」，又經三代之禮樂教化，雖或「日用而不知，習焉而不察」，卻皆由直道而行。此所謂「直道」，意指「善其善而惡其惡」。若是稱人之惡而失其實，便是「毀」；揚人之善而過其情，便是「譽」。毀與譽，皆有違「直道」，不能算是合理合宜的行為。孔子從來不以自己主觀之好惡而毀人譽人，所以說「吾之於人也，誰毀誰譽」？當孔子亦讚譽某一人時，必是其人有善德可稱，有善行可為徵驗。由此可知，毀譽之事，必須不悖情實，才算合乎「直道」。孔子曾說「唯仁者能好人、能惡人」。好惡皆得其正，便是直道。

> 或曰：「以德報怨，何如？」子曰：「何以報德？以直報怨，以德報德。」（憲問）

所謂「以德報怨」，說起來似乎襟懷寬大，但卻並不合理合宜。人有「怨恨」於你，你以「德」報之；人有「恩德」於你，你將何以為報？若說亦以德報之，則「恩德」與「仇怨」又如何分別？二者能等同並論嗎？所以孔子說「以直報怨，以德報德」。如此，才算

---

4 按，孔子雖反對戰爭強力，但卻主張以軍隊「保衛秩序」與「討伐有罪」。如齊陳成子弒其君，孔子即請求魯哀公出兵討之。（見論語憲問篇）

「合理」，才算「合宜」，才能透顯價值的標準。據此可知，「直」乃意指「合理、合宜」，合理合宜之謂義，故直道即是義道。

若問這個「直道」當如何求其實現？今可舉論語攘羊章為例，作一說明。

> 葉公語孔子曰：「吾黨有直躬者，其父攘羊，其子證之。」孔子曰：「吾黨之直者異於是，父為子隱，子為父隱，直在其中矣。」（子路）

葉公以為其人指證事實，不顧父子之情，可以為直。孔子以為其人罔顧天倫，視父如同路人，棄情悖理，不得為直。葉公據「事實」以言「直」，其直只是事實之真，而非價值之善。孔子從「合理合宜」以言「直」，這種直才能保住價值之原則，以成就行為之合理合宜。謝上蔡謂「順理為直」（朱注引）。今可更進一解曰「合義為直」（直道即義道）。孔子之意，正是為了要成就「理」，成就「義」。此章所說，實透露出孔子對於價值之判斷與價值之實現，有其特殊之規定，是即：

價值必須通過具體的「分、義」而完成。

不同的人面對同一件事，都有各不相同的分義（不同的責任或義務），因此，不能直接以「證人攘羊」為直，而應該說依各人之分義，而或「證」成「隱」，始得為「直」。

有人據此章而以為孔子提倡父子私情，這當然是誤會。又有人引「大義滅親」以為說，那更是不知大小輕重的夸奢之論。須知必據「大義」而後始可言「滅親」，而證父攘羊豈得為大義？抑豈得為義乎？蓋「愛親」出乎天性，而「證父攘羊」既非人子之天職，且將傷害父子之恩情。不證父攘羊，並無虧於為人之道；而證父攘羊，又豈得為合義之行？若說「父為子隱，子為父隱」，豈非抹煞事實之真？曰：其父攘羊，別人可以作證，有司可以訪查，何至抹煞事實？何況，即使現代之司法，亦承認而且尊重人「不出庭作證」之權利與自由，然則，孔子就「攘羊」這件事，而說「父為子隱，子為父隱」，尚有何可議之處！須知行為之合理合義，並非「照實直說」便可成就；而必須隨各人之「位分、立場、處境」，分別事情之「本末輕重先後緩急」，以各盡其「分、義」，乃能有當於理，有合於義。當於理，合於義，乃能「直在其中」。

又如忠孝不能兩全時，盡忠乎？盡孝乎？照通常的道理，當然是移孝作忠，為民族盡大孝。但我們必須同時知道：忠孝，並不是抽象的觀念，乃是道德的行為。而道德行為的優先性，不能根據抽象的觀念原則來決定，而必須在具體的「分、義」上來作考量。岳飛和李密（陳情表之作者），二人處境不同，職分不同，所以一個盡忠，一個全孝。他們的取捨並不同，卻皆屬「直道而行」、「由義而行」。可見價值的完成，不能離開具體的分義。儒家特重「因時因地因人因事」而措其宜，亦是此意。

三、仁與忠恕

論語載：

子曰：「參乎，吾道一以貫之。」曾子曰：「唯。」子出，門人問曰：「何謂也？」曾子曰：「夫子之道，忠恕而已矣。」（里仁）

此章有二個關鍵性的問題，一是孔子所謂「道」指何而言？一是以忠恕釋孔子一貫之道，是否有孔子平日的教言作為依據？茲先引論語詞意較為明顯之一章，以見孔子言道之意。

子曰：「富與貴，是人之所欲也，不以其道得之，不處也。貧與賤，是人之所惡也，不以其道得之，不去也。君子去仁，惡乎成名？君子無終食之間違仁，造次必於是，顛沛必於是。」（里仁）

此章前半指出，君子之立身，只以「道」為準則，至於貧富貴賤，皆可不予計較。而後半緊接著便說「仁」，可知孔子所意謂的「道」，乃依於「仁」而顯立。一切要「以其道德之」，意即一切要依「仁」以定取捨。仁，即是「不可須臾離」的正道。至於「仁」與「忠恕」的關係，則可以從仲弓問仁章得到一個線索。

仲弓問仁，子曰：「出門如見大賓，使民如承大祭。己所不欲，勿施於人。」（顏淵）

孔子的答言，前二句是表示恭慎誠敬之義，恭慎誠敬，乃是盡己之心，而盡己之謂「忠」。後二句「己所不欲，勿施於人」，則本是孔子釋「恕」之言。（見下文引論語衛靈公篇孔子答子貢語。）可見此章孔子答仲弓之言，實亦含有「以忠恕釋仁」之意。然則，曾子以忠恕闡釋孔子「一以貫之」之道，與孔子平日之教言，意實相承。孔子踐仁以成德，而成德工夫的路道，亦正可以簡括為曾子所說的「忠恕」二字。茲列一表以助解：

忠恕一貫	盡己之謂忠	反求諸己	內（主觀面）	成己	仁道（合內外）
	推己之謂恕	推己及人	外（客觀面）	成物	

據此表之意，可知仁道實通內外：內以成己，外以成物。而曾子所說的「忠恕」，正好把這「成己成物」的實踐途徑，扼要而中肯地表述出來了。

在此，還須對孔子言「恕」之意，作一說明。

> 子貢問曰：「有一言而可以終身行之者乎？」子曰：「其恕乎！己所不欲，勿施於人。」（衛靈公）
>
> 子曰：「……夫仁者，己欲立而立人，己欲達而達人。……」（雍也）

據此二章，孔子言「恕」，實有二面之意義。⑴是「己所不欲，勿施於人」。這雖是

「恕」的消極義，但卻是基本義。大學所謂「絜矩」之道，亦是此義。[5]這個道理（原則）可以「終身行之」，而不會引生任何弊害。⑵是「己立立人，己達達人」，這是「恕」的積極義。有了⑴⑵二義之恕而交相為用，「仁」就可以通出去以潤人潤物、淑世濟民。所以王船山說「恕，仁之牖也」。

民國以來，常聞人稱羨西方宗教「己所欲，施於人」之金律，以為比孔子「己所不欲，勿施於人」之恕道更好，更有積極救世之精神。其實，這是一知半解的說法。第一、他們不知道孔子所謂「恕」，除了「己所不欲，勿施於人」，還有「己欲立而立人，己欲達而達人」之積極義。第二、他們也不了解「己所欲，施於人」這個單向原則，會形成僻執而帶出很大的弊害。西方宗教所表現的狂熱正由此而來。他們以自己之所欲（信主信神以得救），狂熱地強施於人。在他們自己，或是出於一番好意，而結果，卻必不可免地干涉到別人信仰之自由。他們總以別人之所信為異端，而加以貶視，加以排斥，終而乃有迫害異教徒之事。明乎此，則恕道與金律孰愈？不待辯矣。

5 按，大學云：「所惡於上，毋以使下；所惡於下，毋以事上；所惡於前，毋以先後；所惡於後，毋以從前；所惡於右，毋以交於左；所惡於左，毋以交於右；此之謂絜矩之道。」絜，度也。絜矩之道，亦即孔子所說的「己所不欲，勿施於人」的恕道。

第四章 孔子言「仁」的實義

第一節 論語言「仁」之形式的考察

「仁」這個字在孔子以前就有了。周公在尚書金縢篇中有「予仁若考」，詩經鄭風叔於田有「洵美且仁」，左傳大約出現三十個左右的仁字，而這些仁字（如「親仁善鄰」、「幸災不仁」、「仁以接事」之類），大體是意指「仁愛、仁厚」之德[1]。到了孔子，才賦予「仁」以更為深廣的意義。所以要想把握「仁」的真實函義，還得從論語書中求了解。

程伊川曾教人「將聖賢所言仁處，類聚觀之，體認出來。」[2]此意甚善。茲將論語所載孔子答弟子問仁之言錄列於此，先作一個形式的考察。

1.顏淵問仁，子曰：「克己復禮為仁。一日克己復禮，天下歸仁焉。為仁由己，而

---

1 參看徐復觀先生《中國人性論史》（臺北、商務版）頁九十。

2 見二程遺書第十八、伊川先生語四。

由人乎哉！」……（顏淵）

2.仲弓問仁，子曰：「出門如見大賓，使民如承大祭。己所不欲，勿施於人。在邦無怨，在家無怨。」……（顏淵）

3.子貢曰：「如有博施於民，而能濟眾，何如？可謂仁乎？」子曰：「何事於仁，必也聖乎！堯舜其猶病諸。夫仁者，己欲立而立人，己欲達而達人。能近取譬，可謂仁之方也已。」（雍也）

4.樊遲問仁，子曰：「愛人。」……（顏淵）

5.樊遲問仁，子曰：「居處恭，執事敬，與人忠；雖之夷狄，不可棄也。」（子路）

6.子張問仁，子曰：「能行五者於天下，為仁矣。」請問之，曰：「恭、寬、信、敏、惠。……」（陽貨）

7.（樊遲）問仁，（子）曰：「仁者先難而後獲，可謂仁矣。」（雍也）

8.司馬牛問仁，子曰：「仁者其言也訒。」……（顏淵）

從以上各章，我們可以看出二點意思：

第一、孔子並沒有將「仁」視為固定的德目：「克己復禮」是仁，「見賓、使民」之敬與「不欲勿施、己立立人」之恕，亦是仁。「愛人」是仁，「恭、敬、忠」，「恭、寬、信、敏、惠」，亦可以表示仁。此外，「先難而後獲」與「其言也訒」，亦可稱為仁者。

第二、孔子亦沒有從字義訓詁上解釋「仁」：如果從字面上看，以上各章之答語，似乎沒有一個字是與仁有關的。唯一的例外是以「愛人」答樊遲問仁，愛與仁有字義上之關聯。但以愛解釋仁，乃是最淺顯的回答，而意思亦是很通泛的。而且樊遲三次問仁，孔子的答語皆不同：一次答以愛人，一次答以恭敬忠，一次則答以先難後獲。這表示：⑴仁的意義並不能以字義訓詁決定，⑵仁不是一個固定的德目，⑶仁的意指不容易把握（所以才三次發問）。

除了答弟子問仁，孔子還有一些論仁的話：

1. 子曰：「唯仁者能好人，能惡人。」（里仁）
2. 子曰：「剛毅木訥，近仁。」（子路）
3. （原憲問）：「克伐怨欲不行焉，可以為仁矣？」子曰：「可以為難矣！仁，則吾不知也。」（憲問）
4. 子路曰：「桓公殺公子糾，召忽死之，管仲不死，曰，未仁乎？」子曰：「桓公九合諸侯，不以兵車，管仲之力也。如其仁，如其仁。」（憲問）
5. 子貢曰：「管仲非仁者與？桓公殺公子糾，不能死，又相之。」子曰：「管仲相桓公，霸諸侯，一匡天下，民到於今受其賜。微管仲，吾其被髮左衽矣！……」（憲問）

6.子曰：「回也，其心三月不違仁。其餘則日月至焉而已矣。」（雍也）

7.宰我問三年之喪……子曰：「食夫稻，衣夫錦，於女（汝）安乎？曰，安。（曰：）女安則為之。夫君子之居喪，食旨不甘，聞樂不樂，居處不安，故不為也。今女安，則為之。」宰我出，子曰：「予之不仁也。……」（陽貨）

8.子曰：「巧言令色，鮮矣仁。」（學而、陽貨）

9.子曰：「不仁者不可以久處約，不可以長處樂。仁者安仁，知者利仁。」（里仁）

10.子曰：「知者樂水，仁者樂山；知者動，仁者靜；知者樂，仁者壽。」（雍也）

11.子曰：「知者不惑，仁者不憂，勇者不懼。」（子罕）

12.子曰：「仁者必有勇，勇者不必有仁。」（憲問）

以上各章，仍然沒有用「字義訓詁」或者「下定義」的方式說仁，而是從如何是仁，如何是不仁，以及仁者如何如何，不仁者如何如何，來指點「仁」。有幾章將「仁」與「知（智）、勇」並列地說，似乎是把仁作德目看。仁，自然亦有德目的意義，但卻不能把仁看做「固定」的德目。仁，一方面不為任何德目所限定，而從另一面看，則任何德目又皆足以指點仁。仁是超越一切德目之上，而又綜攝一切德目的。所以仁是「全德」之名。[3]

第二節 從「勉仁」之言看仁的實踐性

仁，是普遍的原則，但卻不是抽象的概念，所以不能下定義[4]，而必須落實在生活上來講。由此可知，仁是不能離開「實踐」的。以下試再引據孔子勉仁之言，以見仁的實踐性。

1. 子曰：「苟志於仁矣，無惡也。」（里仁）
2. 子曰：「……君子去仁，惡乎成名？君子無終食之間違仁，造次必於是，顛沛必於是。」（里仁）

仁，是生命的本體，要使這個本體在我們生活中呈現，就必須通過實踐，此便是「為仁」或「踐仁」。踐仁以成德，乃是各歸自己的事。所以踐仁工夫的第一步，便是自覺。這

3 按，仁為全德之名，乃古今學者所同證。至於仁與其他德目之關係，則將另列「仁與眾德」一章，加以討論。

4 牟宗三先生嘗謂：仁，決不能下定義。孔子用「存在」的路往裡進，才可以講。這種關乎人生的道理，的的確確不能用理論的方法來講。王陽明的「良知」，現代人口中常提及的「愛」，都是下不得定義的，不能離生命生活而講的。唯有「當下指點」，讓你有個感受，而後知其為何物。就是當下知其為何物之時，亦無法用言語字眼形容出來——就因為那不是抽象的「理」，不是無時空性的「概念」；而是步步與現實生活、與精神生命上升或下降息息相關的一種「表現」。（引見〈存在主義入門〉一文頁一六。文編入《存在主義與人生問題》一書。香港大學生活社出版。）

步自覺，亦即古人所謂「立志」。志是心之所向，人能自覺地企向乎仁，便是「志於仁」。志於仁則滿心而發的皆是真實無妄的善念，故曰「苟志於仁矣，無惡也」。行志，必須始終貫徹，不可因利害得失而稍變初心，所以孔子又說「君子無終食之間違仁，造次必於是，顛沛必於是」。倉卒匆遽之間，顛沛流離之際，人往往違其初衷，改其素志，以為苟且之行。但君子之所以為君子，其最吃緊的關鍵正在「無所苟」。人一旦違背生命原則而為苟且之行，便是墮志失義。一個放棄生命原則（違仁、去仁）的人，當然不能成就君子之名。

3.子曰：「仁遠乎哉？我欲仁斯仁至矣。」（述而）

4.子曰：「……有能一日用其力於仁矣，我未見力不足者。蓋有之矣，我未之見也。」（里仁）

5.子曰：「民之於仁也，甚於水火。水火，吾見蹈而死者矣，未見蹈仁而死者也。」（衛靈公）

仁，是天所與我者，它普遍地存在於每一個人的生命之中。一念警策，則仁心自然呈現，所以說「仁遠乎哉，我欲仁斯仁至矣」。孔子認為，有一些事可能為人力所不及，但「用其力於仁」則「未見力不足者」。而且，仁乃生命所必需的，其必需性超過生活所必須的水火。水火無情，人有蹈之而死者；仁則是生命的原則，蹈仁乃是踐行生命的原則，自不至於發生不可測的危險性，故曰「未見蹈仁而死者」。

6. 子曰：「志士仁人，無求生以害仁，有殺身以成仁。」（衛靈公）

7. 子曰：「當仁，不讓於師。」（衛靈公）

8. 曾子曰：「士不可以不弘毅，任重而道遠。仁以為己任，不亦重乎！死而後已，不亦遠乎！」（泰伯）

一個人的生命是否有價值，實繫於他能否實踐仁、表現仁。人的個體生命雖然有限，但如能表現仁，以成為有道的生命，則亦可以由有限進到無限。踐仁的意義，正在於以有限的生命創造無限的價值。因此，在必要的時候，人可以放棄生命，以成就道德，完成人格價值。這就是孔子所謂「殺身成仁」。「殺身」以成仁，是自覺的，是在自我主宰之下所作的最高選擇。這是生命的提升，亦是人格價值的創造。在這個關口上，既沒有人可以支使我，亦沒有人可以取代我。所以孔子又說「當仁，不讓於師」。但這裡應該注意，必須當仁，才可以說不讓。若是未經價值之自覺判斷，則「不讓」便成為蠻橫而肆無忌憚了。孔子「當仁」之義，曾子甚能加以發揮。所謂「仁以為己任」，無論就一己之踐仁（主觀實踐）或行仁道於天下（客觀實踐）而言，皆是無限的實踐過程，皆是死而後已的事。所以必須具有弘大深廣的器識與剛毅強忍的性行，乃能任重而致遠。曾子此章所說，最見儒者剛大弘毅之氣象。而其自勉勉人之意，尤為肫懇而深至。

第三節　踐仁成聖的路道

踐仁以成德，而成德的最高境界是「聖」，所以儒家實以「踐仁成聖」為道德實踐的目標。孔子開創「踐仁成聖」一路，乃是中國文化史上一步大躍進。上文第一節，意在對孔子之言「仁」先作一形式的考察，在此，當進一步擇要地述其義旨，然後再徵引孔子自述之言，以見踐仁成聖的路道。

顏淵問仁，孔子答以「克己復禮為仁」。這是教人克去己私，以復其本然之天則（禮），使視聽言動，皆依此天則而行。通過克己復禮的工夫，則仁心昭顯，自能感通出去，而天下事物亦在仁的感通涵潤之中而歸於仁。故曰「一日克己復禮，天下歸仁焉」。天下歸仁，是說天下的「人、事、物」皆歸於仁的原則，歸於仁的道路。「歸仁」是緊承「一日克己復禮」而說，所以並不意指是實踐的最後效果，而是象徵一個光明的開端。這個開端，始於人之克己復禮，是人自覺地開顯出來的「生活的原理、生命的途徑」。這種「踐仁」的工夫，不能求之於外，亦不能假手於他人。所以孔子又說：「為仁由己，而由人乎哉！」

答仲弓問仁，「出門如見大賓，使民如承大祭」二語，是說「敬」；「己所不欲，勿施於人」，是說「恕」。敬以持己，恕以及物。持己即是存仁，乃立己成己之事，屬於主觀面的踐仁。及物即是行仁，乃立人成物之事，屬於客觀面的踐仁。這個意思，在答子貢問仁時，便明白地表示出來了。

子貢問仁，孔子答以「己欲立而立人，己欲達而達人」。這是承「己所不欲，勿施於人」而推進一層的說法，乃是「恕」的積極表現。恕，是仁由內通向外的孔道（王船山謂，恕、仁之牖也）。仁由恕道通出去，不但可以「立人、達人」，而且可以「潤物、成物」。這表示依於仁而顯現的道德行為，是可以向外層層感通，步步擴大，以聯屬家國天下而為一體的。唯「踐仁」之事，乃是吾心之真誠惻怛不容已的呈現與流露，這裡只有「質」上的純一不純一的問題，因此不必在「博施濟眾」之「量」上去計較功效（若從博施濟眾之功效上說，則貧窮之士將無從踐仁行仁矣）。而說到工夫入手之處，亦只須在眼前生活日用之間，「將他心比己心，以己心度他心」，便自然能夠推己行恕，以「立己而立人、仁民而愛物」，此之謂「能近取譬」。而「行仁之方」，亦正是落在這裡說。

其他如「愛人」，如「居處恭，執事敬，與人忠」，如「恭、寬、信、敏、惠」，亦全都是吾心之仁自覺地流露與表現。聖人千言萬語，無非是指點「仁心之自覺」。程明道講到「居處恭、執事敬、與人忠」這一章時，便說：「此是徹上徹下語，聖人元無二語」。[5]大程子這一句體悟之言，表示他與孔子的仁的生命，確實有著存在地呼應。

無限的價值（仁），必須通過有限的生命（身）來表現，而任何一個現實的人都不能完

5 見二程遺書第二上、二先生語上。此條下注一「明」字，表示為程明道語。

全超脫他自然生命的有限性；因而，在人的生前，任何人都不可以、亦不應該以「仁」與「聖」自居。「聖人」的稱號，是天下後世之人依於無私的公誠之心而推尊出來的。所以孟子說「夫聖，孔子不居」，孔子自己亦說「若聖與仁，則吾豈敢」。不過，孔子雖然不以聖人自居（因為理上不可、不應該），但「踐仁」以「成聖」的路道，卻可以從孔子生活的表現上看出來。

1. 子曰：「二三子以我為隱乎？吾無隱乎爾。吾無行而不與二三子者，是丘也。」（述而）
2. 子曰：「女（汝）奚不曰，其為人也，發憤忘食，樂以忘憂，不知老之將至云爾。」（述而）
3. 子貢問於孔子曰：「夫子既聖矣乎？」孔子曰：「聖則吾不能，我學不厭，教不倦也。」子貢曰：「學不厭，智也。教不倦，仁也。仁且智，夫子既聖矣。」（孟子公孫丑上）

這三章的意思，可以綜括為下列三點作一說明：

第一、「無隱」是踐仁成聖的第一步——

生命有隱曲，便是生命有蔽塞，有暗角。有蔽塞的生命很難接受真理，有暗角的生命必然會有渣滓，這種人當然不可能通向仁與聖。必須化除生命中的隱曲渣滓，而後乃能敞開心靈之門，以顯發德性生命的光輝。所以，自覺地要求「無隱」，乃是清澈其生命以從事道德實踐的第一步。人的原生本命本來就是直而無曲的（人之生也直），由直而無曲而達於圓盈無缺、純亦不已，是即原生本命之充其極，這才是生命的浩浩大道（孔子的表現就是型範）。

第二、「不厭不倦」是仁之不容已——

從「不厭不倦、發憤忘食、樂以忘憂」這幾句話，我們可以看出孔子所顯現的，渾然是盎然之興趣，彌漫之生機。若非仁心之不容已，其誰能不厭不倦、健行不息，有如不舍晝夜的川流之水呢？孟子曰：「原泉混混，不舍晝夜，有本者亦如是。」（離婁下）「本」是什麼？水有本源，人有本心，故「本」者，「仁」而已矣。仁，是生化原理，是真實的生命，亦是人之所以能夠不厭不倦、以從事道德實踐的總根源。

第三、「仁且智」是成聖的軌道或模型——

仁智並舉，自孔子即已然。如前文所引「仁者安仁，智者利仁」，「智者動，仁者靜」等等，便是仁智對顯。孔子言智，並不指理智活動而言，而是指「明智、明覺」；這是生命的瑩澈通透，明覺朗照。孔子曾說：「知（智）及之，仁不能守之，雖得之，必失之。」（衛靈公）孔子既仁且智，智能及，仁亦能守，故是儒聖之型範。道德生命的完成，一方面需要「仁」，一方面亦需要「智」來輔助與支持。所以儒家言聖賢人格，必以「仁智雙彰」為模型。一個「仁且智」的生命，乃是滿懷真誠惻怛、通體光明瑩澈的生命。仁，能感通，能潤化；智，能覺照，能朗現。智及之風姿與仁德之潤化通而為一，便是生命之圓成，便是德慧全備的聖人。

第四節　仁的真實函義

從以上各節的引述，可以看出孔子言「仁」，都是具體親切的指點，與真實生活的表現。在此，可就孔子言仁之意作一綜括：

一、「仁」是道德之根，價值之源。它不是一個抽象的概念，故不可定義，而必須超脫字義訓詁、從孔子的指點語以求了解。凡是與生活生命無關的死文字的解釋，以及「非存在的」所謂科學的分析研究，都不能接觸到仁的真實函義。

二、「仁」是全德之名。凡「德目」皆依於主觀之發心與客觀之所對而建立（如子女對父母發出孝心而成就孝之德，遂建立「孝」此一德目。）。而「仁」則超越一切德目，而又綜攝一切德目，是一切德行表現與道德創造的總根源。所以仁是「全德」之名。（德目意義的仁，只是仁之偏義。）

三、「仁」是真實生命。仁則生，不仁則麻木而死矣。孔子言「欲仁、志於仁、不違仁、用力於仁、求仁、當仁、蹈仁、成仁」，皆是對於「踐仁」之指點，而「為仁由己」一語，更表示「仁」必須通過人的生命而表現——不是表現一個外在的德目，而是仁自己實現它自己。(是「仁」這個「不安不忍、憤悱不容已」的真實生命之自我實現)所以孟子亦說「非行仁義，由仁義行也」。孔子開發了「仁」這個德性的動源，就無異於為人類之自覺自救，開出了最為康莊的坦途。

四、「仁」是人格發展的最高境界。仁的境界之實現，乃是一個無限的「純亦不已」的過程。故孔子不輕易許人以仁，亦不以仁與聖自居，唯是不厭不倦地以其全幅生命為「仁」作見證。

五、「踐仁」，不只是(1)表現主觀精神(成德性、成仁者、成聖人)；而且，(2)表現客觀精神(己立立人、己達達人、修己以安百姓，皆表示由主觀面通向客觀面，聯屬家國天下而為一體)；同時，(3)並透顯絕對精神(下學而上達、踐仁以知天，以臻於天人合德、與物無對之境界)。

孔子以後，(1)曾子以「忠恕」釋仁，(2)孟子以「性善」說仁(孟子說「仁，人心也」，又以心善言性善，主仁義內在，其內在的道德心性，即是仁)，(3)中庸以「誠」說仁[6]，(4)易傳以「生生」說仁(天道生生顯諸仁)；這都是能呼應孔子之生命，貼切孔子言仁之函

6 按，中庸視「誠」為天之道，人之道則在「誠之」以復「誠」。復誠者為至誠之聖人。中庸又以「肫肫其仁」贊「天下之至誠」，可見天下之至誠，即是仁者。中庸言「誠」其內容的本質意義，實與孔子之「仁」不相外。

義，而加以引申發揮的。

自兩漢經生之學興，對孔子之「仁」遂無善解。如所謂仁字從二人、相人偶為仁之類的說法，只是想解字義，可以說完全不入思理。漢代人只是外在地看孔子，對於孔子的德慧，大體欠缺內在生命的呼應與契會。

魏晉人有玄思，王弼嘗云：「聖人體無，無又不可以訓，故不說也。老子是有者也，故恆言其所不足。」[7]聖人踐仁而達於「大而化之」之境，當然可以說無。這個「無」是以「化」來顯。論語所謂「無適無莫」是無，「毋意、毋必、毋固、毋我」是無，「予欲無言，天何言哉」是無，「蕩蕩乎民無能名焉」是無，「無為而治者，其舜也與」亦是無。這種「無」的境界，都是由德性生命之沛然與渾化而顯示。而道家的「無」，則是由「有為」與「無為」對遮而顯出，而又直接以「無」為道、為本。故雖同樣是無，但在儒道二家是有差別的。魏晉人以老子之無為其道，而認為孔子能體之而不言，老子言之而不能體現。他們乃是順道家之思路而想會通孔老，雖然推尊儒聖，而以為道則在老莊。這表示魏晉人對於孔子之「仁教、仁道」並沒有真實生命之共鳴與契會。[8]

南北朝隋唐是佛教當令時期，當然對孔子之「仁」無善會，接不上孔子的德慧生命。（其中有韓愈，說了一句「博愛之謂仁」，亦是偏在「量」上說，雖不算錯，卻不能算是對於仁的真實體會。）

到了北宋，理學興起，從周濂溪，張橫渠，到程明道，走的是由中庸易傳回歸於論語孟子的路。尤其程明道，更以其圓熟透脫的智慧，復活了儒家的真生命，從他的「識仁篇」與若干語錄，可以看出他對於「仁」的體悟之深切。識仁篇的義理，我曾做過詳細的疏解[9]，在此，只擇要地說明二點意思。

第一、通過「仁者」之境界說「仁」（仁，即仁者真實生命之表現）——識仁篇開頭便說「學者須先識仁，仁者渾然與物同體」。此言「同體」，乃是「同為一體」之意，不是說同一本體（從本體上說「人物同體」，是另一義）。與天地萬物為一體，渾然無物與我、內與外之分隔，便是仁的境界，亦是仁的意義。而程明道之所以說「仁者」與物同體，而不直接說「仁」與萬物同體，借佛家詞語來說，這是以「人」表「法」，亦即以「仁者」表「仁」之實義。目的本在說「仁」，只是藉著「仁者」與天地萬物為一體的境界來表示。通過仁者之境界以說仁，王陽明亦善言之，其大學問有云：「大人者，以天地萬物為一體者也。」又云：「大人之能以天地萬物為一體也，非意之也，其心本若是其與天地萬物而為一也。」大人即是仁者，陽明之意，亦正是由「大人」境界以直接透顯本心仁體。「非意之」、「本若是」二語，表意甚佳。大人以天地萬物為一體，無有內外之分隔；此不是觀念

7 見三國志、魏志鍾會傳注附錄何劭所作之王弼傳。
8 參看牟宗三先生《才性與玄理》（臺北、臺灣學生書局出版）第四章第七節。
9 見拙撰《宋明理學北宋篇》（臺北、臺灣學生書局出版）第十二章一二兩節，頁三二一至三三四。

上理論上的「意之」，乃其心之仁原本如此。陽明已將孔子「老者安之，少者懷之，朋友信之」的本懷和盤托出了。

第二、仁道與物無對——識仁篇云：「此道（仁道）與物無對，大、不足以言之。」仁通內外，無物與我之分隔，所以不與外物為對。而「大」則仍是一個對待性的概念，不足以表明「與物無對」的仁道。孟子盡心上云：「萬物皆備於我矣，反身而誠，樂莫大焉」，亦是說的這個與物無對、與萬物為一體的「仁」。人一念警策，反身而誠，「上下與天地同流」（亦孟子盡心上語），則我的生命與天地生命通而為一，天地之仁實即我心之仁。陸象山所謂「宇宙即是吾心，吾心即是宇宙」，亦正是此意。反之，若不能反身而誠，則是與物有對，內外分隔。而一個與物有隔的生命，乃是封閉窒息而不能感通覺潤的生命，亦可以說是一個「不仁」的生命，當然沒有「反身而誠」的「大樂」可言。

以上二點，主要是說「仁」徹通物我內外，無對無隔，渾然與天地萬物為一體。程明道這個體悟，實是上承孔孟而義所應有的一步引申。

總之，「仁」不但不是一個固定的德目，而且亦不是封限於個體生命中的「孤仁」。仁是一個活體（道德創造的實體），它能感、能潤、能通、能化。由「不安、不忍、憤悱、不容已」而言，「仁」即是感通之無隔、覺潤之無方，是必然與物無對、與萬物為一體的。雖然「親親、仁民、愛物」的差等之序不容泯滅，但最後如不能達到「與天地萬物為一體」，使萬物各得其所，各遂其生，則我們必將不安不忍。這仁心之不安不忍與憤悱不容已，直接函著「純亦不已、健行不息」。朱子對於「仁」的了解，雖然與孔孟之原義有出入，[10]但他亦說「仁通上下」，「全體無息之謂仁」。[11]可知感通與無息，確是仁的本性。

第五節　仁的基本特性

由感通無隔、健行不息，可以了解仁道亦如天道之生生。仁是乾德，是陽剛之德[12]所以仁是生化原理。熊十力先生論仁，特重「生生、剛健、炤明、通暢」之德，而論及儒聖之學，亦以「敦仁日新」為主，謂涵養心性，要在「日進弘實」，不當以「日損」為務。[13]這都是卓大深透的有識之言。牟宗三先生亦常說，仁有兩大特性，一曰覺，二曰健。[14]

1. 覺：覺，是悱惻之感，亦即論語所說的「不安」之感、孟子所說的「惻隱之心」或

---

10 請參看拙撰《宋明理學南宋篇》（臺北、臺灣學生書局出版）第四章第四節。

11 見朱子語類卷三十三。

12 按，仁道生生，仁是乾健之德，亦是陽剛之德。以柔德說仁，只是一偏之義。所謂「仁者愛人」，愛、有很多層次，亦不必限於溫煦之意。韓愈原道篇謂「博愛之謂仁」，而同時亦譏議「以煦煦為仁」者。可知從柔德一面說仁，只是小人儒與庸卑之識小，不足以盡仁之意義。

13 按，熊先生論及仁德仁道之意，在其《讀經示要》、《十力語要》書中，隨處可見。多誦其書，必可感受「生命的學問」之實義。

14 參看牟宗三先生《中國哲學的特質》（臺北、臺灣學生書局出版）第五講。

「不忍人之心」。有覺，才有四端之心，無覺便是所謂麻木。「麻木不仁」的成語，正反顯出「仁」的特性是「有覺」而「不麻木」。這個「覺」，不是心理上的感覺或認知上的知覺，而是指點道德心靈的。因此，這個「覺」與平常所說的精明敏銳並不相干。一個人儘管在名位權勢或錢財貨利上有很靈敏強烈的知覺或感覺，但他在道德心靈上仍然可能是麻木不仁的。

2.健：健，是健行不息的健。易云「天行健，君子以自強不息」。所謂「天行健」，實即「維天之命，於穆不已」的另一種方式之表示。君子看見天行健，便覺悟到自己亦要效法天道的健行不息。這表示，我們的生命必須通過「覺」以表現「健」；或者說，要像天一樣表示創造性——因為天之德（天之本質）就是創造性本身。所以「健」的含義，乃是精神上的創生不已。

從覺與健作進一步的了解，牟先生又有二句極其醒豁而中肯的話：「仁以感通為性，以潤物為用。」「感通」是精神生命的層層擴大，「潤物」是在感通的過程中給人以溫暖，並引發他人的生命亦進到仁的境界。這樣的感潤作用，正如甘露對草木的潤澤，它潤澤到那裡，就能誘發那裡的生機，使它有生意，能生長。所以感潤也可名曰「覺潤」，而覺潤亦即是創生——橫說是覺潤，縱說就是創生。綜結覺潤與創生而言，「仁」固然是仁道，亦是仁心。仁心就是我們不安不忍憤悱不容已的「道德的本心」，是觸之即動，動之即覺，活潑潑的，這亦就是我們的真實生命。這仁心遍潤一切，遍攝一切，而與物無對；所以仁心的感通覺潤不能劃定界線，不能說只可與此感通而不許與彼感通，亦不能說只可覺潤到此而不許覺潤到彼；說到極處，必然以「與天地合其德，與日月合其明，與四時合其序，與鬼神合其吉凶」[15]為終極。此時，仁心之不容已（純亦不已）遂與「於穆不已」之天命流行之體通而為一。所以，孔子所說的「仁」，實乃天命天道的一個印證。

在此，還須作一補述。關於仁的特性，謝幼偉先生亦曾提出六點以為說：一曰普遍性，二曰永恆性，三曰感通性，四曰創生性，五曰剛柔性，六曰愛惜性。當初我聽到這個講法，認為謝先生好像分得太細了。同時，一二兩點似嫌通泛，五六兩點亦似乎與前面幾點不相稱。去年某日在課堂上介述這六點特性，忽然想到可以把它歸結為三組：前二點「普遍性」與「永恆性」是指說仁的「形式特性」；中間兩點「感通性」與「創生性」是指說仁的「基本特性」（亦即覺與健的另一說法）；後兩點亦動亦靜亦剛亦柔的「剛柔性」與愛人惜物的「愛惜性」，則是指說仁的「應用特性」。如此劃分層次說明一下，覺得謝先生的這個分法亦自有其細密之處。

---

15 見易乾文言。

茲再綜括前述之意，列為表式，以供參證：

仁體
- 既是心 — 主觀義（心）
- 亦是性 — 客觀義（性）
- 亦是理
- 亦是道 — 絕對義（天）

心性天通而為一
- 天地之大德曰生
- 生德亦即是仁德

第五章　仁與眾德

第一節　德目無窮，皆由仁出

民國以來，有些人不喜歡講道德，甚至怕講道德。因為他們認為道德是一種束縛，使人不自在，不自由。其實，使人不自在不自由的，不是道德；而是來自氣質、習氣、私欲方面的拘蔽與限制。道德不會拘束人，而是開放人、成全人的。試問，當我們想要突破「氣質之限制、習氣之拘蔽、私欲之纏縛」，以表現「自覺、自主、自由」的生活時，你不靠道德，靠什麼呢？

道德，不是指外在的教條，而應該就那個能湧發道德意識的道德主體而言。凡表現於外的道德行為，都是在道德主體（道德心）之自覺自律、自定方向、自發命令中，步步創造出來的成果。而孔子所講的「仁」，便正是這個道德主體。所以，「仁」固然是「理」是「道」同時亦是「心」。孔子亦正是從「心之安不安」來指點仁。這「不安不忍、憤悱不容已」的仁心，乃是一個「活體」，它永遠表現「覺」與「健」，而隨著日常的生活，主導我們表現合理合度的行為。而每一步合理合度的行為，都凝成一個成果，這些成果便是所謂「德」。德有多種，各有名目，故有所謂「德目」。

德目，不是任何人憑空訂頒的，而是據「實」以制「名」，是依據人類的道德行為，而分別標舉出來的。譬如有孝弟的行為，而後乃有「孝」「弟」這兩個德目；並非先有「孝、弟」的德目，而後才有孝弟的行為。道德的條目，既然是依於人類所表現的道德行為而標舉出來的生活規範，則人之遵行道德條目，看來雖彷彿是出於被動，但一經孔子之指點仁心，便即時由被動而轉為自動——是人依於其內在的道德心（仁），而自覺地去表現一個有意義的行為。此即孟子所謂「由仁義行，非行仁義也」。因此，儒者之踐行德目，實際上亦是依於道德意識而表現的一種自覺的實踐。（若與奉神之意志以遵行教條相比，便可以看出二者有著「主動與被動、依自與依他、自律與他律」之不同。）有了道德的自覺，人的心靈便自由了；有了道德的自覺實踐，人的生活行為亦就從教條以及生理心理的制約中超脫出來，而達於自由自主了。所以上文說，道德不是束縛人的，而是開放人、成全人的。

道德行為的範圍，涉及到人類全部的生活內容。生活的內容無窮無盡，人所表現的道德行為亦應該是無量數的，是列舉不盡的。因為列舉不盡，所以只好用「眾德」、「百善」、「萬善」來概括一下。不管是那一種善，那一種德，實在都只是道德心（仁）隨順事宜而顯發的具體表現。因此，我們可以說：德目無窮，皆由仁出。

第二節 仁與孝弟倫常之德

每一個德目，都是內心之「仁」，對應於「人、事、物」而顯現的德行。所以「仁」是道德之根，是價值之源。

人類最基本的生活單位，是家庭。家人相處，共同生活，自有其生活的原理和軌道，此即所謂倫常之道。譬如父母之慈，子女之孝，兄姊之友，弟妹之恭，以及夫婦之間的和順，再加上君臣之義，朋友之信，合稱五倫。而父子、兄弟兩倫，又稱為天倫，因為這是先天而永恆的關係，是不可改變的。父母之慈愛子女，是隨著自己生命的延伸，自然而然地貫注到子女身上；這是「順」的流注，是天性之自然。故天下亦唯父母能為子女受一切苦，而尅就事實而言，亦只有父母能無條件地寬恕子女之一切過錯乃至罪惡（而宗教上之赦罪，則至少須以接受一個教主作為條件）。儒家最能體認父母之深恩，所以特重孝道。孝與慈雖同是天性，但孝卻不是順的流注，而是「逆」的回溯。何以言之？蓋人子脫離父母懷抱而成長、獨立，所顯示的實在是一個離走的方向（這是自然而然、不自覺的）；所以必須通過一念省悟，乃能在自覺中流露他對於生命本源的攀慕與依戀，而表現為種種孝行。儒家自孔子以下，教孝之言甚多，而教慈之言甚少，正因為慈是順的流注，故不待教；而孝則是逆的回溯，有待於反省自覺，故須加以提醒（提醒的方式很多，而以詩人的提醒如蓼莪、遊子吟，最能引發普遍的共鳴）。不過，無論順的流注，或逆的回溯，又實只是仁心覺情（不安不忍之心、憤悱惻怛之情）的呈現與流露。所以孝、弟、慈、和、恭、順之德，都可以說是「仁之表德」，都是內心之仁表現於外而成就的德行。

在全部的倫常之德中，孝弟尤為根本而重要。論語載有子之言曰：

「君子務本，本立而道生。孝弟也者，其為仁之本與！」（學而）

仁心之顯發，首先表現為孝弟，故行仁當自孝弟始。孝弟行於家，而後仁愛及於物。孝弟是仁心最自然最直接的顯現，所以有子認為「孝弟」乃是「為仁」之本。為仁，猶言行仁，程朱這個解釋是對的。因為仁是體，孝弟是用；孝弟只是「仁之一事」，當然不能說孝弟是仁之本，而只能說孝弟是「行仁」之本。本，乃根基、始基之意。蓋仁道不可徒託空言，必須見之行事；而人生一切行事，又實以愛親敬兄為基始、為優先。語云「百行孝為先」，正是有見於此。君子先務其本，則一切行善成德之道，皆可由此而引生，是即所謂「本立而道生」。禮運大同章所謂「故人不獨親其親，不獨子其子」，孟子所謂「老吾老以及人之老，幼吾幼以及人之幼」，「親親而仁民，仁民而愛物」，全都是孝弟之推擴，而推擴之極，即使「堯舜之道」，亦不過是「孝弟而已矣」。[1]

孔門師弟論孝之言不少，通觀其意，或從「人子繫念其親，而有所不安不忍」以為言，或從「人子思親行孝之心，無有已時」以為說。[2]可知孝的德行，實際上，即是仁心不容已的一種表現。由此而引歸人子本身，則又有「全受全歸」之義。

曾子有疾，召門弟子曰：「啟予足，啟予手。詩云：戰戰兢兢，如臨深淵，如履薄冰。而今而後，吾知免夫。小子！」（泰伯）

曾子在孔門稱大孝。這一章雖然沒有用到「孝」這個字，但「而今而後，吾知免夫」二句，即是孝心之深切表示。曾子所謂「免」，免個什麼？舊解以「免於身體毀傷」「免於刑戮」為言，義欠周備。須知此章所說，實顯示曾子克己約身工夫之嚴切，真可謂臨終彌篤，不稍鬆懈。他使弟子開其衾而視手足，並非只是看看自己的身體有無毀傷，而身體之應當保全，亦並非只是一手一足之完整而已。身者，行道之器。一個人如果志行有虧，雖然身體倖免毀傷，倖免刑戮，又豈得稱之為孝？「父母全而生之，子全而歸之」，亦不只是指形體之全。禮記祭義篇載有一段曾子的話[3]，說到「全受全歸」之義，以為除了「不虧其體」還須「不辱其親」。要做到不辱其親，自必「謹言行，全志節」而後可，豈能只限於身體之免於

1 老吾老二句，見孟子梁惠王上。親親仁民二句，見盡心上。堯舜之道孝弟而已二句，見告子下。

2 按，如「父母之年不可不知」，「父母在不遠遊，遊必有方」，「父母唯其疾之憂」，「幾諫」，「三年無改父道」，皆是人子繫念其親而有所不安不忍之表示。而「生、事之以禮，死、葬之以禮，祭之以禮」，則表示人子思親行孝之心永無已時。孝之深義，唐君毅先生論之最精，請參看《文化意識與道德理性》一書（臺北、臺灣學生書局出版）第二章之二「孝之形上學根據及其道德意義」。

3 禮記祭義篇、載曾子弟子樂正子春曰：「吾聞之曾子，曾子聞之夫子，天之所生，地之所養，人為大。父母全而生之，子全而歸之，可謂孝矣。不虧其體，不辱其親，可謂全矣。」

毀傷？所謂「吾知免夫」，除了免於毀傷刑戮，當然亦含有「免於罪戾而行可寡過」之意。識看曾子所引詩云「戰戰兢兢，如臨深淵，如履薄冰」，則其嚴肅之道德意識，顯然可見。而禮記檀弓載曾子臨終易簀[4]，尤可看出其道德心靈之常明不昧。曾子之孝，實是從他不安不忍之心與戒慎自反的工夫中顯發出來。後世稱曾子傳孔子之道，亦正應從他「守約、慎獨」的意思上求了解。

以上所述，雖著重說孝，而其餘弟、慈、和、順、恭、敬，實亦理無二致。仁，乃是因上的「德性」；孝弟倫常之德，則是果上的「德行」。所以，孝弟倫常之德，全都是仁心之所顯發，離開吾心「不安不忍、憤悱不容已」之仁，豈能別有一個人倫之理、倫常之道乎！

第三節　仁與立身處世之德

有關立身、處世、交友之道，以及忠信、恕直、義勇之德，孔子教言甚多。在此只能舉其大要，略作申述。

君子立身，首重立志。志是理想之嚮往與原則之堅持。人在死生利害之際，能夠守志不移，便是第一等人。故孔子曰：「三軍可奪帥也，匹夫不可奪志也。」（子罕）又曰：「士志於道，而恥惡衣惡食者，未足與議也。」（里仁）曾子亦說：「可以託六尺之孤，可以寄百里之命，臨大節而不可奪也。君子人與？君子人也！」（泰伯）又說：「士不可以不弘毅，任重而道遠。仁以為己任，不亦重乎！死而後已，不亦遠乎！」（泰伯）人能志於道、志於仁，自能開廓心胸，恢弘器度；亦唯有弘大剛毅之士，才能夠動心忍性，任重而致遠。

志既立，則有關「崇德、修慝、辨惑」，「遷善改過」，「戒驕戒吝」，「訥言敏行」，「行己有恥」，「儉約有恆」等等，皆是修身立己應有之義。而處世接物之道，孔子更多方垂教。如論語所載「居處恭，執事敬，與人忠」，「言忠信，行篤敬」，「己所不欲，勿施於人」，「己立立人，己達達人」，「以德報德，以直報怨」，「直道而行」，「友直友諒友多聞」，「躬自厚而薄責於人」，「眾惡之，必察焉，眾好之，必察焉」，「貧而無怨，富而無驕」，「義以為質」，「見得思義」，「見義勇為」，「知者不惑，勇者不懼」，「隱居以求其志，行義以達其道」等等。凡孔子言「忠信」「恕」「直」「義」「勇」之意，全都是本乎其肫肫之仁而說出的深切著明之言。

孔子教人求仁、為仁，亦教人為士、為君子。而「君子無終食之間違仁」，離開了仁，便無從成就君子之名。論語載孔子論君子之言甚多，茲略舉數則，以見其意：[5]

4　曾子臨終易簀一段，見禮記檀弓上。拙著《孔門弟子志行考述》（臺北、臺灣學生書局出版）之二〈宗聖曾子〉一章，曾加徵引論述，請參看。

5　孔子論君子之言，未經本節徵引者，尚有下列各章。茲併錄於此，以供參省：學而篇：「君子不重則不威，學則不固，主忠信，無友不如己者，過則勿憚改。」又：「君子食無求飽，居無求安，敏於事而訥於言，就有道而正焉，可謂好學也已。」為政篇：「君子無所爭，必也射乎！

1. 子曰：「君子不器。」（為政）
2. 子曰：「君子謀道不謀食……憂道不憂貧。」（衛靈公）
3. 子曰：「君子之於天下也，無適也，無莫也，義之與比。」（里仁）
4. 子曰：「質勝文則野，文勝質則史。文質彬彬，然後君子。」（雍也）
5. 子曰：「君子病無能焉，不病人之不己知也。」（衛靈公）

一般而言，人必須成器，否則便是無用的棄才。孔子說「君子不器」，是要學者不為一材一藝所限，以成為「體無不備，用無不周」的成德達材。君子志於道，他所關心的，只是如何求道以明道；他所憂念的，只是如何得道以行道。君子對於天下的事物，不存成見，無可無不可，只是一個「義之與比」，惟理是從。君子內外兼修，以期「文質彬彬」。但修己成德，並非為了求人知，所以只病「己之無能」，而不病「人之不己知」[6]。

孔子又常以「君子」與「小人」相對而言，以顯示君子立身處世的器識與襟懷。

1. 子曰：「君子喻於義，小人喻於利。」（里仁）
2. 子曰：「君子上達，小人下達。」（憲問）
3. 子曰：「君子求諸己，小人求諸人。」（衛靈公）
4. 子曰：「君子不可小知，而可大受也；小人不可大受，而可小知也。」（衛靈公）

5. 子曰：「君子坦蕩蕩，小人長戚戚。」（述而）

6. 子曰：「君子泰而不驕，小人驕而不泰。」（子路）

7. 子曰：「君子和而不同，小人同而不和。」（子路）

揖讓而升，下而飲，其爭也君子。」里仁篇：「君子無終食之間違仁。」又：「君子欲訥於言而敏於行。」雍也篇：「子謂子夏曰，汝為君子儒，無為小人儒。」子罕篇：「君子多乎哉？不多也。」又：「君子居之（居九夷），何陋之有？」顏淵篇：「君子不憂不懼。」子路篇：「君子於其言，無所苟而已矣。」憲問篇：「君子恥其言之過其行。」又：「君子道者三，我無能焉：仁者不憂，知者不惑，勇者不懼。子貢曰：夫子自道也。」又：「子路問君子，子曰：修己以敬，修己以安人，修己以安百姓。」衛靈公篇：「君子義以為質，禮以行之，孫以出之，信以成之，君子哉！」又：「君子疾沒世而名不稱焉。」又：「君子矜而不爭，群而不黨。」又：「君子不以言舉人，不以人廢言。」又：「君子貞而不諒。」季氏篇：「君子有三戒：少之時，血氣未定，戒之在色；及其壯也，血氣方剛，戒之在鬪；及其老也，血氣既衰，戒之在得。」又：「君子有三畏：畏天命，畏大人，畏聖人之言。」又：「君子有九思：視思明，聽思聰，色思溫，貌思恭，言思忠，事思敬，疑思問，忿思難，見得思義。」陽貨篇：「君子之居喪，食旨不甘，聞樂不樂，居處不安。」又：「君子有惡：惡稱人之惡者，惡居下流而訕上者，惡勇而無禮者，惡果敢而窒者。」微子篇：「君子之仕也，行其義也。」此外，曾子、子貢、子夏、子張等亦有論君子之言，不具引。

6 按，類此之言，屢見於論語，如學而篇：「子曰，不患人之不己知，患不知人也。」里仁篇：「子曰，不患無位，患所以立；不患莫己知，求為可知也。」憲問篇：「子曰，不患人之不己知，患其不能也。」

8. 子曰：「君子周而不比，小人比而不周。」（為政）
9. 子曰：「君子成人之美，不成人之惡；小人反是。」（顏淵）
10. 子曰：「君子易事而難說（悅）也……小人難事而易說也。……」（子路）
11. 子曰：「君子懷德，小人懷土；君子懷刑，小人懷惠。」（里仁）
12. 子曰：「君子固窮，小人窮斯濫矣。」（衛靈公）

上引各章所論，「喻於義」，「上達」，「求諸己」，「大受」，都是關於君子明理進德、修身立己的道理。「坦蕩蕩」，「泰而不驕」，「和而不同」，「周而不比」，則是君子修養有得而顯示的胸懷性情和處世接物的態度。其餘「成人之美，不成人之惡」，「易事而難悅」，以及「懷德、懷刑」，既見君子之處心仁恕，立身端方，又見其樂善而惡不善之志趣。亦正以此故，乃能「固守其窮」而安貧樂道。

後來孟子論及立身行己、修養處世，亦多順承孔子之義而引申發揮，如言「居仁由義」，「明善誠身」，「守約施博」，「與人為善」，「仕非為貧」，「惟義所在」，「仁民愛物」，「道援天下」等等，都可以歸到仁義之心來說。自一己之成德到家國天下之事，亦無非是仁心之充內形外、仁道之通貫開展而已。

第四節　仁與外王事功之德

儒家講內聖外王之道，是由內聖直接推外王[7]，這表示「外王事功」乃是「內聖之德」的延伸與開展。孔子所謂「修己以安人，修己以安百姓」，孟子所謂「以不忍人之心，行不忍人之政」，正是說明這個道理。王者以德行仁，是推仁心以行愛民之政，故天下人莫不心悅誠服，而王者所成就的功業，亦因此而得以稱之為德業。孔子曰：

「大哉，堯之為君也。巍巍乎，唯天為大，唯堯則之。蕩蕩乎，民無能名焉。巍巍乎，其有成功也；煥乎，其有文章。」（泰伯）

堯德如天，王道蕩蕩。孔子這一段話，正說出了德業之所以為德業。

王道即是仁政，功業亦本當就是德業。孟子說：「以德行仁者王，以力假仁者霸。」（公孫丑上）霸者假借仁義之美名以號召天下，而事實上則是以力為本，以利為先；他們所成就的功業，自然不足以言德業。但霸者之所以不得不假借仁義之美名，正因為功業的成就，本就該是仁德的客觀表現；單靠「力」與「利」，是不足以號召天下、共赴事功的。試想想，歷史上那些偉大的功業，豈是二三英雄一手一足之烈所能成就？假若沒有一個客觀的

7 按，儒家言內聖外王，大體以聖君賢相為模型，是由內聖直接推外王。在今日看來，這個方式已有所不足，必須有一步新的轉進，以開出客觀的事功精神。本書中卷下卷論孟子荀子之政治思想時，將再作討論。另拙著《新儒家的精神方向》一書（臺北、臺灣學生書局印行），亦對新外王之義有所論述，併請參看。

道德文化的理想，沒有一個救亡圖存的目標，又豈能團聚人心、和衷而共濟？霸者的假借，自是霸者之事，而億萬眾受仁義感召的真誠惻怛，以及「志士不忘在溝壑，勇士不妄喪其元」[8]的義烈精神，則是任何人亦歪曲不了、抹煞不了的。

儒者素嚴王霸之辨。但孔子有言：「齊桓公正而不譎，晉文公譎而不正。」（憲問）可見即使霸者亦不可一概而論，而功與德亦不是可以截然分而為二的。在此，我想再藉孔子論管仲之言，說明一些意思。

> 子路曰：「桓公殺公子糾，召忽死之，管仲不死；曰，未仁乎？」子曰：「桓公九合諸侯，不以兵車，管仲之力也。如其仁，如其仁。」（憲問）

以嚴格的尺度來衡量，管仲當然夠不上孔子心目中的「仁者」。但「尊王攘夷」「興滅繼絕」的功業，卻正是「仁德」的表現。（仁以感通為性，以潤物為用。功業德澤施及天下，便是感通潤物，便是仁的發用。）孔子答子路之言，亦正是就管仲所成就的功業來說。桓公「九合諸侯」，何以能做到「不以兵車」（不以武力威逼諸侯）？孔子以為此乃「管仲之力」。換句話說，桓公的霸業，實際上即是管仲的功德。「如其仁」，朱註解為「誰如其仁者！」經傳釋詞則謂，如、猶乃也。二種解說，於義皆可通。管仲相桓公，「尊天子而睦諸侯，抑強楚而保小國，遏夷狄方張之勢，救諸夏垂危之局」，其功烈德澤惠及天下後世，這就是管仲生命中所顯發的「仁」。論語又載：

子貢曰：「管仲非仁者與？桓公殺公子糾，不能死，又相之！」子曰：「管仲相桓公，霸諸侯，一匡天下，民到于今受其賜。微管仲，吾其被髮左衽矣！豈若匹夫匹婦之為諒也，自剄於溝瀆而莫之知也。」（憲問）

子貢所提的問題，與子路一樣。孔子的回答，亦仍然就管仲對天下後世的功德而言。春秋之時，「夷狄亟病中國，中國不絕如線」（公羊傳語）。管仲輔佐桓公，起自危難，而能布信義，明約束，尊王攘夷，匡正天下。直到一百五六十年之後，孔子猶然衷心讚歎，說是「民到于今受其賜」。若非管仲奮力衛護華夏衣冠之區，中國人早已「被髮左衽」，淪為夷狄了。一個有文化理想與政治抱負、而又有大功於天下後世的人，當然不必要、亦不適宜再以小信小節來相責。況且召忽管仲之於公子糾，君臣之分未定（糾只是諸侯之公子）；召忽為所事之主而死，所成就的只是小信小節（所謂封建道德），自不能與「臣死君」相提並論（君、國之主也。死君乃死國，苟得其義，可為大節）。而管仲不死公子糾之難，不過小節有虧；而留此有用之身，佐桓公，匡天下，保障華夏之命脈，全活億萬之生靈，這正是仁心仁德的廣被大用。試觀管仲所提揭的「尊王攘夷、興滅繼絕」的文化理想，就可以知道他當初心之所存與志之所向，必不在於小信小義。何況人道之大，尚有大於君臣之分者；而夷夏之防，尤其事關百世。然則，孔子之言，又不僅為管仲一人作辯白而已！

8 按，二句乃孔子之言，引見孟子滕文公下。

仁是心，亦是理，仁是德，亦是道。仁可以在主觀方面表現，亦可以在客觀方面表現。看孔子論管仲之言，可知仁是可以通出去、從人所表現的功業上來衡量的。當然，孔子並不認為管仲是純德之人。據論語八佾篇記載，孔子既說管仲「不儉」「不知禮」，又說「管仲之器小哉」！可知他答子路子貢，是捨小節而言大功，故稱管仲之仁；八佾篇則從管仲之驕泰滿溢，以明管仲之器小易盈。孔子的意思，蓋深惜管仲以功業自滿，而不能一變而至於道，所以既大其功而又小其器。牟先生在《歷史哲學》書中曾有二句話：「受其賜，不能泯其功；小其器，則德業無止境。」管仲自有其仁，亦能表現仁。但說到仁者的型範，卻非管仲所能承當。

第五節　仁與中道、狂狷之德

仁的表現，自應無「過」無「不及」以得其「中」。而孔子論德，亦以中庸為極至。論語載：

子曰：「中庸之為德，其至矣乎！民鮮久矣。」（雍也）

不偏不倚無過無不及之謂中，定常而不可變易之謂庸。中庸乃是行事之準。而一般說來，人在表現道德行為時，總不免有所著重，有所偏執，因而亦很難免於「過與不及」之差。民之鮮能中庸之德，即以此故。在孔門諸賢中，亦只有「其心三月不違仁」的顏回能夠「擇乎中庸」。孔子說：「回之為人也，擇乎中庸。得一善，則拳拳服膺而弗失之矣。」[9] 擇乎中庸，守之弗失，所以能夠「用之則行，舍之則藏」[10]。可惜顏子短命而死，遂使孔子有「天喪予」之慟。論語又載：

子曰：「不得中行而與之，必也狂狷乎！狂者進取，狷者有所不為也。」（子路）

行能得其中，謂之中行。中行即是中道。中道不可必得，故思其次而有取於狂狷。「狷者」有所不為，能夠守得住。而人生的原則立場，亦正是建立在這「有所不為」上。孔子教顏回「非禮勿視、勿聽、勿言、勿動」，孟子說「非禮之禮，非義之義，大人弗為」[11] 又說「行一不義，殺一無辜，而得天下，不為也」[12] 這都是「有所不為」的表示。狷者之有所不為，是要「截斷眾流」，以挺顯一個「守道不移」的原則立場。這是人生向上之路（表現仁、表現價值）的第一關。孟子所謂「人有不為也，而後可以有為」[13]，正給予我們一個最

---

9 見中庸第八章。
10 按，二句見論語述而篇：「子謂顏淵曰：用之則行，舍之則藏。惟我與爾有是夫！」
11 見孟子離婁下。
12 見孟子公孫丑上。
13 見孟子離婁下。

為中肯的指點。以是，人必須做得成一個狷者，而後才真能做得成一個狂者。「能狷而後能狂」，而狂與狷亦本是相通之德。

「狂者」進取有為，志存古人，有如鳳鳴高岡，翔於千仞。但狂者志高言大，不免行有不掩；又因闊略事情，所以必須事上磨練。但亦由於他行有不掩，其心未壞，故可裁正而使之入道。狂者之進取，是要拔乎流俗以顯現其勇往邁進之精神。當他經過事上之磨練而「志與事合一，言與行合一」時，便亦可以進於中道，而同乎中行了。

「中行」之人，非狂非狷，而亦狂亦狷，其進退行止皆能各當其可。但這種「入道為易」的上根之人，可遇而不可求，所以欲求任道之人，還是「必也狂狷乎」！由狷、而狂，而中行，乃是人生上升之路的三階。但卻並不一定是一貫地循階而上，而常須因時因地因事而制宜。就一事而言，可能此時須狂，而彼時須狷；就一時而言，可能此事須狂，而彼事須狷；就一人而言，可能此時此事須狂，而彼時彼事須狷。儒家特重「時中」，特重「執中用權」，以「與時變應」，正以此故。順著這個意思，我們可以再就孔子所謂「言中倫，行中慮」，「身中清，廢中權」（四中字，皆讀去聲，合也）之意，作一說明。

子曰：「不降其志，不辱其身，伯夷叔齊與？」謂柳下惠少連，「降志辱身矣。言中倫，行中清，其斯而已矣。」謂虞仲夷逸，「隱居放言，身中清，廢中權。」我則異於是，無可無不可。（微子）

這是孔子評論「逸民」的一段話。（少連，東夷人。夷逸，不詳，蓋亦隱於夷者。）伯夷、叔齊，亂世不仕，可謂「不辱其身」；隱遯餓死，可謂「不降其志」。柳下惠三仕三黜，則已「降志辱身矣」。然降志而不枉己，辱身而不茍合。其言合乎義理，其行事亦與所思慮者相合，故曰「言中倫，行中慮」。虞仲（即仲雍）與兄泰伯同竄荊蠻，隱居獨善，不繫利害怨悔以守其清白，亦可謂不辱其身矣，故曰「身中清」；放言自廢，外於禮法規矩而自適其意，此亦不降其志之權宜也，故曰「廢中權」。總之，「逸民」自守一節之善而各有所當，然皆不足以言「中道」。唯孔子當其可則可之，當其不可則不可之，故能常適其可。亦以此故，後來孟子論及伯夷柳下惠等，仍必以孔子為斷而折中之。

孟子論聖人，以伊尹為「聖之任者」，伯夷為「聖之清者」。[14]伊尹「治亦進，亂亦進」，以天下之重自任，可以說是聖賢中的狂者。伯夷「治則進，亂則退」，「居北海之濱，以待天下之清」，可以說是聖賢中的狷者。唯有孔子「可以仕則仕，可以止則止，可以久則久，可以速則速」[15]，其行止進退，皆能各適其宜以得時中，所以是「聖之時者」。

踐仁成德，雖以中庸中道為標的，但實踐工夫卻不宜於直接以中庸為入手之地。昔賢有云：「上不自中庸門入，下不自方便門出」。意思是要以狂狷為入手之地。狂狷之人，亦即

14　見孟子萬章下。
15　見孟子公孫丑上。

豪傑之士。人要成聖成賢，必須先是能狂能狷的豪傑。儒門自孟子以下，皆是天挺人豪，他們所走的，亦大體都是「由狂狷入聖」的路，而王陽明尤為顯例。[16]若問何以一定不可由中庸門入？曰：不是理上不可，而是事上不能（太難）。因為中庸一路，無偏取中，常要包容兼顧。但天下之大，人事之繁，你豈能遽爾包容得了，照顧得到？東包容，西照顧，一起腳便使自己踏入泥濘路，又如何能臻於聖域？自古以來，凡自中庸門入，鮮有不流為鄉原者！因此，就踐仁成德而言，「中庸、中道」只應懸為標的，而不宜於以之為起腳入手之地。總之一句話，做不成狂者狷者，必做不成聖人！願天下有志者，三復斯言。

---

16 請參看拙著《王陽明哲學》（臺北、三民書局出版）第十章〈陽明的人格與風格〉第二節。

第六章　性與天道

第一節　天命下貫而為性的思想趨勢

「天命」是一個古老的觀念。在中國的思想裡，天之降命是取決於人的道德；天命天道是通過憂患意識所生的敬而步步下貫到人的身上，以作為人的主體。在「敬」的過程之中，我們的主體，並沒有投注到超越的人格神那裡去。因為中國思想所重視的，是「能敬」的主體（人），而不是「所敬」的客體（神、上帝）。所以，天命天道愈往下貫，我們的主體便愈得到肯定。

在孔子以前的典籍中，早已有「敬」、「敬德」，進而又有「明德」的觀念。尚書召誥云：

「惟王受命，無疆惟休，亦無疆惟恤。嗚呼！曷其奈何弗敬？」

「嗚呼！天亦哀憐四方民，其眷命用懋，王其疾敬德！」

這二節都是召公告誡周成王的話。前節大意是說，王受命於天，天降予無窮的幸福（休），但亦隱含無窮的憂思（恤），必須持著戒慎恐懼的態度，方能永保天命。否則，上天將會撤消其命。召公說到這裡，乃深深地感歎一聲「嗚呼」！繼而再歎：「曷其奈何弗敬」？次節的意思，表示上天哀憐天下萬民，而天之降命，是眷顧於「能勤勉德行」（用懋）的人。王既受天命，就得加緊敬謹德行（疾敬德），才能夠永保天命。通過「敬」「敬德」，而後有「明德」。康誥云：

「惟乃丕顯考文王，克明德慎罰。」

這是周公告誡幼弟康叔的話。康叔封於衛。周公要他彰明德行，慎用刑罰，以昭顯文王的美盛之德。

在「敬、敬德、明德」之外，還有「天命」的觀念，亦見於召誥：

「今天其命哲，命吉凶，命歷年。」

天不但命吉凶，命歷年，而尤為重要的，是命我以明哲。天既以明哲命於（賦予）我，我就必須盡我的明哲。盡我的明哲，亦就是「疾敬德」、「克明德」了。無常的天命（康誥有云：天命不于常），取決於人類自身的敬德與明德。人為求「受天永命」，就必須「疾敬德、克明德」，否則「惟不敬厥德，乃早墜厥命。」[1]

天命的觀念，是表示在超越方面，冥冥中有一個標準，使我們感到在它的制裁之下，行為不能不謹慎。但當天命天道通過「敬德」「明德」而表示（決定）時，則「天命」「天道」的意義，便已顯示它是一個道德秩序了。天命天道不但在人的「敬之功能」中被肯定，亦在人的「主體」中被肯定。因為天降命於人，即是天命天道下貫於人。天命天道既下貫而成為人的主體，則人的「真實主宰性」乃立即形成。孔子所說的「仁」，孟子所說的「性善」，都是由這個真實的主體而導出。中國人性論的主流，便是這樣形成的。

茲再引三段文獻，以顯示孔子以前「天命下貫而為性」的思想趨勢。

「維天之命，於穆不已。於乎不顯，文王之德之純。」（詩周頌維天之命）

朱子詩集傳云：「天命，即天道也。」維、發語詞。於音烏，歎詞。穆、深遠也，「於穆」二字合成副詞片語，含有深奧深邃之意。宇宙萬象變化無窮，似乎有一種深邃的力量，永遠起著推動變化的作用，這就是「於穆不已」的天命。「維天之命，於穆不已」這二句話的語意，已很明顯地表示天道之生生不息（不已、即意示生生的作用）。所以中庸贊曰：「此天之所以為天也。」天之所以為天，不能限定於只從「降命撤命」處看。當「於穆不

---

1 按，「受天永命」、「惟不敬厥德，乃早墜厥命」，皆見尚書召誥篇。

已」的天命下貫於人而為人的主體（性）時，人所注意的，乃是天道的生生之德，而不再念念於天之降命與撤命。於是，天道天命的人格神之意味，遂被轉化而為「創生不已的真幾」（形上的實體）儒家喜歡講天道生生，正表示不取天道的「人格神」之義，而取了「生生不已的真幾」之義。人通過敬的作用而保住天命，則天命下貫於人而形成的主體（性）便可永遠呈現光明，文王就是一個典型的例證。故又曰「於乎不顯，文王之德之純」。於乎、同嗚呼。不顯、猶言豈不顯哉（或曰，不、同丕，大也。不顯、即大顯之意）。文王的德性生命，即是天命天道的具體顯現與印證。中庸對此後二句詩亦說了兩句贊語：「此文王之所以為文也，純亦不已。」天命「於穆不已」、人德「純亦不已」。此四句詩，一方面說天道，一方面以人格作見證，很明顯地表示了「天」與「人」在內容本質上的相通性（易乾象云，天行健，君子以自強不息。亦是透露此義）。據此可知，德行之純亦不已就是天道之化，而天道之化亦就是道德創造。[2]儒家講創造，不取上帝創造萬物的說法。從上帝說創造，便只有「維天之命，於穆不已」這一面，而沒有「文王之德之純，純亦不已」這一面，天命既然不下貫，主體便開不出來。所以耶教是神本，而不能立人本。在儒家，則主觀地說的「純亦不已」與客觀地說的「於穆不已」通而為一，性體與道體是同一的。因此，儒家能開主體之門。若問主體如何呈現？曰，靠「慎獨」。開主體之門亦同時就是開慎獨的工夫（道德實踐的工夫）。所謂人人皆可以為聖賢，亦正是從這裡說。而依耶教的傳統，便開不出慎獨的工夫（而必須靠上帝之降恩），故不能說人人皆可以靠道德實踐而成為基督。儒耶這一本質上的差異性，正可以從天命是否下貫而為性而對照出來。

「天生烝民，有物有則。民之秉彝，好是懿德。」（詩大雅烝民）

烝民、謂眾民。天生的人類，並非昏暗一團，而是「有物有則」的。「物」，事也。視聽言動是事，待人接物是事，一切生活行為，亦都是事。「則」是行事的道理或原則，如視之明、聽之聰、父之慈、子之孝……皆是。對應於每一件事物，都存在著一種行事的法則，所以說「有物有則」。「彝」、常也。人民具有恆常之性，而且能持守這天所賦予的常性（秉彝），所以能夠「好是懿德」。這好懿德的好，不是一般嗜好的好，而是發自天賦的常性、具有道德判斷之意義的「好善惡惡」之好。孔子說：「為此詩者，其知道乎！」這位詩人的確具有道德的洞見，有道德的真實感。而「秉彝」二字亦已十分接近「性」這個觀念，所以孟子亦引這四句詩為他的性善之說作印證。[3]

「劉康公曰，吾聞之，民受天地之中以生，所謂命也。是以有動作禮義威儀之則，以

---

2 參見牟宗三先生「中國哲學之簡述及其所涵蘊的問題」第十九講〈縱貫系統的圓熟〉（中國文化月刊二十六期）。按，牟先生此一講辭，現以《中國哲學十九講》為書名，由臺灣學生書局出版。

3 見孟子告子上篇、乃若其情章。

定命也。」（左傳成公十三年）

「天地之中」，即是天地之道。命、謂天之所命。天命我以「中」，這個「中」，即是人受之於天的「性」。為了使天所命於我的「中」，能夠在我的個體生命之內獲得貞定，自須依賴一套修養工夫，這就是「動作禮義威儀之則」。後來中庸所謂「天命之謂性」，便是劉康公這段話推進一步的表示。[4]

上引三段文獻，都表示天命天道在「敬」的作用中，步步下貫而為人之「性」的思想趨勢。在此，開啟了天道性命相貫通的大門。其中「維天之命，於穆不已」是一個重要的觀念。它把人格神的天轉化為形上實體。有了這一步轉化，乃能下貫而為性以打通「性」與「天道」的隔閡，亦才有「民受天地之中以生」以及「民之秉彝，好是懿德」的觀念。這一個意識趨向，決定了中國哲學思想的中心，不落在天道本身（故中國文化不走宗教的路），而落在「天道性命相貫通」上。

第二節　「性相近」之性的意指

論語一書，只出現二個「性」字，一個是孔子說的，一個則間接地出於子貢之口。

子曰：「性相近也，習相遠也。」（陽貨）

子貢曰：「夫子之文章，可得而聞也。夫子之言性與天道，不可得而聞也。」（公冶長）

子貢所說，留待下節討論。關於「性相近」這一句，朱子注云：「此所謂性，兼氣質而言之也。」又引程子曰：「此言氣質之性，非言性之本也。若言其本，則性即是理；理無不善，孟子言性善是也。何相近之有哉？」朱子採取程子（伊川）的說法，認為「性相近」是說氣質之性相近。若是指「性之本」（義理之性），則人人皆「相同」，而不必說「相近」。從辭語的含意看，「相近」和「相同」自有差別，但古人用辭語未必這樣嚴格。孟子告子篇牛山之木章有云：「其日夜之所息，平旦之氣，其好惡與人相近也者幾希。」朱注解此句云：「好惡與人相近，言得人心之同然也。」意思是說，發於良心的好惡（好善惡惡）與人相同。朱子正是以「相同」解釋「相近」。然則，孔子所謂「性相近」的相近，和孟子所說的相近，意思應該是一樣的。如此，便不能說「性相近」之性是氣質之性，而應該是人人皆同的義理之性。（朱注所謂「兼」氣質而言之，亦表示他已感覺到直接解為氣質之性，未盡妥當。）而且，從子貢「夫子之言性與天道」這句話，亦可看出在孔子的心目中，「性」與「天道」的關係是非常密切的。若依伊川之說，講成氣質之性，則性與天道便不可能拉上關係。衡之以孔子的思想，以及從論語相關的言論來看，把「性相近」的性說為氣質

---

4 二程遺書第十二、明道先生語二，有云：「民受天地之中以生，天命之謂性也。」

之性，是很成問題的。

雖然自古有「性者，生也」的字義訓釋，從「生」而言「性」，亦是一個流行的老傳統（告子所謂「生之謂性」，便是順此而來）；但另一方面，天命下貫而為性的趨勢，亦已在孔子以前的文獻中顯示出來。前者衍生為「氣性、才性、氣質之性」，後者則通過孔子的仁，孟子的心性，而歸結為中庸首句「天命之謂性」（宋儒張橫渠說為天地之性，朱子又名之為義理之性）。孔子所謂「唯上知（智）與下愚不移」（陽貨），其意指雖然屬於後來所說的氣性才性一面，但在此畢竟只是說智愚，孔子亦從來沒有就這一面討論人性的問題。而且，從論語書中的記載看，孔子對於從天命言性的傳統，亦並沒有積極的討論。因此，我們可以這樣說，孔子學問的中心並沒有落在人性這個問題上，他暫時撇開了「天命下貫而為性」這一個老傳統，而別開生面的，從主觀方面開闢了「仁智聖」的生命領域。[5]這才是孔子真精神真生命的所在。而正宗儒家的人性論，亦正是承孔子的仁教而展開。因此，孔子雖然沒有對「性」作詳確的論定，但我們仍然可以從孔子對於「仁」的直下肯定（我欲仁斯仁至矣），而認為孔子對於「性」這個觀念的體悟，是指向仁義內在的「內在道德性」，是指向「義理之性」而言。

第三節　夫子之「言」性與天道

子貢說「夫子之文章，可得而聞」。文章，是成文而昭彰的東西，亦即孔子稱堯帝「煥乎其有文章」的文章。這是指一個人在人格德業上的光輝成就，所以「可得而聞」。「聞」不是狹義的耳聞之聞，而是見聞、知聞之意。因為成文而昭彰於外的東西，不能說只限於耳聞，亦應該是目之所見、心之所知。下句「夫子之言性與天道，不可得而聞」的「聞」字，更不是耳聞之聞，亦不是見聞之聞。蓋「性與天道」不是耳聞目見的對象，所以必然是「知聞」之意。但從顧亭林以來，一些所謂樸學家之流，卻對子貢這句話充滿了誤解。

亭林心懷明亡之痛，反對性命天道之學，要博學於文，行己有恥，要講經世之學。他的心情，自應予以同情的了解。但亭林與友人論學書中，說到「性與天道，夫子之所不言，子貢之所不可得而聞」。因而嚴責宋明儒空談心性。這種見解就很有問題了。心性之學是空談的嗎？心性之學不是實學嗎？心性之學（內聖成德）與經世之學（外王事功）有衝突嗎？這些，學者可試思之，今暫置勿論。在此，我們只想討論二個問題：

1. 夫子是否不言性與天道？

2. 子貢對「夫子之言性與天道」，何以說「不可得而聞」？

第一個問題，說孔子「不言」性與天道，顯然是亭林之誤解或疏忽。且不論先秦古籍多有孔子論及性命天道之言，即以論語一書為據，孔子不但說過「性相近」，子貢亦說：夫子

---

5 參見牟宗三先生《中國哲學的特質》（臺北、臺灣學生書局出版），第五講。

之「言」性與天道。一個「言」字明顯地擺在那裡，如何能說「性與天道」是夫子之所「不言」？亭林一時疏忽失察，自有可諒。但清代學者專以考證為務，何以對論語這個「言」字竟然視而無睹？

第二個問題，子貢何以對孔子所「言」的性與天道，「不可得而聞」？上文說過，這個聞字不是耳聞之意。否則，孔子既已「言」矣，子貢既非聾子，何以充耳「不聞」？可見這個「聞」字，必是「知聞」之意。意思是說，子貢對於孔子所講的性與天道，聞之而不能知之，無法深切了解。子貢「聞一而知二」，是個天資聰穎的人，何以不能了解性與天道？關於這個問題，應該作更進一步的討論。

首先須知，孔子學問的進路，是暫時撇開了天命天道下貫而為性這個老傳統，而從主觀方面開闢了「仁智聖」的生命領域。他所積極正視和積極談論的，是環繞著「仁智聖」的問題。而性與天道方面，自然不常談論。偶而講一講，而其中的深義，亦很難為青年弟子所領悟，因此乃有子貢「不可得而聞」的感歎。然而，子貢的感歎，是表示他根本無所知呢，還是此時聽了而有所契悟，所以才發出歎美之言呢？程子朱子都認為這是子貢聞道之後的歎美之言（見論語朱注），陸象山亦說「此是子貢後來有所見處」（語錄）。如此說來，不可得而聞的性與天道，子貢亦終於有所契悟了。二程朱陸的疏通，我認為是可以信從的。即使退一步說，子貢的話仍然表示他不了解，但子貢不了解只是子貢自己的事，而並無礙於孔子對性與天道有著親切的體證與深切的契悟。

在孔子以前的文獻裡，已可看出二個傳統，一個是從「生」而言「性」，一個是「天命下貫而為性」，前者是儒家人性論的消極面（即後來所謂氣質之性），後者是儒家人性論的積極面（即後來所謂義理之性），亦是儒家所特有的人性論。孔子雖沒有積極討論性的問題，但正宗儒家人性論的完成，孔子卻是一個總關鍵。前乎孔子的是預備，後乎孔子的則是承接與引申。如果不通過孔子之「仁」，如果沒有這一個德性生命的挺立，積極面的人性論亦將不能出現。到了孟子，便直說「仁、人心也」。他是以心善言性善，而本心即是性，因此我們可以說：「仁」即是「性」。不過，由於孔子以仁為宗，對於「性」很少談論，所以才有子貢不可得而聞的感歎。

至於「天道」一面，則與「性」稍有不同。因為詩書中的帝、天、天道、天命的觀念，是一個很顯著的老傳統。孔子對於這個傳統自甚熟悉而親切，何以孔子亦不常言？何以言之而子貢亦不可得而聞？在此，必須再將天道與性關聯起來作一了解。

性與天道，都是客觀的自存潛存，天道是超越的存有，性是內在的存有。而孔子並不同於希臘式的哲人，他並沒有對這客觀的自存潛存費其智測（這亦本非智測所能盡），而是把這存有面暫且撇開，而開闢了另一面——仁智聖；這是從「智測」而轉到「德行」。孔子的心思，不是向「存有」以表現智測，而是向「踐仁」以表現德行。他沒有以智測入於「幽」，而是以德行開出價值之「明」、開出其生命之光。這裡當然有智，但卻不是智測，而是德性生命的瑩徹與朗照：它上達於天即契合了天的高明，它下接於地即契合了地的博厚，它接於日月即契合了日月的光明，它接於四時即契合了四時之生長收成，它接於鬼神即契合了鬼神之感應吉凶。在德性生命的朗照（智）與朗潤（仁）之中，他徹通了物我內外與生死晝夜，徹盡了超越的存有（天道）與內在的存有（性），使它們一起彰顯而挺立、朗現而貞定。這一切都不是智測與穿鑿，所以不必多在言詞中講說性與天道，而性與天道盡在其中（在生命的契會與證知中）。但這是孔子在聖證中所達到的，局外人如何能從言詞中加以領會？子貢所以有「夫子之言性與天道，不可得而聞」之歎，這才是最深最真實的原故。

在踐仁中體證而且體現性與天道，這是「作」（創造人格型範）；繼孔子而講習踐仁知天的義理規範，這是「述」。樂記云：「作者謂之聖，述者謂之明」。孔子是作，後儒是述。述而後能明，明而後則庶幾可以有成。所以後儒之講論性命天道，乃是承孔子「內聖成德之學」理所應有的引申和發展。

第四節　孔子知天命及其對天道的遙契

在孔子一生的歷程中，五十歲是他與天相知的年齡，代表他人格學問的一大轉進。茲將論語相關的記載錄列於此，以供參證。

1. 子曰：「吾十有五而志於學，三十而立，四十而不惑，五十而知天命，六十而耳

順，七十而隨心所欲不逾矩。」（為政）

2.子曰：「莫我知也夫！」子貢曰：「何為其莫知子也？」子曰：「不怨天，不尤人。下學而上達，知我者其天乎！」（憲問）

3.子曰：「天生德於予，桓魋其如予何？」（述而）

4.子畏於匡，子曰：「文王既沒，文不在茲乎！天之將喪斯文也，後死者不得與於斯文也；天之未喪斯文也，匡人其如予何？」（子罕）

5.子曰：「予欲無言。」子貢曰：「子如不言，則小子何述焉？」子曰：「天何言哉？四時行焉，百物生焉，天何言哉？」（陽貨）

6.子曰：「君子有三畏：畏天命，畏大人，畏聖人之言。小人不知天命而不畏也，狎大人，侮聖人之言。」（季氏）

7.王孫賈問曰：「與其媚於奧，寧媚於竈，何謂也？」子曰：「不然。獲罪於天，無所禱也。」（八佾）

8.顏淵死，子曰：「噫！天喪予，天喪予！」（先進）

9.子疾病，子路使門人為臣，疾間曰：「……吾誰欺，欺天乎？……」（子罕）

10.子見南子，子路不悅。夫子矢之曰：「予所否者，天厭之，天厭之。」（雍也）

前錄首章，是孔子自述為學進德之歷程最為完整的一章。其中五十「知天命」，尤其是重要的關節。知天命的知，不是認知、知解，而是「證知」。我們可以想像，在孔子五十歲的時候，他常常感到自己與天之間的親和感：從孔子這一面說，是「知天命」；而通過孔子的「下學上達」（上達天德、與天合德），天亦轉過來知孔子，所以說「知我者其天乎」！這是一種「與天相知」的境界。在這裡，引發了孔子對天的使命感，因而亦形成了他生命中深切的信念。所以既說「天生德於予，桓魋其如予何」？又說「天之未喪斯文也，匡人其如予何」？在這深切的信念中，他對天命天道的證知，更落實下來而顯現為「以文統自任」的文化使命感。故曰：「文王既沒，文不在茲乎」！由於孔子在自己的生命中證知了天命，感到天命與自己的生命通而為一，所以他的生命是與天相默契、相印合的。於是，孔子感歎了，他說：「予欲無言。」子貢對孔子「欲無言」的意思不甚了解，而誤以為孔子不願再講學論道了，所以趕快詢問：「子如不言，則小子何述焉？」述者、循也。假如孔子果真不垂教言以示後學，則後生小子將何所遵循？其實，孔子只是在「世無知音，唯天相知」的心境中，說出了這麼一句感歎之言，表示他既以全幅生命為天命天道作見證，則一般的言說便可有可無了。孔子「予欲無言」這句話，實隱含「以天自況」之意。所以他說：「天何言哉？四時行焉，百物生焉，天何言哉？」蓋天道默運而生生，其生生是永不停息的；故四時之行，萬物之生，亦從無間斷。而一個「純亦不已」的德性生命，豈不亦如天道之運、永遠顯現他與理道合一的生活行為？孔子以身示道，道既當體呈現，即在眼前，尚何事於言語乎？孔子所謂「予欲無言」，正應從這個意思上來加以證會。[6]

至於孔子的超越感，則可以通過君子三畏中的「畏天命」來了解。畏、不是畏懼，而是敬畏。敬畏與虔敬或虔誠，都是依於宗教意識而顯發出來的心情，是表示對超越者的皈依。所謂「超越者」，在西方，是宗教中的上帝；在中國儒家，則是天命或天道。「天道」是一個意涵無限豐富而深邃的觀念。上古時代如詩書典籍中的「帝、天帝、上帝」這些含有人格神意味的觀念，在「宗教人文化」的演進中，已轉化而為形上實體，這就是天命、天道。又由於天命天道下貫而為人之性，這個形上實體更由超越而內在化，而成為人的心性本體了。所以，我們可以這樣說：[7]

天道的外在化，是「人格神」——上帝、神、天主、梵天、阿拉等皆是。

天道的內在化，則是「自由無限心」——儒家的仁、性、本心、良知，道家的道心，佛教的如來藏自性清淨心，皆是。

依孔子之意，一個健康的人格（君子），首先必須敬畏天命。反之，一個對超越者欠缺虔敬或信念的人，是不可能成為一個真實的人格的。這種對超越者的敬畏感，是最高的道德感情與宗教感情之合一。很顯然的，孔子對於傳統的性命天道的思路是念念不忘的。我們可以這

---

6 按，論語子罕篇載：「子在川上，曰：逝者如斯夫！不舍晝夜。」朱注以為此乃默證道體之言。又引程子曰：「此見聖人之心，純亦不已。純亦不已，乃天德也。」此章之意，正可與天何言哉、予欲無言章相參。

7 參見牟宗三先生《現象與物自身》（臺北、臺灣學生書局出版），第七章。

樣推想，在孔子談論「仁智聖」的時候，他內心必已具有一種超越企向，或者說一種內在的超越鼓舞。這企向與鼓舞，就是他對天道天命的契悟與虔敬。孔子以仁為宗，既有「仁」這個內在的根以遙契天道，則性命天道相貫通便有了真實的根據，而我們講性與天道亦就不至於只是掛空的講論了。因此，孔子所說的「仁」，又可說是天命天道的一個印證。儒家對天命天道的了解與講論，雖然走向形上實體這一路，但從孔子對天的呼應與敬畏，可以看出他的生命與超越者的遙契關係，實比較近乎宗教意識。孔子所說的「天」亦比較保存了人格神的意味。在孔子踐仁的過程中，他所契悟的天道，實有二方面的意義：

1. 從「情」方面說，天道有類於人格神。孔子所謂「天生德於予」，「天之未喪斯文」，「天喪予」，「吾誰欺，欺天乎」，「獲罪於天，無所禱也」，「知我者其天乎」，都顯示人格神的意味。[8]

2. 從「理」方面說，天道即是形上實體。孔子所謂「天何言哉？四時行焉，百物生焉，天何言哉？」在此，天即是「於穆不已」的生生之道（創生實體）。

對人格神意義的天道，孔子所表露的，是一種含有敬畏與虔敬意味的呼應之情，這是「超越的遙契」；在這一方面，比較顯示莊嚴肅穆的宗教之意味。而對於形上實體的天道，則可通過「天何言哉」「予欲無言」一章所顯示的「以身示道、以天自況」來了解，加上孔子踐仁知天，以仁印證天道，可知這一面是屬於「內在的遙契」；內在的遙契所顯示的則是親切明朗的哲學意味。[9]不過，在孔子，這只是一種意示，而沒有多加講論；發展到中庸，便充分地透顯出來了。[10]超越的遙契，著重客體性（天命、天道）；內在的遙契，則重主體性（仁、性、誠）。由著重客體性過渡到重主體性，是「人」與「天」和合喻解的一步大轉進。經過這一步轉進，主體性與客體性乃取得了一個真實的統一（性命天道相貫通、道德與宗教通而為一）。孔子所證現的「天人合德」的人格型範，便是最典型的代表。

附論：所謂默現天與朗現天

月前，在《鵝湖》月刊七十六期看到一則有關「天道」的說法，說儒家的天是「默現天」，為內在而超越的至善本體，為生生不息的境界；基督教的上帝是「朗現天」，為超越而內在的主，對人有悲憫、有關懷、有啟示的永恆愛者，是天道的進一步主動啟示云云。我

8 按，論語八佾篇載儀封人曰：「天將以夫子為木鐸」；子罕篇載子貢曰：「固天縱之將聖也」。二句中之「天」字，亦含有人格神之意味。

9 同註5，第六講。

10 按，中庸「天命之謂性」的思路，自非憑空而來。一方面它是回應孔子以前「天命下貫而為性」的思想趨勢，一方面是順承孔子言「仁」、孟子言「心性」而再向存有方面伸展，以透顯仁與心性的絕對普遍性。孔子與天合德的聖證以及孟子言盡心知性知天，亦正表示此一意向。拙著《新儒家的精神方向》（臺北、臺灣學生書局）書中〈中國哲學史的分期〉一文之第三段，曾說及此意，請參看。

不很了解作者所謂「默現天」「朗現天」的確切意義。但從他連接於二個詞語之後的幾句解說看來，其說法恐怕是很欠妥當的。

從儒家這方面說，是轉化了人格神意義的天而為形上實體（天命天道）；又由於天命下貫而為性（天命之謂性），所以天命天道乃「由超越而內在」，而成為人的主體（性體、心體、仁體）。人有了天所賦予我的仁與心性，乃能自覺自主地「踐仁知天、盡心知性知天」而與天合德，從這一面說，便是「由內在而超越」。據此可知，在儒家，「由超越而內在」與「由內在而超越」，這二個來往是通而為一的。亦就是說，超越地說的「道體」與內在地說的「性體」，二者是同一的。此之謂「即超越即內在，即內在即超越」。所以，儒家是「本天道以立人道，立人德以合天德」的天人合德之教。若從「生生」說，則天道之生生與仁道之生生，亦是通而為一的（天道生生顯諸仁）。因此，「生生不息」亦不只是「境界」，而是實德實理與實事，是真實的生化與創造。

至於該文說基督教的上帝是對人有悲憫、有關懷、有啟示的永恆愛者，此自可無疑義（唯「有悲憫」這一句的「悲憫」二字，用於「上帝之愛」是否適當？似乎應該再斟酌一下）。而說上帝「為超越而內在的主」，這個意思不易了解。就基督教的教義說，上帝愛世人，故派遣其獨生子耶穌來作世人的救主，為世人贖罪。這個「主」是超越者的地位。而人則須靠上主的恩寵方能得救，人本身是無力自救的。所以人不能是主。然則，上帝如何能由「超越」而「內在」？上帝並不能內在於人而轉化為人之主體，以使人自主自救也。（依基督教義，人只能信靠上帝以期得救。）

另外，該文還有一句，說「上帝」是「天道的進一步主動啟示」，這個意思亦不易了解。所謂「進一步」，是不是指說上帝派遣獨生子為世人贖罪所顯示的「主動性」，愈於天道之生生呢？如果是這個意思，那末這個主動性便只在上帝一邊，而人無與焉。（人這一邊，只是「被拯救」的迷途的羔羊。）依儒家，則不如此。天道生德流行貫注於人而為人之性（人之主體），人即依於此一主體而自覺自主、自發命令、自定方向，以發動道德創造、表現「純亦不已」的道德行為。在此說「主動」，則主動不但在天，亦同時在人——天而人、人而天。這才是消融了「天人隔離」，消融了「主觀客觀之對待」的真實之「主動」。這是「將外在化的人格神轉而為內在化的自由無限心」。這一步大轉進，才真正是「進一步」。若主動只在上帝一邊，而人這一邊永遠停在信靠上帝降恩贖罪的「被動」之位置，則無論如何亦看不出上帝是天道的「進一步」也。

第七章　義與命

第一節　論語言「義」的意指

「義」字在論語中出現的次數，僅次於「仁」與「禮」。茲先將有關的章節引錄於後，並隨文略作解說，藉以了解孔子言「義」的意指：

1. 子曰：「君子喻於義，小人喻於利。」（里仁）

喻、曉知之意。君子自立志存心到言行舉止，只知要求「正當」「合理」；至於利害得失，從不加以計較。小人則唯利是圖，只顧一己之私，心中只有一個「利」字，根本沒有是否正當是否合理的觀念。此條之「義」字，即「正當」「合理」之意。

2. 子曰：「……不義而富且貴，於我如浮雲。」（述而）

3. 子曰：「君子有九思……見得思義。」（季氏）

「不義而富且貴」，不「義」即不「正當」不「合理」之意。「見得思義」，意謂人凡有所得，皆須合義；義，亦指「正當」「合理」而言。

4.子曰：「……見義不為，無勇也。」（為政）

5.子路曰：「君子尚勇乎？」子曰：「君子義以為上。君子有勇而無義，為亂；小人有勇而無義，為盜。」（陽貨）

「見義不為」，義、指「正當」「合理」。一個人見到理所當為的「正當合理」之事，如果逃避責任，棄而不為，便是無勇的表示。「君子義以為上」，故君子之勇，必須合乎「義」。義，亦指「正當」「合理」而言。正當合理的勇，是謂「義勇」。

6.子曰：「君子之於天下也，無適也，無莫也，義之與比。」（里仁）

7.子曰：「君子義以為質，禮以行之，孫以出之，信以成之，君子哉！」（衛靈公）

8.子路問成人，子曰：「……見義忘利，見危授命……」（憲問）

適音敵，是肯定、贊成之意。莫，是否定、反對之意。比（去聲），從也。君子心中無私意、無成見，所以對於天下的人和事，都沒有一味贊成或一味反對的特殊立場或態度。他一切只求「正當」「合宜」，唯「理」是從（義之與比）。次條言君子內外交修，文質兼備。他循禮而踐行的，謙遜而表出的，信實以求完成的，正是那作為君子之質的「義」。「義」亦就是「理」，君子之所以為君子，正應從他是否具有「理義」這個實質以為準衡。後條「見義忘利」，義、亦指「理義」。理義當前，豈可仍在「利」上作計較，當然必須忘利而由理義行。人能「見義」而「忘利」，自能「見危」而「授命」。國有危難，奮勇獻身，亦正是忘利以盡義的最高表現。

9. 子張問，士何如斯可謂之達矣？……子曰：「夫達也者，質直而好義。……」（顏淵）
10. 樊遲請學稼，子曰：「……上好義，則民莫敢不服……」（子路）
11. 子曰：「群居終日，言不及義，好行小慧，難矣哉！」（衛靈公）

前二條「好義」之好，即好善惡惡之好，「義」指「理義」「道理」而言。後條「言不及義」之義，亦指「道理」「理義」。

12. 子曰：「……聞義不能徙，不善不能改，是吾憂也。」（述而）
13. 子張問崇德辨惑，子曰：「主忠信，徙義，崇德也。……」（顏淵）

消極地說，一個人有了不善的言行而不能改過；積極地說，聽到「正當」的「道理」而不能遵循而行；這都是令人憂念的事。「徙義」意同「遷善」，亦即遵行「正當之理」的意思。

14. 子謂子產有君子之道四焉：「其行己也恭，其事上也敬，其養民也惠，其使民也義。」（公冶長）

子產一生，行己恭、事上敬、養民惠、使民「義」。使令人民，必須「公正合理」，人民才會中心悅服，循令而行。

15. 樊遲問知，子曰：「務民之義，敬鬼神而遠之，可謂知（智）矣。」（雍也）

敬事鬼神而不媚神祈福，一心一意只是致力踐行作為一個人的「正當責任」（人事之所當為），這就算是一個明智的人了。

16. 子曰：「……隱居以求其志，行義以達其道……」（季氏）

朱注云：「求其志，守其所達之道也；達其道，行其所求之志也。」當其求時，猶未及行，故謂之志；及其已行，將達之天下，故謂之道。不合道，不得曰志；不合義，不得曰道（不合義之道，謂之苟道）。所以必須「行義」而後乃能使道達之天下。行義之「義」，指「應然之理」，亦含有「正當責任」之意。

17.子路曰：「不仕無義。長幼之節，不可廢也；君臣之義，如之何其廢之？君子之仕也，行其義也。」（微子）

這是子路轉述孔子之言以告荷蓧大人。文中共有三個「義」字。「不仕無義」之義，指「道理」而言。「君臣之義」與「行其義也」，二「義」字，既指「道理」，亦兼含「正當責任」之意。君子成己以成物，志在淑世以康濟天下；而出仕，正是他完成淑世濟民之「正當責任」的最佳途徑。

依據以上的考察，可知各條的「義」字，大體不外「正當」「合理」「合宜」「理義」「道理」「正當責任」等意思。總括起來說，「義」，是事理之當然，亦是人事之所當為。所謂「事理之當然」，意即理當如此，必須當下肯定，不容懷疑。譬如對國家之忠，對父母之孝，都是事理之當然，是天理合當如此，亦是我的良知（道德心）當下之肯定。對於這種當然之理，不可看作尋常的事件來究詰。人所應加以講論討究的，唯是如何盡忠，如何行孝；亦就是說，只須對此「所當為」的事講求「如何為」，以期完成正當的責任。據此可知：

一、義有定然性、不變性，是「理」之應然與必然。

二、義亦有時宜性、適應性，是「事」之所宜為、所可為。

繼孔子之後，孟子亦言「仁」言「義」，並常「仁、義」並舉，他說：「仁，人心也；

義，人路也。」又說：「仁、人之安宅也；義、人之正路也。」所謂「人路」，即是「人所當行」，而且是「人所共由」的道路。人的身心活動，都是為了成就其為一個真正的人。而身心活動的軌道，就是「義」（人路）。孟子又有「居仁由義」之言。由義，是說我們生命行為的表現，應該經由「義」而行。經由「義」而行，才能合乎事理之宜。故中庸云：「義者，宜也。」我們應事接物而能「合宜、合理」，便是「義」。

但亦須知，義雖是事理之宜，是人事之所當為。但這作為「事理之宜」的「義」，卻不在於外在的事物本身，而是在於我們對事物態度的合理合宜上。所以朱子以「心之制，事之宜」二語解釋「義」。王陽明亦說：「心得其宜謂之義」。[1]可見義與不義，是必須斷之於行為者之心的。通過心的主宰斷制，以明辨是非，擇善固執，而後才能做到「窮不失義，達不離道，取不傷廉，與不傷惠」。因此，義在本質上乃是道德的應然判斷（價值判斷）。譬如「見義不為，無勇也」，我何以知道此時所見的事，是義或非義、當為或不當為，這並不能從我所見到的對象（事物）本身看出來；而必須根據我心對此一事物所作的價值判斷，始能辨別它合義不合義，和決定這件事當為不當為。同時須知，同類的事物，常因時間地點與情境之不同，而或為義，或為不義。同一件事情，亦因行為者之責任、立場、境遇等等的差別，而有不同的應事態度與處置方式。反過來說，雖然應事處世的態度方式不相同，但只要是依事理之當然而行，都算是合義的行為。孔子所謂「無可無不可」，孟子所謂「此一時，彼一時」，正表示人的行為方式可以「因時、因地、因人、因事」而措其宜。總之，行事的態度方式可以變，所不變的乃是「惟理是從，義之與比」。而「從理」「從義」，又必須以「心」（本心良心）為準衡；離開了「心之制」（應然的判斷），是不可能表現「義」的。（按，有些鄉原與蝙蝠主義者流，常以「此一時彼一時」為口實、為盾牌；甚至各種各類的賣身投靠之輩，亦以「識時務者為俊傑」作為藉口。其實，這全都是一些拋棄原則、背義違理的敗類。試問，天下有棄宗忘本、認賊作父的「俊傑」乎？有背義違理的「時務」乎？對於這些人，只須用一個「義」字來檢證他，則是非正邪，立時可判。）

第二節　命令義之命與命定義之命

「命」有二義。從天之所命、性之所命而言，謂之「天命」「性命」。這一面的命，是「命令義」的命。如詩經「維天之命，於穆不已」，中庸「天命之謂性」，皆是命令義之命。後儒所謂「天命流行之體」，流行二字便是根據命令作用而說。另一方面，是「命運、命遇、命限」之命，這是「命定義」的命。所謂「命定」，是表示一種客觀的限定或限制。

對於「命令義」的命，必須敬畏、服從、踐行。因為無論天之所命或性之所命，都是善的命令——道德的命令。儒家講道德實踐，都是和這一面相關聯的。對於「命定義」的命，

1　見王陽明《傳習錄》中卷、答歐陽崇一書。

則應知之、受之、安之。因為知道了這個客觀的限制，才能夠安然受之，而不存非分之想，不作非分之求；亦才能夠「不怨天、不尤人」，而回過頭來「反求諸己」以克盡自己的性分。

關於論語中「天、天命、天道」的觀念，上一章已作過討論。茲再從論語書中，錄出孔子單言一個「命」字的章節，作一個義理的考察。

1. 伯牛有疾，子問之，自牖執其手，曰：「亡之，命矣夫！斯人也，而有斯疾也；斯人也，而有斯疾也！」（雍也）
2. 司馬牛憂曰：「人皆有兄弟，我獨亡（亡同無）。」子夏曰：「商聞之矣：死生有命，富貴在天。君子敬而勿失，與人恭而有禮；四海之內，皆兄弟也。君子何患乎無兄弟也。」（顏淵）
3. 子曰：「不知命，無以為君子也，不知禮，無以立也。不知言，無以知人也。」（堯曰）
4. 子曰：「回也，其庶乎！屢空。賜不受命，而貨殖焉，億則屢中。」（先進）
5. 公伯寮愬子路於季孫。子服景伯曰：「夫子固有惑志於公伯寮，吾力猶能肆諸市朝！」子曰：「道之將行也與，命也；道之將廢也與，命也。公伯寮其如命何？」（憲問）

6.子罕言利，與命與仁。（子罕）

徐復觀先生以為論語書中單言一個「命」字，和與天相連的「天命」有著顯然的分別。他沒有引「賜不受命」那一條，而認為其餘五條中的「命」字，皆是運命之命。[2]徐先生這個分別是值得注意的（雖然對於「命」字的解釋還有商榷的餘地）。所謂運命之命，亦即「命定義」之命，它表示「客觀限制」的觀念。人，本來就不是一個無限體，而是一個有限的生命。而人生的努力，正是向自己的有限性挑戰，希望突破生命的有限性，以獲取無限的意義和永恆的價值。人亦的確可以超越他的有限性，以創造物質層面和精神層面的價值成果。然而，這個「突破」與「超越」卻仍然有它的限度；到了某一個界限，人就突破不了，超越不了。如像生死、壽夭、吉凶禍福、富貴、際遇……等等，都不能操之在我。到了某一關節，人便感到無能為力。積極地求，求之不可必得；消極地避，又無所逃於天地之間。人到此時，便會感到一個「客觀的限制」——這是人的「德、智、能、力」進入不到的界域。無可奈何，於是歸之於命。這就是「命定義」的命。

孔子在上引各章中所說的（第2條子夏之言，蓋亦聞之孔子），即大體指向這無可奈何的「命定義」之命。我們只說「大體指向」，是因為有幾處的「命」字，亦未必非作「命定義」的命來解釋不可，解作「命令義」的天命，亦可以通。前二條「亡之，命矣夫」、

2 參見徐復觀先生《中國人性論史》（臺北、商務版）第四章之三。

「死生有命」之命，解作命定命限之命，自無疑義。第3條「不知命，無以為君子」，亦是指「客觀限制」義的命限之命。孔子說「君子求諸己」，求諸己，則當盡其在我以立己成己。至於窮達之分，則屬於「莫之致而至」的「命」[3]，乃求之而不可必得者。故君子必須「知命」否則，就不免要作非分之妄求了。第四條是先論顏回，後論子貢。顏回「屢空」而安貧樂道，故曰「其庶乎」。子貢不能如顏回之安貧樂道，而從事「貨殖」，表示他不能承受天命而安之，故不如顏回。朱注解「賜不受命」之命為「天命」，似乎並無不妥。因為假若解為「命限命運」之命，則孔子既不以「賜不受命」為然，而他對顏回的稱賞便似乎是認為人應該承受命運之安排了。如此，豈不帶上了命定論的意味？不過，「客觀限制」義的命，它所含蘊的意義亦並不如此簡淺。顏回知此無可奈何之限制而受之、安之，並不表示是消極地接受命運之安排。「一簞食，一瓢飲，在陋巷」，人「不堪其憂」，而顏回卻能「不改其樂」，正表示他了澈富貴利達本非操之在我，故不強求而安貧樂道。這正是孔子所謂「如不可求，從吾所好」的意思。而子貢「不受命而貨殖焉」，則表示他要「求財富」於性分之外。財富本不可強求，求之亦不可必得；子貢之「億則屢中」，乃是靠他過人的聰明。但他「不受命」而「貨殖」的行為，則既非「事理之當然」，亦不是「人事之所當為」。因此，他這個做法是不足以為法的。[4]否則，豈不人人皆應起而效之，而去從事「富貴之求」了？據此可知，「賜不受命」這個命字，取「客觀限制」義的命限之命來作解釋，其義旨似乎較為平實而妥切。（當然，這二層意義的「命」，亦並非截然而不相關聯的。參看下一條。）

第5條是從「道」之「行、廢」說命。這二個「命」字，亦應從「客觀限制」方面說。道是永恆而無限的超越理想，但「道」一落實於世間，便會受到現實界各種條件的限制，因而有「行」與「廢」之不同。道衰微而不行，固然是一種命限；而道之大行，亦同樣有「所乘之勢」與「所遇之機」的差異，仍然不由人力，而有命存焉。[5]但從另一面看，這二個「命」字作「命令義」之天命解釋，亦未常不可通。說道之行廢皆由天所命，和孔子所謂「天之將喪斯文」、「天之未喪斯文」，其意指是相同的。在此，我們可以發現「命令義」之命與「命定義」之命，二者之間實亦具有關聯性。牟先生論「以理言」之命與「以氣言」之命時，有云：落實說，是勢、是遇，是氣命；統於神、理說，則亦是天命。因而指出

---

3 孟子萬章上云：「莫之為而為者，天也；莫之致而至者，命也。」

4 按，貨殖只是子貢生命活動的一個方面，卻不是子貢的生命全部投注於貨殖之中。而子貢的造詣，亦隨年事之長而層層上達，終於成為孔門之大賢。拙著《孔門弟子志行考述》第九章專論子貢，請參看。又，顏子不事強求而安貧樂道，似乎與孔子「知其不可而為之」的精神不類。其實，在孔子周遊列國的十四年中，顏回一直隨行在側，與孔子共同尋求行道的機會。返魯之後，簞食瓢飲而安之，乃是藏道守己；而人能守道守義，豈可說是消極？所以孔子對顏回說：「用之則行，舍之則藏，惟我與爾有是乎！」孟子亦說：「禹稷顏子，易地則皆然。」

5 按，張橫渠正蒙誠明篇論「德勝其氣」、「德不勝氣」，以及「所乘、所遇」之意，義旨甚深（雖亦有不盡妥貼處）。請參看拙撰《宋明理學北宋篇》第六章第二節之三。

有「統於神理而偏於氣」而言的命。[6]這是極具深義的一步疏導。孔子所謂：道之將行、將廢，命也。正是對這種「統於神理而偏於氣」而言的命（亦是天），而發出的深心之慨歎。

至於第6條的「命」字，則不宜解作「命定義」之命。朱注引程子（伊川）云：「命之理微，仁之道大，故罕言。」說「命之理微，仁之道大」，是可以的；但說「仁」與「命」，皆孔子所「罕言」，就很成問題了。首先，從文獻記載上看，論語不但言「仁」的章節很多（請覆按，第四章）；言「命」處亦不少，本節即已錄出六則，再加上第五章言「天」言「天命」的記載，就更多了。因此，說孔子「罕言仁」、「罕言命」，是不可通的。其次，從文字記載的體例形式看，如：

「子之所慎：齋、戰、疾。」（述而）
「子所雅言：詩、書、執禮。」（述而）
「子不語：怪、力、亂、神。」（述而）
「子絕四：毋意、毋必、毋固、毋我。」（子罕）

據此各章之例，如果「罕言」二字下貫「利」「命」「仁」三者，則應作「子罕言：利、命、仁」才是。今既不然，則「與命」「與仁」的「與」字，不應作連接詞看，而應該是「親與」之義，亦即「和合」的意思。孔子知天命，與天相喻解，故曰「與命」；孔子的生命，即是「仁」的顯現與印證，故曰「與仁」。如此，則「命」字應作「天命」解，才合義理。

第三節　從盡義知命到義命合一

以上二節，已分別說明：「義」是「事理之當然，人事之所當為」，在此，表示人的「自覺主宰」。「命」的意義分二面，一是命令義的「天命、性命」之命，一是命定義的「命運、命限、命遇」之命。前者表示道德的命令（含有超越的意義），故須敬畏、服從、踐行。後者表示「客觀的限制」，故應知之、受之、安之。茲先著重以限制義的「命」與「義」相對顯，藉以說明「盡義以知命」的意指。

人必須「盡義」，乃能真正接觸到「命」的領域。一個人如果沒有作過最大的努力，沒有依循「事理之當然」去為其「所當為」，他就不可能真實地感受到「客觀限制」的存在。那些稍受挫折、偶有失意，便諉之於命的人，他們何嘗真知命？須知「命」不是一個抽象的概念，而是人生真實的感受與證悟，是在一步步突破生命的有限性中，層層進逼而感受到、而證悟到的。有了這真實的感受與證悟，然後乃能真正知曉客觀限制的界域，因而能夠知所警惕，而回歸到操之在我的人事領域，以「為其所當為」。此之謂「盡義以知命」。

6 參見牟宗三先生《心體與性體》（臺北、正中版）第一冊張橫渠章第二節第八段。

孔子的人生態度，正是「盡義以知命」。論語載：

子曰：「富而可求也，雖執鞭之士，吾亦為之；如不可求，從吾所好。」（述而）

又有言曰：「君子之仕也，行其義也；道之不行，已知之矣。」（微子）

前條知富之不可求，是「知命」；從吾所好（好善惡惡之好），以為其所當為之事，則是「盡義」。後條知道之不行於當世，是「知命」；但道雖不行，而志於道的君子，仍須「行其義」（盡義）以明道守道，這是不可拋棄不可讓度的義務。

孔子「知命」而猶「盡義」的人生態度，是舉世共知的。他周遊列國，常常受到一些隱者之流的譏諷。如憲問篇所記荷蕢、微生畝，微子篇所記荷蓧丈人、楚狂接輿、長沮、桀溺等；他們或者對孔子說「斯已而已矣」，或者說「已而已而，今之從政者殆而」，或者說「滔滔者，天下皆是也，而誰與易之？」歸結起來，無非都是「既知命矣，何必盡義」的論調。孔子的回答，則以為「鳥獸不可與同群，吾非斯人之徒與而誰與？」正因為天下無道，所以才會情切救世，想要以正道移易天下。孔子這個情懷，倒是給石門晨門「知其不可而為之」一句話說著了。「知其不可」是「知命」，「而為之」則是「盡義」。明明知曉在客觀的限制之下，道不能行於當世，而依然心不容已地去為「理所當為」之事，這就是孔子的精神。

總之，「命」表示客觀的限制，「義」表示自覺的主宰。從「命」一面看人生，會感到世間一切事物，都有一定的限制，都是被決定的；在這一面，實在看不出人生的意義和價值。但人生不止這一面，除了「命」一面，還有「義」一面。人生的價值和意義，以及自覺、自由諸觀念所運行的領域，正須從「義」這一面而顯示。人亦只應在「義」上作主宰，以對是非善惡之價值負責。至於「命」一面則非人力所能掌握。因此，人生的意義和價值，不能從成敗得失處作計較，而應該在是非善惡處作判斷，以「是其是而非其非，好其善而惡其惡」。自從孔子明辨二者之分際與界限，不但透顯了儒家精神之方向，亦決定了此後儒家處理宗教問題的基本態度——「重能不重所，依自不依他」。而中國人的人生觀，亦正是在這個基礎上而建立起來的。

從「義」與「命」之分際界限看，可以說「義命分立」。但除了「命定義」（客觀限制義）之命，還有「命令義」一面的天命性命之命。從這一面說命，則是「天道性命通而為一」的，所以「天命」「理命」「性命」「德命」諸詞，皆可以成立，而且實亦可以稱之為「義命」。這時候，「命」已內在化而與性德合一，與理義合一。因此，天之所命即是性之所命，性之所命即是理之所當然、義之所當為。據此可知：

1. 從「命定義」之命而言——盡義以知命——義命分立
2. 從「命令義」之命而言——盡性以至命——義命合一

由「盡義」以「知命」反轉過來說，則雖「知命」而仍須「盡義」（知其不可而為之）。「盡義」乃是盡我性分之所當然，所以「盡義」亦即「盡性」。到這一步，則所謂「知命」，便不止是知「命定義」的命運命限之命，同時亦知「命令義」的天命性命之命。而天命性命之「命」，實際上就是我性分當然之不容已，亦是我無所逃於天地之間的「義務」。此便是「盡義、盡性」以「至於命」[7]，亦即是「義命合一」。據此可知，盡義以知命，固然可以說是孔子的人生態度；而推進一層說，則「義命合一」，才是孔子所證現的人生境界。

7　按，易說卦傳云：「窮理盡性以至於命」。此處略更易其詞語而借用之，在義理上應無違迕。程明道曰：「窮理盡性以至於命，三事一時並了，元無次序。不可將窮理作知之事。若實窮得理，即性命亦可了。」（二程遺書第二上）。明道所謂「不可將窮理作知之事」，是指出「窮理」不是外在的知解，而是究明「性命之理」而澈知之、朗現之。能澈知「性命之理」而朗現之，則「性」自然「盡」，而亦自然可以「至於命」（與命合一）。「理、性、命」通而一之，便是「三事一時並了」，同時完成。（了、謂了當，亦即完成之意。）明道所說之義，拙撰《宋明理學北宋篇》第十章第二節有疏解，請參看。

第八章　宗教、義務與自我問題

第一節　孔子對原始宗教的態度

在人類文化初起之時，每一個文化系統都經過一個宗教的階段。而中國則自三千年前（西周初期），便已顯發了人文精神之自覺，使原始宗教漸次走向轉化的過程。下及春秋，宗教人文化的思想演進，乃進到成熟的階段。

孔子是中國文化的代表者，他前有所承，後有所開。因此，在我們講論孔子之學時，有關他對原始宗教的態度，亦是不可忽視的。茲分三點，作一簡要之說明。

一、對天的態度（天人關係）

從孔子對天的呼應之情與敬畏之感來看，他的生命與超越者的遙契關係，是含具著很虔敬的宗教意識的。關於孔子對「天」的態度，上第六章第四節已經作過討論，在此不必重複。現只簡括地這樣說：在孔子生命中所顯示的天人關係，乃是「天人相知，天人和合，上下回應，有來有往」的關係。

據論語的教言而說，「天生德於予」，是來：「下學而上達」（上達天德），是往。來、是由超越而內在，往、是由內在而超越；這天人往來，正顯示了「上下回應」的關係。這種互為回應的關係，又可以從他「與天相知」而看出來。「五十而知天命」，是人知天；「知我者其天乎」，是天知人。在這裡，很明顯地表示了天人之間的喻解與印合。但孔子所表現的，並不是憑託於天神的意志而顯露一個教主的身分；他所完成的，乃是一個「與天合德」的「聖者的型範」。

由於孔子踐仁知天，以仁印證天道；所以他又深心地感歎「天何言哉」，「予欲無言」。孔子「以天自況，以身示道」，竟然說得如此的自然，如此的平實。他沒有為世人帶來一點點聳動，更沒有引起天下人心一絲一毫的驚異。他超化了奇特與神異，此所以合下是「天地氣象」。而且，孔子亦不是通過觀念理論，來論證「天道性命相貫通」，而是以他「通體是德慧」的生命，為「天人和合」作見證。中庸云：「肫肫其仁，淵淵其淵，浩浩其天。」唯其肫肫然、淵淵然、浩浩然，所以能「上下與天地同流」，而臻於「大德敦化」的聖境。[1]而中國文化「道德與宗教通而為一」的性格，孔子的示範，亦正是一個決定性的因素。

二、對鬼神的態度（人神關係）

在原始宗教的階段，鬼神被視為決定吉凶禍福的權威。而在孔子留下的教言裡，我們可以看出「敬事鬼神」這件事情，已經完全「淨化」了。

> 季路問事鬼神，子曰：「未能事人，焉能事鬼？」敢問死，曰：「未知生，焉知死？」（先進）

孔子對子路的回答，既沒有說不可以「事鬼神」，亦沒有說不可以「問死」。而只是表示：以「事人」之道為先，以「生」之道為本。一個人的誠敬，如果不足以「事人」，又如何能奉祭祀於鬼神？如果不知「所以生」之道，又如何能知「所以死」之理？所謂「義之所在，生死以之」。可知「死之道」並不異於「生之道」；人從生到死，只是「盡義」，只是「由仁義行」而已。

> 樊遲問知，子曰：「務民之義，敬鬼神而遠之，可謂知矣。……」（雍也）

敬鬼神，是「慎終追遠」，而不是媚神以祈福。朱注引程子曰：「人多信鬼神，惑也；而不信者，又不能敬。能敬能遠（去聲），可謂知（智）矣。」

---

1 「肫肫其仁」三句，見中庸第三十二章，「大德敦化」，見中庸第三十章。「上下與天地同流」，見孟子盡心上篇。

子曰：「非其鬼而祭之，諂也。……」（為政）

鬼神，是祖先的神靈。「非其鬼」，是指祖先以外的自然神（山精木怪之類）。「非其鬼而祭之」，無非是祈福消災的心理，當然是「諂媚」的行為。

子疾病，子路請禱。子曰：「有諸？」子路對曰：「有之。誄曰，禱爾于上下神祇。」子曰：「丘之禱也久矣！」（述而）

禱，謂禱於鬼神。孔子病加重，子路請求行禱。孔子問，有這個道理嗎？子路說，有的。並舉述誄詞「禱爾于上下神祇」以為證。而孔子自問平生行事，仰不愧，俯不怍，「素行固已合於神明」（朱注語），尚何事於禱求？只因感於子路關懷之情，而不忍直加拒止，所以說「丘之禱也久矣」！這一句措詞宛轉而卻意味深長的話，正表露了「無所事於禱祝」的意思。莊子逸篇有云：「孔子病，子貢出卜。子曰，待之。吾坐席不敢先，居處若齋，飲食若祭。吾卜之久矣！」這段話亦是表示：「平日生活的誠謹不苟」，即是卜，即是禱，固無須臨病而禱求於鬼神也。這是何等虔敬誠實的人生，又是何等平正坦蕩的胸懷！

三、對祭祀的態度

祭祀，是宗教的要素之一（雖然各種宗教的祭祀形式和含義，彼此互有異同）。在儒家，是將祭祀納於「禮」的範疇之中，這固然是「攝宗教於人文」或「宗教人文化」的表示。但反過來說，「禮」之中既包含「祭禮，就表示儒家之「禮」，不只是倫理的，道德的，同時亦是宗教的。儒家「道德與宗教通而為一」的性格，這又是一項具體的佐證。

孔子答人問孝：曰：

「生，事之以禮；死，葬之以禮，祭之以禮。」（為政）

從生到死，再到葬、祭，皆以禮一以貫之。此即所謂「事死如事生，事亡如事存」。在此，一方面表示人的誠敬之心，可以通過祭祀之禮而通向祖先的神靈世界；一方面亦表示祭祀之禮乃是孝道的延伸與擴大。論語記孔子贊述大禹，有云：

「菲飲食，而致孝乎鬼神。」（泰伯）

大禹自奉儉約，但對祭祀之事則誠謹盡心，而不敢稍存簡慢。所以孔子特致稱贊。由此可知，祭祀祖先即是「致孝」於祖先，是孝道無限的伸展。論語又載：

祭如在，祭神如神在。子曰：「吾不與祭，如不祭。」（八佾）

前二句是門人記述孔子祭祀之誠意，後二句則表示孔子對於祭祀所持的態度。朱注引范氏之言曰：「君子之祭，七日戒，三日齋，誠之至也。是故郊（祭天）則天神格，廟（祭祖）則人鬼享，皆由己之誠以致之也。有其誠則有其神，無其誠則無其神，可不謹乎！吾不與祭（與、去聲），如不祭。誠為實，禮為虛也。」范氏這段話，意思很好。蓋祭祀不只是一套禮儀形式。而是致誠敬於鬼神以徹通死生之界限，使幽明不隔，古今同在。如果我自己不參加祭典，則無由覿體當面以致其誠敬。因此，由別人代表上香行禮，只能說是一種不得已的方式，卻不能算是合乎正理的做法。再者，鬼神之狀，無可形容。它不是知識的對象，說有說無，皆難徵驗，所以儒者對於鬼神，一向持守「存而不論」的態度。但鬼神之情，則感而遂通；誠則相感，思則相通。臨祭之時，致誠敬以感格神靈，則神靈下降，宛如活現於我之前。故孔子云：「齋明盛服，以承祭祀。洋洋乎，如在其上，如在其左右。」[2]

由孔子對祭祀的態度，可以了解儒家的祭禮，根本不是一般祈福消災的心理，而是「慎終追遠」、「報本返始」。後來由荀子所講的禮之三本：君師、祖先、天地，而擬定為「三祭」之禮（說見下第三節），更使儒家祭禮的意義，臻於充實豐盈的境地。

第二節　略說儒家的宗教性

論者或分宗教為三大等級，一曰鬼靈教，乃宗教的初級形態；二曰天神教，尊信一個萬能主宰的獨一真神；三曰自心教，以自心證覺為歸極。[3] 唐君毅先生論宗教意識，則分為十種形態以為說，而認為「一方有對超越之神之皈依崇拜，一方又有對聖賢豪傑祖先之崇拜皈依」者，方為「最高無上之宗教意識」。「只有其一而否認另一，皆為宗教上之罪過」。而「只有其一而未自覺地否認另一」，雖表示「其宗教精神未充量發展」；但既「不否認另一」，則「可不成罪過」。唐先生在論述十大類型的宗教意識之後，認為中國儒家一方崇拜聖賢祖先之人神，一方亦敬祀天地之神，乃「真正具備最高之宗教意識者」。[4]

儒家作為一個「教」來看，應該是世界各大宗教當中最為殊特的了。有人說，儒家之「教」是「教化」之教，這話是不周延、不妥當的。儒教當然重視禮樂教化，但它並非單單只有「教化」這一層。儒家之為教，是含具宗教意識，能表現宗教之功能作用，能顯發宗教之超越精神，是一個具有「宗教性」的大教。在此，我們將從「宗教形態」與「宗教真理」二個層面，來作一個簡要的說明。

從形式方面看，儒家的確不像一個宗教。例如——

1. 儒家沒有教會的組織；
2. 儒家沒有僧侶的制度；
3. 儒家沒有特殊的儀式（如入教受洗、出家受戒……）；

2　見中庸第十六章。

3　參見大同法師《廣義宗教學》（臺北、天華出版社印行）第五章。

4　參見唐君毅先生《文化意識與道德理性》（臺北、臺灣學生書局出版）第七章之六。

4. 儒家沒有教條和對獨一真神的義務；

5. 儒家沒有權威性的教義（如明確的來生觀念、決定的罪惡觀念、特定的救贖觀念等）。

在上述各點之中，儒家或者認為並不需要，或者早已予以轉化與超越，有的則是屬於精神方向和實踐入路的差異。對於這些，當然可以講很多道理，而唐君毅先生亦曾有廣泛而深透的討論[5]，都可以作為了解的線索和依據。

儒家在形式上雖不像一個宗教，但宗教的形態本來就是多樣性的，並沒有理由一定要採取某些形式。有一天，人類也許會發現儒家這個最不顯「形式相」的「道德的宗教」，才是最純淨最圓熟的形式，亦未可知。

現在且轉過來，再從宗教真理這個層面作一考察。作為一個高級的宗教，第一、它必須能啟發無限向上的超越精神；第二、它必須能決定生命的方向和文化的理想；第三、它必須能開出日常生活的軌道和精神生活的途徑。[6]這是宗教最基本的作用，亦是宗教最基本的責任。而儒家正可以充分滿足這三點要求。茲分別說明於後：

1. 啓發無限向上的超越精神

孔子的下學上達、知天命、敬畏天命，孟子的盡心知性以知天，都顯示儒家的超越感。這種超越企向與超越精神所開啟的無限向上之機，是要突破生命的有限性以取得無限的意義和價值；而其終極的目標，則是「與天合德，身與道一」。

而且，儒家所企向的生命之提升，並不採取向上攀依、一往不返的單向度的方式。儒者講天人合一（天人合德）是雙向度的，一方面「本天道以立人道」，一方面「立人德以合天德」。在此，有來有往，上下回應（人德與天道相回應），所以是超越與內在通而為一的。

2. 決定生命的方向與文化的理想

就「決定生命的方向」而言，可以從儒者自覺地要求作仁者、作聖賢看出來。孔子說「我欲仁，斯仁至矣」；顏子說「舜何人也，予何人也，有為者亦若是」；孟子說「聖人與我同類者」，「聖人先得我心之同然而已」；荀子亦說「聖可積而致」，「故塗之人可以為禹」。由此可知，儒家不但肯定人人皆可為聖賢，而且肯定人人皆可自覺自主地決定生命的方向，成就生命的不朽（因此，無須另講一套靈魂得救以祈求永生的道理）。

再說「決定文化的理想」而言，儒家並不是憑空地講一個高不可及的理想，而是本乎「人皆有之」的「不安不忍」的道德心性之要求，分別從縱橫二面以顯發文化的理想。在

5 按，唐君毅先生有關道德宗教意識的討論，可參看《文化意識與道德理性》一書之七、八章。另《人文精神之重建》、《中國人文精神之發展》、《中華人文與當今世界》各書（皆臺北、臺灣學生書局出版），則對有關文化宗教各層面之問題，皆有極為通達平正之論述。其器度識見，遠非外方學者神學家所能及，皆宜參閱。

6 參見牟宗三先生《中國哲學的特質》第十二講〈作為宗教的儒教〉。而《心體與性體》、《現象與物自身》等書，亦皆說及此義，併宜參閱。

「橫」的方面，是本乎仁心之感通物我內外，而「親親、仁民、愛物」，以企向於「天下為公，物我一體」的境界。（大學所謂「格、致、誠、正、修、齊、治、平」，亦是儒者所提供的關乎文化理想的實踐綱領。）在「縱」的方面，是本乎緜穆深厚的文化意識，而要求文化生命之相續不斷；「道統」的意識，亦正含具文化理想古今通貫的永恆性。而所謂「返本開新、慧命相續」，亦是表示要永遠暢通這文化生命的大流，使它在縱的發展之中，一步步一代代而更臻於「充實、豐富、圓熟」的境地。

3. 開出日常生活的軌道與精神生活的途徑

就開出「日常生活的軌道」與「精神生活的途徑」而言，這二者是相通貫的。儒家以吉凶賓軍嘉之「五禮」與倫常生活之「五倫」，作為日常生活之軌道。這就是古人所謂「聖人立教」，「化民成俗」，「為生民立命」的大德業，亦即孟子所說的「道揆法守」。儒家的禮樂倫常，是道德的、倫理的觀念，其意義極其鄭重而嚴肅。所以制禮盡倫，在中國皆視為聖人的功德。周公制禮作樂，開出「日常生活的軌道」；孔子則進而點醒仁義之心，以指導「精神生活的途徑」。

但孔子不是在「日常生活的軌道」之外，另開一個「精神生活的途徑」；而是不離此作為日常生活軌道的禮樂倫常，而說明其意義，點醒其價值，這就是精神生活途徑的指導，亦就是精神生活領域的開闢。程伊川云：「盡性至命，必本乎孝弟；窮神知化，由通於禮樂。」[7]這真是達旨之言。孔子指點「精神生活之途徑」，從客觀方面廣度地講，它能開創文運，是文化創造的動力；從主觀方面深度地講，就是要成聖成賢。

由此可知，宗教最中心的任務，第一是人格的創造，此即成聖、成佛、成基督徒（在此，不是指說一般經過受洗儀式的基督徒，而是意指齊克果所說的「我不敢自居為基督徒，我只求如何成為一個基督徒」這個層次意義上的基督徒）。第二是歷史文化的創造。而文化創造（與文化復興）的靈感之泉源，總是來自宗教——西方世界來自耶教，回教世界來自回教，印度來自佛教或婆羅門教，而中國則來自儒家。

依據以上三點的考察，可以看出：在別的文化系統中，只有宗教才能夠表現的精神，只有宗教才能夠發揮的作用，只有宗教才能夠盡到的責任；在中國，都是由儒家來擔負。所以說，儒家雖不是一般的宗教，但它卻是含具宗教意識的，是能表現宗教之功能作用的，是能顯發宗教之超越精神的。中國文化有了儒家這一個具有宗教性的成德之教作主，外來的宗教傳入中國，便只能居於「賓、從」的地位。以往如此，以後亦然。[8]

7 按，此乃程伊川作〈明道先生行狀〉中之言。見二程全書附錄。

8 按，外來宗教傳入中國，對中國的文化生命，以及中國人的生命立場，當然都會有影響。但由於中國文化自有宗主，所以外來宗教只能居於「賓、從」之地位。關聯於這方面的意思，拙著《新儒家的精神方向》（臺北、臺灣學生書局出版）書中有所論述。唐君毅先生亦曾指出，外來宗教的目標，只是想來救中國人的靈魂，而不在於救中國人的民族與文化。見《說中華民族之花果飄零》四十九頁（臺北、三民文庫本）。一個信仰外方宗教的人，自然亦能竭忠盡力，以奮其「救國家、救民族、救文化」之精誠。

第三節 人倫之道：義務問題的解決

順宗教的意思說下來，又可引出「義務」的問題，亦即「人生基本責任」的問題。我們可以這樣說，孔子所開創的儒家——

第一、轉化了「對神奉獻酬恩」的義務觀念，而表現為「對天地、祖先、聖賢」之報本返始、崇德報功。

第二、人生之基本責任，不在人神之間，而在廣義的（家、國、天下）人倫關係中。此即通貫道德意識、文化意識、歷史意識而言的人倫之道。

從第一點說，仍然是本於「宗教人文化」的精神方向而來。依孔子「致孝乎鬼神」的話看，祭祀亦可以說是孝道倫理的伸展。在此，應該略說儒家的「三祭」之禮。

「三祭」是祭天地、祭祖先、祭聖賢。「天地」，是宇宙生命之本；「祖先」，是個體生命之本；「聖賢」，是文化生命之本。通過祭天地，人的生命乃與宇宙生命相通，而可臻於「萬物皆備於我」、「上下與天地同流」的境界。通過祭祖先，人的生命乃與列祖列宗的生命相通，而可憬悟一己生命之源遠流長及其緜衍無窮之意義。通過祭聖賢，人的生命乃與民族文化生命相通，而可真切地感受慧命相承、學脈緜流的意義。總括起來，中國人對於生化萬物、覆育萬物的「天地」，自己生命所從出的「祖先」，以及立德立功立言的「聖賢」，併此三者而同時加以祭祀，加以崇敬。這種回歸生命根源的「報本返始」的精神，確確實實是「孝道倫理」的無限伸展；而其中所充盈洋溢的「崇德」「報功」的心情，亦未嘗不可視為一種不容其已的「責任感」之顯露。（蓋面對天地而想到創發宇宙繼起之生命，面對祖先而想到光大祖德以垂裕後昆，面對聖賢而想到承續而且發揚仁道文化，這實在都是責任感的不容自已。）

從第二點說，所謂人倫之道，其中每一倫都有天理之當然作為根據[9]，並不只是一般所謂「責任」的意義。不過，「天理之當然」一落實於人生，一落實於生活，它實在亦就是理所當為的正當責任。論語有一章關於三年之喪的記載，最後孔子說：

但這裡有一個道理必須辨識：中國的宗教徒之「保愛國家民族、保愛歷史文化」，是發自他作為一個「中國人」的品質，是以一個「中國人」的身分地位來盡他的天職；卻不是以一個「宗教徒」的身分地位，來盡其宗教的義務。以是，一個中國的宗教徒實肩負著雙重的責任：一面是中國人的責任，一面是宗教徒的責任。而由於「中國人」是我們的第一性，宗教徒是第二性，因此，這其中的責任順序，是不可以、亦不應該加以倒轉的。

9 按，近人常把倫常之道與人倫生活，看做是社會學、生物學的觀念，這是不對的。父子、兄弟，乃是天倫。父慈子孝、兄友弟恭，是天理合當如此。夫婦一倫亦不只是情愛，而是以「保合」為義的倫理關係（夫婦關係與男女關係不同）。故中庸云：「君子之道，造端於夫婦。」師友（朋友）一倫，則代表真理之互相啟發，以期文化慧命之相續不斷。而君臣以義相合，代表群體生活一面的道揆法守。可知「倫」之所以為倫，都有一定的道理根據，都有永恆的意義；所以特別名之曰「倫常」，表示這是人類安身立命之常軌。

「子生三年然後免於父母之懷。夫三年之喪，天下之通喪也。予（宰我）也，有三年之愛於其父母乎？」（陽貨）

孔子的意思，與詩人所謂「誰言寸草心，報得三春暉」，實同一感懷。且不說父母之深恩，非人子所能報；即以幼兒時期父母對子女的三年懷抱保愛之情而言，又有幾個做子女的，曾經以同樣深粹豐厚的純情之愛還報於父母之身？然則，當「樹欲靜而風不止，子欲養而親不待」之時，還忍心去計較長短，而反對三年之喪嗎？還能「食夫稻，衣夫錦」而「心安」嗎？行「三年之喪」雖仍然不可只作「責任」看，但從孔子的言說裡，我們可以了解一個道理：人自出生，即開始接受家庭與社會各種直接間接的助力，而每一種助力亦都是一種恩情和惠愛。因此，人對社會理所當然地有一份酬恩的責任，亦可以說終其生都負有一份對他人的責任（普遍的責任）。這普遍的責任落在具體的人倫關係中，便是「對父母之孝，對子女之慈，兄弟間之友悌，夫妻間之恩情相待，以及對朋友之信，對君國之忠，對他人之愛……」等等。孔子所謂「老安、少懷」，孟子所謂「老老、幼幼」，自是仁者的情懷，而亦同時是「依理而盡分」的人倫道德之責任。

再如「正名以定分」、「仕以行其義」、「行義以達其道」，以及「有教無類」等等，亦同樣顯示人倫責任的立場。而且，人倫責任又不僅對同時之人而已，它亦可以擴及於前代，伸展到遠古。在孔子心目中，人類文化的業績乃是一個整體；古人、今人、未來的人，都是歷史文化之大流中，先後接續的共同工作者。[10]論語載：

子曰：「述而不作，信而好古，竊比於我老彭。」（述而）

「述而不作」，表示孔子自覺地循往古的文化傳統而講學。（其實，孔子是以述為作。譬如整理古文獻，賦予新意義，就是價值的再現，這亦是作。）「信而好古」，則表示孔子對於古人成績的承認和尊重。這種承認和尊重並不只是「仍舊貫」以蹈襲故常，而是要通觀歷史文化的進程，以發現其常與變的分際，俾能鑑古知今推求未來，以開顯文化生命的方向和途徑。這個意思，可以從孔子答子張之問而獲得印證。

子張問：「十世可知也？」子曰：「殷因於夏禮，所損益可知也；周因於殷禮，所損益可知也。其或繼周者，雖百世可知也。」（為政）

由此可知，孔子好古而並不守舊。三代的禮文典制，可因者因之，宜損者損之，當益者益之。「損、益」亦正是革舊創新之意。孔子說：「周監於二代，郁郁乎文哉，吾從周。」

10 按，在文化領域和人格世界裡，實無時間空間之限隔，而是「古往今來心同在，東西南北志相通」的。單就個體生命而言，不免會有寂寞孤立之感；但從「志存千古，心通天下」而言，則此心同，此理同，與我同心同志者實比比而皆是。想要了解儒者的道德信念與文化使命感，這亦是一個要點。

（八佾）孔子特重周文，正因為周能吸收夏殷二代的文化業績，而又能斟酌損益，隨宜調整，而顯示特殊的精神和成就。據此可知，對於文制的因革損益，乃是每一個時代的人都必須盡到的文化責任。

由於孔子將人生基本責任，定在人倫關係上，而人倫之道又是橫通天下、縱貫古今的。因此，孔子的歷史文化意識亦特為強烈而深厚。故曰：「文王既沒，文不在茲乎！」又曰：「天之未喪斯文也，匡人其如予何！」從這深婉的感歎裡，我們又看出孔子之以文統自任，不僅是一種責任的自覺承擔，而且是一種超越的使命感之透顯。

第四節　成德之教中的自我問題

據上所述，儒家是一個教，是「即道德即宗教」的天人合德之教。那末，這個成德之教中的「自我問題」，當然亦應該有一個說明。

「我」的發現，在西方哲學乃是一個重大的問題。譬如三百多年前，笛卡兒說了一句「我思故我在」，便成為傳誦至今的名言。如果淺一點說，「我吃故我在」，「我愛故我在」，豈不亦一樣可以通？不過，吃飯的我只是「形軀我」，戀愛的我只是「情意我」，還沒有進到哲學意義的「認知我」（思想主體）以及道德價值意義的「德性我」（道德主體）的層次。對於「自我」的問題，孔子雖然沒有作過正式的論證，但我們可以從孔子的教言裡，看出他對自我境界的態度。

關於自我境界的劃分，上文所提到的是較為通行的四分法：1.形軀我，以生理與心理之欲求為內容；2.情意我，以生命感與生命力為內容；3.認知我，以知覺理解與推理活動為內容；4.德性我，以價值自覺為內容。[11]

1.就「形軀我」而言，孔子當然重視生命，而且亦善於攝食養生（可參看論語鄉黨篇）。但生存或求生，卻並不是人生價值的標準所在。所以孔子說：

「志士仁人，無求生以害仁，有殺身以成仁。」（衛靈公）

「殺身」以「成仁」，是以有限的生命換取無限的價值。身之生死既不足計，則有關生理與心理的欲求，更不待說。孔子說「君子謀道不謀食」，是表示人應該用心於大是大非的辨別，而不必念念計較形軀生命的欲求。而另一句「憂道不憂貧」，則表示君子所唯一關心的，乃是德性價值文化價值的實現問題。而不應該憂念個人的窮通得失。孔子之所以對「不以貧窮累心」的顏回特加稱贊，正以此故。蓋生活中的貧富得失，本來就有客觀的限制，非人力所能控制。君子以立德明道為本，雖處於貧賤亦能樂而忘憂，此即所謂「君子固窮」；而世俗之人則常隨感性欲求走，每因窮困而放棄原則，故孔子又有「小人窮斯濫矣」之歎。

11　參見勞思光先生《中國哲學史》（臺北、三民書局）第一冊第二章。

總之，就個人自處而言，孔子並不重視形軀生命之苦樂得失乃至生死，可見他的自我境界很明顯的不落在形軀我上。

2. 關於「情意我」，上文已指出含有「生命感」與「生命力」二面。前者表現於藝術性的活動，後者表現為勇敢堅毅。依孔子之意，這二面的自我境界，都應該以「德性我」為歸趨。

> 子謂韶：「盡美矣，又盡善也。」謂武：「盡美矣，未盡善也。」（八佾）

韶乃大舜之樂，武即周武王之樂。武王征誅而有天下，其德不如大舜之禪讓公天下。而孔子對韶樂武樂的評論，亦正是關聯著作樂者之德而說的。可見孔子評論音樂藝術，實以道德觀念為標準。又如：

> 顏淵問為邦，子曰：「行夏之時，乘殷之輅，服周之冕，樂則韶舞。放鄭聲，遠佞人；鄭聲淫，佞人殆。」（衛靈公）

鄭國的音樂，委靡失度，不合性情之教的標準。「鄭聲淫」，是一句道德意義的判斷；「放鄭聲」（放、摒棄之意），則更將禁止不合道德標準的音樂，視為政府的責任。孔子之意，是認為藝術的價值，在於陶冶人格情操，所以應該受到道德的節限和制裁。

至於如何表現生命力的品質，則可以從孔子之言「勇」而加以考察。孔子曾說「仁者必有勇，勇者不必有仁。」（憲問）通過德性的自覺，必能生發無畏的道德勇氣。反之，如果生命力不受德性我的指導或裁度，則將生出罪惡，造成禍害。所以孔子又說：「君子有勇而無義，為亂；小人有勇而無義，為盜。」（陽貨）儒家言勇，重視「反身循理、以志帥氣」的義勇，即以此故。

3.就「認知我」而言，孔子亦不認為「知」能夠決定「成德」。所以說：「有德者必有言，有言者不必有德。」（憲問）「言」指言論思想，屬於「知」的範圍。知不能決定德，而「德」則可以顯發「知」以立「言」。從有言（知）與有德（仁）的對比中，可以看出知與仁之間，有著本末先後之不同。所以孔子又說：

> 「知及之，仁不能守之，雖得之，必失之。……」（衛靈公）

知及之，是智及於物而足以明其理；仁守之，是理得於心而能守之而勿失。一個人的智雖然足以明理，但如果他私欲間雜，意志不能純一，亦仍將不能得之於心以具有其德。孔子的意思，是認為意志的純一，比認知更為重要。蘇格拉底直說「知識即道德」，而忽視意志之純化與道德本身之踐履，這是和孔子不同的地方。

孔子當然重視「學」。他亦說過「博學於文」，「溫故知新」，「多學而識」，「多聞闕疑」，求「文獻」之「足徵」，並教人「學思並重」，「舉一反三」。熊十力先生亦常提醒一個意思：「聖人重德而不輕知識」。這個意思當然可以說。但與進德之義相較而觀，則本末先後之間，亦自有輕重之別。所以孔子論學總是歸結到進德。他稱顏回「好學」，是舉「不遷怒，不貳過」以為說，可知孔子心目中的「學」，其著重點不在知識，主要是指「進德」而言。孔子並不表現理智思辯的興趣，亦沒有開闢出純粹知性的領域；所以孔子的「仁智雙彰」亦仍然是「攝智歸仁」。而「知」的功能，亦主要在於了解人之本身，以助成人之進德。論語載：

樊遲問仁，子曰：「愛人。」問知，子曰：「知人。」樊遲未達，子曰：「舉直錯諸枉，能使枉者直。」樊遲退，見子夏曰：「鄉也吾見夫子而問知，子曰舉直錯諸枉，能使枉者直。何謂也？」子夏曰：「富哉，言乎！舜有天下，選於眾，舉皋陶，不仁者遠矣。湯有天下，選於眾，舉伊尹，不仁者遠矣。」（顏淵）

據孔子之說，「知」的主要意義，是在於「知人」；而知人的目的，又在於任用正直的賢才，以引導人歸向正途（舉直錯枉，使枉者直）。可見「知」的主要功用，是在了解人、了解事理，以輔助成德；而並不著重於對客觀事物的認知理解，以成就知識。[12] 因此，相對於「德性我」而言，「認知我」實只居於附從的地位。

總上三點所述，「形軀我、情意我、認知我」，皆繫屬於「德性我」之下。孔子雖未曾論及純哲學意義的自我問題，但從他「求仁、為仁、成仁」的教言，以及上文所作的考察看來，其意向著重在「德性我」已甚為明白。而自孔子以下的儒家，亦是集中在以「價值自覺」為內容的「德性我」上，而開發了人類各大文化系統中，最為深廣豐富的心性成德之學。由此可知，孔子對自我境界所取的態度，亦正決定了儒家「成德之教」的精神方向。

12 按，孔子之學，雖不以成就知識為主旨，但孔子亦從未在原則上輕忽知識之價值。至於如何自覺地從中國文化心靈中轉出知性主體，使知性主體從德性主體的籠罩之下，透顯出來單獨起用，以開出「知識之學」的新學統（與道統分開而言的學統），則是當代中國人的責任，亦是儒家所面對的一大中心課題。

第九章　孔門弟子及其流派

第一節　孔門四科十哲

孔子是人類史上第一位偉大的教師。史記孔子世家云：「孔子以詩書禮樂教弟子，蓋三千焉，身通六藝者七十又二人。」孔子有教無類，若以問學之人通計之，三千之數自不為多，但除史記仲尼弟子列傳七十七人，其餘已無從查考；清人梁玉繩廣徵古籍，亦只得一百九人而已。[1]而群弟子之言行見於論語的，大約三十之數。先進篇曾列舉孔門弟子十人，分為四科：

德行：顏淵、閔子騫、冉伯牛、仲弓。

言語：宰我、子貢。

政事：冉有、季路。

1 參看拙著《孔門弟子志行考述》（臺北、臺灣學生書局出版）〈孔門弟子名表〉與表後按語。

文學：子游、子夏。

後世所謂「四科十哲」[2]，便是指此而言。其實，孔門諸賢都是天挺人豪。他們追隨孔子，周流四方，失道絕糧，而卻心志彌堅，仰敬彌篤。他們嚮往著一個道德文化的理想，踐行著一個生命的浩浩大道。他們雖沒有成就顯赫的事功，但他們所顯發的篤實光輝的品性，和弘揚聖道、傳續文教的德澤，固足以永世而不磨。唐君毅先生論〈孔子與人格世界〉[3]，嘗分人格形態為六型：

1. 純粹學者、事業家型；
2. 天才型；
3. 英雄型；
4. 豪傑型；
5. 偏至的聖賢型；
6. 圓滿的聖賢型。

而七十子之徒，都是有志於聖賢的豪傑之士。如像曾子，他說「士不可以不弘毅，任重而道遠」。又說「自反而縮，雖千萬人，吾往矣」。這是何等豪傑氣概！而子路的豪傑氣，尤其常常表現於他的言行之間。堂堂乎的子張，「尊賢而容眾，嘉善而矜不能」，此即肝膽照人、推心置腹的英雄襟度。子貢才情穎露，類乎天才。文學科的子游、子夏，較近於學者。政事科的冉有，則近乎長於計畫的事業家。顏子默然渾化，坐忘喪我，「一簞食，一瓢飲，在陋巷」，與現實世界似乎略無交涉；對聖人之道只有「仰之彌高，鑽之彌堅，瞻之在前，忽焉在後」的贊歎，此則特具宗教性偏至聖賢的超越精神。但他們都涵容在孔子聖德教化之中，未嘗以天才、英雄、豪傑、宗教性之人格顯。他們的才情聲光，在孔子面前放平了，渾化了；他們的人格精神，在孔子德慧感潤之下，同一化於孔子，而歸於永恆。我們論贊聖賢，常感措辭為難，這該是真正的原因所在。

孟子嘗云：

「宰我、子貢，善為說辭；冉牛、閔子、顏淵，善言德行。」

「子夏、子游、子張，皆有聖人之一體；冉牛、閔子、顏淵，則具體而微。」[4]

前句與論語所說，意思相同。後句所謂「聖人之一體」，是說具有聖人一節之善，一面之長；「具體而微」，則是具有聖人之全體，只是規模未臻廣大而已。關於四科十哲以及其他

---

2 論語所載孔門四科十人與孔子聖廟大成殿所謂「四配十哲」，互有異同。四配謂「復聖顏子、宗聖曾子、述聖子思、亞聖孟子」。原十哲中之顏子升於配享位，遂以子張補十哲位。清康熙特尊朱子學，乃以朱子升大成殿十哲位為十一哲。十一為單數，左右不相稱，雍正時又以有子升十哲位。故今孔廟大成殿為四配十二哲。

3 此文已編入唐著《人文精神之重建》書中（臺北、臺灣學生書局出版）。

4 皆見孟子公孫丑上、知言養氣章。

重要弟子的學行才德，拙著《孔門弟子志行考述》一書，各有專章論述，可參看。在此，只引陸象山之言，以略見顏子的造詣和地位。象山說：

「顏子為人，最有精神，然用力甚難。仲弓精神不及顏子，然用力卻易。顏子當初仰高鑽堅，瞻前忽後，博文約禮，遍求力索；既竭其才，方如有所立卓爾。逮至問仁之時，夫子語之，猶下克己二字，曰：『克己復禮為仁』。又發露其旨曰：『一日克己復禮，天下歸仁焉』。既又復告之曰：『為仁由己，而由人乎哉？』吾嘗謂此三節，乃三鞭也。至於仲弓之為人，則或人嘗謂『雍也，仁而不佞』。仁者靜，不佞、無口才也。想其為人，沖靜寡思，日用之間，自然合道。至其問仁，夫子但答以出門如見大賓，使民如承大祭，己所不欲，勿施於人。只此便是也。然顏子精神高，既磨礱得就，實則非仲弓所能及也。」

「顏子聞夫子三轉語，其綱既明，然後請問其目，夫子對以非禮勿視、勿聽、勿言、勿動。顏子於此，洞然無疑，故曰：回雖不敏，請事斯語矣。……看顏子，須看『請事斯語』，直是承當得過。」

「顏子問仁之後，夫子許多事業，皆分付顏子了。故曰：用之則行，舍之則藏，惟我與爾有是。顏子沒，夫子哭之曰：天喪予。蓋夫子事業，自是無傳矣。曾子雖能傳其脈，然參也魯，豈能望顏子之素蓄！幸曾子傳之子思，子思傳之孟子，夫子之道，至孟子而一光。然夫子所分付顏子事業，亦竟不復傳也。」[5]

象山稱說顏子，不用「才」字，而用「精神」二字，煞好。孟子曾說：「禹稷顏回同道。」[6]程子亦說：「顏子作得禹稷湯武事功。」[7]象山則說「夫子許多事業，都分付顏子了」並且以為曾子雖能傳孔子之道脈，經子思而到孟子，使夫子之道至孟子而一光；但「夫子所分付顏子之事業，亦竟不復傳也」。若問象山所謂「夫子事業」究何所指？曰：象山已說「竟不復傳」，後人更何由測度？然象山之言，固大有深意。各人用心，自家體當可也。茲順象山所說，進而略論曾子之傳道。

第二節 曾子傳道的確切意指

程明道說：「顏子默識，曾子篤信，得聖人之道者，二人也。」[8]陸象山亦說：「孔門

---

5 見陸象山全集，卷三十四，語錄。
6 見孟子離婁下。
7 見二程遺書第五、二先生語五。
8 見二程遺書，劉質夫記明道語。

惟顏曾傳道，他未有聞。」[9]然顏子已先孔子而卒，故雖「三千之徒，蓋莫不聞其說，而曾氏之傳獨得其宗。」[10]所謂「傳道」，其意果何所指？牟先生曰：

> 「凡道之傳，與技藝之傳不同，此是真實生命之事。師生相承只是外部之薰習，若夫深造自得，則端賴自己。然大端方向必有相契，方能說傳。否則背師叛道，不得曰傳。生命之事至為殊特，亦至為共通。若能相契，則前後相輝，創造即重複，所謂其揆一也。有引申，有發展，有偏注，有集中，然而不礙其通契。此之謂傳。夫孰謂如鸚鵡學語，一模一樣，計較量之多少，語之似與不似，然後謂之傳與不傳耶？」[11]

這一段話說得肯切明白。至於歷來稱說曾子傳道——

1. 是根據論語忠恕一貫之說。
2. 是因為孔子之道，至孟子而大顯。由孟子向上回溯，而子思，而曾子，而孔子，乃形成一傳承之統。朱子以大學（屬曾子）中庸（屬子思）與論語孟子合為四子書，便是基於這樣的認定。
3. 則如牟先生所說[12]，曾子「守約、慎獨」的道德意識（此即內聖之功夫），乃本於孔子之仁教而應有的一步凝斂，亦是內聖成德之教必然要開出來的一步工夫。故尅就此意，而言曾子傳孔子之道。

關於「一以貫之」，論語曾有二章說及：

子曰：「賜也，女（同汝）以予為多學而識之者與（同歟）？」對曰：「然。非與？」曰：「非也，予一以貫之。」（衛靈公）

子曰：「參乎，吾道一以貫之。」曾子曰：「唯。」子出，門人問曰：「何謂也？」曾子曰：「夫子之道，忠恕而已矣。」（里仁）

貫有貫串、貫通之義。孔子之道，參天地，贊化育，建體立極，經緯萬端，要皆歸於此心之仁。孔子說「道二，仁與不仁而已」。但不仁之道，乃斷滅死亡之道，當然不足以為道。所以孟子又說「道，一而已矣」。道一之道，即是仁道。道之周流，即此仁心之通貫，這就是所謂「吾道一以貫之」。孔子告子貢「予一以貫之」，告曾子「吾道一以貫之」，其「一以貫之」之義，不應有異，但其意指則應分別了解。告子貢者，乃順「多學而識」而來，是就「學」而言之。告曾子者，則就「道」而言之。道，所以成己成物也。成己成物，皆本於吾心之仁。而忠以盡己，恕以及人；由盡己而成己，由及人而成物，可見忠恕正是行仁之方；所以曾子說「夫子之道，忠恕而已矣」。忠恕一以貫之，亦即吾心之仁一以貫之。

9 同註5。
10 見朱子大學章句序。
11 見牟宗三先生《心體與性體》（臺北、正中版）第一冊二五八頁。
12 參看《心體與性體》第一冊綜論部第五章第七節。

曾子由忠恕之道以通於人、通於物，表示他確已把握到了踐行仁道的原則方向。

孟子言曾子「守約」，守約二字的確足以代表曾子一生的精神。何謂「守約」？通過道德的自覺，以清澈自己的生命，一切唯是稱仁體而動，循事理之當然而行，此之謂守約。一個人隨時隨事，都能戒慎恐懼，唯恐悖理失義；從生到死，唯是反身省察，一切循理而行；任你桑田變滄海，滄海變桑田，我只守住生命義理的緊要處，牢牢不放鬆，以求理得心安，這就是守約慎獨的工夫。

論語學而篇載曾子之言曰：

「吾日三省吾身，為人謀而不忠乎？與朋友交，而不信乎？傳，不習乎？」

每日三省吾身，即是「守約」的表現。而曾子守約慎獨的工夫，是終身貫徹的。「身體髮膚，受之父母，不敢毀傷」，守約也。疾篤之時，召門人「啟予手，啟予足」，守約也。臨終易簀，絲毫不苟，守約也。曾子事事反諸己，時時深自省察。唯恐自己的動靜行止，悖義失度，隕越辱沒。所以他說：「十目所視，十手所指，其嚴乎！」[13] 若非具有真切的道德意識，真能通過道德自覺而做工夫，豈能言之如此嚴肅而真切！

論語泰伯篇載曾子有疾，孟敬子問之，曾子曰：

「鳥之將死，其鳴也哀。人之將死，其言也善。君子所貴乎道者三：動容貌，斯遠暴慢矣；正顏色，斯近信矣；出辭氣，斯遠鄙倍矣。籩豆之事，則有司存。」

人來問疾，曾子不說自己的病情，而獨告以君子修身之道，其愛人以德之意，何等懇切！他所謂君子之道三，都是說修己的工夫（不是說修養之效驗）。一個在位君子，容態體貌必須端肅莊敬，不可粗暴放肆；臉色表情必須正經信實，不可黠邪詭異；吐辭出聲必須雅正穩實，不可鄙俗悖戾。三者都是內省做工夫處。至於籩豆之事，乃是有司之職，用不著掌理國家大政的卿大夫來操心思。曾子的話雖對孟敬子而發，實際上是說他自己實修有得之言。他克己約身工夫之嚴切，直到臨終彌留之際，亦不稍鬆懈。下面是泰伯篇又一段記載：

曾子有疾，召門弟子曰：「啟予手，啟予足。詩云：戰戰兢兢，如臨深淵，如履薄冰。而今而後，吾知免夫！小子！」

人不可隨意糟蹋自己的身體，當然是道德意識的表露。但身體之應當保全，又豈止為一手一足之完整而已。身者，行道之器。一個人如果志行有虧，雖然身體倖免毀傷，倖免刑戮，又豈得稱之為孝？「父母全而生之，子全而歸之」。所謂「全」，除了「不虧其體」，還要「不辱其親」。[14]要能不辱其親，自必謹言行、全志節，豈能只限於身體髮膚之免於刑傷？

13　見大學誠意章。

14　皆見禮記祭義篇、樂正子春述曾子之言。

曾子之論士曰：「不可以不弘毅」，「仁以為己任」，「死而後已」；其論君子曰：「臨大節而不可奪也。」[15]仁為己任，為要成其仁也，臨節不奪，為要成其義也；此與孔子孟子何以異？子張云：「君子曰終，小人曰死。」子貢云：「君子息焉，小人休焉。」[16]曾子之臨終「知免」，正是所謂「終」所謂「息」的真實驗證。這是經過嚴肅艱苦的道德奮鬪之後，鬆口氣而撒手歸去之感歎。人到得此境，才可以說「全歸」。

禮記檀弓上記載曾子臨終易簀一段文字，最可看出他道德心靈之常明不昧。程明道說：「曾子易簀之意，心是理，理是心，聲為律，身為度也。」[17]這個時候，五官百骸、視聽言動，無非是理，無非是道；所謂「性命天道相貫通」，所謂「天理之流行」，正指此境而言。明儒羅近溪有二句話：「抬頭舉目，渾全只是知體著見；啟口容聲，纖悉盡是知體發揮。」[18]這亦是「身與理一，天理流行」的境界。近溪之言，其實亦就是孟子在盡心上篇所說的「睟然見於面，盎於背，施於四體，不言而喻」。有曾子這種守約慎獨的工夫，而後乃有孟子所說的境界。而後來宋明儒「逆覺體證」的工夫進路[19]，亦可以說是由曾子之守約慎獨衍展而來。

第三節　孔門流派簡述

孔門流派之分，當以韓非子顯學篇「八儒」之說為最早。韓非子的分法，計有：

子張氏之儒　　子思氏之儒

顏氏之儒　　孟氏之儒

漆雕氏之儒　　仲良氏之儒

公孫氏之儒　　樂正氏之儒

這八儒究竟指誰？各指一人，還是分別指一個流派？他們的學說著述又如何？現皆難以確考，但由此可見孔門流派之盛。史記儒林列傳亦說到：「孔子卒後，七十子之徒，散於諸侯。大者為師傅卿相，小者友教士大夫，或隱而不見。故子路居衛，子張居陳，澹臺滅明居楚，子夏居西河，子貢終於齊。自田子方、段干木、吳起、禽滑釐之屬，皆受業於子夏之倫，為王者師。」本節擬從另一個角度，分為「傳道之儒」、「傳經之儒」、「曾點傳統」以略述孔門之流派。

---

15 皆見論語泰伯篇。

16 子張之言，見禮記檀弓。子貢之言，見荀子大略篇。

17 同註8。又曾子易簀一段文字，拙著《孔門弟子志行考述》頁三十曾加引述，可參看。

18 見羅近溪《盱壇直詮》（臺北、廣文書局）卷上。

19 「逆覺體證」是牟先生《心體與性體》書中用以指說儒家心性工夫之詞語，拙撰《宋明理學南宋篇》第二章第四節之二，曾有說明，請參看。

一、傳道之儒

顏、曾傳道，已見前節所述。其後子思、孟子、中庸、易傳，再下及宋明儒者，都屬於傳道之儒的統系。

「道統」這個名詞雖然後起，但韓愈原道篇云：「堯以是傳之舜，舜以是傳之禹，禹以是傳之湯，湯以是傳之文武周公，文武周公傳之孔子，孔子傳之孟軻，軻之死不得其傳焉。」這是極有通識的話，而且實有所據。孟子盡心下篇最後一章，便已說到聖道之統的傳承。茲據原文列為表式如左：

由堯舜至於湯，五百有餘歲 { 禹、皐陶——見而知之；湯——聞而知之 }

由湯至於文王，五百有餘歲 { 伊尹、萊朱——見而知之；文王——聞而知之 }

由文王至於孔子，五百有餘歲 { 太公望、散宜生——見而知之；孔子——聞而知之 }

孟子歷敘聖道之傳承，甚為明晰。接下來孟子又說：

由孔子而來，百有餘歲 { 去聖人之世若此其未遠；近聖人之居若此其甚也 } 然而無有乎爾，則亦無有乎爾據此，孟子以聖道之統自任的意思，已經甚為明白。而且，就孔子之道而言，顏子曾子，可謂見而知之，而孟子「私淑諸人」，則是聞而知之。先秦儒家雖無「道統」之名，而實已有了道統傳承的意識。蓋民族文化之相續緜衍，必然有一個據之以決定原則方向的「道」。道，雖有隱顯，而決無斷滅，故能一貫相承而成統，這就是所謂「道統」。[20]後儒稱孔子繼承堯舜禹湯文武周公之道，自是本於孟子之言以為說；其實，在孔子自己亦早已有了這樣的自覺。

首先，是孔子盛贊二帝三王之德——

如論語載：

1. 子曰：「大哉，堯之為君也。巍巍乎，唯天為大，唯堯則之。蕩蕩乎，民無能名焉。」（泰伯）
2. 子曰：「無為而治者，其舜也與！夫何為哉？恭己正南面而已矣。」（衛靈公）

---

20 按，道，是絕對普遍的；但道要成統，則有待於人之實踐。所以「道統」的形成，必然是通過一個民族或一個宗教來表現。因此，儒家所謂道統，亦就是民族文化之統。道統，雖然視之而不可見，聽之而不可聞，觸之而不可得，但它卻是一個真實的「有」；而道統的顯現，即是文化意識的覺醒，文化理想的提揭，以及文化使命的自覺承擔。當然，如果民族文化光大發皇而影響鄰邦，影響世界，則這個道統便亦超越民族界限而可成為人類文化之統。

3.子曰：「巍巍乎，舜禹之有天下也，而不與焉。」（泰伯）

4.子曰：「禹，吾無間然矣！菲飲食，而致孝乎鬼神；惡衣服，而致美乎黻冕；卑宮室，而盡力乎溝洫。禹，吾無間然矣！」（泰伯）

5.子曰：「泰伯，其可謂至德也已矣！三以天下讓，民無得而稱焉。」（泰伯）

6.子曰：「（文王）三分天下有其二，以服事殷；周之德，其可謂至德也已矣。」（泰伯）

堯曰篇更以「允執其中」乃堯咨舜、舜命禹之辭。並稱述湯、武之德言，以見聖道相承之意。[21]

其次，是孔子損益三代禮樂——如論語載：

顏淵問為邦，子曰：「行夏之時，乘殷之輅，服周之冕，樂則韶舞。」（衛靈公）

子張問：「十世可知也？」子曰：「殷因於夏禮，所損益可知也。周因於殷禮，所損益可知也。其或繼周者，雖百世可知也。」（為政）

孔子之言，一方面是損益先王之禮，一方面是斟酌當世之宜。蓋理之不可易者，是禮之「經」；可因時而措其宜者，是禮之「權」。孔子志在以道易天下，故以損益四代禮樂之意告知顏子，又以禮之因革損益告知子張。而「其或繼周，百世可知」，實已意示道之相續不斷，而且亦含有「時中」大義之透露。

尤其明顯的，是孔子說：「文王既沒，文不在茲乎！」（子罕）這句感歎之言，使孔子「以斯文之統自任」的意思明白的表示出來。而孟子公孫丑上知言養氣章末段所引宰我、子貢、有若之言[22]，更可看出孔門諸賢亦已覺識到孔子光大「聖道之統」的地位。

據以上所述，可知孔門之學是以「道」為中心而展現的。由顏子之「默識」，曾子之「守約」，孟子之「盡心知性知天」，中庸之「慎獨、盡性、致中和」，易傳之「窮神知化，繼善成性」，可以看出由孔子下及中庸易傳，都有一種內在生命之存在地呼應。而「性命天道相貫通」的義理骨幹，「本天道以立人道，立人德以合天德」的天人合德之教，更為宋明儒者所積極地繼承而達於充其極的境地。這傳道一系，乃是儒家之所以為儒家的本質所

---

21 論語堯曰篇首章，歷述堯舜禹湯文武之敬心施政，藉以顯示二帝三王道脈相承之意。其文曰：「堯曰：咨爾舜，天之曆數在爾躬，允執其中，四海困窮，天祿永終。舜亦以命禹。（按此辭見於尚書虞書大禹謨，比此加詳。）（湯）曰：予小子履，敢用玄牡，敢昭告於皇皇后帝。有罪不敢赦。帝臣不蔽，簡在帝心。朕躬有罪，無以萬方。萬方有罪，罪在朕躬。（此引商書湯誥之辭。）周有大賚，善人是富。（武王克商，大賚於四海。見周書武成篇。）雖有周親，不如仁人。百姓有過，在予一人。（此周書泰誓之辭。）謹權量，審法度，修廢官，四方之政行焉。興滅國，繼絕世，舉逸民，天下之民歸心焉。所重民：食、喪、祭。（武成云：重民五教，惟食喪祭。）」

22 宰我、子貢、有若之言，已引見本書第一章第三節之三「生民未有」一段，請參看。

在。

二、傳經之儒

傳道之儒的重點，是在學脈宗趣與實踐徑路之貞定，以及精神方向與文化理想之發揚，故其學為「義理之學」。而傳經之儒則著重經典文獻之傳承、考訂、注疏、講解，故其學稱為「經學」。至於禮樂教化，典章制度，則為傳道之儒與傳經之儒所共同關注。唯傳經之儒比較著重於形式實質層面的名物度數與典制禮儀，而傳道之儒，則較為正視精神理想層面的綱宗原理與政規道範。

傳經之業，漢儒多推子夏，而從子夏到漢儒，又有一個中介的關鍵人物——荀子。有關諸經傳承的統系與線索，在通常講經學史或國學概論時都會說到，茲從略。[23] 現只改換一個方式，作一簡要的說明。

先說曾子這一系。「論語」一書，大體以出於曾子門人之手者為多。漢書藝文志有曾子十八篇，今不傳。「大戴記」有曾子十篇，「小戴記」有曾子問，而二記中的「儒行」、「哀公問」，亦與論語所記曾子之言很相近。「大學」「孝經」相傳亦為曾子之述作。曾子門人甚盛，尤著者有樂正子春、公明儀、子思等。漢書藝文志有子思子二十三篇。隋書音樂志引沈約之說，以為禮記中之「中庸、表記、坊記、緇衣」，係由「子思子」書中抄錄而出。而孟子亦屬曾子、子思一系。這是以魯國為中心的孔門義理之學。

子游與子夏，同屬文學之科（文學、指詩書禮樂文章而言）；或謂子夏謹守禮文，而子游深知禮意，故稱游夏為孔門禮樂學派。禮記提及子游之處特多，清人郝懿行以為曲禮、檀弓、玉藻、冠義、昏義、鄉飲酒義、射義、燕義、聘義、禮器、郊特牲、禮運，多出於子游一派之手。

子夏居西河教授，年壽最長。漢儒稱其發明章句，故傳經推本於子夏。子夏為魏文侯師，田子方、段干木、李悝（克）等，皆受業子夏之門。三晉之學，子夏實開其端。

子張志行高邁，氣象闊大，其學不可得而詳。荀子斥「子張氏、子游氏、子夏氏之賤儒」，自是指其末流之弊而言，然三子之後學甚盛，亦由此可以想見。伏勝「尚書大傳」多引子張，其人或屬子張後學，亦未可知。

又禮記中之樂記，原十一篇，本不在「記百三十一篇」之中，沈約以為取自「公孫尼子」（漢志著錄其書）。王充論衡以「宓子賤、漆雕開、公孫尼子」連稱，以為三人論性情之意相似云。又漢志著錄七十子弟子周人世碩之世子二十一篇，今佚。論衡嘗謂，周人世碩以為人性有善有惡云。

春秋有三傳，論者多謂公羊乃口傳之學，漢時始著於竹帛；穀梁則由公羊而加以變化。公羊、穀梁皆「以義傳經」，而左氏春秋則實屬史學性質，不似解經之作；但其書與孔子春

23 徐復觀先生著有《中國經學史的基礎》一書（臺北、臺灣學生書局出版），可參看。

秋經同以魯史為資料，故二者關係亦頗密切，可謂「以史傳經」。左氏春秋通常都說是魯君子左丘明所作，唐宋以來，學者或謂左氏不止一人，而左氏與左邱亦有別。瑞典漢學家高本漢比較論語與左傳之文法，認為左傳非「魯君子」所作。而章太炎據韓非子「吳起，衛左氏中山人也」，謂左氏乃衛之都邑名，以為左傳之學，傳於吳起。錢穆諸子繫年亦力證左傳與吳起之關係。

至於易經之傳授，史記以為商瞿受易於孔子，又五傳而至齊人田何。此一線索是否足資採取，難以論定。茲本闕疑之意，不具述。

三、曾點傳統

曾點，字晳，曾子之父。他是孔門一狂士。狂者是有性情、有嚮往的人。他們永遠為一個理想提撕著、鼓盪著，他們要擔當，要有為，所以奮發進取。狂者苟能有成，便是伊尹「聖之任者」的形態。否則，便成狂簡一流，雖然「斐然成章」，而「不知所以裁之」。故狂者大抵難及時措之宜。孔子在陳而有「歸與」之歎，便是想要裁正在魯之狂士，使之進於中道。關於曾點之「狂」，難以詳考。唯論語先進篇有一段言詞生動、意境優美的記載：

（子曰：）「點，爾何如？」鼓瑟希，鏗爾！舍瑟而作，對曰：「異乎三子者之撰。」子曰：「何傷乎？」亦各言其志也。」曰：「莫春者，春服既成，冠者五六人，童子六七人，浴乎沂，風乎舞雩，詠而歸。」夫子喟然歎曰：「吾與點也！」

朱註云：「曾點之學，蓋有以見夫人欲盡處，天理流行；隨處充滿，無少欠闕。故其動靜之際，從容如此。而其言志，則又不過即其所居之位，樂其日用之常，初無舍己從人之意。而其胸次悠然，直與天地萬物上下同流，各得其所之妙，隱然自見於言外。」朱註所說，境界高美。而曾點所謂「浴乎沂，風乎舞雩，詠而歸」云云，亦確有「光風霽月，胸懷灑落」之致。在學問義理的層次上，本亦容許人有這種藝術欣趣，以呈現其藝術精神與藝術境界。如二程遺書載明道曰：「詩可以興。某自再見周茂叔後，吟風弄月而歸，有吾與點也之意。」便正是此種欣趣與意境。

孔子言詩、言樂，言樂山、樂水，又言「飯蔬食，飲水，曲肱而枕之，樂亦在其中矣」顏子簞食瓢飲，不改其樂。故周濂溪有「尋孔顏樂處」之言。曾點狂者胸次所顯示的藝術欣趣，雖不必同於孔顏樂處，亦未嘗不可以相通。而曾點的風格，亦自開啟一流派。後儒凡言「灑脫」「自然」「樂」，皆可繫屬於曾點一系。周濂溪、程明道雖不屬於這一流，但亦有此意趣。而邵康節則甚為相近矣。下至明儒陳白沙與王門泰州派下，則尤為顯著。他們或表現為生活境界與藝術欣趣，或顯發為生命丰姿與人品風光，而很少標宗以為義理之矩矱或講學之宗旨者。即使泰州王心齋的樂學歌，亦仍然是藝術欣趣的意味重。此是曾點傳統之殊特處。（按，儒家之學，不只是能開出德性之領域，而且實能構成「德性、智悟、美趣」三度向之立體統一。）茲錄王心齋「樂學歌」於後，以結此篇：

人心本自樂，自將私欲縛。私欲一萌時，良知還自覺。一覺便消除，人心依舊樂。樂是樂此學，學是學此樂。不樂不是學，不學不是樂。樂便然後學，學便然後樂。樂是學，學是樂。嗚呼！天下之樂何如此學，天下之學何如此樂！

孟子之部

第一章　孟子的生平及其人格

第一節　生平與行跡

孟子名軻，戰國時鄒人。生於周烈王四年，卒於周赧王二十六年（西元前三七二至二八九），八十四歲。孟子一生的行跡，和孔子極為相似：開始是「設教授徒」，接著便「周遊列國」，最後見道不行，乃「退而著書」以終老。

關於孟子遊歷的次序，學者的說法不甚一致，尤其遊齊和遊梁的先後，以及遊齊一次或二次，更是莫衷一是。錢穆先生《先秦諸子繫年》卷二卷三，曾對這些問題作過比較詳細的辨證，在各家意見中較為可信。如今在幾處重要的關節上，亦採取了他的見解。茲標為十目，以略述孟子的生平和行跡。

一、孟子居鄒

孟子是鄒人，在沒有出仕之前，他是住在鄒國的。有一次，他的學生屋廬子由於應付不了「禮與食色孰重」的辯難，特地從任國到鄒國來請教孟子[1]。可見此時他在鄒設教授徒，已經有國外的學生來從學了。

告子下篇第五章又記載一件事情，說孟子在鄒時，任國的國君出境會盟，由他的弟弟季任守國。季任很敬慕孟子，便派人送了厚禮來和孟子相交。另一次，孟子去到齊國平陸，齊相儲子亦備厚禮派人送來，表示傾慕相交之意。這二次孟子都收下禮物，但卻沒有即時表示報謝的意思。後來孟子由鄒到任國，特地去見季任，表示酬謝回拜之意。但當孟子到了齊都，卻不回拜儲子。屋廬子不明白老師何以如此，孟子便舉尚書洛誥篇的話解釋說：「享多儀。儀不及物，曰不享。惟不役志於享。為其不成享也。」（末句乃孟子的申釋。尚書各句大意如此：奉獻禮物應以禮意為重。如果禮意不及禮物重，便等於沒有奉獻。因為他不是誠心誠意的，只是禮貌上的客套罷了。）屋廬子聽了孟子的解說，很覺滿意。當別人問起這件事時，屋廬子便明白說破：季任守國，不能出境，所以特別派人送禮，他的心意是很誠懇的。至於儲子，本可以親自來平陸見孟子，卻只派人代送禮物，這就不成敬意了。既然他誠意不夠，何必回拜他？

由此看來，孟子在沒有出仕之前，不但已經名動公卿，而且待人接物，亦是動止以禮而絲毫不苟的。

二、遊齊、與匡章交遊

孟子遊齊，前後有兩次。第一次在威王時，第二次在宣王時。孟子初次遊齊的時間，可以從他與匡章交遊推求出來。

離婁下篇第三十章，記載孟子的學生公都子奇怪老師為何「與通國皆稱不孝」的匡章交遊，而且還以禮相待。孟子回答說：世俗所謂五不孝（見該章原文），匡章一件亦沒有犯。他只是因為子父責善，被父親逐出家門，因而想到自己既不能在父親跟前奉侍盡孝，又怎麼可以接受妻兒的服侍呢？於是「出妻屏子」，而落得家人離散。但推求匡章的本意，正表示他有孝心，而不是真不孝。另據戰國策：「匡章為齊將，將拒秦，王念其母（為父所殺）埋於馬棧之下，謂曰：全軍而還，必更葬將軍之母。匡章曰：臣非不能更葬臣之母，臣之母得罪臣之父，臣之父未教而死（謂無有改葬之遺命），臣葬母，是欺死父也，故不敢。軍行，有以匡章降秦者三，王曰：不欺死父，豈欺生君！」不久，匡章果然大勝而還，齊王改葬其母，心跡大白。這時候，當然不會有人稱匡章「不孝」了。據錢著繫年的考證，齊秦之戰大約在齊威王二十三年（西元前三三五年）。孟子既然在通國皆稱匡章不孝的時候與之交遊，自是在齊秦之戰以前；亦就是說，孟子在三十八歲之前，便已首度遊齊了。

三、嘗居於宋

1 事見告子下篇第一章。

孟子在宋，曾和宋國大夫戴不勝、戴盈之論政，言談之間且稱宋君為「王」。[2]考宋君偃稱王，在齊威王三十年。孟子在齊國既不得志，聽說宋國「今將行王政」[3]，於是乃有去齊遊宋之意。雖然他至宋的時間無從確考，大約總在宋君偃稱王二三年之後。孟子在宋國，看來很得到執政大夫的禮重，但孟子書中卻沒有他和宋王見面交談的記載。可能宋王並不了解孟子的政治理想，所以孟子又打算「將有遠行」。

另外，滕文公做世子的時候，將聘問楚國，路過宋，特意拜訪孟子，「孟子道性善，言必稱堯舜」。回程時再度過宋見孟子，孟子說：「道，一而已矣。」同時勉勵他應該效法堯、舜、文王，滕國雖小，照樣可以成為一個「善國」。[4]

四、去宋、過薛、返鄒

當孟子離開宋國時，本是說「將有遠行」的，不知為了什麼事情，又回鄒國去了一趟。而且在返鄒之前，還曾繞道經過齊國的南疆重鎮——薛邑。

孟子離開薛邑之後，他的學生陳臻問道：老師離齊之時，齊王送黃金一百鎰（一鎰，當二十四兩），老師不接受；離宋，宋人贈送黃金七十鎰，老師接受了；如今又接受薛君五十鎰贈金。如果前些時不接受對，今天接受就不對；如果今天接受是對的話，則前些時不接受就不對了。如此看來，老師總有不對的地方。孟子說：都對！在宋國，我將有遠行，他們說得很清楚，是送我一筆行旅之費，我為何不接受？在薛，有人要加害於我，薛君好意送我一點兵備費用，我又何必推辭？須知在這兩種情形之下接受贈金，是合乎禮的呀！至於在齊國，我根本沒有理由接受齊王的餽贈；如果無緣無故受人贈金，豈不成為被金錢收買了！那有君子而可以被人收買的呢？[5]

孟子回到鄒國，正逢鄒魯相鬨。鄒穆公問孟子說：我的臣屬已經戰死三十三人，而民眾卻袖手旁觀，不肯效命，怎麼辦呢？孟子答道：凶年饑歲，百姓流離失所，飢餓而死，你倉庫裡的糧食卻滿滿的；以前你不顧百姓的死活，如今他們豈肯為你效命？他們正是對你報復呀！你如果行仁政，人民自然就會「親其上、死其長」了。[6]

正在這個時候，滕定公（文公之父）去世了。文公之傅然友受命往鄒，向孟子問喪禮，孟子告訴他應行三年之喪。但滕國的父兄百官不贊成，文公乃命然友二度向孟子請教。孟子又講了一番話，表示道理就是如此，至於如何實行，就在於世子了。文公反求於心，決定奉行三年之喪，結果使參加喪禮的人大為悅服。[7]

2 見滕文公下篇第六、第八章。
3 語見滕文公下篇第五章。
4 事見滕文公上篇第一章。
5 事見公孫丑下篇第三章。
6 見梁惠王下篇第十二章。
7 見滕文公上篇第二章。

五、在魯、不遇平公

告子下篇第十三章記載：「魯欲使樂正子為政。孟子曰，吾聞之，喜而不寐。」樂正子就是孟子的學生樂正克。考樂正子為政於魯，當在魯平公初即位之時。平公元年為齊威王三十六年，孟子五十一歲。

孟子覺得樂正子為政於魯，行道有望，所以由鄒來到魯國。魯平公採納樂正子的建議，先去拜候孟子，正要出門時，嬖人臧倉卻說：那有君王先去拜見匹夫之理！假若君王認為孟子是賢者，所以先去拜見他；但我看孟子並不是知禮的人。前幾年他母親在齊去世，歸葬於魯，那種禮儀排場，比起他先前安葬父親時，卻是講究得多了。他這樣「後喪踰前喪」，怎能算是知禮的賢者呢？平公聽了，便不去見孟子。樂正子問平公何以失信？平公把臧倉「後喪踰前喪」的話說了一遍，樂正子說：這不是踰不踰的問題，而是前後貧富不同呀。孟子當初只是士，家貧；後來做大夫，較前富有，所以後喪比前喪辦得體面些。而處理喪事本當「稱財之有無」，孟子的舉措正合禮意，怎能說是不知禮呢？但平公仍然不聽從。樂正子把情形告訴孟子，說平公本是要來拜見的，卻為臧倉阻撓了。孟子說，我不能得平公之知遇以行道於魯，不關乎人，而是天意。臧氏之子，有什麼能力使我不遇魯侯呢？[8]

在此，我想附帶說明二件事。第一、臧倉稱孟子為「匹夫」，固然是臧倉口不擇言的小人口吻，但亦可見孟子初次遊齊並未得志（只任普通大夫）。蔣伯潛的「諸子通考」說孟子第一次遊齊，位列三卿，這是不確實的。第二、孟子為何要魯平公先來見他，而不先去見平公？因為孟子素來主張「士不見諸侯」。孟子此時已無官職，仍然是「士」的身分；一個沒有官守的人隨便去晉見國君，那是「不自愛重」的行為。何況，此時孟子弟子在魯為政，自己是賓師的身分，君王理當以禮相敬。若先去拜見君王，便是為權勢所動，「以道殉乎人」了。

孟子既不得志於魯，正好滕文公初即位，想要有所作為，便來禮聘孟子。孟子乃去魯而至滕。

六、孟子至滕

孟子到了滕國，文公問「為國之道」，孟子講說仁政的道理，同時提醒他三件事：第一、必須為民制產，征取賦稅應有一定的制度。第二、應該恢復三代的井田制，而在「貢、助、徹」三者之中，又以商朝的助法最善。第三、要設立庠序學校以明人倫，「人倫明於上，小民親於下」，如此，則可以「為王者師」。[9]

孟子在滕，大約住了二三年。在此期間，農家學者許行，率領門徒自楚國來到滕國，

8 事見梁惠王下篇第十六章。

9 見滕文公上篇第三章。

說：「聞君行仁政」，我們願來做你的子民。南方儒者陳良的弟子陳相兄弟，亦從宋國來到滕國，說：「聞君行聖人之政，是亦聖人也」，我們願來做聖人的子民。[10]如此看來，滕文公的確是照孟子的主張來為政的，而且很有成效，故能使遠方學者聞風而至。在戰國時代「行仁政」「行聖人之政」，這算是唯一的史實了。

當孟子在宋國的時候，便已有遠行之意，而竟在滕國居留二三年之久，這當然是由於文公之賢，但滕國畢竟太小，不足以大有為，因此孟子終於還是去到梁國。

七、去滕而遊梁

孟子遊梁，學者多以為當在梁惠王後元十五年，即齊威王三十八年（西元前三二〇年），孟子五十三歲。孟子見梁惠王，王曰：「叟，不遠千里而來，亦將有以利吾國乎？」孟子曰：「王何必曰利，亦有仁義而已矣。」[11]梁惠王改後元是在他即位第三十七年的時候，到後元十五年，已經在位五十一年了；以年逾七十的老君王，而稱孟子為「叟」（長老之稱），可見他對孟子是很尊敬的。

梁國即魏國，所以古籍中亦稱梁惠王為魏惠王。在戰國初期，魏國最強，到惠王後期，齊國崛起，成為兩國爭霸之局。孟子希望出現新王，以重新開創太平之局，因此對齊梁兩國的國君屬望最殷。在梁國，他告訴惠王要「與民同樂」，勿「以政殺人」；要「謹庠序之教，申之以孝弟之義」，使「頒白者不負戴於道路」；要「不違農時」，「薄賦斂」，使人民「不飢不寒」，「養生喪死無憾」，這才是「王道之始」；同時又為惠王說明「仁者無敵於天下」的道理。[12]可惜惠王太老了，對孟子「尊而不親，敬而不用」，而且第二年便去世了。

惠王既卒，其子襄王繼立為君，孟子和他見了一面，告訴人說：「望之不似人君，就之不見所畏焉。」[13]這樣一位君王，還有什麼希望呢？而同時的齊國，是新君宣王在位（威王早梁惠王一年卒），很像有所作為的樣子，於是孟子便離開梁國，二度遊齊。

八、去梁、二度遊齊

盡心上篇第三十九章，曾記載公孫丑和孟子談論「齊宣王欲短喪」的事，可見當孟子二度遊齊時，宣王正在居喪期中。這個時候的孟子，和第一次遊齊時是大不相同了。他「後車數十乘，從者數百人，傳食於諸侯」[14]，這樣的氣派聲望，使得齊宣王亦心懷驚異，特別派人去察看孟子到底與一般人有什麼不同。有人將這件事告訴孟子，孟子說：「何以異於人

10 皆見滕文公上篇第四章。
11 梁惠王上篇第一章。
12 皆見梁惠王上篇各章。
13 梁惠王上篇第六章。
14 滕文公下篇第四章。

哉？堯舜與人同耳！」[15]

孟子到了齊都，宣王雄心勃勃想做霸主，開口便問「齊桓晉文之事」，孟子率直地答道：「仲尼之徒，無道桓文之事者，是以後世無傳焉，臣未之聞也。無已，則王乎！」宣王問：「德何如斯可以王矣？」曰：「保民而王，莫之能禦也。」孟子又告訴他要「老吾老以及人之老，幼吾幼以及人之幼」，要「為民制產」，使人民「仰足以事父母，俯足以畜妻子，樂歲終身飽，凶歲免於死亡。」[16]此外，孟子還告誡宣王要「樂民之樂，憂民之憂」，「發政施仁」，應該先及「鰥、寡、孤、獨」。宣王表示：寡人有疾，寡人好勇、好貨、好色。孟子說：你好勇，便效法文王「一怒而安天下之民」，好貨、好色，便「與百姓同之」，使天下人皆厚積貨財，而且「外無曠夫，內無怨女」，這不正是「王政」該做的嗎！[17]

孟子在宣王朝，開始是居於賓師之位，所以孟子曾有「我無官守，無言責，進退綽綽有餘」的話。[18]到後來才位居「三卿」。[19]

凡是孟子對宣王帶有訓誡口吻的那些話，大體都是為賓師時所說的。有一次，齊國的景丑氏對孟子說：我只知道齊王尊敬你，卻不見你尊敬齊王。孟子答道：這是什麼話！齊國沒有一個人對王講論仁義，難道是認為仁義不美嗎？當然不是。只因大家心裡覺得像齊王這樣的人，不值得和他講論仁義之道罷了。你們齊國人如此看不起自己的王，不是大不敬嗎？我則不同，假若不是堯舜之道，從來不敢在齊王面前陳述；我是把齊王看做可以行堯舜之道的人，這不正是尊重他嗎？實在說來，你們齊國人還沒有一個像我這樣尊敬齊王的哩。[20]孟子所說，理直而氣壯，這才真是君子愛人以德的話。

公孫丑下篇第六章記載孟子為卿時，曾出弔於滕，想來必是弔文公之喪吧。滕文公是唯一認真推行孟子仁政理想的諸侯，可惜滕國太小，憑藉不夠，如今文公又不壽而早卒，無論公誼私情，都是值得孟子來弔祭的。

宣王五年，齊國伐燕，既勝之，又取之。[21]宣王凡問到有關燕國的事，孟子都是以正理相曉喻，可惜宣王未能聽從。過了二年，燕人起來反抗，宣王後悔沒有聽從孟子的話，說：「吾甚慚於孟子。」[22]

齊國這次伐燕，種下了二國的仇怨，三十年後（西元前二八四年），燕將樂毅率領諸侯聯軍連下齊國七十餘城，齊國幾乎遭受亡國之禍。

15　離婁下篇第三十二章。
16　見梁惠王上篇第七章。
17　皆見梁惠王下篇各章。
18　見公孫丑下篇第五章。
19　見告子下篇第六章。
20　見公孫丑下篇第二章。
21　見梁惠王下篇第十、十一章。
22　語見公孫丑下篇第九章。

九、去齊、居於休

孟子在齊，雖居卿位，但並沒有機會實行仁政王道。故終於「浩然有歸志」，乃「辭十萬」之祿，「致為臣」而歸，而定居於休邑。[23]休、或曰在潁川，屬於宋國。清人閻若璩四書釋地則說：「故休城在今兗州府滕縣北十五里，距孟子家約百里。」閻氏的話比較可信。因為孟子和滕國的關係很深，滕文公雖已去世，但滕國的父老百官一定對孟子永懷仰慕和感念。孟子在傍近滕國而又離家鄉不太遠的休邑歸隱，是很合情理的事。

孟子去齊居休，學者以為當在宣王八年（西元前三一二）。是時秦楚構兵，宋牼為了國際和平，將要到楚國去說服楚王罷兵，如果楚王不答應，他還準備到秦國去說服秦王。走到石丘和孟子遇上了，孟子問他以什麼理由說服秦楚之王？宋牼答道：「我要告訴他們打仗對兩國都不利。」孟子說：「你的志量很大，但所持的理由卻不好。你應該以仁義的道理去說服他們，因為戰爭是不仁不義的呀！」[24]從這件事情以後，古籍上就沒有有關孟子的行事了。

或曰，古時七十而致仕（辭官退休），宣王八年，孟子才六十一歲，還不到退休的年齡，所以主張孟子的生年，應該推前十年左右。如果這樣，則孟子遊梁之時便已年過六十，惠王稱他為「叟」，就更合情實了。不過，這只是依情理作推論，在史籍上是找不到證據的。

十、歸隱著書

史記孟子列傳云：「當孟子時，天下方務於合縱連橫，以攻伐為賢；而孟軻乃述唐虞三代之德，是以所如者不合（如，往也、適也。謂孟子遊歷所及的諸侯，不能接受仁政王道的理想）。退而與萬章之徒，序詩書，述仲尼之意，作孟子七篇。」趙岐孟子題辭云：「孟子退而論集所與高第弟子公孫丑萬章之徒疑難問答，又自撰法度之言，著書七篇。」崔述孟子事實錄則謂：「孟子一書，蓋孟子之門人萬章公孫丑等所追述，故二子問答之言在七篇中獨多，而二人在書中亦皆不以子稱。」會合三家之說，可知孟子老而著書，而萬章公孫丑之徒參與其事。孟子一書，文氣浩蕩，語脈一貫，而義理思想亦前後一致，這在先秦文獻中是較為少見的。

曹之升孟子年譜，曾引一塊石碑上的話：「孟子卒於冬至，鄒人哭孟子而廢賀冬至之禮，遂以成俗。」孟子墓在今山東鄒縣北三十里，四基山之陽。又縣東北三十里之傅村，宅前有孟母池。如果傅村果真是孟子的故居，則離他安葬的墓地亦並不很遠。

---

23 見公孫丑下篇第十以後各章。

24 事見告子下篇第四章。

第二節　充實而有光輝的大人氣象

孟子曾說：

「可欲之謂善，有諸己之謂信，充實之謂美，充實而有光輝之謂大，大而化之之謂聖，聖而不可知之之謂神。」（盡心下25）

可欲與可憎相對。善則可欲，不善則可憎，故曰「可欲之謂善」。信、實也。徒有善之名而無善之實，不得謂信，必須實有其善（有諸己）方謂之「信」。善積於中，充實飽滿，此之謂「美」。積於中的善而能形著於外，以顯發為德性人格的光輝，此則謂之「大」。孟子所謂「仁義禮智根於心，其生色也，睟然見於面，盎於背，施於四體」，[25]即是「充實而有光輝」的表徵。

孟子，正是一個有光輝的生命，他磐磐大才，有英氣，有圭角，顯涯岸，露鋒芒，而儘雄辯。[26]孟子所顯示的，是一個「泰山巖巖」的大人氣象。這種精神氣象給人的感覺是崇高偉大。如果進一步使這崇高偉大的形象亦渾化而不可見，那就是「大而化之之謂聖」，孔子便是這種聖人境界的最佳型範。

孟子亦是聖人，但與孔子對照而觀，則可以說大而未化。孟子不是不能化，而是時代使命的要求，迫使他不能不顯發生命的鋒芒，不能不披露德性的光輝。孟子的生命整個是一方形（英氣、圭角，即顯示方形的意思），而孔子的生命則整個是一圓形。圓規、方矩，同樣都是人格世界的型範。至於「聖而不可知之之謂神」一句，則是說的聖人功化之妙，是聖人所達到的境界。聖是體，神是用，並非在聖人之上又有一等神人也（莊子書中有「神人」之名，而儒家則無此詞）。在人格世界中，聖人是最高的。所以孟子說：「聖人，人倫之至也。」[27]

關於「聖而不可知之」這種功化之妙的境界語，在儒家典籍中皆可見到：

論語：「夫子之得邦家者，所謂立之斯立，道（導）之斯行，綏之斯來，動之斯和。」（子張篇）

孟子：「夫君子所過者化，所存者神，上下與天地同流，豈曰小補之哉！」（盡心上13）

中庸：「至誠如神」，「大德敦化」，「博厚配地，高明配天，悠久無疆；如此者，不見而章，不動而變，無為而成。」（中庸24、30、26章）

---

25 盡心上篇第二十一章。

26 按，英氣、圭角諸語，皆二程子（明道、伊川）論贊聖賢時對於孟子的品題之言。請參看拙撰《宋明理學北宋篇》（臺北、臺灣學生書局）第八章第四節〈對於聖賢人格的品題〉，頁二三〇至二三四。

27 離婁上篇第二章。

易傳：「夫大人者，與天地合其德，與日月合其明，與四時合其序，與鬼神合其吉凶。」（乾文言）

這幾段話，都是「大而化之之謂聖，聖而不可知之之謂神」這個化境上的贊述語。孟子可化而未化，是由於他對應時代，必須以生命的光輝，義理的方向，來突顯價值世界的標準。這個意思，可以從下列三點得到印證：

1.孟子指出「所欲有甚於生者」，而揭示了一個超乎生命之上的價值：舍生取義。

2.孟子指出「人人有貴於己者」的天爵良貴，而建立了絕對性的道德尊嚴。

3.孟子指出「以志帥氣」、「配義與道」，即可生發浩然剛大的義理之勇。

這三點都是擴充我性分之所固有，都是反求諸己，即可有得的。同時，這裡所透顯的價值方向和生命原則，亦都可以和孟子所講的許多道理相關聯。譬如第一點的「舍生取義」，可以說就是「由仁義行」的壯烈實踐。第二點「天爵良貴」的內容，即是「天所與我、我固有之、人皆有之」的本心、良心、四端之心、不忍之心，以及「不慮而知」的良知和「不學而能」的良能。第三點「浩然之氣」，乃集義所生，非義襲而取；人若能表現內在的道德心性，不間斷地表現內心本有之義，就可以培養出至大至剛的浩然正氣，就可以成為一個「充實而有光輝」的生命。

如果從希聖希賢的意思說，孔子「大而化之」的境界以及「聖而不可知之」的功化之妙，學者很難強力而至，所以即使顏子亦有「雖欲從之，末由也已」之歎。而孟子「先立其大」「存養、擴充」的德性工夫，則是人人可以用心著力的。特別是關聯著當前的時代處境，將如何操危慮患，動心忍性，以顯發生命的光輝，完成時代的使命，則孟子的型範，尤其值得我們奮起效法。

第三節　時代使命與人格型範

戰國時代是一個衰亂之世，道德價值倒塌，時代精神墮落，文化理想闇然不彰。孟子要重新建立道德價值的標準，重新開顯人類文化的理想，他必然要挺身而出，作中流砥柱。因此，他無可避免地要顯示生命的昂揚奮發。他要激濁揚清，要撥雲霧而見青天，於是，他不能不雄辯，不能不露才，他要全幅顯露生命中的英氣、圭角，他要盡情放射生命中的光輝。所以孟子的生命，徹裡徹外，徹上徹下，是精神之披露，是光輝之充實。他闢楊墨，賤縱橫，斥許行，而在「豈好辯哉」一章，更直接說出：

「昔者禹抑洪水，而天下平；周公兼夷狄，驅猛獸，而百姓寧；孔子成春秋，而亂臣賊子懼。……我亦欲正人心，息邪說，距詖行，放淫辭，以承三聖者。豈好辯哉？予不得已也！能言距楊墨者，聖人之徒也。」（滕文公下9）

須知思想的流毒，觀念的災害，甚於洪水猛獸。孟子起而「正人心，息邪說，距（拒）詖行，放淫辭」，正是要「閑（防衛）先聖之道」，使「邪說者不得作」，以制止思想觀念的流毒與災害。揚雄曾說「古者楊墨塞路，孟子辭而闢之，廓如也」。後來韓愈亦推尊孟子在文化學術上的貢獻，認為「其功不在禹下」。這都是有見之言。

孟子最大的貢獻，可以約為三端：

1. 建立心性之學的義理規模；
2. 弘揚仁政王道的政治理想；
3. 提揭人禽、義利、夷夏之三辨。

心性是價值之源、道德之根。儒家的心性之學，由孔子的「仁」開端，到孟子發明性善，開示「盡心知性知天」的義理規模，而完成了儒家內聖之學的基本形態。而仁政王道，則是由儒家內聖之學推擴出來的政規。中國傳統政治，雖然「有治道而無政道」[28]，但二千年來中國政治之所以尚能維繫「養民、教民、愛民」的規範，實拜仁政理想與王道精神之賜，至於「人禽、義利、夷夏」三辨所開顯的道德意識與文化意識，更是中華民族賴以不斷緜衍、中國文化賴以相續傳承的根據。牟先生指出，人類精神表現的積極型態有三：[29]

一、由內在道德性而見絕對主體的根源型態；
二、純粹理解（知性）與外在自然之對立的型態；
三、國家政治一面之「真實客觀化」的型態。

這三種型態都是文化理想之所繫。孟子表現的是第一型態，第二型態是西方文化之所長而為中國文化之所缺。（這知性文化一面，基本上即是知識之學的開出。當代儒家要求新外王之充實開擴，這是一大重點。）第三型態，在中國傳統政治中只表現為聖君賢相與仁政王道的主觀性格，而欠缺一步客觀法制化；實質上這是民主政體建國的問題，亦是儒家新外王所必須完成的一大任務。但上溯於戰國時代來看孟子，則須另有一種歷史文化的通識，才可以見到孟子在他那個時代所盡到的時代使命，以及他所完成的人格型範。

春秋時代，周朝的禮樂文化還在起作用，社會上亦普遍盪漾著周文所代表的文化理想，所以孔子的一生，可以諧和於這一個文化大流而文思安安。[30]孔子「通體是文化生命，滿腔是文化理想，轉化而為通體是德慧」，他的表現有如太和元氣，瀰淪圓融，渾無罅縫，所以孔子的生命沒有破裂，亦無須乎破裂。但孟子則不同。戰國的時代精神是一種盡物力的精神（物量精神），孟子要面對時代而重新肯定文化理想，就必然地要否定這種「盡物力的精神」。由於這一步否定而顯出一個破裂，同時亦在此破裂處而透顯一個絕對主體性（精神主體）。孟子雖然亦和孔子一樣，通體是文化生命，滿腔是文化理想，但因所處的時代不同，

28 參見牟宗三先生《政道與治道》一書（臺北、臺灣學生書局）。

29 以下所述，請參閱牟宗三先生《歷史哲學》（臺北、臺灣學生書局）第二部第二章第二節。

30 尚書堯典：「欽明文思安安」。釋文引馬曰：「經緯天地謂之文，道德純備謂之思。」

他不能不與當時的物量精神相割離——這種割離乃是文化生命之不容已。換句話說，要想在文化生命之中逼迫「精神」出現，這步破裂便是必然的（英氣、圭角、鋒芒，亦正由此破裂而來）。只有通過破裂，精神主體（絕對主體性）始能彰顯。所謂先立其大，所謂泰山巖巖，所謂浩然之氣，都是從這精神主體處說，而孟子所完成的人格型範，亦必須從這裡來了解。

就文化精神的表現而言，如果只有孔子的天地圓渾氣象，而沒有孟子的破裂以顯現精神主體，就不能具有精神表現的理路；[31]而精神之所以為精神，亦將無法彰顯。以是，絕對主體性，與道德的主體自由，都必須通過孟子來說。而孟子的人格型範，以及孟子之所以大有功於孔子的仁教，亦可以在此獲得確切的了解。所以，孟子泰山巖巖的大人氣象，不只是主觀的意義，他所開出的這個精神表現的理路，在文化學術上亦同時具有客觀而深遠的意義。後世以孟子接孔子之統，非偶然也。牟先生有三句話說孔子、孟子、荀子，茲錄於此，以結本章。

通體是仁心德慧，滿腔是文化理想之孔子。

通體是光輝，表現「道德精神主體」之孟子。

通體是禮義，表現「知性主體」之荀子。

---

31 按，陸象山云：「夫子以仁發明斯道，其言渾無罅縫。孟子十字打開，更無隱遁。」（參見下第四章首段）此「十字打開」所展示的義理規模，即可視為精神表現的理路。

第二章　孟子的心性論

孔子「性相近，習相遠」的話，為南宋大儒王應麟引用，而綜括為民間啟蒙讀物「三字經」之開端語：「人之初，性本善，性相近，習相遠。」就一般教化而言，如此講說亦庶乎可矣。但就義理的申論而言，則必須進一步闡發「性善」之義——

1. 乃能透顯道德主體以建立道德實踐所以可能的根據。這是開發「德性動源」的問題。
2. 乃能肯定「人人皆可為聖賢」，以開啟人格上升之門。這是「完成人格」的問題。
3. 乃能引發人之價值意識與文化理想。這是「人文創造」的問題。
4. 乃能保證教育之價值與功能。這是「延續文化」的問題。
5. 乃能相與為善以維繫人間社會之安和。這是「造福人類」的問題。

據此五點簡要之提示，孟子發明「性善」之重大深遠的意義，已甚為曉白。下文擬分為四節，依次作一申述。

第一節　關於性善的三步論證

性善，是孟子學說的核心，亦是對孔子之「仁」進一步的闡發與印證。但「性善」是生命中之事，它不是一個知識性的命題。所以，孟子對於性善的論證，不同於純外延的邏輯論證，而是一種內容意義的義理論證。[1]在性質上，它是「反求諸己」的生命的反省，在方法上，則是不離人倫日用而作一種親切的指點。這是每一個人都可以反省親證，可以當下體悟而不假外求的。

第一步論證是「人禽之辨」。先指出人與動物（禽獸）之不同，使人與動物之間劃出一道界線來。人雖然亦屬動物類，但既然就「人」而說性，就必須找出動物所無而「人所獨有」的所在，這才是人之所以為人的本根，才是人之真性。所以孟子說：

> 「人之異於禽獸者幾希；庶民去之，君子存之，舜明於庶物，察於人倫，由仁義行，非行仁義也。」（離婁下19）

「仁義」即是人之所以異於禽獸的「幾希」。君子能存養擴充這幾希之仁義，所以成為君子聖賢。而一般人往往不能存養它、擴充它，或者偶能存養擴充而又一曝十寒，所以淪於動物性的自然生活中，幾乎與禽獸沒有多大差別。不過，人到底是人，不是禽獸，他那稟受於天的仁義之性，總會透露而呈現出來。因此在告子上篇，孟子便用反詰的語氣，表示「人之性」不同於「犬羊之性」。朱註說告子「徒知知覺運動之蠢然者，人與物同；而不知仁義禮智之粹然者，人與物異」。所謂「知覺運動之蠢然者」，是指食、色、生育、自衛、逃避、抵抗一類的本能，這是人與一般動物都相同的。而人之所以異於禽獸者，是人能自覺他稟受於天的仁義禮智，而存之養之，擴之充之，所以能完成其人格，敦敘其人倫，創造其歷史文化，開拓其人文世界，而與時俱進，日新又新。至於禽獸，則不能自覺，不能存養擴充，所以終古蠢然如初。

第二步論證是「善性本具」。這是點出人心之本然，以印證人性之善乃天生本具，是人所固有的。

> 孟子說：人皆有惻隱之心、羞惡之心、恭敬辭讓之心、是非之心。（見公孫丑上6、告子上6）
>
> 又說：人皆有不慮而知的良知、不學而能的良能。（見盡心上15）

---

1 孟子論人性、道德之意，傅偉勳先生在其所著《哲學》小冊（現代美國行為及社會科學分訂本之六，臺北、臺灣學生書局版）頁三十六至四十一，曾綜括為六項論辯：⑴直覺四端之論辯；⑵道德的平等性及可圓善性之論辯（意指人皆可為堯舜，以及人間確有道德生活的可圓善性之存在，如孔子釋迦耶穌等）；⑶教導效率性之論辯（就教養效率而言，性善說比任何一種人性論皆較有價值意義）；⑷道德自足的論辯（君子所性，仁義禮智根於心；大行不加，窮居不損）；⑸自願舍生取義之論辯；⑹人之所以需要道德乃由於人不願為禽獸之論辯。

又說：人皆有天爵、良貴。（見告子上16 17）

孟子認為，惻隱等四端之心，是「我固有之」、「人皆有之」的。愛親敬長的良知良能，是「不慮而知、不學而能」的先天本然之善，故朱註引程子曰：「良知良能，皆無所由，乃出於天，不係於人。」而「仁義忠信，樂善不倦」的「天爵」，亦是人所本有的「貴於己」的「良貴」。這些，都是人心的本然，是內在於人的生命之中的先天之善根。這不是假設，而是實有的善。所以當人「乍見孺子將入於井」，都會自然而然地即時生起「要去救他」的心，此即所謂「怵惕惻隱之心」。這點本然之心的當機流露，實即良心天理之直接呈現。無論智愚賢不肖，在這一點上都是必然地相同的。由此可證，人性之善不是外鑠的，而是天生本具的。

第三步論證是「人人皆可為堯舜」。這是就聖人與我同類，人心有同然，以肯定人如能充其本然之善，則人人皆可成為聖賢。

孟子說：「堯舜與人同耳。」（見離婁下32）

又說：「聖賢與我同類者……口之於味也，有同嗜焉。耳之於聲也，有同聽焉。目之於色也，有同美焉。至於心，獨無所同然乎？心之所同然者何也？謂理也、義也。聖人先得我心之所同然耳。故理義之悅我心，猶芻豢之悅我口。」（告子上7）

聖人是人倫之至，純然是善。但聖人亦是人做成的。聖人與我同樣是人，只要人能就「心之同然」而加以擴充，則人人都可以成為至善的聖人。所以說「舜何人也，予何人也，有為者亦若是！」[2]孟子由感官之同然說到心之同然，並喻說理義悅心猶如芻豢悅口。實則，口悅美味，乃悅他；心悅理義，則是自悅，是悅它自己本所含具的理義。所以，心悅理義，亦涵著心即理義。聖人之所以為聖人，並非稟性與人有異，而是聖人先得我心之所同然。後來陸象山心同理同之說，[3]便是順孟子的意思發揮出來。既然人同此心，心同此理，則人不僅可以興起希聖希賢之志，而且實有成聖成賢之根。而一般人之所以未能進到聖賢之境，乃是「自暴自棄」，「是不為也，非不能也」。[4]

以上三步論證，一是通過人禽之辨，指點「仁義」是人之所以為人的本根；二是說明善心善性乃天生本具，是人皆有之的；三是說明人心有同然，故人皆可以為聖賢。

2 此乃孟子稱引顏淵之言，見滕文公上首章。

3 陸象山全集卷二十二雜說，有一條云：「千萬世之前有聖人出焉，同此心，同此理也。千萬世之後有聖人出焉，同此心，同此理也。東西南北海有聖人出焉，同此心，同此理也。」又一條云：「非特顏曾與聖人同，雖其門弟子亦固有與聖人同者。不獨當時之門弟子，雖後世之賢固有與聖人同者。非獨士大夫之明有與聖人同，雖田畝之人，良心之不泯，發見於事親從兄應事接物之際，亦固有與聖人同者。」

4 離婁上篇第十章載孟子之言曰：「言非禮義，謂之自暴也；吾身不能居仁由義，謂之自棄也。」又，「不為、不能」之說，見梁惠王上第七章。

第二節　由人之為不善，反證人性之善

孟子道性善，是要建立道德實踐所以可能的根據。但是，人雖有先天的心性之善，而由於後天環境與感性生命的約制，他仍然可能做出種種不善之事。孟子指出，人之所以為不善，乃是由於人心陷溺、梏亡、放失；如果人免於陷溺、梏亡、放失，則善心自能呈現，善性自能彰顯，而可成就善的價值。[5]

> 孟子說：「富歲子弟多賴，凶歲子弟多暴。非天之降才爾殊也，其所以陷溺其心者然也。」（告子上7）
>
> 又說：「雖存乎人者，豈無仁義之心哉？其所以放其良心者，亦猶斧斤之於木也；旦旦而伐之，可以為美乎？其旦晝之所為，又梏亡之矣。梏之反覆，則其夜氣（平旦之氣）不足以存。夜氣不足以存，則其違禽獸不遠矣。人見其禽獸也，而以為未嘗有才焉者，是豈人之情也哉？」（告子上8）
>
> 又說：「仁，人心也。義，人路也。舍其路而弗由，放其心而不知求，哀哉！」（告子上11）

此三段文，一言陷溺，一言梏亡，一言放失。「陷溺」是由於環境（生活境遇）的制約而使人心陷溺其中，所以性善之端不能順適地呈露。「梏亡」是由於感性層的私欲攪擾，而

未加存養之功，所以良心（仁義之心）雖有發端而卻受到斲喪而消亡。「放失」則由於人不知省思反求而操存之，所以良心隱而不顯，不起作用。總之，依孟子之思想，人之所以為不善，並不是由於人性之惡，而是由於感性生命的欲求與感性層的生活行為之攪擾顛倒。人如果能夠「不陷溺、不梏亡、不放失」，則天性之善與本心之良自然存主於心，而可隨時隨事呈露發用，以表現為善德善行。

若問「人性本善，惡從何來」？這個問題的解答，可依孟子之意綜括為二點：

1. 來自耳目之欲——耳目聲色，各是一物，耳交於聲，目交於色，物交物，則相引而肆，終將沉淪。故孟子教人省思反求（思則得之、反身而誠），又教人從其大體，先立其大。

2. 來自不良之環境——人皆有善性，而未必皆有善德善行。正如麥之種子相同，而收成卻不一樣，是因為「地有肥磽，雨露之養，人事（如耕耘施肥諸事）之不齊」。故孟子教人尚友、尚志、辨義利、求放心，以超脫環境之陷溺與後天之制約。

其實，人雖然有耳目之欲，雖然常受不良環境之習染，但人的本心良知，畢竟是不會泯

---

5 按，唐迪風先生遺著《孟子大義》（臺北、臺灣學生書局）第二章第四節，曾就「人何以為不善」提出四點說明：⑴由於心失其養，⑵由於自暴自棄，⑶由於弗思，⑷由於境遇。關於此四義，本書皆將論及，唯本節則專就「人心之陷溺、梏亡、放失」以為言。

滅的。譬如舜之弟象加害於舜，舜未死而返宮，象見舜而忸怩。[6]這表示象雖不肖，而本心良知猶未泯失，否則，他何以會自感羞慚而忸怩？大學有云：「小人閒居為不善，見君子而後厭然（閉藏貌），揜其不善而著其善。」[7]可見即使是小人，他的「好善惡惡」之心，亦不會完全泯失，否則，他何以見了有德君子，便要掩藏他的不善？蓋人為不善之事，縱使可以欺蒙天下之人，卻絕對欺蒙不了他自己的良心。由此可知，在人性之中，善有根而惡無根，惡是沒有實體的。惡之無根，恰如雲霧之無根。而本心善性隱而不顯，不起作用，亦正如日月之明為雲霧蒙蔽而黯淡無光一樣；等到撥雲霧而見青天，日月之光便又普照大地了。我們既能覺知本心之易於陷溺、梏亡、放失，自然亦能念念警覺，存養之、擴充之，以復其本心之良、天性之善。須知常保一心之明，便是普照之端；常存一心之善，即是價值之源。

以上兩節，是就孟子論證性善之意，先略一提，下節再論述孟子言性的進路。

第三節　即心言性：以心善言性善[8]

自古言性的進路，告子「生之謂性」代表一個傳統，儒家主流的人性論又是一個傳統。儒家主流的人性論又可以分為兩路，一是中庸「天命之謂性」所代表的，加上詩經「維天之命，於穆不已」以及易傳「繼善成性」，皆是形而上地（本體宇宙論地）統體而言之。[9]另一進路則是孟子所代表的，孟子從內在的道德性而說性，這是經由道德自覺而道德實踐地言之。

孟子與中庸的進路雖有不同，但二者所說的性都是「體」，中庸易傳是道體與性體通而為一，孟子則是性體與心體通而為一（說到極處，心、性、天通而為一）。而且兩者所說的善，亦都是稱體而言。因此，孟子所謂性善，並不是從事行上指說人有如此如彼之善行善事，而是從體上肯定人人皆有先天本善的內在道德性。（道德實踐所以可能的根據，正在於此。）

然而，性乃是潛隱自存的本體，它必須通過心的覺用活動而呈現。所以，性不可見，由

---

6 事見孟子萬章上第二章。

7 語見大學章句誠意章。

8 按，孟子即心言性，乃是從心說理；以心善說性善，即是肯定「心之自發的善性」。依孟子，不但心悅理義，而且心即理義，心與理義（道德法則）為必然地一致。故陸象山王陽明即承孟子而直言「心即理也」。這是從心說理（心含具理、由仁義行）。康德以意志自由為設準，而不以意志自律即是本心；因為康德沒有儒家道德的本心（良知本心）之觀念，故不喜歡說「心之自發的善性」。他只是從意志自律說道德法則，以道德法則規範心（習心）之活動。如此便不是「從心說理」，而只是「從理說心」。於孟子學之所至，康德尚有一間未達。牟宗三先生譯註《康德的道德哲學》（臺北、臺灣學生書局出版）頁二六一、二六四、二八三有長段之案語，請參看。

9 按，「本體宇宙論」，乃牟宗三先生《心體與性體》（臺北、正中版）書中之用語。因為就儒家之形上學而言，本體論與宇宙論這二個層面的義理，是可以通而為一的。儒家講的道體（形上實體），並不只是一個抽象思考中的本體概念而已，而是能夠自起「妙運氣化生生」之作用的活靈之體。它既是本體論的實有，同時亦是宇宙論的生化原理（創生原理），所以牟先生特別以「本體宇宙論的實體」而綜言之。這個詞語，確能恰當相應地顯示儒家「道德的形上學」之特色。

心而見。而孟子亦正是即心而言性，以心善言性善。

一、由不忍之心見性善

孟子曰：「人皆有不忍人之心。先王有不忍人之心，斯有不忍人之政矣。以不忍人之心行不忍人之政，治天下可運之掌上。所以謂人皆有不忍人之心者：今人乍見孺子將入於井，皆有怵惕惻隱之心。非所以內（納）交於孺子之父母也，非所以要譽於鄉黨朋友也，非惡其聲而然也。」（公孫丑上6）

不忍亦即不安。孔子從不安指點仁，孟子從不忍指點怵惕惻隱之仁，其義一也。對於他人之受苦痛、受飢寒、受委屈，或者見人面臨生死危難之時，人皆會流露不忍不安之心。此不忍不安之心，實即仁心，亦即人人先天本有的善性。在此，孟子具體地指點我們：「今人乍見孺子將入於井，皆有怵惕惻隱之心。」怵惕惻隱之心，即是驚駭恐懼、悲憫不忍之心。當我們忽然之間看見一個剛剛會走路的小孩即將掉入井裡，這時候任何人都會陡然受驚，即時呈露悲憫不忍之心而不加思索地衝過去抱救他。孟子舉此例證以指點人人皆有仁心善性，可謂最為具體而真切。在此，有一個意思不可忽略。「乍見」二字，乃表示此時之「心」，是在沒有受到「欲望裹脅」的情形之下而當體呈露的。這是本心的直接呈現，是真心的自然流露。所以人去抱救那個即將入井的小孩——

1. 既不是想要藉此與小孩的父母攀交情；
2. 亦不是想要得到鄰里親朋的讚譽；
3. 更不是擔心假若不救小孩就會使自己受到見死不救的惡名聲。

總之，不是為了任何利害的考慮或欲望的驅使，而完全是「真心呈露，隨感而應」，完全是「良心之直接呈現，天理之自然流行」。在這裡，根本不再需要向外去尋求一個什麼理由。孟子直接就此人人皆有的怵惕惻隱之心（不忍之心），來指證性善，真可說是「直截簡易」之至。

反之，如果人去救此小孩，是為了「內交」「要譽」「惡其聲」等等，便已落入思慮而在計較利害得失；這時，他心中便有所夾雜而不純粹了。古代希臘懷疑論者，見其師陷於泥淖，他並不立即伸手去救他老師，卻本於他懷疑論者的態度站在一旁進行思考：救他呢？還是不救呢？救與不救的理由，那一面才是無可辯駁的呢？我有什麼義務非救他不可呢？如此一疑再疑，而其師死矣！其實，我們亦不必笑這位懷疑論者，現代的人亦常常不能就孟子的指點而反求諸己，以當下肯定人性之善；他們總覺得一個例證不夠，想要多找幾個來證明一下。看起來他似乎是在認真求證，實際上，他是把生命的問題轉入知識的領域，根本是一種「內輕外重」「舍近求遠」的想法。大舜「聞一善言，見一善行，若決江河，沛然莫之能禦」[10]，

10 見孟子盡心上篇第十六章。

而你卻將生命中的真理往外推，試問身心以外的例證再多，又與自家生命有何相干？人不自信自肯，只想從外面找一個攀依投靠之處，便永遠沒有自發內發的力量，生命亦將永遠懸空吊掛而不能直正落實立根。孟子的指證已經如此直接具體而真切，你還不識自家寶藏，而要枝枝葉葉外頭尋麼？

二、由四端之心見性善

孟子曰：「乃若其情，則可以為善矣，乃所謂善也。若夫為不善，非才之罪也。惻隱之心，人皆有之；羞惡之心，人皆有之；恭敬之心，人皆有之；是非之心，人皆有之。惻隱之心，仁也；羞惡之心，義也；恭敬之心，禮也；是非之心，智也。仁義禮智，非由外鑠我也，我固有之也，弗思耳矣。故曰，求則得之，舍則失之。或相倍蓰而無算者，不能盡其才者也。詩曰：『天生蒸民，有物有則，民之秉夷，好是懿德。』孔子曰：『為此詩者，其知道乎？』故有物必有則，民之秉夷也，故好是懿德。」（告子上6）

乃若，朱註解為發語詞，而趙岐註則謂：若、順也。「乃若其情」之情，實指心性而言。在孟子，心、性、情、才，一也。（說見下第四節）人若能順其本然的惻隱羞惡之情（心性），是可以為善的——譬如順惻隱則可以表現為仁德仁行，順羞惡則可以表現為義德義行，等等。孟子所謂性善，正是從這裡說。

惻隱、羞惡、恭敬、是非之心，是性體發露出來的四端[11]。⑴仁之端為惻隱之心；惻、是傷之切，隱、是痛之深，惻隱之心亦即不忍之心。⑵義之端為羞惡之心；羞、是恥己之不善，惡、是憎人之不善。⑶禮之端為恭敬之心；敬發於外謂之恭，恭主於內謂之敬。⑷智之端為是非之心；是非、乃就道德上的是非而言。「仁義禮智」，是我本有之美，並非從外而來。所以說「非由外鑠我也[12]，我固有之也，弗思耳矣」。此所謂「思」，不是一般所謂思考的思，而是反省性質的省思之思。下句「求則得之，舍則失之」之「求」字，亦不是向外求取，而是反求諸己。故省思、反求，意正相通。前節所謂「乍見」，是吾人之心在「孺子將入於井」這一種特殊的情境中，未曾受到生理欲望之裹脅，而當下直接地呈現；而此所謂「思」「求」，則是在反省自覺中擺脫了生理欲望的裹脅，所呈現的獨立自主的活動。由此可知，「乍見」時的觸發是不自覺地當體呈露，而「思」「求」則含有工夫的意義，必須通過自覺而呈現。而無論自覺地呈現或不自覺地觸發，皆是「我固有之」的先天的「本心」[13]，而四端即是本心活動的四種基本形態。由四端之心指證性體之善，正是孟子言性的進

11 孟子公孫丑上有云：「惻隱之心，仁之端也；羞惡之心，義之端也；辭讓之心，禮之端也；是非之心，智之端也。」故謂之「四端」。

12 爾雅釋名：「鑠、美也。」朱注云：「鑠、以火銷金之名，自外以至內也。」兩義皆可通。

13 「本心」一詞，見於孟子告子上篇第十章。

路。

詩四句，見詩經大雅烝民之篇。今毛詩蒸作烝，夷作彝。烝民、眾民也。「有物有則」，物、事也。則、指行事的法則或道理。相對於每件事物，都存在著一種行事的法則：如目之視須明，耳之聽須聰，事父當孝，待人當恕。目視、耳聽、事父、待人，這是「事」；而明、聰、孝、恕，便是「則」。人類的生活必須依循事理之則而行，所以說「天生烝民，有物有則」。秉、執也。彝、常也。懿、美善也。人民秉有這恆常之性，所以能夠自發內發地「好是懿德」。此所謂「好」，並不是一般嗜好之好，而是有道德判斷意義的「好善惡惡」之好。孔子說「為此詩者，其知道乎」。這位寫烝民之詩的詩人，確實具有道德的洞見，有道德的真實感。而「秉彝」二字，亦已很接近「性」之義，所以孟子特引此詩來印證他的性善說。

三、本心即性、心性是一

孟子言不忍之心、四端之心，皆是通過心善以指證性善。因為孟子言心，既不是心理學所講的感性層的心理情緒之活動，亦不是表現知慮思辨作用的知性層的認知心；而是指說德性層的德性主體，是從體上說的內在道德心，是實體性的道德的本心。它同時是心，亦同時是性。所以，內在的道德心，即是內在的道德性；說心、是主觀地講，說性、是客觀地講。因此亦可以說，心、是性的主觀義，性、是心的客觀義。主客觀統而為一，則本心即是性，心性是一，不容分而為二。

> 孟子曰：「君子所性，雖大行不加焉，雖窮居不損焉，分定故也。君子所性，仁義禮智根於心。」（盡心上21）

人之性，受之於天，其分（分、讀去聲）有定然性，既不因得位行道而增加，亦不因窮困獨居而減損。君子之所以為貴者，即是這定然而無可增損的性分；這是終身有之，不假外求的。

「仁義禮智根於心」，這句話大有意義。根、本也。性雖稟受於天，但仁義禮智的內在之本，即是心；所謂根於心、本於心，亦就是「內在於心」的意思。在孟子，心性是一而非二，所以仁義禮智之性，必然是「內在的道德性」。唯此所謂「內在」，卻並不與「超越」相對相隔——⑴從性受之於天（天所與我）而言，可以說「超越」；⑵從其根於心（我固有之）而言，可以說「內在」。心性既然是一，它便是「即內在即超越」者。

綜括而言，孟子所說的心性，實具三義：

1. 內具義（我固有之）——孟子謂：「仁義禮智，非由外鑠我也，我固有之也，弗思耳矣。」仁義禮智，內在我心，是「我固有之」的，此即心性之「內在義」。

2. 普遍義（人皆有之）——孟子謂四端之心「人皆有之」，又說人心有「同然」，「聖人先得我心之同然耳」。可見心性之善，自聖人以至於眾人莫不皆然，此即心性之「普遍義」。

3.超越義（天所與我）——孟子謂：「心之官則思，思則得之，不思則不得也。此天之所與我者。」心能省思，故能得心所同然的「理、義」。這心所同然的理義，乃是「天所與我」者。可見人之心性受之於天，天是本心善性超越的根據，此即心性之「超越義」。

據此三義，可知儒家「心性天通而為一」的義理綱維，在孟子這裡，即已明顯地開示出來。故孟子在盡心篇開宗明義便說：「盡其心者，知其性也，知其性則知天矣。」

第四節 「心、性、情、才」的意指

依孟子，不但「心」「性」是一，「情」與「才」亦實是通著心性而言。牟先生在講論朱子「性情對言預設心性情三分」之思想格局時，曾對孟子所說「心、性、情、才」四字之意義作過疏解。[14]茲先綜述其大意於後。

告子上篇載孟子之言曰：「乃若其情，則可以為善矣，乃所謂善也。若夫為不善，非才之罪也。」這裡的「情」字與「才」字，實際上即是指性而言。情、實也，猶言實情。其情，即指性體之實，或人的本性之實。「乃若其情，則可以為善」云云，意思是說，若就人的本性之實而言，則他是可以為善（行善）的，這就是我所謂性善。至於人做出不善之事，則並非本性的罪過。在這裡，本當說「非性之罪也」，孟子卻變換詞語，說「非才之罪也」。這個「才」字不只是靜態的質地義，亦含有動態的「能」義（活動義）。才，即是為善之能，亦即性體本身不容已地向善為善的「良能」。所以依孟子，「心、性、情、才」只是一事，「心、性」是實位字，「情、才」是虛位字。

性、是形式地說的實位字，心、是具體地說的實位字。性、指道德的創造的實體而言；心，指道德的具體的本心而言。「心、性」是一而非二。

「情」字是情實之情，是虛位字，它所指的實，即是心性。孟子嘗言「此豈山之性也哉」，「是豈人之情也哉」，[15]可見「性」字與「情」字可以互用。[16]「人之情」是虛說的「人之實」，此「實」即指「性」而言，而性亦即是「良心」「仁義之心」，「乃若其情」的情，亦是這種虛說的情。所以就孟子學而言，情之實，即是心性，「情」字並沒有獨立的意義，亦不可作獨立的概念看。

「才」字亦復如此。所謂「非才之罪也」，「不能盡其才者也」，「非天之降才爾殊也」，這幾個「才」字，都表示靜態的質地義與動態的能義，這是本心性體發出來的為善之

14 參見《心體與性體》第三冊第六章第一節，頁四一六至四二四。

15 二句皆見孟子告子上篇第八章。

16 裴學海《古書虛字集釋》、「乃猶若也」條下，謂「情」乃「性」之借字。俞樾《群經平議》經三十三，亦論及「性情二字，在後人言之，則區以別矣，而古人言之，則情即性也。」

能（良能）。所以，「才」字亦是虛位字（實義是指心性），在孟子學中並沒有獨立的意義，亦不能作獨立的概念看。

上所引述牟先生的疏解，實已明確而適切。茲再將孟子書中之「情」字「才」字摘錄出來作一考察，以輔助牟先生之詮釋。

孟子書中一共出現四個「情」字：

1. 「夫物之不齊，物之情也。」（滕文公上4）
2. 「故聲聞過情，君子恥之。」（離婁下18）
3. 「乃若其情，則可以為善矣。」（告子上6）
4. 「人見其禽獸也，而以為未嘗有才焉者，是豈人之情也哉！」（告子上8）

在這四例之中，若一律解「情」為「實」，亦皆可通。「物之情」，意謂事物之不齊一乃是事物之實際情形。「聲聞過情」，意即名過其實。至於「乃若其情」、「是豈人之情也哉」二句之「情」字，則如牟先生所說，乃謂性體之實、或人的本性之實。二三年前，曾見岑溢成君撰一長文為牟先生之疏解證義[17]，覺得岑君之解說周延詳實，甚有見地。岑君以為，依孟子書中的用例，「情」字有解作「性」的，也有解作「實」的。而「情即性也」的解釋，又比「情、實也」的解釋更為直截了當，而且可以免除語法上的曲折。

至於「才」字在孟子書中出現的次數，要比情字多：

1.「若夫為不善，非才之罪也。」（告子上6）

2.「仁義禮智，非由外鑠我也，我固有之也，弗思耳矣。故曰求則得之，舍則失之，或相倍蓰而無算者，不能盡其才者也。」（告子上6）

3.「富歲子弟多賴，凶歲子弟多暴，非天之降才爾殊也，其所以陷溺其心者然也。」（告子上7）

4.「雖存乎人者，豈無仁義之心哉？其所以放其良心者，亦猶斧斤之於木也。……人見其禽獸也，而以為未嘗有才焉者，是豈人之情也哉！」（告子上8）

前三條之「才」字，如牟先生所說，是虛位字，實即指「性」而言。「非才之罪」，意即「非性之罪」，「才」是「性」之同義詞。「不能盡其才」，這個「才」字是承上文「仁義禮智」而說，不能盡其才意即不能盡其性，「才」字也可視為「性」之同義詞。「非天之降才爾殊也」，意謂天之降才並無不同，而據此章下文言「心之所同然」看，則此「才」字亦當視為「心性」之同義詞。至於第四條「而以為未嘗有才焉者」，亦是順上文「豈無仁義之心哉」而說，所以這個「才」字，亦仍然是「心性」之同義詞。如此疏解，不但有語義上的根據，而且亦必須解「才」字為「性」之同義詞，乃能使義理順適明暢。告子篇以外，其

17 岑溢成先生之文，刊於《鵝湖》月刊五十八、五十九兩期，文題為：孟子告子篇之「情」與「才」論釋。

他篇章出現之「才」字，岑君文中曾摘出五條如下：

5.「吾何以識其不才而舍之？」（梁惠王下7）
6.「才也養不才……才也棄不才……」（離婁下7）
7.「再命曰：尊賢育才，以彰有德。」（告子下7）
8.「得天下英才而教育之，三樂也。」（盡心上20）
9.「其為人也小有才，未聞君子之大道也。」（盡心下29）

此五章之「才」字，皆指「才能」或「資質」而言，與上引告子篇四個「才」字意指不同。而漢代以下用「才」字，大體皆屬「才能」「資質」之義，在如此情形之下，後人對於孟子在告子篇所說的「才」字，便往往難有恰當相應的了解。唯陸象山精熟孟子之義理，故曰：「且如情性心才，卻只是一般物事，言偶不同耳。」[18] 又十三經注疏中的孟子孫奭疏，雖屬偽書，義亦淺陋，但卻說了幾句中肯的話：「且情性才三者，合而言則一物耳，分而言則有三名，故曰性曰情曰才。」牟先生亦說「故在孟子，心、性、情、才，只是一事」。而岑君所作之疏解證義，則在進而確定「性情才」不只是同一物、同一事，而且同一義。

18 語見陸象山全集卷三十五、語錄。

第三章　仁義內在

第一節　仁義內在：內在的道德心性

仁與義，是人之所以異於禽獸、以及人之所以成德成聖的根據，人倫世界的萬善皆由此出，所以孟子七篇說仁義之言特多。茲先舉出其中最具本質意義的語句作一解說，以便下文之申述。

一、仁義的意指

1.「仁也者，人也。合而言之，道也。」（盡心下16）

「仁」是「人」的本性，是人之所以為人最內在的本，故曰「仁也者，人也」。反之，人而「不仁」，則「非人也」。所以必須仁心誠於中，仁行顯於外，方能成其為真正的人。「合而言之，道也」，合、是合人與仁；人是名，仁是實，人而不仁，則有人之名而無人之實。故必合人與仁，乃能成就人道。[1]仁心誠於中，是存養其本所固有的人性；仁行顯於外，則是盡其理當踐行的人道。可見人能實現仁，即是以身體道，身與道合一。就此而說「肉身成道」，亦便有了真實的意義。

2.「仁，人心也。義，人路也。」（告子上11）

所謂「人心」，是指「人皆有之」的惻隱之心、不安不忍之心。所謂「人路」，即是人所當行、人所共由的道路。人的身心活動都是為了成就其為一個真正的人，而「義」就是身心活動的軌道。易傳云：「立人之道，曰仁與義。」[2]正因為人的道德主體由仁義而顯、人的行為標準亦由仁義而立之故。中庸云：「義者，宜也。」朱注謂：「義者，心之制，事之宜也。」[3]王陽明亦說：「心得其宜謂之義。」[4]總括地說，通過心的主宰斷制，擇善而固執之，無為其所不當為，無欲其所不當欲，然後乃能「窮、不失義，達、不離道」，[5]取、不傷廉，予、不傷惠。[6]由此可知，行事之宜與不宜，必須依據心之主宰斷制而後能定。

3.「仁，人之安宅也。義，人之正路也。」（離婁上10）

身與心，皆須有個「安」處。身（血肉之身）安於高樓大廈，心（精神生命）則應安於人的本心性體。安於仁，即是「居仁」。人必須居於仁，而後能安；心安則理得，仰不愧於天，俯不怍於人。所以說「仁，人之安宅也」。義，是事之宜。應事接物皆能合宜合理，便是「由義」，由義而行，亦就是行於正大之坦途。所以說「義，人之正路也」。在此，有一義須加明辨：路之正不正，不從路本身看，而必須從行路者之存心與行事上看。合義則正，不合義則不正。由吾心之義而行，則崎嶇小道皆成坦途；否則，康莊大道亦將顛蹶傾覆，車毀人亡。

以上是就「仁義」之意義，順孟子之言而略作解說。仁之內在，人無疑義；而義之內在，則有告子等人之致疑與論辯。

---

1 按，朱注引或人之言，謂外國（高麗）本在「仁也者人也」之下，有「義也者宜也，禮也者履也，智也者知也，信也者實也」凡二十字。若如此，則所謂「合而言之」便是合「仁義禮智信」而言之。此義雖可說，然仁義禮智信合在一起，乃漢儒之說，且如此言「道」，只顯一綜合之意思，義嫌鬆泛，不如就人體現仁（合人與仁）而言道，義較真切。故程子以為孟子此處之意，即中庸所謂「率性之謂道」也。（見朱註引）

2 語見易說卦傳第二章。

3 按，「義者宜也」，語見中庸哀公問政章。朱子章句解曰：「宜者、分別事理各有所宜也。」而「義者，心之制，事之宜」，乃孟子梁惠王上首章朱子之註語。

4 傳習錄下、王陽明答歐陽崇一書。

5 孟子盡心上篇第九章。

6 參見孟子離婁下篇第二十三章。

二、仁義內在與義內義外之辯

告子曰：「仁、內也，非外也；義、外也，非內也。」孟子曰：「何以謂仁內義外也？」曰：「彼長而我長（敬）之，非有長於我也（並非我先有敬他之心），猶彼白而我白之，從其白於外也（順物外表之色而認定它是白的），故謂之外也。」（孟子）曰：「……且謂長者義乎？長之者義乎？……」（告子上4）

孟子主張「仁義內在」，告子認為「仁內義外」[7]，因而引起辯論。告子的意思，只承認仁（愛人之心）由內發，義（行事之宜）則由外鑠，而取決於對象。故曰「彼長而我長之，非有長於我也」。意思是說，因為他年長，所以我敬他，並不是我內心先存一個敬長之心。但駁斥這個論點並不困難，所以孟子說：「且謂長者義乎？長之者義乎？」長者，只是一個實然的存在，人或敬他，或不敬他，長者不過被動地接受而已。所以，長者只是一個受義（受敬）的對象。反過來，對此長者應不應當敬？如何敬？這是「長之者」（表現義、表現敬的人）所當考慮決斷之事，所以，長之者才是行義（行敬）的主體。義、發自行為者，而不是發自對象。據此可知，「義」不在作為外在對象的長者那裡，而在於表現敬（義）的長之者這裡。長者是「彼」是「外」，長之者是「此」是「內」，故「義在內而不在外」。

告子不明白行事之宜的「義」亦由「內」發，是由內心發出的一種道德判斷（心之制），以及由此道德判斷而樹立的行為準則（事之宜）；所以他只把重點放在實然的對象上，而從對象上去看義。其實，對象只是一個客觀的實然存在，認知它亦只是認知了一個對象，並無所謂義不義的問題。對這實然的存在而加以道德的判斷，以決定相應的行為準則，這才是「義」。所以，義不是「實然」的問題，而是「應然」的問題。客觀的對象本身是實然，對於實然，只能成立知識上的對錯之判斷（決定認知有無錯誤，如分辨那人是不是長者），而不能成立道德上應當的應然判斷（決定行為是否合理合宜）。因為應當不應當，不是認知對象的實然問題，而是如何求行為合理的應然問題。而「義」（心之制、事之宜）卻正是道德上的應然判斷，而這義不義的應然判斷，是從行為者之心而發出的，故「義在內、不在外」。總之，外在的實然非義，內發的應然之判斷、以及由此判斷而建立的行為準則，方是義。

> 孟季子問公都子曰：「何以謂義內也？」曰：「行吾敬，故謂之內也。」（又問）「鄉人長於伯兄一歲，則誰敬？」曰：「敬兄。」（又問）「酌則誰先？」曰：「先酌鄉人。」（孟季子曰）「所敬在此，所長在彼，（義）果在外，非在內也。」公都子不能答，以告孟子。

---

7 按，告子「仁內義外」之說，實不成義理。依告子「生之謂性」、「食色性也」、「性無善無不善」之思路，「仁內」之說亦無法證成。唯本章主旨在正面闡述孟子之「仁義內在」，故不就告子之糾結而多所辭費。有關告子言性言義之意，見下第九章第一節。

孟子曰：「敬叔父乎？敬弟乎？彼將曰，敬叔父。曰，弟為尸，則誰敬？彼將曰，敬弟。子曰，惡在其敬叔父也？（惡、讀平聲，何也。此句意謂何以剛才說敬叔父，此時卻說敬弟呢？）彼將曰，（弟）在（尸）位故也。子亦曰，（鄉人）在（賓）位故也。庸敬在兄，斯須之敬在鄉人。（庸敬、謂常時之敬。斯須之敬、謂暫時之敬。）」

季子聞之曰：「敬叔父則（如此）敬，敬弟則（如彼）敬，（敬、義）果在外，非在內也。」公都子曰：「冬日則飲湯，夏日則飲水，然則飲食（之宜）亦在外也？」（告子上5）

公都子說：「行吾敬，故謂之內也」。這話並不錯。故朱註云：「所敬之人雖在外，然知其所當敬，而行吾心之敬以敬之，則不在外也。」可見「所敬」之人（對象）雖在外，而「能敬」之心則在內——義（敬）與仁（愛）一樣，都是「能」，不是「所」。告子既然以仁為內，又安得以義為外？所以孟子說：「告子未嘗知義，以其外之也。」[8]

不過，這段引文又牽涉到行敬行義的「時宜」問題，公都子未能通透而一時語塞，經過孟子指點才開了竅。論難一方的孟季子，提出行敬隨對象而有別，故以為義在外。孟子則以「行經」與「行權」的道理予以分疏，指出敬兄是常時之敬（這是經），先酌年長於兄之鄉人則是暫時之敬（這是權）。「行敬」本是一個應然的判斷以求行為之合理者，何時當敬兄，何時當敬鄉人，何時當敬叔父，何時當敬弟，皆須由吾心主宰斷制以求其合理合宜；然則，義並不在事上，而是在於我對事物處置之合宜上，此理已甚明顯。所以當孟季子再提出辯難時，公都子立刻駁斥道：冬日天冷飲熱湯，夏日天熱則捨湯而飲涼水，所飲之物雖在外而有不同，但求飲食之「宜」而作此取捨，卻正是發自吾心的應然判斷，難道這求宜的判斷取捨亦在外麼？

此外，孟子講到心之同然時，曾說：

「心之所同然者，何也？謂理也，義也。聖人先得我心之同然耳。故理義之悅我心，猶芻豢之悅我口。」（告子上7）

理義乃人心所同悅，亦實人心所同具，故孟子謂之「同然」。陸象山「心同理同」之說即本此而言。口悅芻豢，是生理的；心悅理義，是道德的。心之本性即是義，故心之悅理義，乃是悅它「自具、自發」的理義，而不是去悅一個外在的對象。可知理義悅心，正與「仁義內在」之旨相通。

總括地說，要辨明「義內」與「義外」，必須把握三點意思：

1. 愛敬內發——愛（仁）敬（義）皆發自內心，並非由於外鑠。

---

8 孟子公孫丑上篇第二章。

2.能所之判——所敬之人在外，能敬之心在內。仁與義（愛與敬）皆是「能」，而不是「所」，故仁義內在。

3.實然與應然——實然是「是什麼」的問題，應然是「應當如何」的問題。對實然之事，只能成立知識上對錯之判斷，而不能成立道德上應當不應當之判斷。而「義」乃事理之宜，屬於道德上的應然判斷（決定行為是否合理，應事是否合宜）；故「義」不在作為行為對象的事物本身，而在於人對外在事物處置之合理合宜上。

內在的「仁義」，是人之性分所固有的，是人之「內在的道德心性」。由內在的道德心性「自發命令、自定方向」而成就的道德，方是自律道德。（故孟子曰，由仁義行，非行仁義也。）這樣的道德才是有根的。孟子發明「性善」，正提供了這個根，而「仁義內在」又為性善說提供了具體而真實的基礎。

第二節　居仁由義，由仁義行

孟子書中，有二處說到「居仁由義」。

王子墊問曰：「士何事？」孟子曰：「尚志。」曰：「何謂尚志？」曰：「仁義而已矣。殺一無罪，非仁也。非其有而取之，非義也。居惡在？仁是也；路惡在？義是

也。居仁由義，大人之事備矣。」（盡心上33）

孟子曰：「自暴者，不可與有言也；自棄者，不可與有為也。言非禮義，謂之自暴也；吾身不能居仁由義，謂之自棄也。仁、人之安宅也；義、人之正路也。曠安宅而弗居，舍正路而不由，哀哉！」（離婁上10）

士志於仁義，故不可為「非仁、非義」之事。仁，是人之安宅，所以應該居於仁；義，是人之正路，所以應該由義而行。士雖未得大人（公卿大夫）之位，但既已居心於仁，則已具備了仁義之政的「體」；由義而行，則已具備了行仁義之政的「用」。而大人之事，亦無非行仁義之政而已。由此可知，士並非無所事事，尚志（志於仁義）即是他的事。

其實，既然仁義內在，人皆有之，則「居仁由義」便是人人之事（不只是士之事）。而且，人亦理當以仁存心，由義而行，這不是外加的責任，而是人的天職、人的性分。人之稟賦不足，可以彌補，人之氣質不美，可以變化，所以人人皆應而且皆可「居仁由義」，以安頓自己的生命，開拓人生的前途。只有「自暴」之人，譏議禮義，拒而不信；「自棄」之人，排斥仁義，棄而不為。這是世間最可惋歎之事。世上如真有下愚而不可移者，恐怕就是這種「自暴自棄」的人。

但自暴自棄者仍然是人，人與禽獸畢竟不同。庸眾的生活雖然經常落在感性意欲的層次，但只要一念警策，存養這點仁義之心，它便自發內發地擴充出來，而通貫於生活行事，以成就道德價值。故孟子曰：

「舜明於庶物，察於人倫，由仁義行，非行仁義也。」（見離婁下19）

明、是明達各種事物之理；察、是辨察人倫之道，如父子有親、君臣有義之類。應事接物不能離開仁義，處人倫亦不能離開仁義。仁義，並不是一個外在的價值標準，而是內在於我心的天理（道德的律則），所以孟子特加指點，說是「由仁義行」，而並非「行仁義」。「由仁義行」，是順我先天本有的仁義天理而行，這樣作道德實踐，是自覺的、自律的、自主的、自決的，是自發命令、自定方向的。故康德名之曰「自律道德」。若是「行仁義」，便是將內在於心的仁義天理推出去，視為外在的價值標準，然後遵而行之。這樣的道德實踐，正是轉主動為被動，是被動地遵奉一個外在的道德價值之標準，而不是自主自決地踐行一個內在的生命原則。這時，便欠缺自發內發的力量，不是「依自力」而是「依他力」，而道德實踐亦將失去先天的必然性，此之謂「他律道德」。

儒家講道德，一直以自律道德為主流（只有荀子朱子是例外），而自律道德的根據，即是孟子所透顯的道德主體：內在的道德心性。孟子曾說：

「舜居深山之中，與木石居，與鹿豕遊，其所以異於野人者幾希！及其聞一善言，見一善行，若決江河，沛然莫之能禦也。」（盡心上16）

這一章正可作為「由仁義行」的例證。舜耕於歷山之時，與樹木土石同處，與麋鹿豬羊同遊，在生活行跡上與那些山野之民幾乎沒有分別。他之所以成為聖人，只是「先得人心之同然」而已。是以，聞一善言，見一善行，便即時引發心性之源，好像長江大河決了口，浩然充沛地「由仁義行」，一發而莫可遏止，終於成就了盛德大業。由此可知，性善之有根，猶如江河之有源，原泉滾滾，不舍晝夜，盈科後進，止於至善。儒家道德的理想主義之堅定貞固的信念，正是建基於此。

第二節　性命對揚

「性」與「命」，是儒家哲學的重要觀念。孟子對這二個觀念，曾有一次相對揚顯的說明。

> 孟子曰：「口之於味也，目之於色也，耳之於聲也，鼻之於臭也，四肢之於安佚也，性也，有命焉，君子不謂性也。仁之於父子也，義之於君臣也，禮之於賓主也，智之於賢者也，聖人之於天道也，命也，有性焉，君子不謂命也。」（盡心下24）

耳目口鼻四肢，都是感覺器官，而亦各有它的作用。耳有聽覺，目有視覺，口（舌）有味覺，鼻有嗅覺，四肢有觸覺。每一種感覺作用，各有所對，亦各有所好：耳好美聲，目好美色，口好美味，鼻好香氣，手足四肢好逸惡勞。這些生理欲望，都是先天的自然之性，所以孟子亦說「性也」。（告子所謂「生之謂性」，正是就此一面而言。）不過，自然之性雖生而即有，但此種性的表現，卻不能反求諸己，而必須求之於外。凡須求之於外者，當然不可必得，所以孟子又說「有命焉」。命、限制義。表示以上五者之得與不得，皆有客觀之限制。既須求之於外，而又不可必得，表示它不是我性分之所固有，亦不足以作為人之所以為人的本，因此，「君子不謂性也」：不認為自然之性是人的真性、正性。

人，除了局限於形軀生命的「自然之性」，還有超越感性欲求的「道德理性」（內在的道德性），此即仁義禮智與天道。（按，孔子以前，即已顯示「天命天道下貫而為性」的思想趨勢，後來歸結為「天命之謂性」一語。孟子亦指出道德心性乃天所與我者，故此章說性，將天道與仁義禮智合在一起說。）首先，孟子亦說這五者是「命」。因為父子應盡仁而未必能盡仁，如瞽瞍之於舜；君臣應盡義而未必能盡義，如商紂之於殷末三仁（微子、箕子、比干）；其餘如賓主未必能盡禮，賢者未必能盡智（所謂智者千慮，必有一失），而聖人之於天道，不但體道於身各有偏全之異，行道於世亦有時勢權位之限制，如孔子便不能行道於當世，故見獲麟，曰：吾道窮矣。顏淵死，曰：天喪予。凡此，皆有無可奈何的限制，所以說「命也」。然而，仁、義、禮、智、天道五者，皆是我性分中事，豈可以之為命而不復致力？故舜盡其仁（孝），殷末三仁盡其義（忠），孔子「知其不可而為之」。因為主宰在我，人人皆可反求諸己，以各盡其性分。所以說「有性焉，君子不謂命也」。[9]

孟子此章，藉「性」與「命」之對揚，以指出人的真性正性，不在自然之性一面，而在仁義禮智天道一面。自然之性為形軀生命所局限，實已落於「命」的限制網中而不能自主自足，唯有超越感性欲求而不受形軀生命約制拘限的內在道德性，才是人人性分本具的真性、正性。上章曾提及孟子言性，分別說過三句話：一是「此天所與我者」，這表示性的先天超越性；二是「我固有之」，這表示性的內在性（內具、本具）；三是「人皆有之」，這表示性的普遍性。先天超越性是說，性德（如仁義禮智）受之於天，不是後天修為而得；內在性是說，性德內具於己，不待外求；普遍性是說，性德人人一樣，無有例外。依據我們的考察，在古今中外的人性論中，只有孟子的性善說（儒家之人性論即以此為模型）最能同時涵具此三義。

平常有一種說法，以為孟子道性善，荀子主性惡，一個見到性善的一面，一個見到性惡的一面；二人各有所見，亦各有所蔽。其實，這種說法是不對的。荀子倒真是只見到自然之

---

9 按，此章前半節云：「性也，有命焉，君子不謂性也」，後半節云：「命也，有性焉，君子不謂命也」。前後三「命」字，意指相同，皆限制義之命（命限、命定、命遇、命運）。而三「性」字則義旨有別。前半節「性也」，指自然之性（氣性、氣質之性）而言；「不謂性也」之性，則指人之真性、正性（道德理性、義理之性）、亦即後半節「有性焉」之性。又，孟子嘗言：君子所性，仁義禮智根於心。又謂：君子所性，雖大行不加，窮居不損，分定故也。此所謂「有性焉，君子不謂命也」之性，正指「根於心」而分有一定、無可增損的「性分」而言。

性（生物本能、生理欲望、心理情緒）這一面，而沒有見到道德理性（仁義禮智等）一面。孟子則不同，他見到了兩面，而作了一個批判性的取舍。因為自然之性這一面，實在不足以成為人之所以為人的真性正性（這是人與一般動物所同的一面，只可名之曰動物性），唯有仁義禮智天道這一面的內在道德性才是人的真性正性（這是人所獨有而一般動物所無的一面，這才是「人」之性）。

同時須知，孟子通過批判地取舍而肯定「性善」，並不是說現實上的人都是善人君子；而是說，每一個人都有「先天本具、內在於己」的善根善性，都有「人心所同然」的本心之良、天性之善，這亦就是「人皆可以為聖賢」的根據。

第四節　第一義之性與第二義之性

自古言性有兩路：[10]

1. 順氣而言者，性為材質之性，亦可名之為氣性、才性，乃至於質性，宋儒綜括為「氣質之性」。
2. 逆氣而言者，則在「氣」上逆顯一「理」，此理與心合一，指點一心靈世界，而以心靈之理性所代表的真實創造性為性。孔子之仁，孟子之心性，中庸之中與誠，皆屬之，宋儒綜括為「義理之性」。

一、以氣言性：第二義的性

順氣而言性，亦即「以氣言性」，這是人性論中的一大流，凡是順自然生命的種種內容、特質而看人性，都屬於這一系。西方人性論的主流，無論哲學宗教，大體都是這一路。在中國，順告子「生之謂性」下來的種種說法，亦可歸為這一路。

以氣言性，可以上溯，亦可以下委。

1. 上溯於性之根源，是為「元一之氣」，簡稱「元氣」，或直接稱之曰「氣」。
2. 氣下委於個體，則為「成個體」之性。個體稟氣有不同，故以氣為性乃有分化之差異：

(1)由氣稟之強弱，說「壽夭」；
(2)由氣稟之厚薄，說「貧富」；
(3)由氣稟之清濁，說「貴賤」，進而再說「智愚」、「才不才」。

然則，「善惡」之問題在何處說？曰：亦在氣稟之清濁、厚薄上說。但在「氣」上說善惡，實在只表示善惡之傾向，而並無「方向」（定向）之義。順氣之清明穩厚可以傾向於善，順氣之混濁浮薄亦可傾向於惡，這種傾向是偶然的，並沒有必然性。在告子上篇，公都子曾舉出三種對人性的說法：

10 言性兩路之說，請參牟宗三先生《才性與玄理》（臺北、臺灣學生書局）第一章第一節。

1. 告子曰：性無善無不善也。
2. 或曰：性可以為善，可以為不善。
3. 或曰：有性善，有性不善。

這表示在孟子之時，至少有這三種人性說。後來荀子又講「性惡」，下及漢儒，亦皆以氣言性，而有種種說法。其實，凡以氣言性者，皆可以概括於告子「生之謂性」一路，皆是順自然生命的種種內容、特質而看人性。既然由氣之實然偶然而言性，則⑴說「有善有惡」、可，說「無善無惡」、亦可；⑵說「善惡相混」、可，說「善惡分化」、亦可；⑶說「善惡兩傾」、可，說「性分三品」、亦可；⑷說「心善性惡」、「性善情惡」……亦無所不可。但皆只是「可」而已，只是落在氣的「實然複雜性」「偶然無定性」之下的、種種不同之說法而已。當人發現這些說法「皆無定準、皆無必然」之時，便可以翻上一步，在「氣」上逆顯一「理」而以理言性，亦即由第二義的性升進到第一義的性。

二、以理言性：第一義的性

儒家主流，皆「以理言性」。以理言性，亦不是抹煞氣性一面，而是自覺地超越氣性，在「氣」上逆顯一「理」以開發生活的原理，開闢生命的道路。因為氣性中的善之傾向，不是定然的善，不能保證我們成就善的價值。所以必須建立一個道德實踐所以可能的根據，使我們的道德實踐成為必然地可能，使人可以在自覺實踐中完成道德價值。因此，我們不能停在「以氣言性」這個層面上，而必須升進到「以理言性」的層面上來立根據。

以理言性，這個「性」必然是超越的性，是「天之所命、天所與我」者，是天道天命流行貫注到我們個體生命之中而即成為我們的性。既已下貫於我的生命之中，即表示已內在於我的生命，因而以理言性，亦必然是內在的道德性，是「我固有之，人皆有之」的。

儒家人性論的正宗主流，自孔子孟子中庸易傳下及宋明儒，皆是以理言性。必須是這樣的義理之性，才是第一義的性，才可以建立道德實踐所以可能的根據。同時，從義理之性說善，亦是先天定然的善，而不只是傾向於善。先天定然的善，含著道德的「應當」；既應當，必為之，所以它又是自覺自發、自決自定的創造性的善。呈現此心性本體之善，而自主自律地表現道德行為之「純亦不已」[11]，便是儒家最為本質的德性工夫。

11　中庸二十六章：「詩云：維天之命，於穆不已。蓋曰天之所以為天也。於乎不顯，文王之德之純。蓋曰文王之所以為文也，純亦不已。」此言人德與天命同其「不已」。就超越面的天道天命而言，說「於穆不已」；就內在面的心性之德而言，說「純亦不已」。

第四章　盡心知性以知天

中國人性論演進發展的歷史線索，可以分為三步來看：

第一步，是詩書中人格神意義的天，轉化而為形上實體的天命天道。

第二步，是孔子以前三段文獻所顯示的天命下貫而為性的思想趨勢[1]，此可視為天道性命相貫通的初機。

第三步，是孔子言「仁」，為儒家之教尤其是心性之學，奠定了永固的根基和不變的方向。

由此可知，中國文化中的人性論，實以孔子為樞紐，前乎孔子的是蘊蓄預備，後乎孔子的是承續發展。就儒家而言，孔子是開山，後來的儒者皆是繼述引申。而就心性之學義理架構的建立而言，孟子的地位特為重要。陸象山有幾句話說得極好，他說：

1 請參看本書孔子之部第六章第一節。

「夫子以仁發明斯道，其言渾無罅縫。孟子十字打開，更無隱遁。蓋時不同也。」[2]

孔子言仁，是指點心，亦是指點道。心是全幅的心，道是整全的道，渾融圓滿，無有罅縫。故孔子之言，是「非分解的」。用佛教詞語來說，孔子不用「分別說」，而是取「非分別說」的方式。孔子所講的仁道，當然是貫古今、通內外、合天人的，但孔子說話圓渾，義理的間架未曾開列出來。而立教不能沒有義理架構，孟子就是為孔子的仁教而展示其義理的架構。「十」字的寫法是縱橫兩筆，縱橫撐開即成架構，故象山說是「十字打開」。孟子順孔子之「仁」開為四端而說仁義禮智，又講仁民愛物，講仁政王道，進而更講盡心知性知天，講萬物皆備於我、反身而誠，講過化存神、上下與天地同流。孟子所開顯的義理綱維，正是順承孔子之仁而完成的心性之學的義理模型。茲列一圖式略示大意。

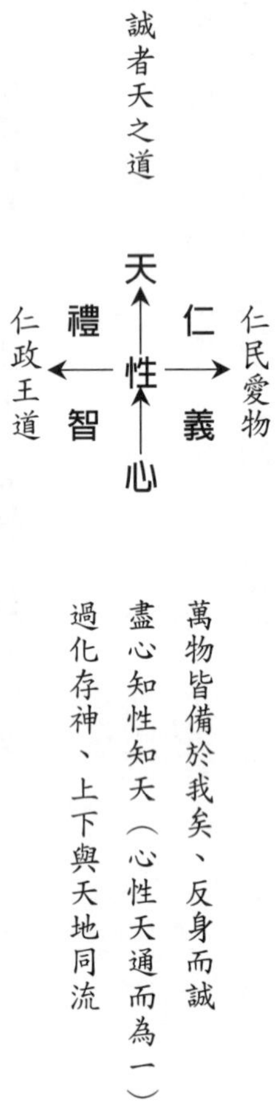

第一節　心性天通而為一

孟子盡心篇開宗明義即曰：

「盡其心者，知其性也；知其性，則知天矣。存其心，養其性，所以事天也。殀壽不貳，修身以俟之，所以立命也。」（盡心上1）

一、盡心知性以知天

盡，謂充盡，亦即擴充之極的意思。孟子即心言性，以心善言性善，心與性的內容意義，完全相同。內在的道德心即是內在的道德性。能充盡四端之心，即可證知仁義禮智之性，所以說「盡其心者，知其性也」。

人之性受之於天（天所與我），通過天所命於人的性而返本溯源，即可以知天（知天道之生生不息、天命之流行不已）。天道天命深邃玄奧而不可測，所以知天之知，不是測度之知，而是一種實踐的證知。是故，孔子必踐仁以知天，孟子必盡心知性以知天。孔子「五十」而後「知天命」，即表示知天命必須通過一段道德實踐的工夫，否則便進不到契知天道、與天相知的境界。

2 見陸象山全集、卷三十四、語錄，世界書局版頁二五三。

依上所述，可知盡心是知性知天的關鍵所在。不盡心，則不可能知性知天。而盡心乃是道德實踐的活動，故知性知天不是在認知活動中知，而是在實踐活動中知。充盡惻隱之心便是仁，充盡羞惡之心便是義，充盡恭敬辭讓之心便是禮，充盡是非之心便是智；可見心即是性，不能離於心而言性。盡心、知性，其義一也。盡心工夫至乎其極，而達於王陽明所謂「仁極仁，義極義，禮極禮，智極智」，便純然是天德之昭顯、天理之流行；此時，性即是天，不能外於性而言天。故說到最後，心性天必然通而為一。

「盡心知性知天」這一行，顯示人的生命之先天性，與易繫辭傳所謂「先天而天弗違」之意相當。但就人的生命之後天性而言，便不能即心即性即天，故孟子又提出「存心養性以事天」、「修身不貳以立命」二行，此便是「後天而奉天時」。

二、存心養性以事天

存心養性、朱注云：「存、謂操而不舍；養、謂順而不害。」存其心，是說操持本心之良而不捨棄；養其性，是說順其天性之善而不戕害；這樣就是承奉天命而不違、勤於事天而不懈了。事天如事親。人乃父母所生，不虧其體，不辱其親，是事父母之道。人亦天地所生，故張子西銘，以乾坤天地為大父母。[3]天賦予我良心善性，當然亦不容捨棄戕害。所以事天之道，存心養性而已。

三、修身不貳以立命

殀、謂短命；壽、謂長壽。年壽之長短，由天不由人，君子修身以俟命而已。反之，若因殀壽之事（如顏回短命而死，而盜跖享其天命），而疑貳其心（如疑天道不公而貳其心），則非「立命」之道。因為心生疑惑，則志不專一，而修身工夫必將有所怠忽。可見所謂「俟命」，並不是消極地等死（天下豈有此理），中庸謂「君子居易以俟命」[4]，孟子謂「君子行法以俟命」[5]，與此所謂「修身以俟之」，三句之重點乃在「居易」「行法」「修身」，皆是意指修養成德。人能使自己所得於天者，全受而全歸之，便是得其「正命」[6]。人能修身以得正命，亦就是所謂「立命」了。

然人之修身，常有所待，而期待之能否得償，有命存焉。雖有命存焉，人仍然不可以怨天尤人，而唯是不斷修身以成德。在此，可以了解「生之莊嚴」與「命之嚴肅」。而「命」之意義，亦不是想像猜測而可知者，而必須在人修身成德之活動中始能步步逆顯而著明。

---

3 西銘，宋儒張橫渠作。拙撰《宋明理學北宋篇》（臺北、臺灣學生書局）第四章曾詳釋全文，以表述其義理境界與踐履規模，請參看。

4 中庸第十四章。

5 孟子盡心下篇第三十三章。

6 「正命」一詞見孟子盡心上篇第二章，全文將引述於下文第三節，頁二三八。

命，是人生一大限制，人亦唯有在限制中奮鬪，乃更能顯出積極修身之意義。人在修身活動中接觸到命之限制，而能不以命限而自限，而更積極致力於修身成德，所以終能得其正命。這是「立命」又一層的意義。

孟子此章所開顯的，主要是「心性天通而為一」的義理。可見儒家「心性天是一」的圓頓之教，是由孟子而開啟其義理之門的。程明道曰：

「嘗喻（喻、一作謂）：以心知天，猶居京師往長安，但知出西門便可到長安，此猶是言作兩處。若要誠實（誠實、一本作至誠），只在京師便是到長安，更不可別求長安。只心便是天，盡之便知性、知性便知天（此句，一本作：性便是天），當處便認取，更不可外求。」7

程明道教人當下認取，不可外求。若以心知天（知一個與心相對的天），便是外求。京師長安之喻，意亦如此。北宋之京師在汴京（開封），漢唐之京師在長安。從地理位置看，是兩處；從京師的意指上看，則長安即是京師，京師即是長安，無須說作兩處。同理，從詞語上看，心與天是二名，但儒聖之學並不從灰灰蒼蒼廣大無邊的意思上看天，而是把天看作生道、生德、生生之理。天「於穆不已」，心「純亦不已」，其本質的內容意義當下通而為一，所以不視為相對之二名，亦不必說「以心知天」，而必須說「只心便是天」。至於那個與心隔而為二的天，乃是目之所接的灰灰蒼蒼的天（自然的天），並不是儒家內聖成德之教中所說的「於穆不已、天理流行」的天。程明道的說法，是圓頓一本地言之[8]，當下「即心即性即天」，心、性、天，一也。此對孟子「盡心知性知天」之意，不但無所悖違，而且是義所應有的一步引申。否則，孟子何以說「萬物皆備於我矣，反身而誠」？又何以說「君子所過者化，所存者神，上下與天地同流」？

第二節 過化存神，與天合德

過化存神，本是說的聖人功化之妙。而聖人之功化亦正是心性之德所顯現的大用。

孟子曰：「霸者之民，驩虞如也。王者之民，皞皞如也。殺之而不怨，利之而不庸，民日遷善而不知為之者。夫君子所過者化，所存者神，上下與天地同流，豈曰小補之哉！」（盡心上13）

此章前半節，說霸者之民與王者之民。驩虞、同歡娛。皞通浩。皞皞、廣大自得之貌。

7 見二程集（臺北、里仁書局新校點本）、二程遺書第二上、二先生語上、頁十五。

8 程明道圓頓一本之論，請參看牟宗三先生《心體與性體》第二冊、第一章第四節。拙撰《宋明理學北宋篇》第十章亦有簡括之敘述，併可參看。

霸者以力（利）鼓舞人民，故民歡娛而興奮；王者以德行仁，民受感化而不自知，故廣大而自得。歡娛是一時的興奮，皞皞是永恆的安適。堯時有老人擊壤而歌，曰：「日出而作，日入而息，鑿井而飲，耕田而食，帝力何有於我哉？」此即孟子所謂「皞皞如也」的氣象。「殺之而不怨」，即「以生道殺民，雖死不怨殺者」之義[9]。王者因民之所惡而除之，並非有心厲行刑殺，故民無怨。庸、功也。王者因民之所利而利之，並非有意施惠於人民，故民不知其功。王者教化人民，亦是因其本善之性而引發之、誘導之，故民雖「日遷於善」而卻不知是誰使之如此。

王者的政教，何以能夠顯示這樣的功能？此即孟子在後半節所說的過化存神。君子（聖王聖人）道德人格的光熱，足以變化人之氣質，他所經過之處，人民自然受化，故曰「所過者化」。聖者的生命，全幅是良知天理之發用流行，故其心所存主、自然神妙而不可測（莫知其所以然），故曰「所存者神」。子貢稱說孔子「立之斯立，導之斯行，綏之斯來，動之斯和」[10]，便正是這種過化存神的境界。流、運行也。「上下與天地同流」，是說聖人之生命與天地之化同運並行。蓋聖人之教，功同天地，天地化育萬物，聖人化育萬民，而其功化之妙，如春風，如時雨，此正中庸三十章所謂「大德敦化」，不只是小小補益而已。

過化存神的境界，自非常人所易幾及；但心性之德的發用流行，卻本是人倫日用，乃人人之所與知、所與能，聖人亦不過「先得我心之同然」而「由仁義行」而已。依孟子之意，心性的表現，有「性之」「反之」的差異。堯舜順本然之性安然而行，是性之；湯武反身而誠以復其性，是反之。[11]孟子說堯舜性之，是舉堯舜以示範。但性之是稱性而行，是超自覺的；而道德實踐則是自覺的，所以必須「反之」。性之者「其德如天」，乃是天縱之聖；反之者，則是自覺地要求「與天合德」。由此可知，效法堯舜不能從「性之」著力（這裡無須著力，亦著力不上），而必須通過「反之」的踐履工夫乃能有效。所以孟子必說「反身而誠」。

孟子曰：「萬物皆備於我矣，反身而誠，樂莫大焉。強恕而行，求仁莫近焉。」（盡心上4）

此章是說仁。與天地萬物為一體，渾然無物與我、內與外之分隔，這就是仁的境界。物我一體而不分，所以說「萬物皆備於我」。[12]而所謂「反身而誠」，亦即孔子所謂「為仁由

---

9 盡心上篇載孟子曰：「以佚道使民，雖勞不怨。以生道殺民，雖死不怨殺者。」

10 語見論語子張篇。

11 孟子盡心下第三十三章云：「堯舜性者也，湯武反之也。」性者、即性之者，反之、即反之者。盡心上第三十章又云：「堯舜性之也，湯武身之也。」身之、謂反身而誠，以身體道。

12 按，「萬物皆備於我」可有二義：一是一切存在之物與我同為一體而不可分。程明道識仁篇所謂「仁者渾然與物同體」，王陽明大學問所謂「大人者以天地萬物為一體」，正說此義。二是一切事物之理皆具於吾心。而此所謂事物之理，在古人實指應事接物的「當然之理、當然之則」而言。當然的理則（道德的律則）乃道德主體（本心、良心）本所含具，故「反身而誠」，不假外求。

己」、「我欲仁斯仁至矣」的意思。一念警策，反身而誠，「上下與天地同流」，則我的生命與宇宙生命通而為一（與天合德），此便是人生之「大樂」。若不能反身而誠，則我與物相對立，內與外相隔離；一個與天地萬物相隔絕的生命，便是封閉而不能感通、不能覺潤的生命，當然不能「與天合德」，因而亦無有「樂」之可言。故程明道識仁篇云：「孟子言萬物皆備於我，須反身而誠，乃為大樂。若反身未誠，則猶是二物有對，以己合彼，終未有之，又安得樂？」

強恕二句是說求仁之方。強、讀上聲。恕、是推己及人，推己及物。王船山曰：「恕、仁之牖也。」意思是說，仁通內外、通物我，而恕即是仁往外通的孔道。人如果對天下民物不能一體相關，便表示仁心已為私意隔斷，而不能通物我之情以合內外，所以必須勉強行恕，使仁心與天地萬物相感通，這就是最切近的求仁之方（使仁心呈現而發用流行）。

依於上文之說明，由盡心知性知天，而萬物皆備於我、反身而誠，再達於過化存神、上下與天地同流之境界，正顯示出孟子「心性天通而為一」的道德形上學之義理規模。孟子是從心性說上去，而中庸（亦含易傳）則是從天命天道說下來。依中庸首章「天命之謂性，率性之謂道，修道之謂教」三語看來，其思路是從宇宙論落實於心性論，再開顯價值論。而孟子則是從心性論上透存有界，而同時擴充心性以安立價值論（開道德界）。孟子的進路與中庸不同，而二者之歸趨則相一致，皆是以道德主體為中心的思想。

論者或謂孟子為「心性論中心」，中庸易傳為「宇宙論中心」，此實不諦之見。漢儒董仲舒的思想是「宇宙論中心」[13]，而中庸易傳不是。中庸易傳乃是「天道性命相貫通」的思想，它並不是「對道德價值作存有論的解釋」，而是「對存有作價值的解釋」。所以——

1. 中庸講「天道」是以「誠」來規定（誠者天之道也）；易傳講天道（乾道、易道）是以「生德」來規定（天地之大德曰生，生生之謂易）。

2. 中庸所謂「慎獨、致中和」，所謂「至誠、盡性、贊化育」，所謂「自誠明謂之性，自明誠謂之教」；以及易傳所謂「窮神知化」，所謂「窮理、盡性、以至命」，所謂「敬以直內，義以方外」；這些語句，都表示中庸易傳是「以道德主體為中心」的思想。

當然，中庸講「天命之謂性」，易傳講「一陰一陽之謂道，繼之者善也，成之者性也」；在此，亦顯示了一種從天道天命說下來的宇宙論的進路。但我們必須知道：中庸易傳這一個講法，一方面是呼應孔子以前「天命下貫而為性」的思想趨勢，一方面是順著孔孟的仁與心性而再向存有方面伸展，以透顯心性的絕對普遍性（孟子言盡心知性知天，亦已表示

---

13 按，所謂「宇宙論中心」的思想，是對價值作存有論的解釋，或者說，是把道德基於宇宙論（先建立宇宙論而後講道德）。董生之學，以天地之氣（元氣）分為陰陽，而此陰陽之氣又運行於四時，布列為五行，再伸展到人生、社會、政教、學術各方面，因而形成了「氣化宇宙論中心」之思想。董生此種思想，實已與陰陽家合流，而脫離了先秦儒家「以仁與心性為中心、以性命天道相貫通為義理骨幹」之正軌而有所歧出。

這一種意向）。經過中庸易傳這一步發展，道德界與存在界乃通而為一：講道德有其形而上之根據，而形上學依然基於道德。在此，宇宙秩序即是道德秩序，道德秩序即是宇宙秩序，所以是「性命天道相貫通」的思想。[14]

至於說孟子是「心性論中心」，話雖不錯，但孟子的心性論並非與天道不相通。（這個意思非常重要。孔孟所開啟的儒家之學，不但內以求「人之所以為人」的心性之理，以成其敦厚；還須上以通「天之所以為天」的天道天理，以成其高明。）先秦儒家由孔子孟子發展到中庸易傳，乃是一個相順的發展，仁與心性這個「主體性」亦本是與「超越客觀面」之天命天道相通的。我不能理解：孔孟之學為什麼不可以向中庸易傳的天道論發展？程伊川嘗言「聖人本天，釋氏本心」（本字、作動詞用）。其實，聖人之道，固然「本天」，同時亦「本心」，而本天即是本心，本心即是本天；心與天並非兩層對立，而是上下相通（上下與天地同流）。程明道說「只心便是天」，這才是深契孔孟義理的通透圓熟之言。下文試進而對孟子言「天、命、天道」之意，作一說明。

第三節　天、命、天道

孟子書中引述詩書之語句而有「天」字者，如「天生烝民，有物有則」，如「迨天之未陰雨」，如「天作孽，猶可違」，如「天視自我民視，天聽自我民聽」等，以及一般意義的

「天油然作雲，沛然下雨」，「天之高也，星辰之遠也」，「天無二日，民無二王」之類，皆可勿論。茲只舉其有關思想義理而又直接出於孟子之口者作一說明。

1. 「故天將降大任於是人也，必先苦其心志，勞其筋骨……」（見告子下15）
2. 「……然則舜有天下也，孰與之？曰：天與之。……昔者堯薦舜於天，而天受之……舜相堯，二十有八載，非人之所能為也，天也。……」（見萬章上5）
3. 「……行或使之，止或尼之，行止，非人所能也。吾之不遇魯侯，天也。臧氏之子，焉能使予不遇哉！」（見梁惠王下16）
4. 「……莫之為而為者，天也；莫之致而至者，命也。……」（見萬章上6）

以上各條之「天」，有的是意志天，如第一條；有的是意志天而含有天命乃至命限義者，如二三四條。儒家言天言命，其義蘊本甚豐富而深邃。有命令義之命，如「天命、性命」之命；有命定義之命，如「命限、命遇、命運」之命。而關聯於「天」而言，則命令義與命定義之命，又似乎可分而不可分。故牟先生論「以理言」之命與「以氣言」之命時，有云：落實說，是勢、是遇，是氣命；統於神、理說，則亦是天命。因而指出有第三種意義的命：「統於神理而偏於氣」而言的命。孔子所謂「道之將行、將廢，命也」，便正是對這種

14 關於易傳之思想，范良光先生新著《易傳道德的形上學》（臺北、商務版）言之甚精透，可參看。

「統於神理而偏於氣」而言的「命」（亦是天），而發出的深心之感歎。[15]

易傳有云：

「夫大人者，與天地合其德，與日月合其明，與四時合其序，與鬼神合其吉凶。先天而天弗違，後天而奉天時。天且弗違，而況於人乎，況於鬼神乎？」[16]

「合德、合明、合序、合吉凶」，以及「先天而天弗違」，是以「理」言。在此，「天」全部內在化，天是道德的天、價值的天，人的本心性體即是天，天地亦不能違背此本心性體。這時候，天與人不但相接近，而且根本是同一（同一於本心性體）。張橫渠有云：「知性知天，則陰陽鬼神皆吾分內爾。」[17]在這裡，只是承體起用，只是本體之直貫，而並無氣命之可言。但「後天而奉天時」一句，則是以「氣」言。天之氣運如此，不可違背；雖是與天合德之大人，在此亦不能不奉天時。這時候，天與人即拉遠，所以君子必重「知命」，而心生戒懼之情、起敬畏之感。孔子「知其不可而為之」，知其不可、是知命，而為之、則是盡義，這亦是「後天而奉天時」。

孔子常表露對於天的呼求感歎之情（如：莫我知也夫！知我者其天乎！天生德於予，桓魋其如予何？天何言哉！等等。）而孟子則很少這樣的表露。但上引第二條「非人之所能為也，天也」；第三條「行止，非人之所能也；吾之不遇魯侯，天也」；第四條「莫之為而為者，天也；莫之致而至者，命也」諸句，亦未嘗不透露無可奈何之感歎。蓋直就心性而言，乃是先天原則，只是「由仁義行」、「惟義所在」[18]。而一落實於氣，則所乘之勢、所遇之機，皆有後天性之限制，皆是氣運之不可測，故非人之所能為。盡心篇載孟子之言曰：

「莫非命也，順受其政。是故知命者不立乎巖牆之下。盡其道而死者，正命也。桎梏死者，非正命也。」（盡心上2）

孟子此處所說，亦兼「知命」與「盡義」二面。「莫非命也」，是知命；「順受其正」[19]、「盡道而死」，是盡義。而上文引述「盡心知性知天」、「存心養性事天」、「殀壽不貳，修身以俟，所以立命」之三義，亦即易傳「先天而天弗違」、「後天而奉天時」之二義。「盡心知性知天」，是先天義；事天立命二義則屬後天義。⑴依先天義，保持道德創造之無外，保持道德我之無限性。⑵依後天義，保持宗教情操之敬畏，保持我之個體存在之有限

15 參見牟宗三先生《心體與性體》第一冊張橫渠章第二節第八段。拙撰《宋明理學北宋篇》第六章第二節之末曾綜為三個表式，可供參證。
16 見易傳乾文言後節。
17 語見張載集（臺北、里仁書局新校點本）、正蒙、誠明篇第六、頁二十一。
18 離婁下篇第十一章載孟子曰：「大人者，言不必信，行不必果，惟義所在。」
19 按，「順受其正」之順，並非委順地接受命運的安排，而是對命運作回應時順理合道之順。請參閱楊祖漢先生〈孟子莫非命也章略解〉（文見鵝湖月刊97期）。

性。這兩義同時完成於儒家之「道德的形上學」中。

至於「天道」之觀念，在孟子書中直接用過二次：[20]

1.「是故誠者，天之道也；思誠者，人之道也。」（見離婁上12）

2.「……聖人之於天道也，命也，有性焉，君子不謂命也。」（見盡心下24）

天道，只是一個至誠無息，故曰「誠者，天之道也」。人道，亦應該至誠無息，只因人不能時時精純不二，所以要做「思誠」的工夫。思、省思義，思誠、是使不誠歸於誠。當人道充分實現而達於精誠純一，自然亦是個至誠之道，與天道一般無二。聖人體道於身與行道於世，皆有命之限制（聖人之於天道也，命也），這是從「後天而奉天時」一面看；若從「先天而天弗違」一面看，則天道即是我的性，道即性，性即道，純亦不已，稱體而行，唯是盡我性分而已。故曰「有性焉，君子不謂命也」。儒家自孔孟開始，就是盡義以知命而達於義命合一。所以，儒家之學必然是「心性天是一」，必然是「性命天道相貫通」，必然是「道德宗教通而為一」。

就儒家之教而言，其「道德的形上學」即是其「道德的神學」（此是類比地說，儒家自無須構畫一套神學）。不過，中國文化的中心點，並沒有落在「天」或「天道」本身，而是落在「天道性命相貫通」上。儒家順周初下及春秋「宗教人文化」之趨勢，而開立仁教（內聖成德之教），此乃攝宗教於人文，故不走宗教的路，不再採取一般宗教之形式，而卻極成了道德宗教通而為一的「天人合德」之教。

20 按，孟子雖只二次說到「天道」，但「上下與天地同流」之句，實亦意含天地之化與天道運行之義旨。另如「天所與我」、「天爵、良貴」諸語，亦皆顯示心性之先天義而可與天道相通。

第五章　孟子的修養論

第一節　尚志與尚友

一、尚志

前人有云：志，士之心也。故士必先立志。孔子教人「志於道」「志於仁」，孟子承之，亦教人「尚志」。

> 王子墊問曰：「士何事？」孟子曰：「尚志。」「何謂尚志？」曰：「仁義而已矣。殺一無罪，非仁也。非其有而取之，非義也。居惡在？仁是也。路惡在？義是也。居仁由義，大人之事備矣。」（盡心上33）

尚、高尚也。士，既未居公卿大夫之位，又不為農工商賈之事，唯是「高尚其志」而已。志有二義：

1. 嚮往義——志者，心之所之也。（尚書大傳語。所之，即所向也。）
2. 存主義——心所存主曰志。（王船山語）

「存主」，是心不放失，中有所主，以志帥氣，以理馭欲。「嚮往」，是志氣內充，外擴上達，希聖希賢，淑世濟民。無論從存主或嚮往說，士皆當志於仁、志於義。仁，是人的安宅，義，是人的正路。[1]因此，人應該居心於仁，由義而行。大人，指公卿大夫。公卿大夫必須行仁義之政。士雖不在位，但既居心於仁，則已具備了仁義之政的「體」，由義而行，則已具備了仁義之政的「用」，而大人之事，亦不過推行仁義之政而已。由此可知，士並非無所事事，尚志（志於仁義）即是士之所事。從心所存主方面說，是意之誠於中，是道德之自覺。從心有所向方面說，是誠於中者形於外，是仁心之發用流行。可見「尚志」並非一句空話，其中正有事在。

孟子曰：「……居天下之廣居，立天下之正位，行天下之達道。得志，與民由之，不得志，獨行其道。富貴不能淫，貧賤不能移，威武不能屈，此之謂大丈夫。」（滕文公下2）

孟子謂宋句踐曰：「……尊德樂義，則可以囂囂矣。故士窮不失義，達不離道。窮不失義，故士得己焉。達不離道，故民不失望焉。古之人，得志，澤加於民；不得志，修身見於世。窮則獨善其身，達則兼善天下。」（盡心上9）

首段「廣居」「正位」「大道」，朱注分別以「仁」「禮」「義」釋之，甚是。「得志、與民由之」，是與人民共由此道而行，亦即「兼善天下」之意。「不得志、獨行其道」，是安貧樂道，守之而弗失，亦即「獨善其身」之意。朱注云：「淫、蕩其心也，移、變其節也，屈、挫其志也。」君子達不離道，所以不因富貴而淫；窮不失義，所以不因貧賤而移；有殺身以成仁，無求生以害義，所以不因威武而屈。在人生修養上，「大丈夫」的人格，是可以永為天下型則的。孟子論「大丈夫」，實兼含「居仁、立禮、行義」，「兼善、獨善」，「不淫、不移、不屈」三節之意而言。常人單舉「不淫、不移、不屈」以為說，則義欠完備。

次段，孟子因言遊說而論及守志行志之義。囂囂，是自得無欲之貌。無論人知我與否，都能心無欲求而泰然自得。德，謂所得之善；義，謂所守之正。德與義皆是我所固有，無須求之於外。一個人如能賤爵而「尊德」，輕利而「樂義」，自然就能無欲而自得。所以士當窮困之時，不可失其所守；顯達之時，不可違離正道。能夠「窮不失義」，不因貧賤而移，便能不喪失自己的本性，此即所謂「得己」。能夠「達不離道」，不因富貴而淫，便能行道以淑世，則人民不失所望。總之，得志而顯達，則行道而加惠澤於民，這就是「兼善天下」。不得志而窮居，則修身以自見，亦不至於沒世而名不稱，這就是「獨善其身」。

1　見孟子離婁上篇第十章。

在戰國時代，一般遊士多半都是「戚戚於貧賤，汲汲於富貴」的人。所以窮則失義，達則離道，既不能獨善其身，亦不能兼善天下。孔子孟子亦皆周遊列國，卻與一般遊士不同，而其所以不同之故，以上所引各章，正提供了確切的解答。先秦儒家，是「遊仕」與「講學」雙軌併行的。而「尊德樂義」與「居仁、立禮、行義」，即是他們講學的本旨。這賦予了儒家以道德的理想主義的性格，與志通天下、德垂後世的道德信心。他們「用之則行，舍之則藏」。進則行道以兼善天下，退則守道以獨善其身。而無論在位失位，無論在居室，在道路，沒有一天不在講學論道。這又使得儒家具有高尚的志抱，通達的學問，恢弘的氣度，篤實的人品，而能陶養出天下第一流的人才。二千五百年來，儒家之學緜衍發皇，不但成為中國文化的主流，而且成為人類文化史上永不離失宗旨的學派；直到今天，儒家仍然是最具深厚潛力的思想，實非偶然。

二、尚友

孔子以「友直、友諒、友多聞」為益者三友，又說「友其士之仁者。」[2]曾子亦有「君子以文會友，以友輔仁」[3]之言，孟子更推擴其意而有尚友古人之說。

孟子謂萬章曰：「一鄉之善士，斯友一鄉之善士；一國之善士，斯友一國之善士；天下之善士，斯友天下之善士。以友天下之善士為未足，又尚論古之人。頌其詩，讀其

書，不知其人可乎？是以論其世也，是尚友也。」（萬章下8）

孟子嘗言，「友者，友其德也」。[4]君子論交，純然出於聞風而相悅，懷義以相接。人要與善士為友，就必須自己亦是善士；否則，學德不相稱，何足與人比並切磋？而所謂「一鄉之善士，一國之善士，天下之善士」，仍只是與我並世的善士，與並世的善士為友，若猶然不以為足，還可以進而上論古之人。我們誦古人之詩，讀古人之書，就必須了解古人的生平；因而又要考論他們所處的時代社會，以深入了解其為學之道與立德之方，庶幾知所取則而興起倣效。如此，便是尚友古人了。

孟子尚友的古人，即是他在七篇中所稱述的孔門師弟與古聖先賢。他們的德行志事，都是孟子所嚮慕而感奮的。這些人或窮困，或顯達，但他們的志抱，都是「窮」則獨善其身，修身見於世，「達」則兼善天下，德澤加於民。所以，孟子對於立德立功的堯、舜、禹、稷，商湯、伊尹，文、武、周公，固然崇讚不已；對於未能用世行道的人如伯夷、叔齊、柳下惠，亦備致歎賞。他稱伯夷為聖之清者，柳下惠為聖之和者，並說二人為百世之師，聞其

2 「益者三友」，見論語季氏篇第四章。「友其士之仁者」，語見論語衛靈公篇第九章。
3 見論語顏淵篇第二十四章。
4 見萬章上篇第三章。

風者，莫不興起。[5]至於孔子以及孔門諸賢如顏子、曾子、子思之徒，則尤為孟子所衷心崇仰。他說：

「自有生民以來，未有孔子也。」（公孫丑上2）

「乃所願，則學孔子也。」（同上）

「予未得為孔子徒也，予私淑諸人也。」（離婁下22）

人，永遠需要學習前人的智慧。西方學者有言：人必須站在歷史巨人的肩上方能成其偉大。這個道理是不錯的。但以歷史巨人的肩膀作為自己的墊腳石，總不免有功利霸道的意味。在中國，則說承先啟後，慧命相續，意思便顯得更淵懿而莊穆。儒家歷來重視師友之道，友道精神可以超越空間的限隔，亦可以超越時間的限隔。人不但可與眼前之人為友，亦可與千萬里之外的人為友；不但可與今人為友，亦可與古人為友。人格精神與德慧性情，是古今同在，而可以相遇於旦暮的。五倫之中亦以師友一倫最富精神意義，人能親師取友，尚友古人，就可以超越自我的限制，而宛若湧身於歷史文化之大流；此時，我們的生命便頓然有充實莊嚴之感，而可以「橫通天下之志，縱貫百世之心」，而進入一「上下古今，交光互映」的人格世界。

第二節　存養與充擴

南宋大儒胡五峯在其「知言」書中論及操存涵養的工夫，有云：「操而存之，存而養之，養而充之，以至於大，與天同矣。」這幾句話，全出孟子。操而存之，存而養之，所謂「存養」也；養而充之，以至於大，所謂「充擴」也。以下試引據孟子之文，列為「平旦之氣」、「求其放心」、「養其大體」、「擴充四端」四節，分別加以說明。

一、平旦之氣

孟子曰：「牛山之木嘗美矣；以其郊於大國也，斧斤伐之，可以為美乎？是其日夜之所息，雨露之所潤，非無萌蘗之生焉；牛羊又從而牧之，是以若彼濯濯也。人見其濯濯也，以為未嘗有材焉，此豈山之性也哉？雖存乎人者，豈無仁義之心哉？其所以放其良心者，亦猶斧斤之於木也。旦旦而伐之，可以為美乎？其日夜之所息，平旦之氣，其好惡與人相近也者幾希；則其旦晝之所為，有（又）梏亡之矣。梏之反覆，則其夜氣不足以存；夜氣不足以存，則其違禽獸不遠矣。人見其禽獸也，而以為未嘗有才焉者，是豈人之情也哉？故苟得其養，無物不長；苟失其養，無物不消。孔子曰：操則存，舍則亡；出入無時，莫知其鄉。惟心之謂與！」（告子上8）

5　參見萬章下篇第一章、盡心下篇第十五章。

牛山之上本有美盛的林木，但因位於齊國都城郊外，砍伐者眾，所以樹木漸稀，已經不成其為美了。雖因日夜之生息與雨露之潤澤，砍伐過的樹木亦有枝芽長出來，但牛羊又接著在山上牧放，剛生出的小芽又被嚼吃了，踐踏了。因此，牛山之上才一片光禿禿地，而失去了林木之美。牛山之木是如此，人的本性又何嘗不然？人人皆有本然的善心——良心、仁義之心，但人每日的所作所為，卻往往反仁義而行，而斲喪了良心，因而便失去了德性之美。這其中的關鍵在那裡呢？孟子認為是在於「平旦之氣」的存養。

平旦，是平明破曉之時。平旦之氣即是清明之氣，孟子亦稱之為夜氣。好惡，謂好善惡惡。相近，猶言相合。幾希，不多也。人經過一夜的養息，當天初明時，未與事物相接，利欲貪求之念還沒有引發出來，所以神氣清明，良心亦有所發見。但是本於平旦之氣而顯露的這點好善惡惡之心，與人之純善的本性相合之處，本來就幾希而微，而他白日的所作所為，卻將這良心之端攪亂而亡失了。到了夜裡自然又有一番養息，良心又有發端，但次日之所為，亦仍然會將此良心之端攪亂而亡失。經過一再的攪擾，到最後，連這本乎平旦清明之氣而引發的良心之端亦將不能呈露，如此，人便只剩下一個感性的生命，而離禽獸不遠了。由此可知，保存此平旦之氣（夜氣）而充養之，不要使它為外物之欲所牽引、陷溺，不但是「人禽之辨」的基本關鍵，而且亦是完成德性修養、成就德性之美的首要工夫所在。

不過，「心」是一個活體，操持而保養之則存主於內，捨棄而不加保養則亡失於外。它的出入，既沒有一定的時刻，亦無法知道它的方向位置，心就是這樣的一個活靈之物。而真正說來，心實無出入，只有隱顯；出而亡是隱沒，入而存則是顯現。孔子用「出入」二字，不過方便取譬而已。

二、求其放心

孟子曰：「仁，人心也；義，人路也。舍其路而弗由，放其心而不知求，哀哉！人有鷄犬放，則知求之，有放心而不知求。學問之道無他，求其放心而已矣。」（告子上11）

仁，不但是人之所以為人的本，亦是心之所以為心的本。所以孟子既說「仁也者，人也」[6]，此處又說：「仁，人心也。」義，是身心活動所應遵行的道路。我們應事接物由「義」而行，便能合理合宜，否則，便將脫軌失道，岔入歧途，所以說：「義，人路也。」又說：「義，人之正路也。」[7]一個人不由正路而行，必然會失足；同理，本心放失而不知求，亦無異失去人之所以為人的內在本質；這都是人生最大的悲哀。

孟子以鷄犬放喻「放心」，只是一個譬喻，其實二者是不同的。鷄犬放，必須往外找，人卻不能從外面找得一個心回來。而且，心之放亦仍然是譬喻，乃因感性欲求使心外逐而陷

6 見盡心下篇第十六章。

7 同註1。

溺，故謂之「放」耳。孟子所謂「求放心」，是教人就心之放溺而直下警覺；一念警覺，本心即時從放溺中躍起，即時從生命中呈現。而學問之事，雖然不止一端，但總要本心呈現作主，乃能志氣清明，義理明通。否則，怎能「下學而上達」？大學所謂「明明德」，程明道所謂「識仁」，陸象山所謂「復本心，先立其大」，王陽明所謂「致良知」，這些話與「求放心」一樣，都是為學的法度之言。

孟子曰：「求則得之，舍則失之，是求有益於得也；求在我者也。求之有道，得之有命，是求無益於得也；求在外者也。」（盡心上3）

為學、為道，皆有所求。但求有「求在我者」，有「求在外者」。⑴「在我者」是指吾心固有的仁義，亦即所謂「天爵」。仁義內在，天爵在我，反求諸己，即可有得；這是「求有益於得」的一面。⑵「在外者」是指富貴利達，亦即所謂「人爵」。人爵在外，非我固有，雖然求之有道（有正當之方法），但得與不得，有命存焉，並非人力所可勉強而致；這是「求無益於得」的一面。

修養之事，總須反求諸己。若是求之於外，則求之雖力，終將「無益於得」；對於這一面，不可存非分之想，亦不可作非分之求。故孔子曰：「富而可求也，雖執鞭之士，吾亦為之；如不可求，從吾所好。」[8]反過來說，求之於己，則「求有益於得」，對於這一面，自當奮力以求。故孔子又曰：「為仁由己」，「我欲仁，斯仁至矣。」[9]

總括上引二章之意，無非教人反求諸己。「求放心」是反求諸己，「求在我者」更是反求諸己。這個「求」字，不是向外的禱求、追求，而是向內的自求、反求。所以「求放心」實在只是一種「逆覺」工夫，使放溺的本心反回來覺它自己。這逆覺彷彿是一種震動——一種不安於隨物放失，不忍於隨欲陷溺，而悚然從夢中驚醒似的震動。這震動其實還是一種警覺，是本心自己的警悟，自己的覺醒。

三、養其大體

孟子曰：「人之於身也，兼所愛；兼所愛，則兼所養也；無尺寸之膚不愛焉，則無尺寸之膚不養也。所以求其善不善者，豈有他哉？於己取之而已矣。體有貴賤，有小大；無以小害大，無以賤害貴。養其小者為小人，養其大者為大人。……」（告子上14）

稱儒家之學為身心之學，或稱之為生命的學問，都很中肯。人的生命有「身」有

---

8 論語述而篇第十一章。

9 「為仁由己」，見論語顏淵篇第一章。「欲仁、仁至」，見述而篇第二十九章。

「心」，皆不可忽；但心之與身卻有大小、貴賤、主從、輕重之別，這是不可以顛倒的。依孟子，心為大體，身為小體；大體為貴，小體為賤。大小貴賤應該「兼所愛、兼所養」，但卻不可「以小害大，以賤害貴」。常人只顧養身，而忽視養心；為求「口腹之欲、衣著之美、宮室之樂」而「昧心、墮志」，便是「以小害大，以賤害貴」。一個人善養不善養，就看他對於一己之身是取大體而養，還是取小體而養；養小體者為小人，養大體者為大人。

但亦須知，孟子所謂「體有貴賤，有小大」，實無鄙薄耳目口體之意。人在「養耳目、養口體」之時，如能不忘失「養心、養志」（如富而好禮之類），則小體之養，亦正可為大體之資。不過，在魚與熊掌不可得兼的情況下，自必有所取舍；此時，便只能「舍生以取義」（舍小以取大），而不可「養小而失大」。這個道理，孟子曾反覆加以說明：

> 公都子曰：「鈞是人也，或為大人，或為小人，何也？」孟子曰：「從其大體為大人，從其小體為小人。」
>
> 曰：「鈞是人也，或從其大體，或從其小體，何也？」曰：「耳目之官不思，而蔽於物；物交物，則引之而已矣。心之官則思，思則得之，不思則不得也。此天之所與我者。先立乎其大者，則其小者不能奪也。此為大人而已矣。」（告子上15）

大體，指心而言；小體，指耳目之類。心能省思，耳目則只能視聽而不能思。人如從耳目之官走，則他所見的無非是色，所聞的無非是聲。而世間的聲色是紛然雜陳的，由此聲到彼聲，由此色到彼色，使人目不暇視，耳不暇聽，在此應接不暇的情況下，人將不能省思而完全為聲色所蒙蔽，為聲色牽引而去，這就叫做「不思而蔽於物，物交物，則引之而已矣」。（耳、目、聲、色，皆是一物，耳交於聲，目交於色，物交物則相引而肆，終將沉淪。）

反之，人若順大體之心走，則情形將整個改觀。心是能省思的，能思之則能得之。得，是得心所同然的理義。孟子曾說「心之所同然者，何也？謂理也，義也。聖人先得我心之所同然耳。」[10]當人滿心只見理義，自然不會為耳目之欲與聲色之娛所陷溺，所蒙蔽，所以說「先立其大者，則其小者不能奪也。此為大人而已矣。」大人與小人的分歧點，正在從耳目之官走或從心走這一關鍵上，這是人人可以反己體察而即知即行的。

在此，還應就孟子「養心」之意作一解說。孟子說過：

> 「養心莫善於寡欲。其為人也寡欲，雖有不存焉者寡矣；其為人也多欲，雖有存焉者寡矣。」（盡心下35）

養心之道，最好是減少嗜欲。心本是靈明悱惻的，嗜欲多而深，則將蒙蔽心的靈明，窒息心的悱惻之感。反之，嗜欲少而淺，則心的靈明常照，悱惻常存，如此，則本心時時呈現

10　告子上篇第七章

而能盡其主宰之用。因此，一個寡欲的人，雖偶而亦會為外物所誘，而有本心放失之時，但這種情形到底是很少的。若是其人多欲，則他雖有本心存而不失之時，亦只是偶能如此而已。

禮記有云：「飲食男女，人之大欲存焉。」[11]人要求滿足欲望，本亦是自然之事。只須求之而得其正，行之而適其度，又何至與天理相違逆？（譬如化男女之欲為夫婦之倫，即其顯例。）儒家講道德修養，不取矛盾之對立，而重主從之對比。「養心」與「寡欲」便是一種主從對比的關係，欲寡則心能得其養，欲多則心不能得其養。人如能分別主從，寡欲以養心，則所求於外者日以少，所存於內者日以多。求於外者少，則精力少所浪費，存於內者多，則義理日充，生機日暢；而其仁心之流行發用，亦如原泉滾滾，不舍晝夜，而沛然莫之能禦了。

四、擴充四端

孟子有云：「惻隱之心，人皆有之；羞惡之心，人皆有之；恭敬之心，人皆有之；是非之心，人皆有之。」（見告子上6）

又云：「惻隱之心，仁之端也；羞惡之心，義之端也；辭讓之心，禮之端也；是非之心，智之端也。人之有四端也，猶其有四體也……凡有四端於我者，知皆擴而充之矣。若火之始然，泉之始達。苟能充之，足以保四海，苟不充之，不足以事父母。」

（公孫丑上6）

惻隱、羞惡、恭敬（辭讓）、是非之心，是「天所與我，我固有之，人皆有之」的。端，是端緒、發端之意。惻隱之心是仁的端緒，順此發端擴而充之，即是仁。羞惡之心是義的端緒，順此發端擴而充之，即是義。其餘禮、智，亦同此解。人心有四端，正如同人身有四體（四肢），都是先天具有的。問題只在能否擴而充之。譬之水火，星星之火可以燎原，涓涓之流可達江海。四端之在我亦當下即是，隨處流露；只須擴而充之，自然沛然盛發，不但可以成己之德，且可進而成天下之務。充此四端之心以行仁政，可以保國保天下；不能擴充四端，則不仁不義，無禮無智，與禽獸何異？當然不足以事父母。

孟子曰：「人皆有所不忍，達之於其所忍，仁也；人皆有所不為，達之於其所為，義也。人能充無欲害人之心，而仁不可勝用也；人能充無穿窬之心，而義不可勝用也。人能充無受爾汝之實，無所往而不為義也。」（盡心下31）

此章亦言充擴，充者，滿心而發，充內形外之謂。穿窬，朱注解為穿穴踰牆，乃偷盜之行為。「爾汝」是人所輕賤之稱。孟子認為「害人」是人之「所不忍」，「穿窬」是人之「所不為」。我們只要將此「不忍害人」「不為偷盜」之心擴而充之，即是仁義之心的發用

11 見禮記禮運篇。

流行。人有時候因為有所貪求隱忍而甘受羞辱，但他內心必然有一種慚愧忿恨之意，此即人人皆有的羞惡之心。孟子認為，人只要充此不甘受人輕賤的羞惡之心，自然隨事隨處皆能表現「義」了。

孟子曾指出：舜在深山之中，與木石居，與鹿豕遊，其異於深山野人者幾希；及其聞一善言，見一善行，若決江河，沛然莫之能禦。[12]這表示舜平日所存養的仁義之心，終於在一個觸機之下沛然而發，如江河之水，浩浩蕩蕩，莫可阻遏。由此可知，修養的關鍵，只在「存此心，養此心，充此心，擴此心」，離開了四端之心的擴充，便沒有修養之可言。至於平常的規行矩步，閉目靜坐，讀格言，唸禱詞……不過是一些外在的夾持工夫；如果沒有道德感，沒有道德意識，則道德心靈終將桎梏委縮，而所謂修養，亦就無從說起了。

講「存養與充擴」，本應包含「養氣」在內，但知言養氣，孟子講得特別精闢，發前聖之所未發，所以另立專章講述，茲從略。

第三節　明善誠身、踐形成聖

「尚志、尚友」，是要確立人生正大的志向和超越自我的限制，以期通天下之志，貫百世之心。

「存養、充擴」，乃是達致此正大志向的學養工夫；總歸而言之，所謂存養充擴，實即

「養仁」的工夫。（而知言、養氣，則可以說是「養智、養勇」的工夫——見下第六章。）

「明善誠身、踐形成聖」，則是上述學養工夫進到反身而誠、身與理一，乃表示德性人格之完成。

> 孟子曰：「居下位而不獲於上，民不可得而治也。獲於上有道：不信於友，弗獲於上矣。信於友有道：事親弗悅，弗信於友矣。悅親有道：反身不誠，不悅於親矣。誠身有道：不明乎善，不誠於身矣。是故，誠者，天之道也；思誠者，人之道也。至誠而不動者，未之有也；不誠，未有能動者也。」（離婁上12）

此章前半由「獲上、信友、悅親」說到「明善、誠身」。獲於上，謂得到居上位者的信任。各句「有道」之道字，作方法解。這幾句分別說明：⑴要做好治民的工作，必先得到上級的信任；⑵要得到上級信任，必須先能取信於朋友；⑶要取信於朋友，必須先能行孝以獲得親心喜悅；⑷要得到親心喜悅，必先反己修身、誠實無偽；⑸要做到誠身，必先明善。明善，是彰明本善的心性，亦即大學所謂明明德，王陽明所謂致良知。孟子這樣一路說下來，中心的意思是落在「明善誠身」上。

12　見盡心上篇第十六章。

後半言「誠者天之道，思誠者人之道」，與中庸所云「誠者天之道，誠之者人之道」[13]意同。誠者，毋自欺也。誠，只是個真實無妄。中庸嘗言「天地之道，可一言而盡也。其為物不貳，則其生物不測。」[14]天地之生化萬物，是大生廣生而莫知其所以然的，是神妙而不可測度的。故天道只是個「至誠無息」（亦中庸語）。聖人不勉而中，不思而得，從容中道，亦是個至誠無息，所以聖人之德如天。但聖人是完成了的人，一般人雖亦有成為聖賢的本性，但在希聖希賢的過程中，人並不能時時精純不二，至誠無息。所以必須反己體察，做道德實踐的工夫，此即孟子所謂「思誠」。思、省思義。思誠，是反躬自省，使不誠歸於誠，這就是「人之道」。人能選擇善道而堅固地執持之，信守之，踐行之，則身有其誠矣。誠於中則形於外，自能與人（物）交感相通。上文所謂獲上、信友、悅親，都是至誠感人的徵驗。如果不誠，當然不能感動人。語云：一誠天下無餘事。所以「誠」不但是修身之本，亦是治民之本。

誠身的工夫，必須反求諸己，這是向裡的工夫。但向裡的工夫，只是不逐外，卻不是要與外物相隔絕也。是故，孟子曰：「萬物皆備於我矣，反身而誠，樂莫大焉。」[15]同時須知，「誠身」的工夫，亦即是「盡性」的工夫。中庸言至誠則盡性，盡己之性，盡人之性，盡物之性，而至於參贊化育，與孟子所謂「君子所過者化，所存者神，上下與天地同流」，義正相通。[16]有人說，孟子只言「盡心」，不言「盡性」。這種說法，只是字面上的考校。在孟子，本心即是性，盡心盡性，其義一也。而且，孟子所謂「踐形」，亦正是「盡性」另一種方式的表示。

孟子曰：「形色，天性也。惟聖人然後可以踐形。」（盡心上38）

形色，謂形體容色，指形軀生命而言。形色稟受於天，乃天之所生，所以亦謂之「天性」（性字有生義）。但人的形色不同於禽獸，故天性亦有不同。有人的形色而不能盡人之性，便算不得真人，以其未能踐形之故。孟子所謂「踐形」，可有二層意思：

1.是把人之所以為人的仁義之性，具體而充分地實現於形色動靜之間。所以踐形實即盡性。據此而言，「視、聽、言、動」合乎禮，是踐形；程明道說曾子臨終易簀，「心是理，理是心，聲為律，身為度」[17]，亦是踐形。孟子所謂「仁義禮智根於心，其生色也，睟然見於面，盎於背，施於四體」[18]，亦同樣是踐形。

---

13 中庸第十九章後節。

14 同上第二十六章。

15 見盡心上篇第四章。

16 中庸之言，見第二十一章。孟子之言，見盡心上篇第十三章。

17 程明道語，見二程遺書第十三。曾子易簀，事見禮記檀弓上。拙著《孔門弟子志行考述》（臺北、臺灣學生書局出版）曾子章末段有引述，請參看。

18 盡心上篇第二十一章。

2.是把五官百體所潛存的功能作用，徹底發揮出來，以期在客觀實踐上有所建樹。所以，「立德、立功、立言」，皆可謂之踐形。

然則，孟子何以說「惟聖人可以踐形」？這可以關聯孔子所謂「唯仁者能好人能惡人」來了解。好人、惡人（好、惡，皆讀去聲），人皆能之，何以孔子說「唯仁者」能之？首先必須了解，孔子的話是就實踐的極則而言，並不是從生活行為的層面上否認「仁者」以外的人能好人能惡人也。因為常人往往「愛之欲其生，惡之欲其死」，其好惡只是加意作意的偏好偏惡；只有仁者好善惡惡，能好其所當好、惡其所當惡，好惡皆得其正。所以說「唯仁者能好人能惡人。」同理，「踐形」工夫，雖亦人人皆能，但眾人只是「暗合於道」，賢人雖能踐之而有所未盡，惟有聖人「隨心所欲不踰矩」，才是踐形的極致。明儒羅近溪曰：「抬頭舉目，渾全只是知體著見；啟口容聲，纖悉盡是知體發揮。」（知體，謂良知本體。）近溪之言，亦正是說這「踐形之極，天理流行」的聖人境界。

第六章 知言與養氣

孟子公孫丑上篇「知言養氣」一章，是討論孟子修養論的另一個重點。該章原文的順序，是從不動心說到養氣、知言。而依據我們的了解，孟子四十不動心，乃是通過他知言養氣的工夫而達致的。故本章先論知言，次論養氣，最後再說不動心。為便於下文之討論，茲先將該章原文抄錄於此：[1]

> 公孫丑問曰：「夫子加齊之卿相，得行道焉，雖由此霸王不異矣。如此，則動心否乎？」
>
> 孟子曰：「否，我四十不動心。」
>
> 曰：「若是，則夫子過孟賁遠矣！」
>
> 曰：「是不難，告子先我不動心。」
>
> 曰：「不動心有道乎？」

---

1 按，此章原文，拙撰《孟子要義》（臺北、臺灣書店印行）修養篇中有完整之疏解，可參看。

曰：「有。北宮黝之養勇也，不膚撓，不目逃；思以一毫挫於人，若撻之於市朝。不受於褐寬博，亦不受於萬乘之君；視刺萬乘之君，若刺褐夫。無嚴諸侯，惡聲至，必反之。孟施舍之養勇也，曰：『視不勝猶勝也。量敵而後進，慮勝而後會，是畏三軍者也。舍豈能為必勝哉？能無懼而已矣。』孟施舍似曾子，北宮黝似子夏。夫二子之勇，未知其孰賢，然而孟施舍守約（氣）也。昔者曾子謂子襄曰：『子好勇乎？吾嘗聞大勇於夫子矣：自反而不縮，雖褐寬博，吾不惴焉？自反而縮，雖千萬人，吾往矣！』孟施舍之守氣，又不如曾子之守約也。」

曰：「敢問夫子之不動心，與告子之不動心，可得聞與？」

「告子曰：『不得於言，勿求於心；不得於心，勿求於氣。』不得於心，勿求於氣，可；不得於言，勿求於心，不可。夫志，氣之帥也；氣，體之充也。夫志至焉，氣次焉。故曰，持其志，無暴其氣。」

「既曰志至焉、氣次焉，又曰持其志、無暴其氣，何也？」

曰：「志壹則動氣，氣壹則動志也。今夫蹶者、趨者，是氣也，而反動其心。」

「敢問夫子惡乎長？」

曰：「我知言，我善養吾浩然之氣。」

「敢問何謂浩然之氣？」

曰：「難言也。其為氣也，至大至剛，以直養而無害，則塞於天地之間。其為氣也，配義與道；無是，餒也。是集義所生者，非義襲而取之也。行有不慊於心，則餒矣。我故曰告子未嘗知義，以其外之也。必有事焉而勿正，心勿忘，勿助長也。無若宋人然：宋人有閔其苗之不長而揠之者，芒芒然歸，謂其人曰：『今日病矣！予助苗長矣！』其子趨往視之，苗則槁矣！天下之不助苗長者寡矣。以為無益而舍之者，不耘苗者也。助之長者，揠苗者也；非徒無益，而又害之。」

「何謂知言？」

曰：「詖辭知其所蔽，淫辭知其所陷，邪辭知其所離，遁辭知其所窮。生於其心，害於其政；發於其政，害於其事。聖人復起，必從吾言矣。」

「宰我、子貢，善為說辭。冉牛、閔子、顏淵，善言德行。孔子兼之，曰：『我於辭命，則不能也。』然則夫子既聖矣乎？」

曰：「惡！是何言也？昔者子貢問於孔子曰：『夫子聖矣乎？』孔子曰：『聖則吾不能，我學不厭，而教不倦也。』子貢曰：『學不厭，智也；教不倦，仁也。仁且智，夫子既聖矣。』夫聖，孔子不居，是何言也？」

「昔者竊聞之：子夏、子游、子張，皆有聖人之一體；冉牛、閔子、顏淵，則具體而微。敢問所安？」

曰：「姑舍是。」

曰：「伯夷、伊尹何如？」

曰：「不同道。非其君不事，非其民不使，治則進，亂則退，伯夷也。何事非君？何使非民？治亦進，亂亦進，伊尹也。可以仕則仕，可以止則止，可以久則久，可以速則速，孔子也。皆古聖人也，吾未能有行焉。乃所願，則學孔子也。」

「伯夷、伊尹於孔子，若是班乎？」

曰：「否。自有生民以來，未有孔子也。」

曰：「然則有同與？」

曰：「有。得百里之地而君之，皆能以朝諸侯，有天下；行一不義，殺一不辜，而得天下，皆不為也。是則同。」

曰：「敢問其所以異？」

曰：「宰我、子貢、有若，智足以知聖人，汙不至阿其所好。宰我曰：『以予觀於夫子，賢於堯舜遠矣。』子貢曰：『見其禮而知其政，聞其樂而知其德，由百世之後，等百世之王，莫之能違也。自生民以來，未有夫子也。』有若曰：『豈惟民哉！麒麟之於走獸，鳳凰之於飛鳥，泰山之於丘垤，河海之於行潦，類也。聖人之於民，亦類也。出於其類，拔乎其萃，自生民以來，未有盛於孔子也。』」（公孫丑上2）

第一節　知言：言由心發，以心知言

告子有云：「不得於言，勿求於心；不得於心，勿求於氣。」孟子認為後二句「不得於心，勿求於氣」，尚猶可說；因為心於理有所不達，則理不得，心亦不安；此時求助於氣，亦是枉然。（譬如強詞奪理者，便是不得於心而求助於氣，但他終不能理得心安。）至於前二句「不得於言，勿求於心」，則孟子以為「不可」。告子的意思，蓋以言無涯涘，豈能盡得其故，所以雖於言有所不達，亦不必反求於心去了解它，以免擾亂了吾心的虛靜。然而，不達於言，便是不達於理；理不得，又怎能強使心安？告子硬把捉一個心，強制使它不動，結果是「心與言不相干，心與氣不相貫」（朱子語）。這是取消問題，不是解決問題。須知異端邪說，生於其心，害於其政，乃是嚴重之事，豈可任其貽害世道人心，而不反求於心以了解其所以然之故？

一切言語，皆是隨順心之所思所想而說出來。言既由心發，自必以心知言。孟子的「知言」，正對告子「不得於言，勿求於心」而發。知言的言，自是言辭之意。言辭是詮表思想、表達觀念的。而思想觀念乃是一個人行為的主宰。行為上的過失，雖然有時候只是偶然的疏忽，或者由於情緒的衝動所造成；但凡是在主觀上足以形成蔽害陷溺，在客觀上足以造成災害禍患的行為，總是有它思想觀念上的根據。要想解除人心的蔽塞，阻遏災害的泛濫，就應該了解形成蔽塞和造成災害的根由，這就是「知言」的工夫。

總括地說，所謂「知言」，即是對言論思想的「是非、善惡、誠偽、得失」之精察明辨。孟子答公孫丑問「何謂知言」，曰：

「詖辭知其所蔽，淫辭知其所陷，邪辭知其所離，遁辭知其所窮。」

第一句，詖是偏陂，蔽是障蔽。詖辭，即是偏於一曲而不見全體的言論，荀子解蔽篇所謂「蔽於一曲而闇於大理」者是也。第二句，淫是放蕩，陷是陷溺。所謂淫辭，如群居終日，言不及義，以及一切誨淫誨盜的言語文字，都是這一類。這種放縱蕩肆之言，不但使自己陷溺其心，亦誘他人陷溺其心。第三句，邪是邪僻，離是背叛。邪僻的言論必是離經叛道的。凡是言偽而辯，似是而非，訐以為直，以及一切惑世亂民的言論，都是邪辭。第四句，遁是逃避，窮是困窘。人之所言假如妄而不實，一經究詰便將理屈辭窮。諸如文過飾非，閃爍逃避，顧左右而言他的話，都是遁辭。總之，詖辭之「蔽」，淫辭之「陷」，邪辭之「離」，遁辭之「窮」，都是由於不合理的言論思想而形成的弊病。語云「言為心聲」。言有病，正表示心有病。詖、淫、邪、遁，是言之病；蔽、陷、離、窮，則是心之病。孟子列此四者，不過舉其大端而言之耳。

言由心發，由其言可以觀其心，故知言實即知心，知心亦即知人。孟子書中記載很多「知人論世」的話：

1. 告子以為仁義乃矯揉人性而成，人性中並無仁義。故孟子斥之曰：「率天下之人而禍仁義者，必子之言矣。」[2]

2. 依許行之道，物之大小長短輕重同則價同，他只計數量而不顧品質。故孟子曰：

「從許子之道，是相率而為偽者也。」[3]

3.孟子謂宋牼以利說諸侯，將使「君臣父子兄弟終去仁義，懷利以相接；然而不亡者，未之有也。」[4]

4.孟子謂張儀、公孫衍：「以順為正，妾婦之道也。」[5]

5.孟子謂：「楊氏為我，是無君也；墨氏兼愛，是無父也。」[6]

6.孟子稱；「伯夷，聖之清者也；伊尹，聖之任者也；柳下惠，聖之和者也；孔子，聖之時者也，孔子之謂集大成。」[7]

凡此等等，都是孟子「知言」的實例。孟子認為「邪說誣民，充塞仁義，仁義充塞，則率獸食人，人將相食。」[8]他看出思想言論的紛歧邪亂，業已造成「觀念的災害」，所以便挺身而出，發其隱蔽，明其誠偽，正其得失；他要「正人心，息邪說，距（拒）詖行，放淫

---

2 告子上篇第一章。
3 滕文公上篇第四章。
4 告子下篇第四章。
5 滕文公下篇第二章。
6 同上第九章。
7 萬章下篇第一章。
8 滕文公下篇第九章。

辭」，以繼承三聖（大禹、周公、孔子）的志業。[9]由此可知，孟子的知言，除了闢異端，息邪說，嚴辨人禽、義利、王霸、夷夏之外，是更有他積極面的端正人心之趨向，以弘揚聖人之道與平治天下之使命感的。

第二節 養氣：氣由心持，以心養氣

「知言」，是遮撥邪說，詮表正道。「養氣」，則是涵養道德的勇氣，樹立中心的自信，以期任天下之重而無所疑懼——此即孟子所謂「不動心」。而養氣之道，在於「自反、持志、直養、集義」。此四者實相因相成，但為說明方便，仍分別簡述如下：

一、自反

「自反而縮」，「反身而誠」，乃是培養浩然之氣的樞機。自反而縮（縮、直也）表示行事無所愧怍，故能理直氣壯而無所餒。反身而誠，則無隱曲，無偏蔽，無疑懼；如此，自能成就人格的「直、方、大」。[10]平常我們承擔一個責任，雖然亦往往有一種自信，而彷彿無所疑懼，但一到生死成敗的緊要關頭，原先的自信便動搖起來，而有所疑、有所懼了。究其原因，只為當初所發的，實只是血氣與意氣（男兒重意氣的意氣），只是「氣魄承當」。在此，並沒有通過理性良知之反省自覺，不是「自反而縮，雖千萬人吾往矣」的義理之勇

（大勇）。唯有通過「自反」的工夫，反身以循理，始能生發真實的信念與舍我其誰的氣慨，此之謂「以理生氣」。這樣的「氣」，纔能浩然。

二、持志

孟子認為「志，氣之帥也；氣，體之充也。夫志至焉，氣次焉。故曰持其志，無暴其氣。」「志」，是心之所向，亦是心所存主。志即是心，心可以約束氣，引導氣，所以志為氣之帥（主宰）。此所謂「氣」，簡單地說，是意指我們的生命力（氣是力量，不是實體）。視、聽、言、動，都是氣的作用，氣充滿於我們形體的每一個地方，所以說「氣，體之充也」。志既然是氣之帥，氣就應該隨著志走。志之所向，生命力必隨而從之，就像士卒隨從將帥而用命一樣。所以說「志至焉，氣次焉。」（次、舍也、止也。）但生命本身常是盲動的，當氣失其平，生命力便將橫肆泛濫，所以持志的工夫，除了積極面的「持其志」，消極面還要「無暴其氣」（不可使氣乖舛紛馳，橫肆泛濫）。氣，好比是水，「水能載舟，亦能覆舟」。人如果橫肆濫用其生命力（暴其氣），亦會像水之無防，舟之無舵；終將隨暴雨而成災，隨狂濤而覆沒。反之，能持守其志，則有所主於中；能無暴其氣，則無所放縱於

9 同上。

10 語見周易坤卦文言。

外。中有所主則氣愈充，外無所放縱則志愈固。以志帥氣，內外交養氣便浩然充塞了。

三、直養

何謂「浩然之氣」？連孟子自己亦覺得「難言也」，所以分為二句來說。首先他說：「其為氣也，至大至剛，以直養而無害，則塞於天地之間。「大而無限量謂之至大，剛而不可屈撓謂之至剛。依趙注，直養而無害，是「養之以義，而不以邪事干害之」。人能本著「天所與我」的仁義之性，以率性修道，內充外擴，而不以人為桎梏加以干擾，不以私意欲念加以妨害，則道德的勇氣必能日臻浩然剛大，而充塞於天地之間。

四、集義

孟子又說：「其為氣也，配義與道，無是，餒也。是集義所生者，非義襲而取之也。」義，是我們性分中所固有的。道，即率性之謂（中庸云：率性之謂道）。由心所發的浩然之氣，其全幅內容都是「配義與道」的，失去義與道，氣便餒乏不振，無法達到浩然。而浩然之氣之所以存有，則是「集義」所生者。所謂集義，是隨時表現內心本有之義，以行其所當為之事。所以人的每一步生活，隨著內在的道德性（仁義禮智之性）走一次，便是集義一次。「集義所生」，是說浩然之氣，乃是在「隨時表現內心之義」中，自然生發而出。所以

1. 縱貫地說，集義是不間斷的，並非偶一為之。故孟子曰「心勿忘」，又曰「必有事焉」。這裡所謂必有事的事，即指「集義」而言。

2. 內在地說，集義是表現內心本有之義，並非向外襲取而來。故孟子曰「勿助長」。若助長，便是「義襲而取」，是「義外」。

總之，「集義」工夫是內發的，而非外鑠的。我們千萬不可把集義的「集」字，看做外在的積集。外在的積集是無根的，有間斷的。無根便是「義外」，是「行仁義」，而不是「由仁義行」。[11] 有間斷便是「忘」，而不是「必有事焉」。像這樣隔斷心性之源，而又「一曝十寒」，如何能算是「集義」？當然無法把氣養得浩然充塞。

在上一節，我們曾經指出孟子講知言，是對應告子「不得於言，勿求於心」而發。而孟子之養氣，則是對應告子「不得於心，勿求於氣」而發。孟子對告子前二句「不得於言，勿求於心」的說法，不予認可。因為理有未得，就應該反求於心。豈可既失之於外（不得於言），又遺於內（勿求於心）？而且「心之官則思」，「思則得之」，「求則得之」，豈有置之而不思不求之理？孟子之重視「知言」工夫，正是要「求於心」以「得於言」。

至於後二句「不得於心，勿求於氣」，雖經孟子判為「可」，但亦只是從「無暴其氣」

---

11 按，「行仁義」是把仁義推出去、視為外在之價值標準，然後遵而行之。「由仁義行」是順由我內在本有的仁義之心而行。二句見離婁上篇第十九章。

的意思上，認為告子這二句話可以消極地無病而已。所以朱注云：「可者，亦僅可而未盡之辭耳」。說其可，是因為在「理不得、心不安」之時，若徒然求助於氣則「氣壹則動志」，內心將益發不得安寧。但理終須得，心終須安，而心與氣亦不能任其相隔而不相貫。氣是力量而不能自主，它必須如士卒之聽命於將帥，而為志（心）所使用。因此，孟子乃有「以志帥氣」之論。如上所述，通過「自反、持志、直養、集義」的工夫，就可以培養出剛大浩然之氣。此即本節標題所謂「氣由心持，以心養氣」。氣由心持養，服從心之領導，即可以發出正面的作用，以成就事物，創造價值。

若依告子所說，則將是「是非不問，治亂不聞」；說他高，似乎是太上忘情；說他低，則不過是麻木不仁而已。因為強制其心則心將死，壓抑其氣則血亦涼。如此，則人間那還有道德仁義之實踐？那還有人文價值之創造？何況「心」本是個悱惻明覺，豈能強制得了？「氣」本是個運而無積的生生之動勢[12]，又豈能壓抑得住？由此可知，只有遵依孟子「養氣」之論，乃能使充滿於吾人之身的氣，循志為用而盛大流行。這是孟子所開闢的道德實踐之一大途徑。在舉世人類最缺乏道德勇氣的今日，「以志帥氣」，「以理生氣」的道理，尤其有它極其警策的意義。

第三節　從知言養氣到不動心

公孫丑問：「夫子加齊之卿相，得行道焉，雖由此霸王不異（不足怪異）矣。如此，則動心否乎？」孟子答曰：「否，我四十不動心。」

所謂「不動心」，即是心不搖惑、無所疑懼之意。孟子「四十不動心」，與孔子「四十而不惑」，在道德修養的進境上是一樣的。一個人面對重責大任，而能心不搖惑，無所疑懼，這當然是一種大勇。所以公孫丑認為不動心的孟子，遠過於古時的勇士。勇士必能養其勇；然後乃能臨危不避，臨敵不懼。但各人養勇之道並不盡同。依孟子之說——

1. 北宮黝之養勇，是以牙還牙，以眼還眼，「視刺萬乘之君，若刺褐夫」。這是凌物以輕之，以養其必勝之志而達致的「勇凌於物之不動心」。

2. 孟施舍則抱持一無懼之心，唯力是用，故曰「豈能為必勝哉，能無懼而已矣」。這是信勇之在己，以養其無懼之情而達致的「恃己無懼之不動心」。

孟子雖說「夫二子之勇，未知其孰賢」，但孟施舍之恃己守氣，比北宮黝之強凌於物，實在更得養勇之要。

但勇士恃己無懼之不動心，仍然是氣的作用，而不是發自義理的不動心。所以「孟施舍之守氣，又不如曾子之守約也」。所謂守約，即「反身循理以守義理之要」的意思。曾子說他嘗聞大勇於孔子：「自反而不縮，雖褐寬博，吾不惴焉？自反而縮，雖千萬人，吾往

---

12 熊十力先生嘗言：氣是生生之動勢，是運而無積的。

矣！」縮，直也。惴，恐懼也。縮不縮，以理言；惴與往，以氣言。理直則氣壯，理不直則中心愧怍而氣先沮喪。而勇之所以為大，正因為它根於義理之故。君子「義之與比」，唯理是從，所以雖面對千萬之眾，亦能勇往直前。這種通過理性良知之反省自覺而達致的不動心，是「反身循理之不動心」。這樣的不動心，才是真實而可貴的。而孟子自己「以志帥氣之不動心」，即是本於曾子的守約而推擴發揚出來。

告子雖然先孟子而不動心，但告子那種「不得於言，勿求於心；不得於心，勿求於氣」而達致的不動心，乃是「克制其心之不動心」。像這樣「心與言不相干」，勢必是非不問；「心與氣不相貫」，勢必治亂不聞。一個人若只顧硬把捉一個虛靜的心，全不管外面世界，全不思承擔責任，試問，這樣的不動心，又有什麼可貴？孟子不安於此，不忍於此，所以必須進一步講「知言、養氣」。

孟子的「知言」，是原於盡心知性知天，出於以天下為己任之操危慮患，而顯發為人禽、義利、王霸、夷夏之辨。通過此知言之工夫，才能了解世間各種思想言論之是非得失，及其從何而生？對何而發？所當者何處？所蔽者何在？如此而後，乃能不為偏邪之言所惑，而動搖了自己的思想立場與中心信念。進而亦才有「立言」之可能。

孟子的「養氣」，是持志帥氣，配義與道，由自反而縮，反身而誠，中道而立，俯仰無愧，而顯為泰山巖巖之大人氣象與舍我其誰之精神氣慨。通過此養氣之工夫，乃能具備浩然充塞的道德勇氣，以面對艱危險阻而加以克服，進而承當責任以「立德」「立功」。明乎此，乃知孟子通過知言養氣工夫而達致的不動心，實是「不憂、不惑、不懼」、「不淫、不移、不屈」的不動心。到此地步，始能全幅顯露其生命中的英氣，盡情放射其生命中的光輝。

孟子說過，「人之德慧，恆存乎疢疾。獨孤臣孽子，其操心也危，其慮患也深，故達」[13]。我們處此艱難憂患之世，面對國家民族與歷史文化，人人都該是「孤臣孽子」，以是，人人都該「操心危、慮患深」，以磨練出我們的德慧術知與道德勇氣，為中國文化的光大發皇而盡心盡力。然中庸云：「苟不至德，至道不凝焉。」[14]換句話說：苟非其人，道不虛行。我們如果真想充備「是其人」的資具，以期行道淑世，則孟子「知言、養氣」的工夫，必不可忽。

13 盡心上篇第十八章。

14 語見中庸第二十七章。

第七章　孟子的價值、倫理觀

第一節　天爵與人爵

孟子曰：「有天爵者，有人爵者。仁義忠信，樂善不倦，此天爵也；公卿大夫，此人爵也。古之人，修其天爵而人爵從之。今之人，修其天爵以要人爵，既得人爵，而棄其天爵，則惑之甚者也。終亦必亡之而已矣。」（告子上16）

爵、貴也。仁義忠信，樂善不倦，皆本乎天性，這種人性中先天本有的尊貴，謂之「天爵」。至於公卿大夫，則是人定的爵位，是政治等級中的尊貴，故謂之「人爵」。天爵，是價值世界中的道尊德貴；人爵，是感覺世界中的位尊爵貴。依孟子的分別，人之貴可以列為兩行：

人之貴
- 天爵（仁義忠信）——道尊德貴——貴於己者——良貴
- 人爵（公卿大夫）——位尊爵貴——人之所貴——他貴

古之學者為己，故以天爵為性分之所固有而加以修養。能修其天爵，則人爵不待求而自至。此即中庸所謂「故大德必得其位，必得其祿」[1]。今之學者為人，故以修天爵為獲得人爵之手段，人爵既得，便棄其天爵而不修，最後，連已得到的人爵亦必亡失而保不住。由此可知，天爵是道德人格上的尊貴，是永恆的；人爵是名位權勢上的尊貴，是可變的。前者操之在己，求則得之，可以常保；後者操之在人，求而不可必得，得之亦難以常保不失。而世人不明此理，竟外於生命而別求人生之價值，可謂迷惑已甚。

孟子曰：「欲貴者，人之同心也；人人有貴於己者，弗思耳。人之所貴者，非良貴也；趙孟之所貴，趙孟能賤之。詩云：『既醉以酒，既飽以德。』言飽乎仁義也，所以不願人之膏粱之味也。令聞廣譽施於身，所以不願人之文繡也。」（告子上17）

貴於己者，指天爵而言。人之所貴，指人爵而言。欲貴不欲賤，乃是人之常情。但常人心目中的尊貴，似乎總是意指人世間的官爵名位。官爵名位是他人給予我的，不是我所固有的。掌權勢者（如趙孟：晉國正卿趙盾）可以給人官爵，使人貴；但同樣亦可以奪人官爵，使人賤。這種由他人給予的尊貴，是暫時的，可變的，不是先天的「良貴」。然則，人為什麼要把「尊貴之柄」授與他人呢？只因人的心思常向外用，而不知向內省思以求諸己，所以「貴於己」的天爵良貴便在懵懵中隱沒了。這種「外於生命以求人生價值」的做法，正是王陽明所謂「拋卻自家無盡藏，沿門托鉢效貧兒」。其實，尊貴之柄，原在我手，只要擴充我先天本有的天爵良貴，自然就能「飽乎仁義」（生命中充滿仁義之德）；德性人格的光輝既已充滿我身，則內重而外輕，自然就不再希慕外在的榮華了。

儒家的貴賤觀念，無論天爵、人爵，都不是階級觀念，而是價值性的觀念，從人爵一面說，「天下無生而貴者」[2]。官爵名位上的貴賤，是政治的、社會的，必須套在文化系統中，由「分位之等」上見，此之謂「由文制定貴賤」[3]，亦即上文所謂「位尊爵貴」。從天爵一面說，則「人人有貴於己者」。這種天爵之貴，是道德的、人品的，雖亦套在文化系統中表現，但必須由內在道德性的自覺而見，此即上文所謂「道尊德貴」。

當天爵與人爵合一，便是「大德者受命」之時，在此可以說「有德即有福」（得位、得祿、得名、得壽，皆是福）。但有時「修其天爵」，而「人爵」未必「從之」，這時候，德與福便不能一致，而人生亦就有了缺憾。順此缺憾可以接觸「命」之觀念。在儒家，是「盡義以知命」而達到「義命合一」[4]，然則，是否亦可以「修德以受福」而達到「德福一致」呢？這是值得思量的問題，雖然中庸說「大德必得其位，必得其祿，必得其名，必得其壽」[5]，但那只是就堯舜「受祿於天」而言。在現實的人間社會，有德者未必即有福；「德」與

1 語見中庸第十七章。
2 語見禮記郊特牲。
3 語見牟宗三先生《歷史哲學》（臺北、臺灣學生書局）第一部第三章第一節，頁五十四。
4 參見本書孔子之部第七章第三節。

「福」是綜合關係，而不是分析關係（在聖人，才可以說是分析關係）。這其中的限制，儒者早有覺察，所以一方面說「先天而天弗違」，一方面又說「後天而奉天時」。[6]依先天義，顯示道德創造之無外以及道德我之無限性；在這一面，可以說義命合一，亦可以說德福一致。依後天義，顯示宗教情操之敬畏感與個體存在之有限性；在這一面，則不能說義命合一，亦不能說德福一致。而儒家價值論的落點，是定在主體的自覺實踐上。道德意識的自覺要求，是要求「合義、成德」，至於「命」與「福」，雖亦加以正視，但可不予計較。是故董生曰：「正其義不謀其利，明其道不計其功。」依儒家，義正即是利，而且是公利，是普遍之利；道明即是功，而且是大功。是長遠之功。這是儒家價值觀的一大要點。

第二節　義利與生死

義利之辨，是儒家價值論的中心。孔子曰：「君子喻於義，小人喻於利。」[7]孟子承之，亦嚴辨義利。

孟子見梁惠王，王曰：「叟，不遠千里而來，亦將有以利吾國乎？」

孟子對曰：「王何必曰利？亦有仁義而已矣。王曰何以利吾國，大夫曰何以利吾家，士庶人曰何以利吾身，上下交征利，而國危矣。萬乘之國，弒其君者，必千乘之家；

千乘之國，弒其君者，必百乘之家。萬取千馬，千取百馬，不為不多矣。苟為後義而先利，不奪不饜。未有仁而遺其親者也，未有義而後其君者也。王亦曰仁義而已矣，何必曰利？」（梁惠王上1）

孟子主張以仁政王道平治天下，而當時諸侯只求富國強兵，故攻人之城，掠人之地，戰禍連年，民不聊生，這都是由於各自求利而造成的結果。為了扭轉梁惠王唯利主義的價值觀，所以孟子劈頭第一句，便說「王何必曰利，亦有仁義而已矣」。因為如果人人以「利」為首要目標，則君卿大夫、士庶人等，皆將唯利是圖；如此交相取利，勢必因利害衝突而交相怨懟，於是上下離心離德，而國家也就陷於危亂之地了。反之，如以仁義之道作為政治的綱領，則人人不失其仁、不失其義，自能推愛於社會，以為其所當為。於是，親親敬長，講信修睦，扶弱濟傾，興滅繼絕；而致生民於康樂，進世界於大同，亦將成為理所應然、勢所必至之事。這樣的價值觀，才是人類所嚮往的、所追求的。世人總以為儒家陳義太高，其實，不講價值則已，要講價值，當然要稱理而談，稱義而說。人心悅理悅義，人性中亦本有仁義，然則，舍理義、仁義而談價值，可乎？

---

5 同註1。

6 語見周易乾卦文言。

7 論語里仁篇。

孟子曰：「魚、我所欲也，熊掌、亦我所欲也；二者不可得兼，舍魚而取熊掌者也。生、亦我所欲也，義、亦我所欲也；二者不可得兼，舍生而取義者也。生亦我所欲，所欲有甚於生者，故不為苟得也。死亦我所惡，所惡有甚於死者，故患有所不避也。如使人之所欲莫甚於生，則凡可以得生者何不用也？使人之所惡莫甚於死者，則凡可以辟患者，何不為也？由是則生而有不用也，由是則可以辟患而有不為也。是故，所欲有甚於生者，所惡有甚於死者，非獨賢者有是心，人皆有之，賢者能勿喪耳。」（告子上10）

此章以「魚與熊掌」比喻「生與義」，生與義雖同為我所欲得，但如果生而有害於義，則我寧可放棄生命以成就義。孟子所謂「舍生取義」與孔子所謂「殺身成仁」，同樣表示了超乎生命之上的人生價值之極則，並且宣示了強烈的殉道精神。

孟子指出，人所願欲的東西有超乎生命之上的，所以人不願意苟且偷生；人所憎惡的物事亦有甚於死亡的，所以人有時並不逃避死亡的禍患。人不避死，並非「以父母之遺體行殆」，而是想要成就生命的純潔清白，以免陷於不義而受辱，故能毅然以有限的生命，換取無限的精神價值。人之「舍生」而「取義」，即表示人能自覺地主宰自己的生命，以完成價值的創造。

反之，一個人如果沒有「超乎生命之上」的價值目標，和「甚於死亡」的憎惡之事他就會不擇手段以求達到「得生、避死」的目的。但事實並不如此。在人的心目中，對於可以「得生」「避死」的方法和手段，都有一個選擇的標準，那就是「義」。不義而得生或不義而避死，乃是人所不為的。孟子而且指出，「非獨賢者有是心，人皆有之，賢者能勿喪耳」。

生死問題亦是價值觀的一大重點。儒家重視死得其所、死得其時，但不單獨討論死的問題。儒家亦重視喪葬祭祀之禮，而對於鬼神之事，則持「存而不論」的態度。論語載：

季路問事鬼神，子曰：「未能事人，焉能事鬼？」敢問死，曰：「未知生，焉知死？」（先進）

儒家所講的「人道」，並不限於現實人生的範圍，而是「天人、物我、生死、幽明」通徹而為一的。通物我以期物我一體，合天人以期天人合德，徹幽明以期通化生死。幽明兩界，生死兩端，既不相隔而相通，則知所以事人，即知所以事鬼神。能了徹生之道，即可了徹死之道。死因生而存在，沒有生，就沒有死。從儒家立場說，只有「生死」智慧，而沒有「死」的智慧。因此，「死」不可以孤離地看。儒家之所以不講個體靈魂的輪迴，不講個體靈魂的永生或永罰，實以此故。但孔子「未知生，焉知死」的話，卻並不必然地排除宗教信仰上的那些教義。只因所重不在彼，故存而不論。儒家是道德的進路，是由道德的實踐而通徹到宗教所說的解脫。在儒家，道德的智慧同時即是宗教的智慧，「人生」的智慧亦同時即是「人死」的智慧。生與死不是相隔絕的，而是一條貫的。故程明道云：「死之事即生是也。更無別理。」[8]通過對道德心性的肯定與覺醒，極其自然地便透顯出人生的方向或目的是在於成就不朽的生命價值。因此，「人生」是一種責任，亦同時是一種使命。儒家稱這種使命為天命或性命，而所謂「盡性、至命」亦就是貫徹人生的使命。在不斷貫徹人生使命的人生歷程中，即可獲致「朝聞道，夕死可矣」的解脫之道。[9]

因此，「殺身成仁」、「舍生取義」，在儒家是應然而必然的道德要求。這一個要求，同時即是以心性論為根基而透顯出來的「生死智慧」。在這裡，舍生而得生，死即是生；由於身之死而創造了更高層次的生之意義與生之價值。若有人問，「殺身、舍生」是否絕對必要？則我們可以這樣回答：從行為方式上說，當然並非絕對必要；不殺身亦可成仁，不舍生亦可取義。但從生死的意義上說，這個問題其實是無須提出的。生命的意義和價值，在於是否能盡性至命，而不在於身之存滅。身與道離，雖生猶死；身與道一，雖死何憾？故孔子曰：「朝聞道，夕死可矣。」這就是「不恐動人而平看生死」的真實之言。

孟子曰：「故天將降大任於是人也，必先苦其心志，勞其筋骨，餓其體膚，空乏其身，行拂亂其所為；所以動心忍性，曾益其所不能。……入則無法家拂士，出則無敵國外患者，國恆亡。然後知生於憂患，而死於安樂也。」（告子下15）

此章結句所謂「生於憂患，死於安樂」，意謂人因憂患而生，因安樂而死。這是承「苦其心志」、「動心忍性」而來的憂患意識、所顯示的另一層面的生死智慧。語云殷憂啟聖，多難興邦，便是所謂「生於憂患」。耽於逸樂，不自振作，終致魚爛而亡，即是「死於安樂」。佛經有云：王城不為外敵破，除非內自壞。內自壞即是自亡，亦即死於安樂之謂。孟子又說：「人之德慧術知，恆存乎疢疾。獨孤臣孽子，其操心也危，其慮患也深，故達。」[10]德慧術知，與良知良能有所不同。良知良能不待慮而知，不待學而能，而德性之慧與道術之智，則往往由後天的環境際遇磨練而成。人在面對生死憂患之時，自然會激發避患求生之念，如孤臣孽子，處於嫌疑讒構之地，常恐災禍臨身，所以操心危懼，慮患深切，久之，自然明於情偽而通達事理。然則，一個人是否會因為在安定環境中成長便只知安樂？是否會因為在繁榮社會裡生活便只圖享受？這是大堪警惕的事。為此，特衍孟子之意為聯句，以資惕勵：

記取「生於憂患」，以免「死於安樂」；

---

8 語見二程遺書第二上、二先生語上。並請參看拙撰《宋明理學北宋篇》頁二六四至二六六。

9 按，「朝聞道，夕死可矣。」乃孔子之言，見論語里仁篇。近見中國時報七十二年六月十八、十九日人間版傅偉勳先生一文〈生死智慧與宗教解脫〉，甚有透闢之見。此處所說，頗採其意，而其中相發之處，讀者自能得之。至於所謂「解脫之道」，取其意以並論則可；若直就儒家之精神方向而言，則旨在成德而不在解脫。張子西銘云：「生、吾順事，沒、吾寧也。」此言卻能如實表出儒家的生死真諦。

10 盡心上第十八章。

莫教「生於安樂」，以致「死於憂患」！[11]

第三節　獨善兼善與狂狷

獨善兼善之意，上文第五章第一節曾有所述。茲另提一義，以說明所謂「獨善其身」，實乃出於對道德人格的尊敬之誠。人當不得志時，無法行道施惠澤於民，在這種境遇之中，將如何表現生命的價值？除了「修身見於世」，實在更無他道。修身當然是為了成德，而人之所以要成德，亦當然是對道德人格的尊敬。依康德的說法，「尊敬人格」這尊敬的概念，是基於義務之意識，因此，尊敬除只有一道德根據外，它決不能有任何其他根據。[12]可知這種尊敬，實際上即是道德的自尊、人格的自尊，是它自己尊敬它自己。因此，道德人格的價值，並不是根據別人的尊敬而成立，而是道德人格本身不容已地尊敬它自己。這一個道德的理由，應該是「獨善其身」最本質的意義。

至於「兼善天下」，自是得志行道，澤加於民。從量上看，兼善廣而獨善狹；但從質上看，則二者並無差異，而且實相表裡。孔子有二句話：「隱居以求其志，行義以達其道。」[13]前句是獨善，後句是兼善。「求其志」是守其所達之道，當其求時（求是反求諸己），猶未及行，故謂之「志」．「達其道」是行其所求之志，及其行將達之天下，故謂之「道」。當伊尹耕於有莘之野，樂堯舜之道，乃是隱居求志，獨善其身；當他就商湯之聘，以斯道覺斯民，便是行義達道，兼善天下。[14]

由獨善兼善，還可以關聯地說到狂狷精神。孟子在盡心下篇第三十七章，曾詳論「狂、狷、中行與鄉原」。其要點如下：

「孔子不得中道而與之，必也狂狷乎！狂者進取，狷者有所不為也。孔子豈不欲中道哉？不可必得，故思其次也。……以狂者不可必得，欲得不屑不潔之士而與之，是狷也，是又其次也。」

「鄉原，德之賊也。……同乎流俗，合乎汙世，居之似忠信，行之似廉潔，眾皆悅之，自以為是，而不可與入堯舜之道。故曰，德之賊也。」

從心性上說，此心同，此理同，人都一樣；但從氣質資稟上說，則有中行、狂、狷等等的不同。以不同的氣質稟賦，表現相同的心性天理，結果當然不會一樣，因而形成人格上的聖賢、君子、鄉原、小人之差別。

---

11 按，前句順孟子本意，教人記取「因憂患而生」的明訓，以免「因安樂而死」。後句變換孟子語意，誠人不可因為生活於安樂而腐敗，以免面對憂患之來，無力應變而招致敗亡。

12 參見牟宗三先生譯註《康德的道德哲學》（臺北、臺灣學生書局），頁二六〇附註。

13 見論語季氏篇。

14 伊尹之事，參見萬章上篇第七章。

人如果都有合乎中道的稟賦（中行之資），那是再好不過。但上根之人，世所難遇，所以當孔子「不得中道而與之」，亦只有退而求其次。狂者就是「其次」，狷者是「又其次」。但我們千萬不要忽視這個又其次。一個人如果一起腳就能做成又其次的「狷者」，便有希望「與入堯舜之道」了。所以狷者的有所不為，乃是人生上升之路的起腳點。人生的原則立場，都是建立在「有所不為」上。孔子教顏回「非禮勿視、勿聽、勿言、勿動」[15]，孟子說「非禮之禮，非義之義，大人弗為」[16]，又說「無為其所不為，無欲其所不欲」[17]，全都是表示「有所不為」。而「行一不義，殺一無辜，而得天下，不為也」[18]，更是「有所不為」的最高表現。可見狷者之有所不為，正是要截斷眾流，以挺顯一個「守道不移」的原則立場。這是人生向上之路的第一關。孟子所謂「人有不為也，而後可以有為」[19]，正給了我們最為中肯的指點。以是，人必須先做得成一個狷者，而後才做得成一個狂者。能狷而後能狂，狂與狷亦本是相通的。

「狂者」進取有為，志存高遠，有如鳳鳴高岡，翔於千仞。但狂者闊略事情，所以必須在事上磨練；又因志高言大，不免行不掩言。不過，正因為行有不掩，表示其心敞開，不事隱飾，故可裁正而使之入道。狂者的進取，是要拔乎流俗，以表現「勇往無畏」的精神。當他經過事上磨練，而「志與事相合，言與行一致」之時，便可進於中道，而同乎中行人格了。

「中行」之人，非狂非狷，而亦狂亦狷，其進退行止，皆能各當其可。由狷，而狂，而中行，是人生上升之路的三階。但成就人格卻不一定要循階而上，而常須因時因事而制宜。⑴就一事而言，可能此時須狂，而彼時須狷。⑵就一時而言，可能此事須狂，而彼事須狷。⑶就人而言亦復如此，可能此時此事須狂，而彼時彼事須狷。儒家之所以特別注重「時中」，注重「執中用權」，正以此故。

至於「鄉原」，當然是代表人生之沉淪。「原」字讀去聲，謹厚之意。謹厚豈不很好，問題是在一個「似」字。因為是似，所以不真。鄉原正是沒有真性情、真心肝的假人。他一方面「居之似忠信，行之似廉潔」，故能以其貌似忠信廉潔而取信於君子。另一方面又「同乎流俗，合乎汙世」，因而亦能無忤於世俗小人。他兩面討好，「眾皆悅之」。對付這種人，只有採取聖人的辦法：惡之！如果我們自己有嫌疑，亦用聖人的辦法：內自訟，以去其非。

惡鄉原，做狂狷，成聖賢，這是人人當有之志。昔人有云：「有豪傑而不聖賢者，未有聖賢而不豪傑者。」我們亦可以說：「有狂狷而不聖賢者，未有聖賢而不狂狷者。」因為狂

---

15 見論語顏淵篇。
16 見離婁下篇第六章。
17 見盡心下篇第十七章。
18 見公孫丑上篇第二章。
19 見離婁下篇第八章。

狷之人，實在亦就是豪傑之士。人要成聖賢，就必須先是能狂能狷的豪傑。孟子曾說伯夷是聖之清者，伊尹是聖之任者，孔子是聖之時者。[20]我們如果變換詞語，亦可以說伯夷是聖之狷者，伊尹是聖之狂者，唯有孔子「進、退、行、止」各當其可，能超越狂狷的範域，而達於時中，所以是「聖之時者」。

狂者進取，是精神的發揚，是「有為」；狷者有所不為，是精神的凝聚，是「有守」。有守有為的狂狷精神，首先是向內而向上，這是「逆之則成聖成賢」。再通而向外，便是關心天下民物，「仁以為己任」。所以獨善其身是狷者精神的表現，兼善天下則是狂者精神的發揚。數十年來，國人喜歡宣說「浪漫精神」或「狂飇精神」，其實，這二種精神的人生方向與生命形態，遠不如狂狷精神之正大而健康。浪漫、狂飇，代表情意生命的放縱恣肆，所以反對古典，反抗傳統；它是以革命、否定來「表現」理想，但卻不能「實現」理想。而狂者狷者則代表德性生命的凝聚上揚，是一種立身成德、行道濟世的精神；它是以承續、肯定來「表現而且實現」理想，故能承先啟後，返本開新。

第四節　親親仁民愛物

孟子曰：「君子之於物也，愛之而弗仁；於民也，仁之而弗親。親親而仁民，仁民而愛物。」（盡心上45）

物，指人類以外的禽獸草木等等。君子對於物，應當愛之育之，而不宜以仁加之。譬如為了祭祀，不能不殺牛羊以為犧牲，為了建造房屋，不能不砍伐樹木，為了糧食，不能不收割稻麥；唯須取之有時，用之有節而已。對於黎民百姓，則應施之以仁惠，而不宜遍親之。因為愛有先後之序與親疏之分，若泯除差等之別，便成為墨子的兼愛了。由親親推而仁民，由仁民推而愛物，這是人性自然的理序，是天經地義的。不能親親，必不能仁民、愛物。一切「愛」的表現皆當以親親為基始。否則，「愛」便只是一個抽象的概念，空洞的名號，是不能具體落實的。

親親、仁民、愛物，都是仁愛之心的表露。程子曰：「統而言之，則皆仁；分而言之，則有序。」[21]在具體的表現上，「親」切於「仁」，「仁」厚於「愛」。這個親疏之等，乃是人情之自然，是天理合當如此。所以「親親而仁民，仁民而愛物」，並不是人為的差別，而是天理本然之則。孟子此章所說，實可視為中國倫理思想的總綱。

一、在親親方面：上對父母是表現孝順之德，中對兄弟是表現友悌之德，下對子女是表現慈愛之德。孝、弟、慈的表現，既能顯示縱的生命之承續，又能顧及橫的親情之聯繫。所以明儒羅近溪說：「家家戶戶，皆靠孝弟慈過日子也。」如果人類不孝不弟不慈，則人間生

20　見萬章下篇第一章。

21　見孟子朱註引。

活將立即動物化而淪為禽獸世界，而道德文化的價值，亦將全面崩解而重歸洪荒。

二、在仁民方面：⑴就通向社會而言，即是禮運大同章所謂「不獨親其親，不獨子其子」，以及孟子所謂「老吾老以及人之老，幼吾幼以及人之幼」，這亦正是孔子所謂「老者安之，少者懷之，朋友信之」的情懷。⑵就通向政治而言，一方面是修德愛民，「以不忍人之心，行不忍人之政」，使黎民百姓皆有恆產，而能養生喪死無所憾。一方面是「保民如赤子」，教人以孝弟人倫，使匹夫匹婦各得其所，而能安居樂業。⑶就通向世界而言，即是中國人最為熟悉的「四海一家」、「天下為公」、「世界大同」的精神。

三、在愛物方面：由「民胞物與」而進到「以天地萬物為一體」，即可充分顯示儒家所講的「仁」，才真正是無限的愛。而墨家提倡愛無差等的「兼愛」，排斥差別性以突顯普遍性，其普遍性是抽象掛空而不能落實的。依據儒家的思想，「仁」字上不說差等，差等的意思是落在「愛」字上說。因此我們可以對應墨家兼愛之說提出二句話作為回答：

仁通萬物，而愛有差等；
仁無差等，而施愛有序。

二句歸為一句，便是「仁無差等，而愛有差等」。因此，儒家主張推愛。而孟子「親親而仁民，仁民而愛物」的話，實最能簡切地闡明「推愛」之義。

總括起來說，親親表現的是「天倫愛」，仁民表現的是「人類愛」，愛物表現的是「宇宙愛」。孟子所闡述的不只是儒家的倫理思想，事實上亦即中華民族的倫理規範。時至今日，儒家倫理規範的功能效用，已大為降低。但依於文化的反省，我們認為，並不是儒家倫理在本質上發生了嚴重的問題，而是在應用上出現了時代社會的限制，這是屬於「表現層」上的問題。古老的表現方式，必須作一個全盤的調整，必須配合時代社會的情況，而「因之、革之、損之、益之」，如此而後，自能重新建構起普遍適用的倫理規範。關於這方面的意思，我有一篇講錄，題為「儒家倫理思想的反省」，茲附錄於後，以供參證。

附錄

儒家倫理思想的反省

——七十一年二月講於東海大學「中國文化研討會」

一、中國倫理道德的基礎

倫理道德當然有它的基礎。有人說，西方的道德基礎是宗教，那末，中國倫理道德的基礎在那裡呢？我想作為一個中國人都可以很自然的回答說：就在「良心」這裡。這個回答沒有錯。但有人說，良心嗎，良心怎麼可靠呢？「良心不可靠」！這倒是一句「石破天驚」的話。然而，它驚得了天，卻驚不了真正的中國人。所以馬上就有人說：良心怎麼不可靠呢？你說良心不可靠，那是因為你沒有良心！這個回答理直氣壯，可以代表中國人的聲音。不過，今天站在討論的立場，我們也可以再問一句，良心為什麼可靠呢？這個問題同樣可以直截了當地回答：因為良心就是天理。中國人常說「天理良心」。天理就是良心，良心就是天理。它當然可靠。

所謂「良心就是天理」，這句話是有「人心之同然」作根據的。首先應用「良心」這個名詞的是孟子，而孟子有關心性的講論，又是根據孔子的「仁」而引申、而發揮。孔子說：

「仁遠乎哉？我欲仁，斯仁至矣！」孔子為什麼說「我欲仁」而「仁」就能夠「至」，就能在我們生命中呈現呢？因為「仁」是先天本有的，是天賦予我們的；只要一念自覺，它就會在我們生命裡面即時呈現出來。所以孟子講到仁義禮智之四端，講到本心、良心、不忍之心時，曾分別說過三句話，第一句是「此天所與我者」，第二句是「我固有之」，第三句是「人皆有之」。(1)「此天所與我者」，是說人的本心善性是天所賦予我們的，所以中庸也說「天命之謂性」。天命天道貫注到我們生命之中，就成為我們的本性。可見本心善性有一個超越的根源，天就是它超越的根源。所謂「天所與我」，正表示心性的「超越義」。(2)「我固有之」是說本心善性是與生俱來，內在於人的生命之中的。這表示心性的「內具義」。(3)「人皆有之」是說，任何一個人都有心性之善，聖人不過是「先得我心之同然」而已。這表示心性的「普遍義」。所謂「人心有同然」，「人同此心，心同此理」，此心，即指良心本心，此理，即指天道天理。由於這一個長遠的傳統作背景，所以王陽明作了一個歸結，說「良知即是天理」。依於儒家的講法，良心天理是最後的真實，它就是真理本身，所以是最可靠的。

說到這裡，我們可以很明確地回答什麼是中國倫理道德的基礎：

1. 從超越客觀面說，倫理道德的基礎是「天道、天命」，也可以說就是「天理」。
2. 從內在主觀面說，倫理道德的基礎是「仁與心性」，也可以說就是「良心」。

話雖分兩方面說，但二者的意指是同一的。超越客觀地說的天道天理，必須通過人的心性工夫之實踐，而後乃能得其具體而真實的證現。而內在主觀地說的本心善性，也必須通過人的自覺呈現，而後乃能透顯它超越而客觀的意義，而上達天德，與天地合德。總結起來，就是二句話：

本天道以立人道；
立人德以合天德。

本天道以立人道，是由天而人、由超越而內在。立人德以合天德，是由人而天，由內在而超越。這個「天道與心性通而為一」的形上實體，就是儒家倫理道德的基礎。而這形上實體，乃是道德之根，價值之源，所以又可以直接名之為：道德主體（道德心性）。道德主體能發動道德創造，它是自覺自主的。它能自發命令，自定方向，而「純亦不已」地表現道德行為。所以儒家所講的道德，正是康德所說的「自律道德」，是合乎道德本性的真正的道德。

在這裡，還有一個意思必須了解，道德心性是一個本體，而不是一個擺在那裡的有形物。它必須通過人的反省自覺，才會呈現出來。一個人如果自甘卑賤，自甘墮落，不把自己當人看，而把自己下比於「動物」，他就不會反省，不能自覺，他的良心即將昏昧麻木，此之謂「昧良心」。良心昧而不覺，當然就不能呈現。所以孟子說：「思則得之，不思則不得也。」（思、省思義；亦即反省自覺之意。）

由此可知，道德並不是現成之物，而是要人自覺地去實踐、去表現的。表現它，它就有，不表現，它就沒有。當我們把良心天理表現到人倫關係上，它就成為倫理。接下來，我們將先綜括地講一講儒家倫理思想的綱領，再進而說明儒家倫理學的實踐與境界，以及儒家倫理思想的問題及其應有的一步推進。

二、儒家倫理思想的綱領

儒家的倫理思想，既平正通達，又豐富深廣，即使寫一部專著，也未必能講得很周全。綜括起來說，我認為孟子有二句話最能指述儒家倫理思想的綱領：

「親親而仁民，仁民而愛物。」（盡心上）

第一、在「親親」方面，表現的是「天倫愛」。這可以分為三點來說：⑴就上對父母而言，是表現「孝順」之德。孝順的順，並不是要你順從父母每一句話，而只是說，子女應該順親之心，以達成父母的心意。如果父母有過錯，子女就要委婉地規諫，以免父母陷於不義。所以孔子論孝，有「幾諫」的明訓。至於子女自己，當然要繼志述事，無忝於所生。⑵就中對兄弟而言，是表現「友悌」之德。兄弟姊妹是同胞手足、情同一體。所謂「本是同根生，相煎何太急」，我們一聽到這兩句詩，都會感到「於我心有戚戚焉」。可見手足之親，乃是天理自然的流露。⑶就下對子女而言，是表現「慈愛」之德。父母不但要養育子女，還要教育子女。養育，只是動物的本能，並不足貴（意即不在這裡說貴）；教育，才是人格的培養，才有文化的意義。這才是最為可貴之處。所以養而不教，是不足以盡慈愛之義的。

在「親親」這一項之下，還有「夫婦」一倫，夫婦雖然不是天倫，但卻是家庭的中心，是人倫之大始。所謂「萬物造端乎夫婦」，父子兄弟的關係，也正由夫婦一倫而衍生。總之，父子兄弟夫婦的倫常關係，一方面表示縱的生命之承續，一方面表示橫的親情之聯繫。而「孝、弟、慈」三者，也可以說是家庭的三達德。所以明儒羅近溪說：「家家戶戶，皆靠孝弟慈過日子也。」試想想，如果人類不孝不弟不慈，我們還能過「人的生活」嗎？還能保住道德文化的價值嗎？

第二、在「仁民」方面，表現的是「人類愛」。它可以通向社會，通向政治，通向世界。⑴就通向社會而言，即人不獨「親其親，子其子」，還要親人之親，子人之子，就像孟子所說「老吾老以及人之老，幼吾幼以及人之幼」。這也正是孔子所謂「老者安之，少者懷之，朋友信之」的情懷。⑵就通向政治而言，一方面是修德愛民，「以不忍人之心，行不忍人之政」，使黎民百姓皆有恆產，能夠養生喪死而無憾。一方面是「保民如赤子」，教之以孝弟人倫，使匹夫匹婦各得其所，而能夠安居樂業。⑶就通向世界而言，即是中國人最熟悉的「四海一家」、「天下為公」、「世界大同」的精神。

第三、在「愛物」方面，表現的是「宇宙愛」。由「民胞物與」而進到「與天地萬物為一體」，即已充分地顯示儒家所講的「仁」，才真正是一種無限量的愛。墨子批評儒家「愛有差等」，以為比不上「愛無差等」的兼愛，其實是不通的。須知真理落實於生活行事，就必然會有差等，如本末輕重、先後緩急、親疏遠近，皆是差等，這是自然之序，是不可以橫加抹煞的。墨子只抓住了一個普遍性（兼愛），而卻排斥了差別性（愛無差等，視人之父若己父），所以不是「實理」，只是「空言」，沒有「可行性」。因此，儒家反對「兼愛」的說法。儒家講「仁」，是「推愛」。由親親而仁民，由仁民而愛物，便是推愛。所以依據儒家的道理，我們可以這樣說：仁通萬物而愛有差等（或者說，仁無差等而施愛有序），故不講兼愛，而主張推愛。由「親親而仁民，由仁民而愛物」，而達於「與天地萬物為一體」，此之謂萬物一體之仁。

以上是就「親親」「仁民」「愛物」而略加解說，以揭示儒家倫理思想的綱領。進一步，我們還要就儒家倫理學的實踐及其境界，作一說明。

三、儒家倫理學的實踐及其境界

關於儒家倫理學的實踐，涉及的範圍太大，我們不能作內容的講論，只能在「原則性、方向性」的意思上，關聯著實踐所達到的境界作一個扼要的指述。

儒家的學問，有內聖和外王兩方面。而倫理學必須以內聖為根基，以外王為目標，以期「本末內外，一以貫之」。所以，倫理道德最本質最中心的工夫，必然要落在心性上，以透顯「道德主體」。這種工夫，牟先生稱之為「逆覺體證」。逆、反也，「反身而誠」的反。淺顯地說，逆覺也就是反省自覺的意思。逆覺的目的，是要「體證」心性本體（仁），使它在生命中呈現出來，而且通貫到日常生活上去，以主導我們的行為活動；使我們的「立身、處世、待人、接物」，都能合乎道德的法則，使我們從「修身」到「齊家、治國平天下」，都能本乎心性之理，而層層開擴，步步伸展，以達到「以中國為一人，以天下為一家」的理想。我這樣簡單幾句話的敘述，只是點出儒家倫理實踐的原則和方向。接下來再分三點，就實踐所達到的境界作一說明。

1. 擴充四端——四端之心（惻隱、羞惡、恭敬、是非之心）是道德心性所開顯出來的端緒。順著這幾個端緒而向外擴充出去，就能夠使我們自己這一個個體生命（小我），與其他的生命事物相感通、相關聯、相融合。這樣，就可以消解「物」與「我」的隔閡，而達到「物我相通」、「與萬物為一體」的境界。這個意思並不抽象，也不神秘。譬如我們看到牛羊觳觫哀鳴，看到花木遭受摧殘，都會有不忍之心、不安之心；就是對於沒有生命的東西，像桌子、花瓶、茶杯，也都會有一種愛惜的心情，如果一旦損壞、打破了，我們心裡也會感到可惜，甚至會很難過。從這裡，我們可以了解萬物與我是「痛癢相關，一體相通」的。

2. 下學上達——下學而上達，是上達天德，表示生命的提昇，提昇到與天相知相通的境界。陸象山說「宇宙即是吾心，吾心即是宇宙」。一般人以為這是大話，其實，不是大話。「吾心」不是指某一個人的方寸之地，而是就「心同理同」的那個「實體性的道德本心」而言。象山是根據孟子「萬物皆備於我，反身而誠」，「君子所過者化，所存者神，上下與天地同流」這些意思來說的。這正表示天人相通，人生界和宇宙界通而為一。這種「天人合德」的道理，是儒家的老傳統。馮友蘭卻說儒家只有道德境界，而沒有天地境界。可見他對儒家和中國文化的了解是很膚淺的，不相應的。

3.報本返始——人的生命不是憑空而來的，而是有本始、有根源的。儒家的倫理學很重視禮，而禮之中又有「祭禮」，這是很特殊的。「祭祀」乃是宗教範圍裡面的事，這表示儒家的性格是「道德與宗教通而為一」的。儒家有三祭：祭天地、祭祖先、祭聖賢。天地是宇宙生命的本始，祖先是個體生命的本始，聖賢是文化生命的本始。三祭之禮正表示報本返始的精神，使我們的生命能夠返本溯源，而成為一條源遠流長的生命之大流。在祭祀之中，還有一個特殊的意思，就是要徹通幽明的限隔，使人生的「明」的世界和鬼神的「幽」的世界通而為一。人與鬼神相通，人與鬼神同在，這樣子，人自然就可以把生死放平來看。一個人的生命，生有自來，死有所歸，生死相通，是之謂「通化生死」。

總之，儒家倫理學的實踐，不但在人類世界可以由「修齊治平」而達到「中國為一人，天下為一家」的境界，而且還可以「通物我，合天人，徹幽明」，而達到「萬物一體，天人合德，通化生死」的境界。我們對於這種精神境界。如果要來加以崇讚，我想，中庸所謂「致廣大而盡精微，極高明而道中庸」，該是最恰當的言詞了。

工夫實踐：逆覺體證——→立主體（壹是皆以修身為本）

修齊治平
以中國為一人
以天下為一家

擴充四端——向外推擴——→通物我（萬物一體）
下學上達——向上提升——→合天人（天人合德）
報本返始——感格神靈——→徹幽明（通化生死）

精神境界
致廣大而盡精微
極高明而道中庸

四、儒家倫理思想的問題

儒家倫理思想有問題嗎？我認為就倫理本身而言，並沒有本質上的問題。但是在倫理的應用上，它會碰到一些限制，由於這些限制，就使人覺得儒家的倫理思想有了問題。而問題的中心，主要就是關聯著法律而說的那個公平的原則。在這裡，我想先要說明一些意思。倫理的本質，是要求人自覺主動地表現「理、義」，理之所當然，義之所當為，就應該自動自發地去實踐，以表現生活的意義，創造人生的價值。但是人的生命是很複雜的，他有生物本能的遺留，有生理欲望的衝動，有心理情緒的變化，再加上形形色色的外在事物的引誘，人的行為就不免會逾越規矩，造成錯誤甚至罪過。這個時候，我們就會發現倫理功能的限制性。也就是說，我們會覺得倫理似乎欠缺一種制裁的力量。這一個問題，儒家也不是不知道，所以除了講「禮」，同時也肯定「法」。不過，儒家認為「禮是主，法是從」。禮防患於未然之先，盡的是積極的引導的責任；法制裁於已然之後，盡的是消極的賞罰的責任。禮屬於教化，是倫理的範圍；法屬於政治，它雖然也和倫理相連屬，但卻是具有獨立性的一個領域。因此，所謂儒家倫理思想的問題，並不是它本身出了問題，而是指倫理效用有所不足而說的。而這個不足，必須靠法律來補救。[1]以往如此，現在和未來，恐怕還是一樣。

關於這個問題，我想舉一個例子來說明。那就是孟子盡心篇「瞽瞍殺人」那個故事。

> 桃應問曰：「舜為天子，皋陶為士，瞽瞍殺人，則如之何？」孟子曰：「執之而已矣。」
>
> 「然則舜不禁與？」曰：「夫舜焉得而禁之？夫有所受之也。」
>
> 「然則舜如之何？」曰：「舜視棄天下，猶棄敝蹝也。竊負而逃，遵海濱而處，終身訢然，樂而忘天下。」

這是一個假託的故事，並不是歷史事實。桃應是孟子弟子，他設想：舜雖愛其父，但不可以

---

1 按，倫理效用的不足，需要法律來補救。但反過來說，法律只能制裁人的錯誤，而如何明辨是非而不做壞事，如何尊重法律而不鑽法律的漏洞，則仍然是倫理道德的問題。又如，運用政治權力固然可以做成功很多事，但如何使官員不說謊、不貪利、不逢迎阿諛、不蒙上欺下……仍然是倫理道德的問題。

因私害公而為父脫罪；皐陶公正執法，但又不能或不便刑殺天子的父親；事在兩難，所以請教老師孟子。孟子三問三答，第一答，是肯定司法官有拘捕任何罪犯之權。第二答。是認為天子也不可以干涉司法權。第三答，則顯示出一個基本的肯斷：以父子的天倫恩情為重，而以天子的名位為輕。基於這一個肯斷，孟子認為舜必將拋棄天子的名位，而暗中背負他的父親逃到政令所不及的海邊，隱居起來，終身享受天倫之樂。

這一個故事雖是假託的，但我們可以從義理上作三點說明：

1. 父子是天倫，無可改變；天子則是後天的名位，有可變性。
2. 舜先棄天子之位，而後竊負其父，並非憑天子之權位以救父。
3. 大舜不假借天子之權而克盡人子之孝，皐陶不枉曲國家之法而克守臣子之義。

但是，這裡還剩下一個問題，就是對那個被殺的人將如何交代呢？孟子沒有說明。孟子為什麼不作說明？因為事實上瞽瞍沒有殺人，所以桃應也沒有再問。但桃應如果再問，孟子將如何回答呢？我想孟子會這樣回答：這件事情最後的責任是落在皐陶身上。皐陶是司法官，他可以發出通緝令，一方面搜補殺人犯——瞽瞍，一方面搜捕劫獄犯——舜。如果被逮捕，舜一定甘心接受國法的制裁，而毫無怨言。

如果有人問，舜明知竊負罪犯是不法的行為，為什麼還要去做呢？曰：事實上並沒有這回事，而是孟子順著那個假設去想，認為舜作為一個兒子，他不能眼看著父親被捕之後「受審、判刑、處死」，這樣他無法心安[2]，但卻又別無良策。在這個時候，舜的心中只想到父親，而忘了自己。

孟子的回答，正是著重於「瞽瞍是舜的父親」來設想，所以認為舜只有棄天子之位以竊負其父而逃。（平民竊負其父而逃，當然還是法所不許，但在情理上卻有可憫恕之處。）而我們現代的人則多半順著「瞽瞍是殺人犯」這個假設去想，是一種知性的態度，所以只著重客觀的公平原則。如果就這個公平原則來考慮，我們發現這裡面是有一個問題。

這是一個什麼問題呢？就是儒家倫理的著重面，似乎偏重於「孝道」，而「恕道」這一面的比重不足以和孝道取得平衡的地位。當「恕道」和「孝道」形成牴觸矛盾的時候，儒家通常總是先保住孝道，而委屈恕道。[3]像這個假託的故事，就是一個例證。對於這個問題，儒家能不能提出答辯呢？可以。他可以用「本末輕重，先後緩急」的道理來答辯，認為「孝道」是先天倫理，「恕道」是後天倫理，而先天倫理是有它的優先性的；在二者形成衝突的時候，當然應該保住先天倫理的孝道。儒家這個答辯是可以成立的。不過，我們也應該有一

2 按，心安不心安，是儒家倫理甚為重視的。但現代人卻常常不顧這一點。譬如有人說，在皋陶拘捕瞽瞍時，舜可以辭去天子之位，再循法律途徑營救其父。如果營救無效，舜也算盡到人子之責了。這是現代人處在現代社會所持的觀點，是一種知性的態度。而孟子卻不這樣想，他認為舜作為一個兒子，不能眼看父親受刑處死，如不竊負其父而逃，則其心必不能安。這是顯示「問題性」的關鍵所在。見下文之討論。

3 按，這個意思，傅偉勳先生首先提到。見其所著《現代美國行為及社會科學：哲學》。臺北、臺灣學生書局。

個考慮，那就是儒家的倫理思想，能不能從這裡再作一步推進呢？

五、儒家倫理思想應有的一步推進

所謂推進一步，其實也就是「兩面如何兼顧」的問題。剛才我們是用孝道和恕道這二個名詞，現在可以換一個詞語，而說這是「親情倫理」和「社會倫理」如何兼顧，如何協調的問題。

這個問題頗不容易解決。因為顧到主觀的親情，就不免委屈客觀的公平原則。反過來也是一樣，伸張了公平原則，就很難顧到親情。譬如鄭成功以反清復明為己任，當他聽到自己的父親鄭芝龍投靠滿清的時候，他一定非常痛苦而感到為難。最後，他當然作了一個莊嚴的決斷，寫信給他父親，表示從今以後，父子恩斷義絕。為了伸張民族大義，而斷絕父子天倫的恩情，這就叫做「大義滅親」。所以我們非常崇敬國姓爺延平郡王。但是在鄭成功自己，乃是遭逢人倫大變，他內心的愴痛，有誰能彌補他呢？這就是所謂「忠孝不能兩全」，是人生的大遺憾，大缺憾。所以沈葆楨所寫的延平郡王祠的對聯就有一句，說是「缺憾還諸天地」。人間的缺憾，在人間消解不了，只好還給天地。說到這裡，我們似乎接觸了問題的關鍵。鄭芝龍投靠外敵，乃是通天之罪，所以鄭成功「大義滅親」。而瞽瞍殺人雖然也是大罪，但是舜卻不能因為父親殺了人就和他斷絕父子關係，所以還是設法去救他的父親。舜和鄭成功的所作所為，都是義理之當然，都沒有犯倫理學上的錯誤。而二個人所留下的問題及所身受的遺憾，已經不能在倫理學的範圍內得到解決。所以一個是留給法律處理，一個就只能歸之於天、歸之於命。

不過，我們也應該了解，舜和鄭成功所遭逢的，乃是「特殊」的事件。而在人間生活裡面，在人生過程之中，並不是每一件事情都含著這麼重大的關節。所以，在「親情」與「法律」之間，在「心安」與「公平」之間，總應該有一個協調的通道，有一個解決的途徑，這就是我們應該來尋求的。今天，我雖然不能直接提出一個妥善的答案或結論，但我可以關聯這次文化研討會的共同主題「哲學與社會」，並就著當前的社會情況，提出一些建議。

首先，我願意提到李國鼎先生所說的「第六倫」的問題，儒家只講五倫，五倫是人倫常道，常道是不可改變的。即使君臣這一倫，名分沒有了，理還在。我們可以把君臣關係轉化為「國家與公民」的關係，把君臣之義擴大到「權利與義務」上來講。其餘四倫，在「理」上更無所改變，只是在「事」這一個層面，應該作一種適當的調整。譬如在此時此地，我們將如何來表現父子之親、兄弟之序、夫婦之別、朋友之信呢？這是屬於「理和事」（理論和實踐）如何融通協調的問題。而事實上，在幾十年的歷史演進和社會發展之中，也早已有了不同程度的改變。不過這些形式的改變，一般地說都有「過」或「不及」的偏差。我們將如何來「因、革、損、益」，使它合乎「時中」的原則呢？這是我們應該用心的第一個重點。

其次，是我們要不要增加第六倫？第六倫的意思，是指「個體」與「群體」的關係，可以簡稱「群己關係」。群己關係也是「自古有之」的一種關係。在以往，中國社會的群體組合，主要是家族、鄉黨，是由血緣地緣而形成。而現在的群體組織比以前複雜得多了。所以今天所說的群己關係，是每一個人和他有關的各種「群體組織」之間的相處之道的問題。我認為，李國鼎先生這一個提議，是很有意義的，也很切合時代社會的需要。但是「第六倫」這個名目，是否必然地可以成立呢？我個人暫且採取保留的態度。我的意思是說，我們暫時不必在「要不要建立第六倫」這個地方起爭端，而應該從義理上、實質上，先來作一種「反省、檢討、徵詢、溝通」的工作，然後才可以比較客觀相應地為「群己關係」建立一些「可行的方式和規範」。義理方面的反省和檢討，學者專家應該負更多的責任。但是我並不贊成由學者專家先做成結論。我認為應該根據相當充分的徵詢調查的資料，來作一個全面性的分析和研判。這樣，才能得到一個不與時代脫節的答案。

因此，第三，我認為除了所謂「家庭倫理、社會倫理」之外，其他像「政治倫理、經濟倫理、宗教倫理……」都可以有它的意涵。甚至如果有人提出「學校倫理、工會倫理、工廠倫理、商場倫理、以及海外僑社倫理……」，我們也不必加以排斥。因為「良心天理」本來就可以而且應該表現到各種生活的層面，使人間各種形式的生活，都有可供遵循的倫理規範。何況，我們所處的，乃是一個「多元價值」的社會。我們固然要保住固有倫理的價值，以及堅守價值的原則和標準，這是屬於「普遍性」的層面；而在倫理的效用上，我們也必須注意到它的「差別性」，應該採取一種開放的、應變的態度，使倫理的功能，可以在各種不同的方面而具體落實地表現出來。

我認為，從政府到民間，從學校到社團，都可以來做一種全面性的徵詢調查的工作，看看我們不同階層，不同職業、不同年齡的國民，到底具備一些什麼樣的觀念，有些什麼樣的困惑，以及有些什麼樣的偏差。在徵詢調查之前，設計的工作非常重要。至於方式，我想問卷和實地訪問，可以齊頭併進。但千萬不可以操之過急，不可以貪求近功速效，必須一次二次三次，逐漸地調整「觀點、角度、項目、層面」，不斷地發掘問題的性質及其相關的各種因素（譬如一些矛盾衝突的因素，一些互為因果的因素，以及相反相成的因素等）。徵詢調查的工作完成之後，進一步就是根據資料作一番整理，然後提供給有關的學者專家，作一種學理上的評鑑和義理上的批判，而歸結出對應於不同環境、不同機構團體的，一些倫理性的「實用原則」。再把它公之社會，以接受輿論的批評，求取公眾的認同。經過一段時間觀念的溝通，它自然就會在不同的生活環境、工作環境之中，漸漸地落實，而成為大家共守的倫理規範。

我一向認為，儒家倫理的根基，不但很深厚，而且很廣大，很平正，同時也具有很強的適應性。雖然外在的架構、形式、節文，在今天多半已散塌了，但實質上它還是在起作用。臺灣地區和海外華僑社會固然如此，就是在大陸上，倫理的觀念，也仍然深藏在廣大人民的心靈之中，而且在壓制摧殘的情形之下，還是能夠表現到具體的生活行為上來。它何以能夠如此？因為儒家的倫理，本來就不是某一人，或者某一些人，頒佈下來的教條。如果其中有一些教條化的東西，也早已在時代的浪潮中淘洗乾淨了。聖人制禮作樂，開出人倫生活的常道，本來就是「先得我心之同然」，所以它有心同理同的基礎，它也當然可以隨著時代社會的演變發展，而作一種適應和調整，以達到「因時、因地、因人、因事」而「措其宜」。

因此，我堅定相信，只要我們能把握儒家倫理的基本原則，發揮儒家倫理的基本精神，那末，無論生活和工作的環境如何變化，我們都同樣可以——

成為一個克己復禮，立身成德的「個體人」；

成為一個孝弟慈愛，友恭和順的「家庭人」；

成為一個勤慎信諒，互助合作的「社會人」；

成為一個承先啟後，光大道統的「民族人」；

成為一個公忠體國，莊敬自強的「國家人」；

成為一個天下為公，和平大同的「世界人」。

而且，我們還可以——

依據因革損益，與時俱進的道理，成為一個「時代人」；

依據民為貴，民為本，與民同好惡的道理，成為一個「民主人」；

依據開物成務，利用厚生的道理，成為一個「工商企業人」；

依據博學、審問、慎思、明辨的道理，成為一個「學術人」；

依據游於藝、成於樂的道理，成為一個「藝術人」；

依據義之與比，見義勇為的精神，成為一個「俠義人」；

依據用之則行，舍之則藏，以及乘桴浮於海的態度，成為一個「隱逸人」。好了，我這樣一連串說下來，好像是特意在這裡標榜儒家。其實，不是的。我只是表示：倫理，乃是人倫之理。只要是屬於人生正面意義的表現，只要是屬於社會價值的完成，就必然地會得到儒家倫理的肯定和支持。

最後，我還想說幾句話。新加坡李光耀總理最近說到，「忠孝仁愛，禮義廉恥」，是作為一個現代國民必不可少的基本道德。而他們的教育部長也已宣佈要在學校講授「儒家倫理」的課程。數年前，我還在報紙上見到一位西方世界評論家的說法，他提到東方的日本、韓國、臺灣、香港、新加坡各地經濟的發展，有一個共同的精神因素，就是中國儒家的倫理思想；他並且舉出「和諧、勤勞、關懷、互助、中庸之道、和平改革」這幾個精神原則，來支持他的說法。由此可見，儒家的倫理觀念，不但存在於中國人的生命裡面，而且也能貫注到現代的工商企業之中，而成為一種新的精神動力。[4]

4　須見杜維明先生一文〈儒家倫理和東方企業精神有關嗎？〉（中國時報七十二年十一月十二日人間版）文中說及：亞洲工業地區的新興經濟倫理，以及企業鉅子所代表的價值取向，和西歐「強調謀利動機、市場競爭、征服自然、優勝劣敗、與個人主義的資本主義精神」有著顯著的分別。他們提倡「忠於職守的集體合作，要求政府的協助指導，反對唯利是圖的心理，注意節約、修身、自律之類的人格陶養」。該文還提及一位英國政治學教授的推測，認為以儒家倫理為動源的東方企業精神，將來很可能取代以基督教新倫理為核心的西歐資本主義精神。

第八章 孟子的政治思想

第一節 推仁心、行仁政

孟子屢言先王之道。先王指堯舜禹湯文武，先王之道即是仁政王道。孟子說：

「人皆有不忍人之心。先王有不忍人之心，斯有不忍人之政矣。以不忍人之心，行不忍人之政，天下可運之掌上。」（公孫丑上6）

安於不仁謂之忍。不忍人之心，即是仁心，亦即怵惕惻隱之心。聖王與民同好惡，同憂樂，滿腔子是惻隱之心，故能「推仁心，行仁政」。「推」是儒家最基本、亦是最可貴的精神。孔子所謂「己所不欲，勿施於人」是推己之恕，而「己欲立而立人，己欲達而達人」，則更是恕道的積極表現。[1]到孟子，對這種推擴的道理，繼續加以發揮。他說：

1 己所不欲句，見論語顏淵篇、衛靈公篇。己立立人句，見論語雍也篇。

「凡有四端於我者，知皆擴而充之矣，若火之始然，泉之始達。苟能充之，足以保四海；苟不充之，不足以事父母。」（公孫丑上6）

「老吾老以及人之老，幼吾幼以及人之幼，天下可運於掌。詩云：『刑於寡妻，至於兄弟，以御于家邦。』言舉斯心加諸彼而已。故推恩足以保四海，不推恩無以保妻子。古之人之所以大過人者，無他焉，善推其所為而已矣。」（梁惠王上7）

擴充四端之心，近則可以事父母，大則可以保四海。而「老吾老以及人之老，幼吾幼以及人之幼」，亦仍然是推擴吾心之仁，由己之父母子女以及於天下人之父母子女，這是極其自然而又順情合理的事。對於這種「舉斯心加諸彼」的行為，孟子稱之為「推恩」。古先聖王「以不忍人之心，行不忍人之政」，亦無非是「善推其所為」而已。

「推其所為」，人皆能之；但要「善推其所為」，則必須行仁政。孟子書中論仁政王道之言甚多。茲分為君道、臣道二目作一說明。

一、君道

孟子的政治思想並不以君為中心，而是以民為中心（見下第二節），故孟子論君道，亦以貴德愛民為本旨。茲分三點，簡述如下：

1.以德行仁——孟子說：「以力假仁者霸，以德行仁者王。」[2]以德行仁，即是推恩以行仁政。仁恩及於民，則人民心悅誠服，故「民之歸仁也，猶水之就下也。」[3]孟子又曾說到文王發政施仁，必以「鰥、寡、孤、獨」四者為先。[4]以四者為先，卻不以四者為限，因為仁政以天下為對象，為政者必須「率天下以仁」，乃能使天下人人各得其所，各安其生。故孟子認為「惟仁者宜居高位，不仁而居高位，是播其惡於眾也。」[5]但有仁心仁德，如無「道揆法守」，仍然不能平治天下。所以孟子又說「今有仁心仁聞，而民不被其澤，不可為法於後世者，不行先王之道也。故曰，徒善不足以為政，徒法不能以自行。」[6]孟子言治，以德為本，以法為用。可見德化的治道，並不疏忽（尤不抹煞）法制的功用。自古「禮、法」並舉，亦是此意。

2.貴德尊士——孟子以「爵、齒、德」為天下三達尊。「朝廷莫如爵，鄉黨莫如齒，輔世長民莫如德。……故將大有為之君，必有所不召之臣；欲有謀焉則就之，其尊德樂道，不如是，不足以有為也。故湯之於伊尹，學焉而後臣之，故不勞而王；桓公之於管仲，學焉

---

2 公孫丑上篇第三章。

3 離婁上篇第九章。

4 梁惠王下篇第五章。

5 離婁上篇第一章。

6 同上。

而後臣之，故不勞而霸。」[7]君不召臣，是表示對賢者的尊敬。一個君王如果「不信仁賢，則國空虛」[8]。孟子認為「以天下與人易，為天下得人難」[9]。所以為君者必須「貴德而尊士」，以使「賢者在位，能者在職」[10]。一國之君果能做到「尊賢使能」則「天下之士皆悅而願立於其朝矣」[11]。如此，便是「為天下得人者謂之仁」了。

3. 與民同好惡——孟子說：「桀紂之失天下也，失其民也；失其民者，失其心也。得天下有道：得其民，斯得天下矣。得其民有道：得其心，斯得民矣。得其心有道：所欲與之聚之，所惡勿施爾也。」[12]民之「所欲」，為之聚積以滿足他們的需要；民之「所惡」，則不可施行以免招致他們的怨怒。孟子之意，與大學所謂「民之所好好之，民之所惡惡之」同一旨趣。孟子論政，特重民意。為政者不但要與民同好惡，還要與民同憂樂[13]，甚至用賢、殺人，亦要依據民意，所以說：「國人皆曰賢，然後察之，見賢焉，然後用之。……國人皆曰可殺，然後察之，見可殺焉，然後殺之。」[14]總之，一切以人民為主體，一切以民意為依歸（而不是以君王為主體，以君意為依歸），這就是孟子仁政思想的基本要義。

二、臣道

臣的職分，首在輔佐君王推行愛民之政。故此處論臣道，皆就臣對君而言。（至於臣對民，實即國家政治與人民之關係，見下第二節。）

1. 格君心之非——孟子說：「惟大人能格君心之非。君仁莫不仁，君義莫不義，君正莫不正，一正君而國定矣。」[15]天下之治亂，繫於君心之仁與不仁。「生於其心，害於其政」，如果君心有「非」，便足以妨害國家之政事。為人臣者如能格正君心之非念，就等於端正了國家施政之趨向。趨向既正，則可以進而安國定邦，所以說「一正君而國定矣」。

2.引君於正——孟子說：「君子之事君也，務引其君以當道、志於仁而已。」[16]依朱注，當道、謂事合於理，志仁、謂心在於仁。為人臣者能使君王心存於仁，事合於理，便是「引君於正」。而君王之不正，多半是由於奸佞小人之引誘，所以孟子又說：「長君之惡其罪小，逢君之惡其罪大。」[17]因為長君之惡，只是順其已然，未加諫諍而已；而逢君之惡，

7 公孫丑下篇第一章。
8 盡心下篇第十二章。
9 滕文公上篇第四章。
10 公孫丑上篇第四章。
11 同上第五章。
12 離婁上篇第九章。
13 梁惠王下篇第四章云：「樂民之樂者，民亦樂其樂；憂民之憂者，民亦憂其憂。樂以天下，憂以天下。」
14 同上第七章。
15 離婁上篇第二十章。
16 告子下篇第八章。

則是迎其未然，誘之為惡，所以「其罪大」。

3. 易君之位——依常理，臣不可弒君，亦不可易君之位。但如果君王不盡君道，而暴虐百姓，危及社稷，則名為國君而實為國賊。故孟子曰：「賊仁者謂之賊，賊義者謂之殘，殘賊之人，謂之一夫。聞誅一夫紂矣，未聞弒君也。」[18]又如君有大過，諫之不聽，則貴戚之卿，可易君位[19]。貴戚之卿可以易君位以另立賢者，亦可說是在「禪讓」「革命」之外，孟子所提出的另一種政治權力轉移之方式。

第二節 民為貴、重民生

孟子曰：

「民為貴，社稷次之，君為輕。是故得乎丘民而為天子，得乎天子為諸侯，得乎諸侯為大夫。諸侯危社稷，則變置。犧牲既成，粢盛既潔，祭祀以時，然而旱乾水溢，則變置社稷。」（盡心下14）

孟子「民貴君輕」之說，在人類政治思想史上，實為先聲。「君」與「社稷」可以變置（變換舊的，更置新的），而「民」則不可。可見君與社稷，只是變數，人民才是不變的常數，在儒家的政治思想裡，「民」是政治的重心，君與社稷，皆為「民」而存在。而為政之道，愛民安民而已。國以民為本，民以食為天，所以政治之首要在民生。以下識分為「養民、教民、使民、保民」四目略加說明。

一、養民

孟子以「黎民不饑不寒」，「養生喪死無憾」為「王道」之始基。[20]為期達到這個目的，必須做到下列三事：

1. 為民制產——孟子認為「民無恆產，則無恆心」。是故明君制民之產，必使「仰足以事父母，俯足以畜妻子。樂歲終身飽，凶歲免於死亡。」否則，在饑寒交迫之下，人民「救死而恐不贍，奚暇治禮義哉？」[21]孟子之言，不但上承孔子「先富後教」之義，而且與管仲所謂「衣食足則知榮辱，倉廩實則知禮義」，意思亦正相同。孟子又說：「夫仁政必自經界始。經界不正，井地不均，穀祿不平；是故暴君汙吏，必漫其經界。經界既正，分田制祿，可坐而定也。」[22]儒家講道德，是理想主義的精神，而談到政治，則採取經驗主義的立

17 同上第七章。
18 梁惠王下篇第八章。
19 參見萬章下篇第九章。
20 參見梁惠王下篇第三章。
21 參見梁惠王上篇第七章。

場。道德和政治的分際，在儒家本甚清楚，而近人動輒指說儒家是泛道德主義，實乃濫用詞語，是顢頇而不相干的混扯。[23]

2.不違農時——孟子說：「不違農時，穀不可勝食也。數罟不入洿池，魚鱉不可勝食也。斧斤以時入山林，材木不可勝用也。」「鷄豚狗彘之畜，無失其時，七十者可以食肉矣。百畝之田，勿奪其時，數口之家可以無饑矣。」[24]

3.薄其賦斂——儒家向來主張輕徭役，薄賦斂，以什一之稅為常則。而孟子對於自古行之的「布縷之征、粟米之征、力役之征」，認為應該「用其一而緩其二」[25]，尤足顯示他薄賦斂、惜民力的主張。

二、教民

孟子認為「善政不如善教之得民也」[26]，而教民之道，是「謹庠序之教，申之以孝弟之義」[27]。教的重點，是教以人倫：「父子有親，君臣有義，夫婦有別，長幼有序，朋友有信。」[28]人倫明於上，則小民親於下。親其親，孝也；長其長，弟也。推此孝弟之義以親人之親，長人之長，則天下可得而平，所以說：「堯舜之道，孝弟而已矣。」[29]至於知識技術的教育，在古代農業社會的需要性並不很大，而工商百業的知識技能，亦自有其行業本身的傳授方式，歷代留傳的器物，更普遍地顯示先民智能的靈巧和技藝的精美。據此而推，只要國家教育上軌道，今後知識技術的發達，自是順理成章之事。

三、使民

使民之道，首在與民同好惡、同憂樂。孟子說：「以佚道使民，雖勞不怨。以生道殺

---

22 滕文公上篇第三章。

23 按，就「德化的治道」而說儒家是「泛道德主義」，乃是不相干的拉扯，至少亦是不明分際的顢頇之見。道德而格律化、教條化，而又直接以此外在之格律教條強壓於人，乃成為奴役人民的泛道德主義，是即王船山所謂「立理以限事」。西方神權政治下的泛道德主義即是此種格律化教條化的泛道德主義，故不但燒殺異教徒，而且以教條決人之生死。而今之共產黨則又將共產主義格律化教條化，並以其「教條化」之意識觀念直接殺人（不只是奴役人而已）。在共黨，是泛政治主義與泛道德主義合一，故成為「立理以限事」之典型。儒家以不忍人之仁講道德，決不容許奴役人民，決不是那種格律化教條化的「立理以限事」的泛道德主義。此意，牟宗三先生《政道與治道》（臺北、臺灣學生書局）第三章第四節後段有辨，請參看。

24 梁惠王上篇第三章。

25 盡心下篇第二十七章。

26 盡心上篇第十四章。

27 梁惠王上篇第七章。

28 滕文公上篇第四章。

29 告子下篇第二章。

民，雖死不怨殺者。」[30]佚道，是使人民安佚之道。人民為自己生活之安佚而勞苦，故能勞而不怨。生道，是使人民活命獲生之道，如除暴安良，以殺止殺之類。至於「勞心」「勞力」的分別[31]，是依於分工而來的位分之不同。勞心者治人，乃為公，而非為己；既然擔任公共事務，自應享有俸祿之養。所謂「祿」者（食於人），所以「代耕」也。然則，孟子所說，不但是天下之通義，而且是古今不變的常則。

四、保民

保民之道，在以不忍人之心，推為不忍人之政。孟子因齊宣王見牛之觳觫而不忍殺，以指點此一念之不忍即是仁心之根芽，教他「舉斯心加諸彼」，「推恩」以保四海，此即所謂「保民而王」[32]。孟子曾說：「古之為關也，將以禦暴；今之為關也，將以為暴。」[33]設關以禦暴，是為了保民；設關以為暴，則是為了虐民（關起門來行暴政）。戰國時代，諸侯相互攻伐，「爭地以戰，殺人盈野；爭城以戰，殺人盈城」。孟子認為這是「率土地而食人肉，罪不容於死。」[34]凡殘民以逞，未盡「保民」之責者，孟子皆嚴加貶斥，故曰：「五霸者，三王之罪人也」，「今之諸侯，五霸之罪人也」，「今之大夫，今之諸侯之罪人也」。[35]

以上所述，是孟子論政之綜括。孟子倡言仁政王道，在崇尚詐力的戰國時代，實顯示一特殊之立場。但這套政治理論，本質上仍只是傳統政治中「修德愛民」觀念的引申。而真正具有「政治思想」之重大意義，而又有創闢性之見解的，則是孟子在萬章上篇所提出的有關政權轉移的理論。

第三節　政權轉移的軌道問題

在孔子的時代，周文（禮樂文化）的理想還盪漾於士民的心懷之中，所以孔子對於政治的意向，是想重建周文的秩序，重開周公的禮樂政教，而並沒有建立一個新政權的想法。雖然他說過「其或繼周者」，亦只是順三代禮制之因革損益而言；他講大同小康亦說到堯舜禪讓與三代世襲，但對於政權轉移的理論，則沒有具體明確的表示。孟子生當戰國中期，周室衰微已甚，士民心中早已不存興復周室之意念，孟子亦遂寄其希望於新王之興起。他既然有建立新政權的意向，自必論及有關政權轉移的問題，這亦是孟子書中最有意義的政治思想。[36]

---

30 盡心上篇第十二章。

31 參見滕文公上篇第四章。

32 參見梁惠王上篇第七章。

33 盡心下篇第八章。

34 離婁上篇第十四章。

35 告子下篇第七章。

36 《政道與治道》第七章〈政治如何從神話轉為理性的〉，曾引孟子萬章上篇第五、六兩章之言，加以論述，請參看。

一、天與即人與：民意政治

萬章曰：「堯以天下與舜，有諸？」孟子曰：「否，天子不能以天下與人。」「然則，舜有天下也，孰與之？」曰：「天與之。」「天與之者，諄諄然命之與？」曰：「否，天不言，以行與事示之而已矣。」曰：「以行與事示之者，如之何？」曰：「天子能薦人於天，不能使天與之天下；諸侯能薦人於天子，不能使天子與之諸侯；大夫能薦人於諸侯，不能使諸侯與之大夫。昔者，堯薦舜於天而天受之，暴之於民而民受之。故曰，天不言，以行與事示之而已矣。」曰：「敢問薦之於天而天受之，暴之於民而民受之，如何？」曰：「使之主祭而百神享之，是天受之；使之主事而事治，百姓安之，是民受之也。天與之，人與之。故曰，天子不能以天下與人。舜相堯，二十有八載，非人之所能為也，天也。堯崩，三年之喪畢，避堯之子於南河之南，天下諸侯朝覲者，不之堯之子而之舜；訟獄者，不之堯之子而之舜；謳歌者，不謳歌堯之子而謳歌舜；故曰，天也。夫然後之中國，踐天子位焉。而（如）居堯之宮，逼堯之子，是篡也，非天與也。泰誓曰：『天視自我民視，天聽自我民聽。』此之謂也。」（萬章上5）

這一章所表示的意思，主要有以下幾點：

1.「天子不能以天下與人」。因為「天下」不是一件物品，故不能私相授受。就今天之情形而言，現任之總統，亦不能私自以總統之位授與他人。

2.「天子能薦人於天，不能使天與之天下」。這裡提出了「推薦」的觀念。如果類比於民主政治而言，「薦人於天」，相當於向選民「提名候選人」。但提名是一回事，選民是否投票支持被提名者當選，又是一回事。所謂「不能使天與之天下」，亦正表示這個意思。同理，諸侯亦只能向天子推薦賢才，而不能使天子一定將諸侯之位給予他所推薦的人。大夫之於諸侯，亦然。

3.「天與之」是通過「人與之」而表示。被薦者的「行與事」皆得民心，是即無異於今之候選人經由「普選」而獲得選民之熱烈擁護。這熱烈擁護是自然而然的，不是把持的、強制的。從「自然而然」（非人之所能為）這個意思上說，是「天與之」。從諸侯百姓順著自己的心意而「朝覲」「訟獄」「謳歌」上說，便是「人與之」。其實「天與」與「人與」，並沒有實質上的不同。這種經過「推薦」（薦人於天）與「普選」（由行事得民心來顯示）而得天下，而踐天子之位，完全是「德」的觀念、「公天下」的觀念。在此，沒有人權運動，沒有訂定憲法，而是就這最實際的行事與最具體的民心之向背，以表示天理合當如此。這天理一經正視而被認定，就成為不可動搖的信念，成為良心上不能違悖的真理。這裡顯示了一個政治實踐上的最高律則：「天意不可違逆，民心不可違背」。我們亦可以說，這是一種「主觀形態的民主」；如果將這個律則「客觀法制化」，便是今日民主政治的形態。

4.「天視自我民視，天聽自我民聽」。這是引尚書泰誓之言，以印證「天與之」是通過「人與之」而表示。天的視聽既然通過人民的視聽而顯示，則所謂天命之歸，實際上即是民心之所向。民心即天心，民意即天意。

二、禪、繼與革命：政權之轉移

萬章問曰：「人有言，至於禹而德衰，不傳賢而傳於子，有諸？」孟子曰：「否，不然也。天與賢則與賢，天與子則與子。昔者，舜薦禹於天，十有七年，舜崩，三年之喪畢，禹避舜之子於陽城，天下之民從之，若堯崩之後，不從堯之子而從舜也。禹薦益於天，七年，禹崩，三年之喪畢，益避禹之子於箕山之陰，朝覲訟獄者，不之益而之啟，曰：吾君之子也！謳歌者不謳歌益而謳歌啟，曰：吾君之子也！丹朱之不肖，舜之子亦不肖；舜之相堯、禹之相舜也，歷年多，施澤於民久。啟賢，能敬承禹之道；益之相禹也，歷年少，施澤於民未久。舜禹益相去久遠（按，相去久遠，當作「相之久近」，意指舜、禹、益三人為相時間之長短），其子之賢不肖，皆天也。莫之為而為者，天也；莫之致而至者，命也。匹夫而有天下者，德必若舜禹，而又有天子薦之者；故仲尼不有天下。繼世以有天下，天之所廢，必若桀紂者也；故益、伊尹、周公不有天下。……孔子曰：唐虞禪，

夏后殷周繼，其義一也。」（萬章上6）

這一章，是順承上章推薦與普選的最高原則，再申論「禪」與「繼」（傳賢與傳子）的問題。

1.天子薦人於天，類似提名競選，而禹之子啟得天下，則近乎今日所謂連選連任。但啟再傳天下於其子太康，則不可；所以終於有后羿之事。而少康之中興，實憑武力；而亦由於后羿寒浞之相繼行暴，予少康以可乘之機。

2.「謳歌者不謳歌益而謳歌啟，曰：吾君之子也！」這表示人民不能忘懷大禹治水的功德，而其子啟又很賢能，於是愛屋及烏，而擁戴啟繼其父禹為天子。大禹雖然先推薦了益，但益相禹的年數少，施於人民的惠澤，亦不足以拉轉人民戀舊（感念大禹）之情。這些都非人力所能為，而是「天」「命」。

3.「天與賢則與賢，天與子則與子。」無論「與賢」或「與子」，皆視天心民意而定。但「吾君之子也」這種戀舊之情，只是一時的，可一而不可再。啟繼承禹，近乎連選連任，而連選連任亦有限制，故「吾君之子」沒有理由永遠拉長下去。孟子的說法，是表示政權的轉移，無論與賢、與子，皆決定於民意；而並不表示承認世襲家天下為合理，此所以孟子又盛讚湯武之革命。

4.「匹夫而有天下者，德必若舜禹，而又有天子薦之者。」這是說有天下而為天子，除了要有德，還要有現任天子的推薦，孔子有其德而無人薦，所以「不有天下」。在此可以看出，孟子這個理論，缺少一步積極有效地「使聖人為天子」的客觀法制。

5.「繼世以有天下，天之所廢，必若桀紂者也。」這是說在世襲家天下的制度下，在位天子的惡行必須達於夏桀商紂的程度，才會為天所廢；夏之啟很賢、商之太甲雖失德而知悔改、周之成王亦很賢，三人皆能承繼先業，故天不廢之。而亦以此故，「益、伊尹、周公不有天下」。這裡所透露的，是表示孟子對於並不合理的「家天下」，除了肯定湯武革命之外，還沒有想出一個有效的處理辦法。

無論「禪」「繼」或「革命」，都是以「德」取天下。都以「民心」為政權轉移的依據。這三者，孟子都予以肯定承認，並引孔子之言曰：「唐虞禪，夏后殷周繼，其義一也。」其實，這三者之間是有不同的。「禪」是公天下，「繼」是家天下，而「革命」則是以非常手段取天下。以革命對禪而言，禪是揖讓，革命是征誅；一個是德，一個是德加上力。以革命對繼而言，一方面是對家天下世襲傳子之挑戰（因為子不必賢，傳到桀紂這樣的暴君，當然必須對付），一方面卻又是另一個新世系的家天下之形成。

總之，關於政權轉移的軌道問題，孟子所提供的理論方向，的確有重大的意義和價值。這裡所欠缺的，只是如何落實到制度上，確立「推薦」「人與」或「不與」的法制，以保證「公天下」理想之實現：

1.就推薦而言——天子可以薦人於天，然則，人民是否亦可以推薦人選？如何薦？

2. 就人與而言——天與即人與，然則，「人與」（選舉）將如何客觀法制化？

3. 就不與而言——人民可以不與堯舜之子，然則，繼世之君雖非桀紂，但亦非賢能，此時，人民是否亦可以表示「不與」？又將如何使「不與」（罷免）客觀法制化？

這三個問題，儒家一直未能落在法制上作架構之思考；在此，顯示儒家的外王之學在理論架構上有所不足。但亦須知，這個問題乃是人類共同的問題。在西方世界，亦要到一六八九年英國通過「權利法案」之後，才算開始正視這個問題而有了初步的解決之道。較之我國辛亥革命成功，亦不過早二百二十餘年而已。[37]

第四節　由民貴、民本到民主

上文提及「推薦」（提名）與「普選」一類的詞語，並非隨意比附，而是為了有助於問題的說明。

孔子論大同小康，以為「大同」是「大道之行，天下為公」，「小康」是「大道既隱，

---

37 按，英國權利法案通過（一六八九）之前二十六年，黃梨洲明夷待訪錄成書（其自序作於癸卯、康熙二年、西元一六六三年），一七四八年法人孟德斯鳩法意出版，一七七六年美國獨立，一七八九年法國大革命，一八六七年日本明治維新，一九一一年辛亥革命成功。

天下為家」[38]。孔子的話，是從第一義的制度上說。第一義的制度是指「政道」而言，政道是安排政權的軌道。第二義的制度則指「治道」而言，治道是安排治權的軌道。大同的「公天下」和小康的「家天下」，都是關乎政權的事。因此，禮運大同章開端所謂「大道之行也，天下為公，選賢與能」云云，亦應該關聯著政權來作解釋。選舉賢能，不能只限於治權方面的選任官吏，更重要的是政權方面的選舉天子。如果「選賢與能」只在治權方面運用，而政權方面仍由一家世襲，那便是「天下為家」，如何能說是「大道之行，天下為公」？在孔子當時，雖然沒有採取「政權」「治權」以及「民主」之類的概念詳作分疏，但從義理上說，禪讓公天下，當然比世襲家天下更為合理，更近乎大道之行。然則，政權方面的民主（由民意決定政權之移轉），自當為孔子思想之所函。不過，孔子並沒有從法制方面著眼，設計一套可以使政權之民主得以具體實行的制度，而孟子以後，亦沒有人繼續在這方面用心思，因而託於堯舜的「大同」「公天下」，雖一直為儒家所肯定、所嚮往，卻始終未能推進一步而達到客觀法制化。

但治權方面的選賢與能，自古即已實行。春秋「譏世卿」，便是要求治權開放的表示。天子諸侯世襲之勢已成，一時無可如何，但卿大夫則不可世襲，而必須讓賢、舉賢。漢代以後，行選舉之制，士人通過察舉或科舉考試，可以參與國家政治，可見政權雖掌握在皇帝一人手上，但治權卻是開放的。在此，亦可以說已有治權方面的民主。但既無政權方面的民主，則治權的民主亦欠缺客觀的保障。故西漢一代，雖有政治理想的發揚，但卻未能做到

1.「限制君權」之立法

2.「規定人民權利與義務」之立法

這二步政治上的立法做不出，不但無法開出「政道」，就是「治道」的客觀性亦連帶地受到限制。東漢以後，君主專制成為定型，久而久之，「公天下」的觀念亦時常從士人的意識中隱沒，而不能以「天下為公」的義理來鑑照現實的政治。對於「家天下」「私天下」的政權，或者視為歷史事實而付之感歎，或者深惡痛絕而又提不出解決之道。這正是由於「有治道而無政道」而形成的政治上的困結。

大明覆亡，顧、黃、王三大儒都有亡國亡天下之痛，他們的文化意識與政治意識都極其充沛而強烈，黃梨洲的「明夷待訪錄」，王船山的「黃書」，顧亭林「日知錄」的一部分，都能相應孔孟所傳的二帝三王之弘規而立言，廣博弘深而無所拘礙。但是，他們所論及的仍然是「治道」方面的問題，而對於「政道」方面的「朝代更替」，「君位繼承」，以及「宰相地位」的問題，仍然未能落在客觀法制上而提出根本的解決之道。而這三大問題，正是中國政治思想的癥結所在，可以稱之為中國傳統政治的三大困局。

孟子說「民為貴」，而在「修德愛民」的傳統政治中，為政論政者亦皆以「民本」為主

38 見禮記禮運篇大同小康章。

梟。但從「民貴、民本」的義旨來看，仍然是屬於「治道」性質的觀念。在此，我們可以對「民本」與「民主」提出三點考察：

1.「民本」是順愛民保民的觀念而來，是自上而下的；在這種情形之下，人民是被動的——被動地接受聖君賢相推行仁政王道的惠澤，被動地接受禮樂教化的薰陶。而「民主」則是自下而上的，是人民自覺自發地爭取自由人權，爭取平等幸福；而且建立了一個政治體制，運用客觀的法律來保障人民的自由和權利。

2.在「民本」的政治規範下，為政者應該與民同好惡、同憂樂，對人民必須「養之、教之、保之」，而不容許「罔民、虐民」；在基本宗趣上，這是以人民為主體，以民意為依歸。但這種政治的效能，主要是靠聖君賢相的道德自覺，而法制性的設計亦只限於「治道」一面，只是第二義的制度。至於第一義的制度（安排政權的政道）則仍付闕如。而「民主」政治的基本貢獻，是在體制上確定：⑴國家主權屬於國民全體，⑵政權與治權之劃分，⑶公民是權利義務之主體（權利不可拋棄，不可讓度；義務不可逃避，不可代替）。這三點，皆含具政道的意義，是第一義的制度。有了這一步體制上的建立，「以人民為主體，以民意為依歸」，才有具體而真實的意義——從道德教化的意義而進到政治法制的意義。

3.順著儒家「民為貴」「民為邦本」的思想方向，其贊成民主政治是理所當然的。問題是在中國傳統政治中的「民本」思想，一直是德化的性格，而欠缺一個客觀法制的架構，因而始終沒有完成上文所提及的二步立法（限制君權，規定人民之權利義務）。由此可知，中國傳統政治的問題，是屬於「政道」層面的問題，不是「治道」層面的問題。而「民本」與「民主」的不同，根本上只是一個政治體制的問題。至於二者的基本宗趣，並沒有精神原則上的牴觸，在意向上是相順接而不相違逆的。

此外，還須對「政治形態」作幾句說明。政治的體制決定政治的形態。歸結起來，人類史上的政治形態並沒有很多。第一個階段是「貴族政治」的政治形態：希臘羅馬時期和中國春秋時代以前，都屬於這個階段。第二個階段是「君主專制」的政治形態：在西方，自羅馬後期到近代民主憲政出現之前，屬於這個階段；在中國，經過戰國時代之轉形，秦漢以後君主專制成為定局，直到滿清覆亡，長達二千年之久。第三個階段是「民主政治」的政治形態：在西方，已有三百年的歷史；在中國，自辛亥革命以來，亦已進入這個階段。但中國民主建國的大業，迄今仍未完成。在形式條件上，我們有「憲法」，進一步是如何使憲法施行於全國，使民主政治的體制，真正成為中國政治定常的軌道。這個軌道建立之後，全體國民的「自由、平等、人權」，乃能得到法律的保障；而科學的發展以及國家的建設，亦必須在民主的體制和開放的社會之中，乃能獲得正常的推動和真實的成果。

第九章　孟子的學術批評

人稱孟子「好辯」，孟子自稱「知言」。好辯，乃是為了「正人心，息邪說，拒詖行，放淫辭」[1]，所以說：「豈好辯哉？予不得已也！」[2]知言，則是對於言論思想的是非、善惡、誠偽、得失之精察明辨。言由心發，由言可以觀心。所以知言亦即知心，知心實即知人。

孟子書中，記載很多他知人論世的話[3]，正是由於他由知言知心而知人的緣故。孟子「知言」的實例，大體可以分為二方面：第一是對先王之道的紹述以及對於聖賢人格志行的論讚。第二是對於同時代的學者及其言論思想之評論與駁斥。本章擬就第二方面作一簡要之

1 見滕文公下篇第九章。

2 同上。

3 孟子知人論世之言，拙撰《孟子要義》（臺北、臺灣書店）知人論世篇中，曾選錄原文以闡發孟子知言知人的慧識，而孟子之道德意識、文化意識，以及他「舍我其誰」的歷史使命感，亦可藉之而獲得具體之印證。

論述。

第一節 告子：不識性、不知義

告子，姓告名不害，是孟子同時的學者。他的學說主張，主要記載在孟子書中：一是人性論，二是義外說。而依孟子看來，告子既「不識性」，亦「不知義」。

一、告子論性之大意

關於告子論性之言，分別見於孟子書告子上篇前面數章，茲先摘要如下：

告上1：「告子曰：性猶杞柳也，義猶桮棬也。以人性為仁義，猶以杞柳為桮棬也。」

告上2：「告子曰：性猶湍水也，決諸東方則東流，決諸西方則西流。人性之無分於善不善也，猶水之無分於東西也。」

告上3：「告子曰：生之謂性。」

告上4：「告子曰：食色，性也。」

告上6：「告子曰：性無善無不善也。」

大體而言，告子論性，是以「生之謂性」為其中心義旨。[4]古先訓性為生，故曰「性者，生也」。「生之謂性」是說，凡是生而即有的自然生命之材質本能，即是人的性，其內容可以包含「生物本能、生理欲望、心理情緒」三大串。在人的生理欲望之中，又以飲食男女之欲最為顯著，所以告子便直說「食色，性也」。食色本身只是生之自然，既不可說是善，亦不能說是惡；因此，告子認為「性無善無不善」。順此意而取譬，他便以為「性」猶如「湍水」（湍、波流迴旋之貌），向東開決便流向東，向西開決便流向西。人性之無分於善惡，就像水之流向無分於東西。人性既不是善，則所謂「仁義」，自是外鑠而來，是人為矯揉而成。所以告子又說：「性猶杞柳也，義猶桮棬也；以人性為仁義，猶以杞柳為桮棬也。」以上是告子論性之大意。

二、孟子的批評

甲、關於「生之謂性」與「食色性也」：告子從「生」而言性，或從「食色」而言性，都是從人同於一般動物的一面著眼；這一面雖然生而即有，但卻與人之所以為人並沒有本質

---

4 按，「生之謂性」，一般皆從「生之自然之質」的意義上說，告子即代表此一立場。宋儒程明道藉「生之謂性」一語而就天道「生德」而言性，則是另一層意義。拙撰《宋明理學北宋篇》（臺北、臺灣學生書局）第十一章第二節有說明，可參看。

性的相關。而且，只從人與動物所同具的生命現象看人性，則人與禽獸的界限亦將混淆而難辨。而孟子論性，則從「人之所以異於禽獸」的「幾希」處著眼，而這幾希之處即是仁義[5]。孟子的意思，認為講人性乃是為了成就人道。因此，首先重視「人禽之辨」，使人與禽獸之間，劃出一道界線。唯有透顯禽獸所無而「人所獨有」的內在本質（仁義），這才真正是人的「性」。

乙、關於「性無分於善惡」：告子以「湍水」喻性，認為「人性無分於善惡，猶水之無分於東西」。孟子則認為，水的流向雖然無分於東西，但水性總是往低下之處流。人性之善正如水之就下，是自然而然的，是有其先天之定向的。所以孟子說：「人（性）無有不善，水無有不下。」[6]至於說，水有時候亦會逆流而上而流到高處的山地，那是由於受到外力的激阻。而人之為不善，亦正如水之受激而逆流，是由於後天環境或某種特殊的情勢所使然。所以，惡是後起的，不是先天之性。

丙、關於杞柳之喻：告子認為性好比杞柳，義好比杯盤；杯盤之器是屈曲杞柳之木而做成，仁義之德亦是矯揉人性而成就。告子的比喻，是表示人性中沒有仁義[7]。這個觀點是很危險的：因為人性中假若本無仁義，則要想成就仁義，就必須靠外在的強制力量而後可。果如告子所說，人由於不願接受外力的強制，豈不亦將反對這必須靠外力而成就的仁義了？許多道家之徒「重生」「貴己」而輕仁義，甚至認為仁義是「違生害性」之物，便正是「視仁義為外在」而顯示的一種立場。而從告子「以人性為仁義，猶以杞柳為桮棬」的話看，他亦是「以仁義為害性」。如此一來，天下人為了保生全性，皆薄仁義而不為，大家豈不皆將成為不仁不義之人？因此，孟子嚴辭呵斥他：「率天下之人而禍仁義者，必子之言矣。」孟子的意思，認為仁義是先天具備的，是我性分中所固有的。人只要順性（內在的道德性）而行，自然便可以成就仁義。所以「率性而行」與「由仁義行」，根本是同義語。一切道德都是順人性本然之善（仁義）而成就，違逆人性便根本沒有道德之可言。所以，只有肯定人性善，然後道德才有根，才有成就善的價值之可能。孟子性善說之所以顛撲不破，其故即在於此。

三、義內義外之辯

告子「義外」之說，主要見於告子上篇第四章。

> 告子曰：「仁、內也，非外也。義、外也，非內也。」孟子曰：「何以謂仁內義外也？」曰：「彼長而我長之，非有長於我也，猶彼白而我白之，從其白於外也（謂順

---

5 見離婁下篇第十九章。

6 見告子上篇第二章。

7 按，告子亦云「仁內也，義外也」。他似乎又承認人性中「有仁」，只是「無義」。但人既有內在的仁，即表示人性中有善；如此，則與「性無善無不善」之說自相矛盾。

物外表之色而認知它為白）。故謂之外也。」（孟子）曰：「……且謂長者義乎？長之者義乎？……」

告子主張「仁內」而「義外」，孟子則認為「義」與「仁」皆發自主體，仁內在，義亦內在。關於孟子「仁義內在」的義旨，已見於上第三章第一節。此處只就義內義外之辯略作說明。

告子只承認仁由內發，以為「義」則由外鑠，而取決於對象。所以說：「彼長而我長之，非有長於我也。」意思是說，因為他年長所以我才敬他，並不是我內心先存有敬長之心。其實，關鍵不在誰是長者，而在於誰是表現敬、表現義的長之者。所以孟子說：「且謂長者義乎？長之者義乎？」長者只是一個實然的存在，人或者敬他，或者不敬他，他只是被動地接受而已。因此，長者只是一個「受義」（受敬）的對象。反過來，對這位長者應不應該敬，如何敬？乃是「長之者」（行敬的人）的事，所以長之者才是「行義」的主體。由此可見，「義」並不在作為外在對象的長者那邊，而是在於表現敬（義）的長之者這邊。長者是「彼」是「外」，長之者是「此」是「內」，所以「義在內，不在外」。

「義」本是由心發出的一種道德判斷（心之制），以及由道德判斷而樹立的行為準則（事之宜）。而告子不明此意，所以把重點放在實然的對象上，而從對象那一面去看義。其實，對象只是一個客觀的實然，它本身並沒有從行為上說的義不義的問題。人對實然的存在而決定一個相應的行為準則，這才是「義」。所以，義不是「實然」，而是「應然」。客觀的對象本身只是實然，對於實然只能成立知識上對錯的判斷（如分辨那人是不是長者）。至於道德上「應當不應當」的應然判斷（如應不應該敬長者），則不是認知對象的實然問題，而是如何求行為合理的應然問題。而「義」正是道德上的應然判斷，這是從行為者之心發出的，當然不在外而在內。總之，外在的實然並非義，內發的應然判斷以及由此判斷而建立的行為準則，才是義。告子以義為外，所以孟子說他「未嘗知義」。[8]

第二節　闢楊墨：個體性與普遍性的問題

儒家講「仁通萬物」，就此而言，應該不容許有差等；但儒家亦講「行愛有序」，因而又顯示愛有差等。其實二者之間並無矛盾。前者表示「普遍性」，後者表示「差別性」（亦與個別性、個體性相關聯）。儒家之學不偏於一端，而能執其兩端以用中。孟子闢楊墨，是因為楊氏「取為我」，偏於個體性而抹煞普遍性；墨氏「倡兼愛」，突顯普遍性而排斥差別性。二人各執一端，皆不得為大中至正之道。

8 語見公孫丑上篇第二章。

一、楊子——為我無君

楊子，姓楊名朱，戰國時人，後於墨子而早於孟子。楊朱的學說，已不可詳考。[9]但從孟子「楊朱墨翟之言盈天下，天下之言不歸楊則歸墨」[10]的話看來，楊朱的思想是曾經一度風行的。孟子曰：

「楊朱取為我，拔一毛而利天下，不為也。」（盡心上26）

類似的話，列子楊朱篇亦說到：

「損一毫利天下，不為也；悉天下奉一身，不取也。人人不損一毫，人人不利天下，天下治矣。」

這是一種徹底的個人主義思想。楊朱之意，蓋謂人人各自為己，彼此不相干擾，則天下可以無事而歸於治。其實，人從生到死，皆不可能真正離群索居。一個隱遯深山不食人間煙火的人，在他避世之前，早已領受了家庭社會難以計量的給予（生活的、知能的給予）；何況社會容許他去隱遯，亦是社會給予他的一份恩情。同時，在人間社會裡面，個體性的價值，亦必須在肯定普遍性的原則之下，才可以得到保障。而楊朱的想法，只是他個人的空想，根本不可能行之於社會人間。

至於西方的個人主義，主要是落在政治權利上說（當然亦兼含與權利相對的義務），這種尊重個體原則的思想，並不與群體組織、群體價值相牴觸。但依楊朱之說，卻看不出他有肯定群體組織的意思。對於這種否定群體生活價值，否定國家政治功能，只知愛身為己，而不願獻身為國、事君奉公的思想，是不能見容於儒家的。所以孟子對他發出嚴厲的抨擊：

「楊氏為我，是無君也；墨氏兼愛，是無父也。無父無君，是禽獸也。……楊墨之道不息，孔子之道不著，是邪說誣民，充塞仁義也。仁義充塞，則率獸食人，人將相食。吾為此懼，閑（衛）先王之道，距楊墨，放淫辭，邪說者不得作。作於其心，害於其事；作於其事，害於其政。聖人復起，不易吾言矣。……能言距楊墨者，聖人之徒也。」（滕文公下9）

近世學者，多認為楊朱是道家的先聲。道家重個人，而輕社會與國家。孟子之意，蓋以君國之事，即是群體公眾之事，這是不可以擋開而不顧的。他對楊朱「為我、無君」的譏斥，乃是推極而言之。今人不解此意，竟以為孟子是破口大罵，實在只是自己「不知言」之過。

9　按，楊朱無專著留傳。列子書中有楊朱篇，然列子為偽書，難作憑證。
10　見滕文公下篇第九章。

二、墨子——兼愛無父

墨子，姓墨名翟，魯人，曾為宋之大夫，是墨家的開山祖師。他的生卒年代，在孔子與孟子之間，其詳則難以確考。

孟子曰：「墨子兼愛，摩頂放踵利天下，為之。」（盡心上26）

放、讀上聲，至也。摩禿其頂以至於踵，是表示充分奉獻之意。今墨子書中並沒有「摩頂放踵」的語句，這是孟子推究墨子汎愛兼利與生勤死薄的精神，而用這四個字來作比擬。楊子利己，不損一毛；墨子利他，所以遍身毛髮皆可以為了利天下而摩禿之。二人的主張，各趨一端，正相反對。

兼，是別之反。墨子的「兼愛」，是無差等無分別的愛，是一刀平的平等。他號召天下人要視人之身若己身，視人之父若己父，視人之家若己家，視人之國若己國。作為一個抽象的原則，這種「視人如己」的「兼愛」，是無法反對的。但「愛」並不是抽象的概念，而是一種具體的心意和落實的行為。人如果真要徹底實行無分別的兼愛，不但無法做到視人之父猶己父，結果且將視己之父猶人父（因為依兼愛之原則，人不應該愛己之父厚於人之父；人既無力做到愛人之父若己父，便只好將己之父與人之父平等相看），而父子天倫之愛亦將因此而拋棄。以是，孟子激烈的批評他，說：

「墨子兼愛，是無父也。」

無父，謂不能對父盡子道。不盡子道則違逆倫常，行將淪為禽獸世界。所以孟子又說：「無父無君，是禽獸也。」孟子的話，當然很嚴厲。但是，我們如果了解人性的本然，了解人倫的真諦，就可以看出視人之父猶己父的思想，是違背天性和反乎人情的。墨子排斥差別性而想突顯普遍性，但由這種「兼愛」所突顯的普遍性，是不能落實的，是抽象掛空而不可行的。而儒家的「推愛」則是保住差別性以成就普遍性（老吾老、幼吾幼，以及人之老、人之幼），這才是本乎人性，順乎人情，合乎人道，而可以具體落實以行之於天下的。須知人倫關係，本來就有親疏遠近；而愛的施行，亦自有厚薄差等與先後之序。禮運大同章所謂「不獨親其親，不獨子其子」，已足以消除對儒家差等之愛的誤解，而孟子老老、幼幼，以及「親親、仁民、愛物」的話，更是說得明白。這才是天理之自然，才是本乎人心人性而顯示的天經地義的理序。亦只有如此，才能夠推愛於天下，以實現普遍而真實的人類愛。這才是永遠可行的真理。墨子雖然是一個偉大可敬的人格，但他所倡說的兼愛思想，既沒有提供所以可能的義理根據（無論超越面，內在面，都沒有），亦沒有開出實行兼愛的踐行工夫。在理論上是很疏拙的。11

11　關於墨子兼愛之說及其困難，請參閱拙著《墨家哲學》（臺北、東大圖書公司）第三章。

孟子又說：

「逃墨必歸於楊，逃楊必歸於儒。歸，斯受之而已矣。」（盡心下26）

墨氏利他，楊氏為我。「利他」太過，則悖於人情，於是便反過來為我，故逃墨者必歸於楊。同理，「為我」太過，則於心不安，所以終必歸於「己立立人」「成己成物」的儒家之道。「歸，斯受之而已」，這表示聖賢對於異端邪說，拒斥之固然甚嚴，但當他悔悟來歸，則又待之甚恕。

三、夷子——二本

夷子，姓夷名之，是一位墨家之徒。墨家主張「薄葬」，而夷子卻「厚葬」其親。他對自己這一個理論與實踐的矛盾，曾經提出解釋，說是：

「愛無差等，施由親始。」

「愛無差等」是墨家的原則；「施由親始」則是儒家的立場，孟子所謂「老吾老以及人之老」是也。夷子這二句話看起來好像說得不錯，但必須先肯定「愛有差等」（厚薄先後之序皆是差等），然後才能說「施由親始」。夷子一方面信從「愛無差等」的原則，一方面卻又「施由親始」而厚葬其親，所以孟子說他是「二本」。人的生命只有一個本源（本於父母），所以先親其親是天經地義的，只是應該「不獨親其親」而已。由親親而仁民，由仁民而愛物，這是儒家的「推愛」層層推擴，步步落實，從觀念到行動是一致的。而夷子則不然。他在客觀信從上是「愛無差等」的兼愛，而反求於心時則又不容已地「施由親始」。觀念意識與生命行動，分而為二而不能一致，此其所以為「二本」。

從墨者立場看，夷子厚葬其親是「非義」的。而從儒家立場看，雖然夷子是二本，但他不安於以「薄葬」待其親，正表示他仁心未泯。所以當夷子聽到孟子解說葬埋之禮是起源於孝子不忍見「親死而委之溝壑」時，便不禁茫然自失，終於深心感動而敬謹受教[12]。

四、宋子——名號不可

宋子名牼，莊子與荀子書中作宋鈃，宋人，與孟子同時。漢書藝文志列他為小說家，而又說其書「言黃老意」。但莊子天下篇稱他「見侮不辱，救民之鬥；禁攻寢兵，救世之戰。以此周行天下，上說下教，雖天下不取，而強聒不舍」。這幾句話，正顯示宋子的墨者精神。荀子非十二子篇正將他與墨翟並論，陶淵明群輔錄列他為「三墨」之一，清人俞正燮亦以宋牼為墨徒。可見他是墨家的人物。

孟子雖反對墨家兼愛的觀念，但對宋子為國際和平而熱心奔走則是同情而相許的。當秦

12 參見滕文公上篇第五章之末。

楚二國構兵之時，宋子準備去游說楚王與秦王，勸他們寢兵息民。他所持的理由是說，兵戰乃「不利」之事（不利，正是墨子主張「非攻」的最大理由）。孟子很稱許宋子之志，而對他以「利與不利」作為名號，則大不以為然。孟子認為，如果人人以利為前提，則君臣父兄弟「懷利以相接，然而不亡者，未之有也。」孟子之意，是主張以仁義說諸侯，使君臣父子兄弟「懷仁義以相接」，如此，則兵戰之事自然可以消弭於無形。[13]

孟子一向嚴於「義利之辨」。因為「利」不能作為第一原則。如果以利為首出之原則，則國與國之間，必將窺伺相謀，攻伐不休；而一國之內，亦必爾詐我虞，弒劫謀奪，而無有已時。然而，孟子本乎「道德的理想主義」而發出的大音（人禽、義利、王霸之辨），在重功利、尚攻伐的戰國時代，是難得解人的。

第三節　許行：比同亂天下

許行，楚人，是與孟子同時的農家學者。有人說他可能是禽滑釐的弟子許犯[14]，果真如此，他就是墨子的再傳弟子了。

許行的思想，主要見於孟子書中滕文公上篇第四章（本節所論，皆據此章）。孟子在滕國教導文公行仁政。許行聞之，心生嚮慕，特別從楚國來到滕國，對文公說：「聞君行仁政，願受一廛而為氓。」文公撥給他一處居宅，他與數十門徒，編麻鞋，織蓆子，自耕而食。另有從宋國來到滕國的儒家之徒陳相兄弟，見了許行而大為悅服。陳相並在孟子面前轉述許行的主張：賢君應該和人民一同耕種，自炊而食，兼治民事。孟子問他，許行為何徒事耕種而不兼治織布、陶冶、械器諸事？回答是，這些事情「害於耕」。最後並綜結地說了一句：「百工之事，固不可耕且為也。」於是孟子亦提出一句關鍵性的反問：「然則，治天下獨可耕且為與？」話說到這裡，「君民並耕」的主張，已經很明顯地站不住了。（如果許行所謂「君」，是指一個小部落的酋長，或者還可以實行君民並耕；至於有行政組織的國家，則根本不可行。）

孟子認為，有大人之事，有小人之事（大人、指公卿大夫，小人、指農工民眾）。大人勞心，勞心者治人，勞力者治於人。這是天下的通義[15]。聖人居位行政，時時以生民之憂樂為念，養民、教民、保民、治民之責集於一身，那有餘暇與民並耕？許行不明職分之義，又

---

13 參見告子下篇第四章。

14 見錢穆先生《先秦諸子繫年》（香港大學印行）一一三條，許行考。

15 按，孟子勞心勞力之說，近人多加評議，可謂奇怪。時至今日，豈不仍需分工，在職分上豈不仍有勞心勞力之別？勞心者設計、管理、指揮，豈不仍然是「治人」？勞力者依據設計，在有組織的管理指揮之下從事工作，豈不仍然是「治於人」？孟子之說，豈不仍然為「天下之通義」？至於涉及於權利義務與民主人權作討論，則是另一層面之問題，必須另說另講。而二千四百年前之孟子，亦從無反對民主人權之言論也。

不知分工合作、通功易事之理[16]，而徒然要求一種形式上的同一，當然不足以言治天下之道。

孟子以為「物之不齊，物之情也」。而許行「比而同之，是亂天下也」。如果真照許行的辦法：「布帛長短同則賈（價）相若，麻縷絲絮輕重同則賈相若，五穀多寡同則賈相若，屨大小同則賈相若。」一切只論長短、輕重、多寡、大小，而不管品質的精粗、美醜；推而極之，真品與贗品，亦將等量同價矣。這樣一來，大家重量不重質，粗製濫造，仿冒真品，豈非率領天下人共同為偽？既然真偽不分，天下又安得不亂？所以孟子說：「從許子之道，相率而為偽者，惡能治國家？」

許行的學說雖然難得其詳，但據孟子書中的記述看來，實在沒有什麼深義。從思想理論上看，其「比而同之」的辦法，實涉及價值原則。價值是「質」的觀念，而不是「量」的觀念。價值的高低，雖亦與數量有關，但主要是在品質。數量相同之物，價值並不相等，有時甚至相差五倍十倍百千倍，所以決定價值的關鍵在質不在量。價值總是在「化量歸質」上見。反之，一個「量化」的頭腦，不可能有價值意識，一套量化的理論，亦不可能成就價值。許行之思想很明顯的與價值原則相違，所以孟子說他：比同亂天下。

第四節　子莫：執中無權

子莫，魯之賢人，學者以為即「說苑」修文篇之顓孫子莫，而顓孫子莫即顓孫師（子張）之子申詳。顓孫合音為申，詳者審察之辭，莫者疑辭，名詳而字子莫，正合古人名與字相反為訓之例。[17]

孟子曰：「子莫執中。執中為近之，執中無權，猶執一也。所惡執一者，為其賊道也，舉一而廢百也。」（盡心上26）

楊子墨子各執一端而失中，子莫則度於二者之間而執其中。執中是近乎道的，但執中必須有權，乃能真正合道。儒家言中，有隨時「斟酌、損益、變通」之義，猶如稱物之時，隨物輕重而移動其權（稱錘）以取平。如今子莫執中而不知權宜變化，是之謂「執中無權」。他所執的只是一個固定之中，所以仍然是「執一」。楊氏為我，墨氏兼愛，皆是執一。執一者必然害道，故為我則自私利己，有害於「仁」；兼愛則親疏無別，有害於「義」。執中而無權，則有害於「時中」。三者皆「舉一而廢百」，故為君子所惡。

道之所貴者，中也；中之所貴者，權也。孟子稱孔子為「聖之時者」，又說禹稷與顏

---

16 按，「通功易事」，語見滕文公下篇第四章。各人所作的工作是「事」，工作的成果是「功」。各業其職，各事其事，以有易無，共享其功，謂之通功易事。

17 見《先秦諸子繫年》八一條、子莫考。

子，曾子與子思，「易地則皆然」[18]。聖賢立身行事，執中守經，而又通權達變，故能度時地之宜，以得時中。陳臻嘗問孟子辭受取予之義，以為「前日之不受是，則今日之受非也；今日之受是，則前日之不受非也，夫子必居一於此矣。」而孟子答之曰：「皆是也。」[19]陳臻正是執一以論是非，所以只見事在兩難；孟子執中而有權，故能各見其是，各當其可。

中，是常道，是經，這是永恆不變的。但道不變、理不變，而事與時空條件則不能不變。要實行不變的經（常道），就必須有應變的權。夏桀、商紂是君，君不可弒，這是「經」。但桀、紂反君之道而行暴政，雖尸居君位而實為獨夫，故孟子曰：「聞誅一夫紂矣，未聞弒君也。」[20]儒者以為，湯伐桀，武王伐紂，不是弒君，而是革命。革命便是「權」。由經權問題，可以了解儒家之道既能「守常」，又能「應變」。聞西方倫理學者亦在認真討論有關道德的抉擇與道德的兩難問題，而儒家素所重視的「經、權」理論，正可以為他們提供問題的解決之鑰。茲再舉齊國稷下士淳于髡和孟子的一段對話，以說明經權之義。

> 淳于髡曰：「男女授受不親，禮與？」孟子曰：「禮也。」
>
> 曰：「嫂溺，則援之以手乎？」曰：「嫂溺不援，是豺狼也。男女授受不親，禮也；嫂溺援之以手，權也。」
>
> 曰：「今天下溺矣，夫子之不援，何也？」曰：「天下溺，援之以道；嫂溺，援之以

手。子欲以手援天下乎？」（離婁上17）

淳于之意，蓋在激孟子挺身救天下。「救天下」是「經」，而「如何救天下」，則是一個「權」的問題。孟子自稱「如欲平治天下，舍我其誰」，他救世的情懷，何等熱烈而堅定。但天下不是一個物，所以救天下不能像救一個物那樣「援之以手」。孟子所謂「天下溺，援之以道」，乃是要「權而取其中」。所以有時應該「進」而「行義以達其道」，有時卻必須「退」而「隱居以求其志」[21]。就像孔子一樣，「可以仕則仕，可以止則止，可以久則久，可以速則速」[22]，無論進退出處，只是一個「義之與比」，這樣，才算執中有權，而能得其「時中」。淳于髡是一個辯士，辯士往往有口才而無器識，所以不能了解孟子的用心。

孟子曰：「天下有道，以道殉身。天下無道，以身殉道。未聞以道殉乎人者也。」

---

18 參見離婁下篇第二十九章、三十一章。
19 見公孫丑下篇第三章。
20 見梁惠王下篇第八章。
21 見論語季氏篇。
22 見公孫丑上篇第二章。

（盡心上42）

殉同徇，從也。天下有道之世，道隨身而行，亦即隨人之踐行而大顯於天下。此之謂「以道殉身」。衰亂無道之世，身隨道而隱，亦即隨道之隱而亦隱退以守道。此之謂「以身殉道」。若是在位未退，則應持正守義，以生命為道作見證，是即「殺身成仁」、「舍生取義」，這是「以身殉道」的另一種方式。（孔孟見道不行，退而著書，是前一種方式的以身殉道；文信國公則是後一種方式的以身殉道。）至於枉屈道以遷就人，是謂「以道殉乎人」，這是「以順為正」的妾婦之道，乃君子所不為，故孟子說「未聞」。未聞，即「未見其可」的意思。

有「經」而後有「權」。權是一種運用，是用來實現經（常道）的。公羊傳云：「權者，反於經然後有善者也。」[23]無經則權無所用，故必須反（返）於經而後乃能成其善。由此可知，一個不能守經的人，根本不足以言「行權」。一般人既無所守，而又侈言通權達變，不過是「飾非自便」的說辭而已。

23 見春秋公羊傳桓公十一年。

荀子之部

第一章　荀子的事跡及其時代

第一節　生平事跡述略

荀子名況，字卿，亦作孫卿。戰國時趙人。乃先秦時期繼孟子而起的儒家大師。

史記孟荀列傳云：

「荀卿，趙人，年五十，始來遊學於齊。鄒衍、田駢之屬皆已死，齊襄王時，而荀卿最為老師。齊尚修列大夫之缺，而荀卿三為祭酒焉。齊人或讒荀卿，荀卿乃適楚，而春申君以為蘭陵令。春申君死而荀卿廢，因家蘭陵。李斯嘗為弟子，已而相秦。荀卿嫉濁世之政，亡國亂君相屬，不遂大道，而營於巫祝，信禨祥（謂鬼神之事）。鄙儒小拘。如莊周等，又滑稽亂俗。於是推儒墨道德之行事興壞，序列著數萬言而卒，因葬蘭陵。」

劉向孫卿新書敘錄亦云：

> 「孫卿，趙人，名況。方齊宣王威王之際，聚天下賢士於稷下，尊寵之。若鄒衍、田駢、淳于髡之屬甚眾，號列大夫，皆世所稱，咸作書刺世。孫卿有秀才，年五十始來遊學。諸子之學，皆以為非先王之法也。孫卿善為詩禮易春秋。至齊襄王時孫卿最為老師。齊尚修列大夫之缺，而孫卿三為祭酒焉。……」

史遷劉向皆不言荀子之生卒年月，清人汪中作荀子年表，起於趙惠文王元年，迄於悼襄王七年（西元前二九八至二三八），以為荀子一生之活動，不出此六十年中。並謂荀子遊齊，在湣王之季（湣王卒於西元前二八四）。依此推算，則下及春申君之死（西元前二三八），荀子已年近百歲矣。而史記謂春申君為相之八年（西元前二五五），以荀子為蘭陵令。果真如此，則荀子乃以八十高齡之耆賢而受委為縣令，而又任職長達十七年之久，無乃太悖情理乎！

東漢應劭風俗通云：

> 「齊威宣之時，孫卿有秀才，年十五，始來遊學。至襄王時，孫卿最為老師。」

據上引三段文獻，有一最重要之相同點，即荀子在「齊襄王時，最為老師」，「三為祭酒」。而遊學於齊之年歲，則有「五十」與「十五」之不同。錢穆《先秦諸子繫年》從風俗通之說，以為「五十」乃「十五」之誤。而「始來遊學」之始字，王叔岷《諸子斠證》謂

「始，已也」。荀子少年之時，「有秀才」（若年達「五十」，則不當以「秀才」二字為贊辭也），而稷下甚盛，故十五歲即已自趙來齊遊學。二十左右，嘗以青年俊才遊燕，不能用（參見韓非子、難三），復返於齊。其後為稷下列大夫。至齊湣王，上承威宣兩世之餘烈，大事擴張（如滅宋），「矜功不休百姓，百姓不堪。諸儒諫不從，各分散。慎到、接子亡去，田駢如薛，而孫卿適楚。內無良臣，故諸侯合謀而攻之。」（見桓寬鹽鐵論）。樂毅率諸侯聯軍入齊，湣王走莒而死（在位十七年。按史記六國年表載齊湣王在位四十年，有誤。參看錢穆諸子繫年一二八條）。襄王繼立之五年，田單復齊，齊修復列大夫之缺，稷下漸次復盛。荀子亦於此時返齊，年在六十左右，故「最為老師」，「三為祭酒」。

襄王在位十九年而卒，齊王建即位，荀子乃去齊入秦（恰如梁惠王卒，梁襄王即位，孟子乃去梁而避齊故事）。儒效篇載荀子與秦昭王問答之言，彊國篇亦載荀子與應侯（即范睢，亦作范且）問答之辭。荀子嘗對應侯稱道秦之「百姓樸」，「百吏肅然」，士大夫「不比周，不朋黨」，「莫不明通而公」。唯荀子雖稱秦之強，而亦惜其「無儒」而不行王道。其後乃去秦而歸趙，議兵篇載荀子與臨武君論兵於趙孝成王之前，以為「用兵攻戰之本，在乎壹民」，「善附民者，乃善用兵者」，臣道篇又載荀子稱道平原君與信陵君之功，則荀子在趙蓋身歷邯鄲之圍，亦未可知。信陵君解邯鄲之圍在趙孝成王九年（秦昭王五十年，西元前二五七），時荀子八十許。錢氏繫年推想荀子殆以趙人而終老於趙，對於春申君死、荀子廢、老死蘭陵之說，則以為不可信云。——若荀子果曾為蘭陵令，錢氏以為當在湣王晚年、稷下士四散、而荀子適楚之時。時燕合諸侯兵伐齊，楚亦北上攻取齊淮北之地，蘭陵或亦於此時歸楚；時春申君雖未為相，然以貴公子（楚頃襄王弟）之位分而推薦德望素著之荀子為蘭陵令，以安撫新歸之民，亦頗切於情理也。

茲大體參考錢氏諸子繫年之考辨，簡列荀子事跡年表如左，以供參證。（按，荀子生平，與齊國關係密切，故以齊王紀年，配以西元，並酌附諸侯紀年，取其簡明而方便也。）

齊王紀年	西元前	假定荀子年歲	當時重要事件	荀子事跡
齊威王 三七	三二一	一五	（趙武靈王五年）	威王之世，稷下甚盛。荀子年十五，自趙遊學於齊，當在威王晚年。今假定此年遊齊，則荀子大約生於西元前三三五年（正孟子初次遊齊，與匡章交遊之時也）。
齊宣王 元	三一九	一七	梁惠王卒。孟子二度遊齊。	荀子青少年時，是否曾在齊與孟子相見，史傳無記載。
四	三一六	二〇	燕王噲讓國於其相子之。	
五	三一五	二一	冬，齊伐燕。次年，噲與子之皆死。燕人反齊。	韓非子難三：「燕王噲賢子之而非荀卿，故身死為僇。」是荀子或嘗遊燕而不見用。

一九	三〇一	三五	齊宣王卒。	此前此後二十餘年，荀子皆當在稷下。
齊湣王三	二九八	三八	孟嘗君自秦歸齊為相。	（汪中作荀子年表，始於此年——趙惠文王元年）
一五	二八六	五〇	齊滅宋，湣王矜功，諸儒諫不從，各分散。	荀子適楚，當在此時或稍後。
一七	二八四	五二	樂毅伐齊，湣王走莒而卒。楚取齊淮北地。	荀子為蘭陵令，當在此時（楚頃襄王十五年），或稍後。
齊襄王五	二七九	五七	燕昭王卒。田單復國。	
七	二七七	五九	去年，稷下學宮恢復。	荀子返齊，當在此時。自後，最為老師，三為祭酒。
一九	二六五	七一	齊襄王卒。趙孝成王即位，平原君為相。	
齊王建元	二六四	七二		荀子入秦，當在此年或稍後。在秦，與昭王、應侯皆有問答之言。後歸趙。

八	二五七	七九	信陵君救趙，邯鄲圍解。	荀子議兵於趙王前，當在此時前後。
一〇	二五五	八一		（史記謂此年荀子適楚，春申君以為蘭陵令。）
一八	二四七	八九	李斯入秦。信陵君率五國兵敗秦師於河外。明年，秦王政即位。	
二七	二三八	九八	春申君死。	（史記謂此年荀子罷蘭陵令。）
四四	二二一		秦併天下。	

或謂：荀子十五遊齊，當在宣王末年（西元前三〇一），故不及見燕王噲；而楚考烈王八年（西元前二五五）荀子為蘭陵令時，年正六十，至春申君死（西元前二三八），荀子七十七歲。今按，此一說法，乃為牽就史記而云然。史記春申君列傳謂「春申君相楚之八年，以荀卿為蘭陵令」，孟荀列傳又謂「春申君死而荀卿廢」，故或說作如此之推斷耳。然據此「或說」而推算，則齊襄王復齊、稷下復盛之時，荀子之年歲不過四十左右，安得「最為老師」乎？

荀子之生卒年與生平事跡，雖無法確切考定，但無論如何排比，「齊襄王時」荀子「最為老師」、「三為祭酒」，乃屬首須考慮之事實。其他諸事，應屬其次。而上表所列，雖不必符合全部之真相，但荀子八十歲以前之重要事跡，已大致可依此表得一順適之說明。簡要而言，荀子年十五，遊學於齊。五十以後適楚，嘗為蘭陵令。六十左右返齊，時諸儒凋零，唯荀子德望崇隆，故「最為老師」，「三為祭酒」。七十以後入秦，後歸趙，議兵於趙王之前；八十左右或嘗親歷邯鄲之圍，故臣道篇敘論平原君信陵君存趙之功。若荀子壽至九十，則及見李斯入秦。而春申君死時，荀子已九十八。及秦始皇統一天下，荀子若仍健在，則已一百一十餘歲矣。

第二節　戰國時代的物量精神

在孟子之部第一章第三節曾經說到：「戰國時代是一個衰亂之世，道德價值倒塌，時代精神墮落，文化理想闇然不彰。」何以如此？正因戰國的時代精神乃是一種「盡物力的物量精神」。[1]所謂物力，不只是外在的物質工具，人的物質生命、生物生命，亦是物力。而一任物質生命恣縱泛濫，或把人看成物質工具而驅使之，或把一切看成是物而運用之，都是盡物力。在這種情形之下，人所表現的只是物質層生物層的生命，而另一層的理性生命精神生

1 參閱牟宗三先生《道德的理想主義》（臺北、臺灣學生書局），頁二三三。

命則被封閉隔絕而無法透顯。戰國時代所表現的，便正是這種失去理性根據的「盡物力的物量精神」。

當春秋之世，還有「尊王攘夷」之大義以維繫周文的理想。到了戰國時代，則完全拋棄周文的文化理想，因而亦失去了周文所培養的文化生命。剩下來的，只是原始物質生命之粗暴與恣縱泛濫。在此，不妨回溯一下戰國中期以後的國際情勢。[2]

1. 梁惠王稱霸時期（魏全盛期）

——從梁（魏）惠王即位至齊魏徐州相王，凡三十七年。惠王之祖魏文侯任用李克吳起，成為戰國時代第一個簇新的新軍國。又經其父武侯之經營建設，國力豐厚，惠王即位，遷都大梁以爭形勢，自謂承襲晉國，意欲統一三晉以恢復春秋時代晉國之全盛地位。不幸伐趙伐韓，皆為齊所乘而遭敗績，乃與齊威王會於徐州，平分霸業。

2. 齊威、宣、湣繼魏稱霸時期（齊全盛期）

——從齊魏相王下迄齊滅宋，凡四十八年。齊自田和篡位稱侯，再傳至威王，兩敗梁國，遂繼梁惠而稱王。其子宣王繼立，國勢大盛。然魏齊相王後之九年，秦惠王亦改元稱王，用張儀，專事離間梁楚、孤立齊國，乃又形成秦齊勢力均衡之局面（秦昭王曾約齊湣王東西稱帝，事未果）。其時，齊國之志在北進侵燕、南進侵宋以自廣。至湣王滅宋，國際均勢破裂，遂造成此後之大變局。

3. 秦昭王繼齊稱霸時期（秦全盛期）

——從齊滅宋下至邯鄲圍解，凡二十九年。齊宣王滅燕，動搖國際均勢，招致各國干涉，使燕得以復國。及齊湣王滅宋，國際均勢再度破壞，燕乃崛起復仇，樂毅聯合秦魏韓趙、率五國之師入齊，湣王走莒而死。自是齊遂不振，秦勢獨強。而趙自武靈王胡服騎射滅中山後，國勢亦驟盛，至惠文王時乃能與秦相抗。孝成王六年，有長平之役，趙敗，秦乘勝圍邯鄲，信陵君救趙，雖解邯鄲之圍，而秦併天下之勢實已漸次形成。

4. 秦滅六國時期

——從秦解邯鄲圍後至秦始皇二十六年併天下，凡三十六年。

據上所述，可知當時之軍國主義皆盡其所有之物力以從事爭戰，所表現的純為物量之精神。故孟子見梁惠王，惠王劈頭第一句便問「何以利吾國」；趙武靈王胡服騎射，亦純從功利著眼；商鞅見秦孝公說帝王之道，孝公昏昏欲睡，說霸道則不覺席之前也。可見當時人的文化生命與文化理想完全死滅。齊宣王聞孟子講仁政王道，亦曰「吾惽，不能進於是矣」。齊宣王只能在利欲中表現其聰明爽快，一進到文化、理想的層次，則昏昏然毫無所感。其實，亦不只是齊宣王，戰國時代的風氣本就如此。牟先生論戰國風氣有云：[3]

盡物量之精神，是一任其原始的物質生命之粗狂與發揚。故戰國風氣一方又極爽朗與

2 參閱錢穆先生《國史大綱》（商務版）第三章。

3 見牟宗三先生《歷史哲學》（臺北、臺灣學生書局），頁一〇六、一〇七。

脆快，說利就是說利，不願聽就是不願聽，胡服就決定胡服，好勇好貨好色，衝口而出，毫無掩飾。孟嘗、信陵、平原三公子門下士，亦大都具此情調。

信陵君竊符救趙，侯生以死謝信陵，生死肝膽，後世決難有此。

平原君門下之毛遂，亦極盡鋒芒之人物。觀其與楚歃血定盟，一席話說得楚王閉口無言，真可謂伶牙利齒者矣。至於平原君為美人笑一跛子，即斬美人頭以謝士，亦是物質生命之爽快，後世所不能有者。

孟嘗君門下雞鳴狗盜之士，皆足以盡其物質生命之爽快。孟嘗君渺小丈夫也，過某地，為人所笑，其門下盡殺某地人。睚眦肝膽，不爽毫釐。一切皆直接照面，其物質生命之粗狂，全體披露而無遺。故極富戲劇性。孟嘗君之廢也，食客皆散，及其再起，則又重來，可謂無廉恥之甚矣。孟嘗君亦極不悅，而必欲辱之；馮驩譬之以市，本為利來，利盡而去，無足怪也。此一席話亦明快之至，孟嘗君無所用其怨矣。

魯仲連如天外遊龍，乃當時之意境較高者；然亦盡物力精神下之爽快盡致也。

至於刺客遊俠之士，戰國為極盛，皆足成典型。要離刺慶忌，聶政刺韓相俠累，皆以生命酬知己，以生命露精采。至於荊軻刺秦王，白虹貫日。高漸離擊筑，「風蕭蕭兮易水寒，壯士一去兮不復還」。慷慨悲歌，已成爽快表現之尾聲，而流於急促忙迫，蓋早有失敗之感矣。所謂尾聲者，非言一人之成敗或劍術之精不精（而是指時代精神而言）。太子丹一急促，全體皆急促，蓋六國已將盡滅矣。時不我與，故太子丹迫不

> 及待也。由急促忙迫而凝結（僵化乾枯），則為秦政李斯之精神。韓非陰險黑暗之思想為秦始皇所喜，秦王見孤憤五蠹之書，曰：「嗟乎，寡人得見此人與之游，死不恨矣。」秦政之陰私狠愎與此思想恰相投，故秦政韓非李斯，乃結束戰國盡物力之精神者也。物力之爽快精采，必至此而後止。

牟先生這一段話，說得爽快而明透。在此，我們只注意一個問題，「物力之爽快精采」，何以必落於「秦政韓非李斯之僵化」？

物量精神有其生力之活躍與物力之發揚。戰國二百年所漸次實現的廢封建，立郡縣，棄井田，盡地力，農民軍隊之興起，工商業、大都市之發展，以及山澤禁地之開放，凡此等等，皆見生力之活躍與物力之發揚。若能逆之而有文化理想之肯定，轉而成就一個客觀的政治格局，以穩定社會各方面的生力與物力，亦未嘗不可以顯發健康而積極的時代精神。蓋人類的精神表現，其積極的型態有三：[4]

一、根源型態，亦即道德宗教之型態。

二、知性主體與外在自然客體相對立之型態。

三、國家政治一面之「真實的客觀化」之型態。

4 同上，頁一一四。

儒家表現的是第一型態，亦即內聖成德之教。第二型態所成就的是知識之學（科學），第三型態則以近世的民主政體為代表。第二第三兩個型態的精神表現，在儒家雖有淵源，有線索，而未能客觀地完成。此一問題涉及甚廣，茲不及論。而就此三種積極型態的精神表現而言，儒家以外的戰國諸子，則實無正面的成就。

墨子非禮樂，反周文，對於國家政治的客觀精神，與根於內在道德性的文化價值，以及知性主體的透顯，皆無深切的反省與了悟。他講兼愛尚同，忽視價值層級，為突顯普遍性而排斥差別性，全然是渾同的量的精神。他的救世熱情，不是精神的宗教家的類型，而是以氣質的、物質的苦行家之姿態來表現。他當然是豪傑之士，但墨者集團的活動仍然是戰國物量精神籠罩下的直接反應，而「墨流為俠」則更是這種直接反應下的直接歸結。墨學之不能傳續光大，非偶然也。道家的人生智慧雖然很高，但其生命形態與生命情調總帶有世故與蒼涼之感。既無價值觀念之積極肯定，亦不足以言「精神」之表現。名家以遊戲詭辯的姿態出現，心態不平不正。其學雖非無思理，但畢竟不是按一定的理路以證成名理之不可移；因而並不真能提練「知性」，以奠定名數之學的基礎。至於陳仲子之不食不義之祿與許行之主張君民並耕，實乃出於憤世之情；既非所謂重農學派，亦不足以開顯積極的精神。縱橫家乃是利祿之徒，而齊國所養的稷下先生，亦多半是攘臂虛談的利祿之士。鄒衍出於其中，為陰陽家之祖，然閎大不經而多遐想，仍然不是根於「知性」，故所成者乃術數之學而非科學。

另外還有法家。法家的先期人物是子夏的弟子李克與曾子的弟子吳起，二人皆有現實感，是儒門的事功家。商鞅繼之而起，為正式之法家。其後有申不害、韓非、李斯。法家的正面精神及其使命，本當順著「君、士、民」從封建井田制中解放出來之後，完成一個客觀的政治格局，使「君、士、民」皆納入一個客觀的政治軌道中以各盡其性。但法家並沒有完成這一個時代使命。[5]法家既開不出客觀的政治格局，又無文化理想以扭轉物量精神之橫決，結果乃順物量精神以下墮，而造成戰國時代悲劇的結局。盡物力的物量精神，雖只是原始物質生命的恣縱泛濫，並沒有積極的意義；但至少它可以自由披露，自由揮灑，使人人都可以表現其原始物質生命之精采。然而，戰國遊士遊俠的活動，卻不能見容於法家。韓非認為「儒以文亂法，俠以武犯禁」[6]，皆所當誅。他的思想乃是一套陰狠黑暗的思想，主張法與術交相為用，以箝制天下。而李斯更有「以法為教，以吏為師」之言。他們要剷平一切，否定仁義道德、文學藝能、以及個性、自由、人品、性情等等的價值，將一切壓成一個死平板。如此一來，文化理想固然被封死了，而生力之活躍與物力之發揚亦遭受抑制，於是盡物力的物量精神遂趨於凝結（凝結於耕戰）而僵化，最後的結局便是秦政韓非李斯凝合而成的歷史大浩劫。

---

5 參閱牟宗三先生《中國哲學十九講》（臺北、臺灣學生書局）第九講〈法家所開出的政治格局之意義〉。

6 韓非子、五蠹篇。

韓非、李斯，都是荀子的學生。荀子有文化生命、文化理想。但韓非李斯對於其師所開闢的文化學術之領域，根本無所契應，甚且視為迂闊無當世用，於是掉首不顧，而別走遷就現實以成功名之路，終於跌入自毀毀人之深淵。

第三節　荀子對儒學的貢獻

孔子之後，孟荀繼起，先後成為先秦儒家之大師。孟子順承孔子之仁而發揮，開出心性之學的義理規模。荀子則順承孔子外王禮憲之緒，彰顯禮義之統。歷來尊孟子為儒家正宗，雖非偶然；而荀子遭長期之貶抑，則是儒學之不幸。本節擬分為二點，以簡述荀子對儒學的貢獻。

一、遙承孔子之緒，表現客觀精神

荀子學術精神的矢向，可以用「隆禮義而殺詩書」[7]這句話來代表。荀子認為「不道禮憲，以詩書為之，譬之以指測河也……不可以得之矣。故隆禮，雖未明，法士也；不隆禮，雖察辯，散儒也。」[8]就詩書本身而言，的確不如禮義之整齊而有統，亦不如禮義之莊嚴而足為人道之極。但「詩」可以興，「書」可以鑑。由詩書之具體者起悱惻之感與超曠之悟，直達大道之本，大化之原，這正是孟子體道入聖之路。孟子敦詩書而立性善，是向深處悟，向高處提；荀子隆禮義而殺詩書，則是向廣處轉，向外面推。一重內聖，一重外王。荀子雖不識詩書之興發性，卻能識禮義之統類性。他批評孟子之言，雖不中肯，但他正面的意思，則甚見精采。

荀子以誠樸之心表現而為理智，喜秩序，崇綱紀，因而特重客觀之禮義，亦能深識禮憲之大。陸象山有云：「典憲二字甚大，唯知道者能明之。後世乃指其所撰苛法，名之曰典憲，此正所謂無忌憚。」[9]聖人制作禮憲，是為價值世界樹立綱維，樹立標準，故禮憲乃是構造（組織）社會人群的法式。穩固散漫的社會，貞定無「分」無「義」的人群，使它結成一個客觀的存在，此便是禮憲之大用。荀子對於構造群體（客體）的禮憲特別加以重視，正表示他具有客觀精神。他順孔子外王禮憲而發展，重視現實之組織，重視分與義，重視禮義之統，凡此，都是客觀精神的表現。客觀精神的表現，主要是在政治之組織，國家之建立，與歷史文化之肯定。國家民族集團，亦與個體的人一樣，可以實現價值，是一個真實的存在。了解集團亦能實現價值，因而肯定集團之存在，此即所謂客觀精神。這是荀子「隆禮義」所特別彰顯的一面。

---

7 荀子、儒效篇。

8 同上。

9 陸象山全集、卷三十四、語錄上。

客觀精神，與主觀精神（主體精神）、天地精神（絕對精神），皆不同。天地精神表現公，無涯岸，無界限，所以為絕對。孔子踐仁以知天，踐仁是主觀精神，知天則顯絕對精神。天道天命常由孔子「道之不行也歟」的慨歎中透露出，而所謂「道之不行」的道，亦即「斯文在茲」的文，乃是歷史文化的意義。這歷史文化一面，即顯示孔子客觀精神之堅實與豐富。孔子本於其「肫肫其仁」之主體精神，以表現擔負歷史文化之客觀精神，並透顯其默契天道天命之絕對精神，所以孔子是全德備道的大聖人。

孟子順孔子的仁教轉進悟入，而發揮性善，點醒本原，為斯道建立確定不拔的根基；由「仁者人也」、「盡心知性知天」一路直透絕對精神，故曰「萬物皆備於我」，「上下與天地同流」。但荀子譏孟子「略法先王而不知其統」[10]，是即表示孟子的客觀精神有所不足；孟子提倡仁政王道，承三聖而欲平治天下，當然有客觀精神，但未積極正視禮義之統，所以總不免有虛歉之感。

荀子順外王禮憲而發展，重視禮義之統，客觀精神自甚彰著。但在此還必須有進一步的說明。荀子講的禮義之統，是「義道」。義道不能沒有根，禮義法度亦不能沒有根。對於生命（個體與群體生命）的毀滅，人皆有惻然不安之感，而思有以成全之，這正是人性卓然而善處，亦即是義道之根、禮義法度之根。而荀子偏偏對此認識不透。他從自然現象與人欲之私說「天」說「性」，恰好是孔孟與理學家所謂的「非天」「非性」。依正宗儒家，唯有仁義之心方是性，方是天（心、性、天，一也）；這一層義理是由孟子提醒，而荀子不知。因此，荀子所隆的禮義，只是繫於師法，成於積習，並沒有先天的內在的根據。而他所講的禮義之統，亦遂成為無有內在安頓與超越安頓的外在物。由此可知，荀子之主體精神與絕對精神皆不顯，所顯者乃是客觀精神。而又因為本原有所不透，其客觀精神亦並不真能達到充其極的境地。

主觀精神是道德人格的根據，忽略於此，一切精神皆將失其本根。客觀精神是道德理性向外開擴，忽略於此，一切精神皆難能豐沛盛發以昭顯光采。絕對精神則是一切精神的歸宿，忽略於此，則人類將失其安頓。荀子彰顯客觀精神，對儒學大有貢獻。但主觀精神與絕對精神透不出，卻亦顯示荀學的基本缺陷。中庸云：「君子之道，本諸身，徵諸庶民，考諸三王而不謬，建諸天地而不悖，質諸鬼神而無疑，百世以俟聖人而不惑。」寥寥數語，主觀、客觀、絕對精神三者齊透並顯。如此，方是儒家「通天人、貫古今、合內外，徹幽明」的全盡之道。

二、透顯「知性主體」的文化意義

在荀子思想中，天與性皆屬自然義，是負面的，被治的（以人治天，以心治性）。而居於正面的觀念，乃是「心」與「禮義」；所以他一方面重視百王累積的法度而言禮義之統，

10 荀子、非十二子篇。

一方面又能把握共理，以類族辨物而作「正名」。[11]

牟先生在《歷史哲學》書中說到，上古史官「掌官書以贊治，正歲年以敘事」，既本天敘以立倫常，又法天時以行政事。一面是道德政治，一面亦窺測自然。加上尚書洪範九疇[12]的陳述，以及大禹謨「正德、利用、厚生」的明訓，可以看出中國歷史精神的發展，實已透露一個「道德的精神實體」，這個道德的精神實體乃是「仁智之全體」。不過，在原初階段，它還只是與自然渾一的燦爛之光（初昇的太陽），剛剛從潛蓄狀態中開始湧現。經過孔子的反省，才進到自覺之境。孔子通體是德慧的表現，由他那天地氣象的人格，遂使此「不自覺的潛存的」仁智之全體，表現而為「自覺的彰著的」仁智之全體，到此方是「仁智之全體」的通體透露。（子貢所謂「仁且智，夫子既聖矣」，以及孔門弟子對孔子的稱述，很多都是契應於這個「仁智之全體」的感歎之言。）

發展到孟子，此一「仁智之全體」的精神性透顯而為「道德主體」。此時，內在的主體精神與超越的絕對精神乃形成一個對反。但孟子「盡心知性以知天」，所以主體精神與絕對精神二者雖對反而實又同時彰著而通於一。另如孟子所謂「萬物皆備於我矣，反身而誠」，「君子所過者化，所存者神，上下與天地同流」，亦正顯示出主體精神與絕對精神相通為一的境界。[13]

到了荀子，「道德的精神實體」又收縮而成為「知性主體」（思想主體）。蓋荀子所說之心，乃是純智的理智的心。天與性則被提練為純自然，成為被治之負面的，不再涵融於

「道德的精神實體」之中。於是，孟子所彰顯的主體精神（本心善性）與絕對精神（天），皆為荀子所否定。但荀子將「仁智全體」中的「智」彰著出來，智涵蓋一切，照射一切。這是他有進於孟子之處。

道德主體、知性主體、絕對實體，都是精神的表現，三者無一可缺。而荀子卻一條鞭地是「知性用事」，而忘掉了「智」的本源。宋明儒者認為荀子本源不透，故尊孟而抑荀，要非偶然。但宋明儒者不識荀子表現的理解型態之價值，因而亦不知予以融攝與開發，則是一件大不幸之事。（朱子言心，雖與荀子暗合，而亦不識荀學之價值。請詳下第九章。）

就中國文化的發展看，透顯「知性主體」以成立「理解型態」，正是荀子的貢獻（名家

---

11 正名，乃荀子書中之篇名。儒家自孔子起，本就重視正名，但孔子講正名，是政治的、倫理的。而荀子作正名篇，則開顯了名理的、邏輯的意義。請參看下第五章。

12 尚書洪範篇所言之九疇如下：(1)五行——水火木金土。(2)五事——貌言視聽思。(3)八政——食、貨、祀、司空、司徒、司寇、賓、師。(4)五紀——歲、月、日、星辰、曆數。(5)皇極——謂治民大得其中。(6)三德——正直、剛克、柔克。(7)稽疑——謂有疑則謀及乃心、謀及卿士、庶人、卜筮。(8)庶徵——謂自然變化，各有徵驗，須多方考察。(9)五福六極——壽、富、康寧、攸好德、考終命，為五福；凶短折、疾、憂、貧、惡、弱，為六極。總之，九疇所論，廣及民生物質、生活行事、政事教化、自然知識、治民準則、道德實踐、謀事依據、實證精神、禍福觀念等等，無不賅括。

13 請參看本書孟子之部第四章。

之徒不足以言此）。今後將如何從民族文化心靈中透顯知性主體以開出知識之學，乃是當前儒學最迫切的中心課題之一。而荀子留下的思想線索，實在彌足珍貴。

本節只簡要地列舉二端，以指出荀子對儒學的貢獻。以下將分章論述荀子的學說思想。

第二章　荀子的天論

第一節　天之自然義

荀子以天為自然，而孔子嘗言：「天何言哉！四時行焉，百物生焉，天何言哉！」[1]人或以為，天無言而四時行，百物生，正表示天的自然義，與荀子天論篇以「不為而成，不求而得」說明天之職能，意思亦相類似。其實，孔子的話，是取譬以說明聖道之教不待言而著，而並不在於彰顯天的自然義。而且孔子所說的天或天道，與他所講的仁道亦是相通的。天道生生顯諸仁，天道生生，仁道亦生生。而論語泰伯篇載孔子稱頌帝堯之德，曰：「唯天為大，唯堯則之。」天之所以為「大」與天之所以可「則」，正由於天是一德化的天。而荀子的天論，則根本沒有這層意思。

又有人以為，荀子以天為自然，可能受了道家的影響。所謂「不為而成，不求而得」，

---

1 論語陽貨篇。

與道家所講的道之用（無為之用，無用之用），亦很相近似。然而——

1. 道家的自然，是通過清靜無為而達到的精神境界，是形而上的。而荀子以天為自然，則根本是實然的，而不是形而上的。

2. 道家主張「法自然」，天即代表自然，所以道家的天人關係甚為密切而和諧。而荀子則言「天人之分」，不但無所謂「法天」「法自然」，而且以天為物，而主張制天用天。

3. 荀子的天論頗顯示科學的色彩，而道家言天言自然則並無科學的意味。

據此三點說明，可見荀子以天為自然，與道家的思想立場並不相干。

依荀子，自然的天，沒有理智，沒有愛憎好惡，亦無所謂意志的作用。而自然之生，亦只是天地之「真」，而不是天地之「善」或天地之「德」。

1. 自然的天——沒有意志、沒有理智、沒有愛憎

荀子說：「不為而成，不求而得，夫是之謂天職。」「為」與「求」是意志的作用，天既「不為、不求」，表示天是沒有意志的。又說：「天行有常，不為堯存，不為桀亡。」堯是聖王，桀是暴君，而天並不因為人的賢聖或昏暴而改其常行，可見天是不識不知、沒有理智的。不識不知，無所愛，無所憎，亦因而沒有感應，所以「天不為人之惡寒也輟冬，地不為人之惡遼遠也輟廣。」[2]

天沒有意志與理智的作用，亦沒有愛憎好惡之情的反應，它只是循著永恆的軌道，機械

地、自然地運行而已。至於天論篇所謂「天有常道矣，地有常數矣」，其所謂常道，只是意指自然的法則、自然的秩序。這個自然的法則秩序，始終為天地所遵循，所以亦名之為常道。但荀子自己說過：「道者，非天之道，非地之道，人之所以道也，君子之所道也。」[3]因此牟先生認為「荀子只言人道以治天，而天則無所謂道，即有道，亦只是自然之道也。」[4]

天既然遵循一定的軌道，然則，「日月之有蝕，風雨之不時，怪星之黨見」（黨同儻，儻見、謂偶或見之），這些變異的現象，是否逸出了天行的常軌？荀子認為，這類變異之事，「無世而不常有之」，所以禹之時有九年之水，湯之時有七年之旱。另如流星下墜，社木之鳴，亦只是「天地之變，陰陽之化」，對於這些「罕至」之物，「怪之，可也；而畏之，非也。」[5]天行既然不會逸出常軌，天象的變異亦只是自然的現象，並沒有意志目的存乎其間。如果人見日月之蝕，便以為是上天的警告，見大水大旱便以為是上天的懲罰，因而驚惶恐怖，依荀子看，那是愚不可及的。所以，荀子的天，不是宗教的，不是道德的，亦不是形而上的，而只是自然的，是可以作為科學之對象的。

2.自然之「生」——只是天地之「真」，而非天地之「善」

2 此節所引，皆見荀子天論篇。
3 荀子儒效篇。
4 牟宗三先生《名家與荀子》（臺北、臺灣學生書局出版）、頁二一四。
5 上引之語，皆見天論篇。

詩書中的天，具有意志天乃至宗教的天之性格。到了春秋時代，宗教人文化（道德與宗教通而為一），宗教的天（人格神的天）轉化而為形上的德化的天。孔孟以下，形成「天道性命相貫通」的義理骨幹，故凡所謂天，皆不指天的自然現象，而是指說天的價值。

就天之「生」而言，亦認為是天之德、天之善。故易傳云：「天地之大德曰生。」[6] 生，是天地之德，天地之化生萬物，即是生生之德的流行發用，這是善的昭顯，亦是價值的創造。由此可知，孔孟是以道德心（仁）、理想主義的態度，來體認天之「善」（德）；而不是以認知心（智）、理智主義的態度，以認識天之「真」。而荀子則恰恰相反。

荀子所謂心，是思辨的、認知的，他是理智主義的態度。而認知心的對象，必然是客觀外在的，所以荀子所說的天，是指自然現象而言，這是天之「真」，而不是天之「善」。自然的天，不識不知，既無所謂道，亦無所謂善。荀子雖然承認天地是「生之始」，但天地之生，乃是「不見其事而見其功」的自然之生；凡天生而自然者，皆是負面的、被治的，所以不能說善，亦不能說德。亦以此故，人對於天無可言「法」，無可言「合」，故荀子不說天人合一，而說「天人之分」。

第二節　天人之分

天人相對，分而為二，故天歸天，人歸人，天與人各有其分。

天論篇云：

「天行有常，不為堯存，不為桀亡。應之以治則吉，應之以亂則凶。彊本而節用（本、謂農桑），則天不能使之貧；養備而動時，則天不能使之病；修道而不貳，則天不能使之禍；故水旱不能使之饑，寒暑不能使之疾，祆怪不能使之凶。本荒而用侈，則天不能使之富；養略而動罕（動罕、謂怠惰），則天不能使之全；倍（背）道而妄行，則天不能使之吉；故水旱未至而饑，寒暑未薄（近）而疾，祆怪未至而凶。受時（天時）與治世同，而殃禍與治世異，不可以怨天，其道然也。故明於天人之分，則可謂至人矣。」

又云：

「治亂，天邪？曰：日月星辰瑞曆（曆象、節令），是禹桀之所同也，禹以治，桀以亂，治亂非天也。時邪？曰：繁啟蕃長於春夏，蓄積收藏於秋冬，是又禹桀之所同也，禹以治，桀以亂，治亂非時也。地邪？曰：得地則生，失地則死，是又禹桀之所同也，禹以治，桀以亂，治亂非地也。」

---

6 易繫辭傳下第一章。

天行有常，自然運行，既無意志存乎其中，亦與人間之事不相感應。吉凶禍福皆由人為，不關乎天。荀子認為，天既不能禍福人生，亦不能影響治亂。禹桀之時，天地四時都一樣，而禹則治，桀則亂，可見治亂在人，而不在天地四時。假若人「應之以治」——以合乎禮義的行為來肆應，譬如強本節用、養備動時、循道不差，則能得福而吉；縱有水旱之災、寒暑之厄、祅怪之變，人民依然可以衣食無虞，幸福康寧。反之，假若人「應之以亂」[7]——以不合禮義的行為來肆應，譬如本荒用侈、養略動罕、背道妄行，則必得禍而凶；縱然風調雨順、寒暑宜人、祅怪不至，人民依然會有饑寒之累，疾病之災。由此可證，治亂吉凶的關鍵，只在人為，而不在天意。怨天求天都沒有用，有用的是人為。所以荀子稱「明於天人之分」者為「至人」。

自然的天，既然只是依自然法則而運行，人便無須慕天頌天，亦不必怨天求天。這種「自然還其為自然」、「自然只作自然看」的觀點，在科學心靈的活動中是必然而且必須的。不過，荀子的觀點雖是「自然只作自然看」，但卻不曾把自然的天作為研究的對象。他所面對的不是「知識問題」，所以雖然把天作自然看，卻並未採取積極地理解自然之態度。凸顯於荀子心中的，乃是社會問題、政治問題——這是「人」的問題，不是「天」的問題。所以，荀子所彰顯的，並不是科學的知識系統，而是人文世界的行為系統。

說到這裡，必須對荀子「聖人不求知天」與「夫是之謂知天」這二句看似矛盾的話，作一步義理的疏解。

天論篇云：

「不為而成，不求而得，夫是之謂天職。如是者，雖深、其人不加慮焉；雖大、不加能焉；雖精、不加察焉。夫是之謂不與天爭職。」

「列星隨旋，日月遞炤，四時代御，陰陽大化，風雨博施，萬物各得其和以生，各得其養以成。不見其事，而見其功，夫是之謂神。皆知其所以成，莫知其無形，夫是之謂天功。唯聖人為不求知天。」

這二段文，分別說明「天職」、「天功」，以及「不與天爭職」、「不求知天」。天生萬物乃是一個自然的事實，人皆知之；至於天如何生萬物，則是人所不可得而知的。人只見天不用作為，便自然成了；不用營求，便自然得了。此便是荀子所謂「不為而成，不求而得」的「天職」。而「天功」之功，非謂功德，乃功能義。天功「無形」，故「不見其事」。所可見者，只是天生養出來的成果（見其功）。所可知者，只是萬物各得陰陽之和以生，各得雨露之養以成的事實（皆知其所以成）。至於萬物何以如此而不如彼，這是屬於萬物之超越的所以然之理（存在之理）。關於這一層，荀子沒有正面討論，但所謂天職之

7 按，荀子不苟篇云：「禮義謂之治，非禮義謂之亂。」合乎禮義之行為謂之治，不合禮義之行為謂之亂。此所謂「應之以治」、「應之以亂」，正可據以作解。

「深、大、精」，似乎即表示此所以然。只因聖人「明於天人之分」，故「不加慮、不加能、不加察」。荀子於此，是採取一「存而不論」的態度。在君道篇他亦說到君子之「於天地萬物也，不務說其所以然，而致善用其材」。因為萬物之生，是天之事，自有「天職、天功」使之如此，這是莫知其然的。人若越分而欲加以思慮察辨，便是「與天爭職」。君子只求如何善用天地萬物之材，而不必去了解天地萬物之所以然。此之謂「不求知天」。

可是，荀子又說「夫是之謂知天」。天論篇云：

「天職既立，天功既成，形具而神生，好惡喜怒哀樂藏焉，夫是之謂天情（自然之情）。耳目口鼻形能各有接而不相能也（形、謂形體。耳目口鼻形體，各有接物之能，但亦只有一能而不相能），夫是之謂天官。心居中虛以治五官，夫是之謂天君。財非其類以養其類（財、裁也。非其類、謂禽獸草木；其類、謂人類），夫是之謂天養。順其類者謂之福，逆其類者謂之禍，夫是之謂天政。——暗其天君，亂其天官，棄其天養，逆其天政，背其天情，以喪天功，夫是之謂大凶。聖人清其天君，正其天官，備其天養，順其天政，養其天情，以全天功。如是，則知其所為，知其所不為矣；則天地官而萬物役矣。其行曲治，其養曲適，其生不傷，夫是之謂知天。」

天職、天功，屬於宇宙的天。而天情、天官、天君、天養、天政，則屬於人生人文的範圍。（以其皆屬天生之自然，故亦用「天」字而名之為天情、天官、天君；以其順乎自然而為，故亦謂之天養、天政。）自「暗其天君」至「以喪天功」，這是毀其生；自「清其天君」至「以全天功」（保全天地生物之功），這是成其生。成毀的關鍵在天君（心）之「清」或「暗」，而心之清明或昏暗，乃是人事，不關乎天。「聖人清其天君，正其天官，備其天養，順其天政，養其天情，以全天功」，是聖人為其人事之所當為，而且亦仍然是在「天人之分」的原則之下，克盡人的職分。所以荀子說：「如是則知其所為，知其所不為矣」。其「所為」者，是人的職分；「所不為」者，則指「不與天爭職」。宇宙一面的天職天功，是人所不為的，故「不求知天」。而所為這一面，屬於人的職分，當然必須知之。知人職而為之，則天地萬物皆為我用（天地官、萬物役），不但其行可曲盡其治，其養可曲盡其適，而且亦可不傷害天地之生，如是便謂之「知天」。

由此可知，「不求知天」，是不求知「天職、天功」之所以然，而「知天」是順天人之分而「知其所為、知其所不為」。「不求知天」與「知天」，二者各有所指，而亦各有所當。蓋天地之運，四時之序，陰陽之化，萬物之生，從其「所以然」一面看，是不可知的，亦不必知。但從其「實然」一面看，則既有形跡可尋，亦有形象可見；所以，這實然層的「自然現象的天」，是可知的，亦是必須知的。

天論篇云：

> 「故大巧在所不為，大智在所不慮。所志於天者，已其見像之可以期者矣；所志於地者，已其見宜之可以息者矣；所志於四時者，已其見數之可以事者矣；所志於陰陽者，已其見和（和、原作知，據楊倞注及王念孫改）之可以治者矣。官人守天，而自為守道也。」（各句「所志」之志，知也。各句之「見」字，讀為「現」。）

「天」顯現「象之可以期」，「地」顯現「宜之可以息」，「四時」顯現「數之可以事」，「陰陽」顯現「和之可以治」。這些，都是現成之自然，所以人可以依之而「期、息、事、治」（依天象以預期風雨陰晴，依土宜以蕃息作物，依四時之曆數節氣以應時勞作，依陰陽之和與寒暑之宜以修治人事）。而人之知天，亦只應限於此類自然之現象，而加以掌握利用，以期有利於人事之進行。荀子「知天」的目的，是在於裁萬物以厚養人生，他正是為了「利用厚生」而知天，而不是以純知識的興趣去理解自然。至於天文之事，自有日官、星官、太史負責；聖王主政教，只須「守道」以治理天下。而首句「大巧在所不為，大智在所不慮」[8]，亦正表示在「天人之分」的原則之下，人只應「知其所為、知其所不為」；而無須在「象、宜、數、和」之外，再去探究天之所以然。

上文曾經提到過，天之「所以然」，本有二層。經驗層的所以然，是事物本身的「形構之理」（形成之理、構造之理），這是科學家所探索的。超越層的所以然，是事物之所以如此存在的形上根據，是為「存在之理」、「實現之理」，儒家正宗所體證的「天道、天理」，即是這一層上的所以然。對於這兩層所以然，荀子皆視為「無用之辯，不急之察，棄而不治」（天論篇語）。由於不求知經驗層的所以然，所以未曾開出科學知識（此非才智問題，而是態度問題）；由於不求知超越的所以然，乃顯出荀子本源不透，所以其論天、論性，皆與儒家正宗大流之思想形成極大的差異。

第三節　天生人成

上述天之自然義、天人之分義，皆是荀子「天生人成」這個原則的張本。富國篇云：「天地生之，聖人成之」。而首先指出「天生人成」乃荀子思想之基本原則的，是牟宗三先生。[9]之後講荀子者，類能言之。

天論篇云：

「天有其時，地有其財，人有其治，夫是之謂能參。舍其所以參，而願其所參，則惑

8　大巧、大智，皆指聖人。不為、指不與天爭職，不慮、指不求知天。參見李滌生先生《荀子集釋》（臺北、臺灣學生書局出版）、頁三六九註文。

9　參見《名家與荀子》頁二一三至二二八。

矣。」

禮論篇云：

「故曰天地合而萬物生，陰陽接而變化起，性偽合而天下治。天能生物，不能辨物也；地能載人，不能治人也。宇中萬物生人之屬，待聖人然後分也。」

此二節很明顯地表示「天生人成」的原則。前一節指出天地只能供給「時」與「財」，而人則能加以治理。能治理天時地財而善加利用，就叫做「能參」。參，乃「人有其治」的引申，含有治理、成就之義。「所以參」即所以治，亦即能治，指人這一面而言；「所參」即所治，指天時地財而言。「舍其所以參，而願其所參」，亦即舍棄人這一面的「能治」而不為，而徒然希慕「所治」一面的天時地財之用，這是棄人而從天、舍本而逐末，所以說「則惑矣」。後一節是說，天地只能生物、載人，卻不能辨物、治人、（辨、亦治也）萬物與人類，皆有待聖人之道（禮義）以定其分位，而後乃能各得其所、各得其宜。據此可知，前一節是就治天地而言，後一節是就治人物而言。由這種天生人成之原則所透顯的，乃是「自然世界為人文世界所主宰」的思想。

「天生人成」之原則，荀子在王制篇亦有綱領性的說明，其言曰：

「天地者，生之始也。禮義者，治之始也。君子者，禮之始也。為之、貫之、積重之、致好之者，君子之始也。故天地生君子，君子理天地；君子者，天地之參也，萬物之總也，民之父母也。無君子，則天地不理，禮義不統，上無君師，下無父子，夫是之謂至亂。」

天地是「生之始」，但天只能生而不能治，必須以禮義行其治；而禮義乃君子所生，所以君子是「天地之參、萬物之總、民之父母」。如果沒有君子，則天地萬物（自然世界）之條理秩序，禮義法度（人文世界）之綱紀統領，皆將無法顯立，故曰「天地生君子，君子理天地」。

又前節所引「天職既立，天功既成」一段，亦是對「天人之分」與「天生人成」一原則之說明。前半段說的是「天地生之」，後半段說的「聖人成之」。「生」是天地的職能，是自然而然的。而「成」則必須通過禮義的效用。聖人清其「天君」而制禮義，以禮義被諸「天官」則天官正，被諸「天養」則天養備，被諸「天政」則天政順，被諸「天情」則天情養。在禮義的廣被中，天之所生得以成，天之功用得以全。由此可知，天之功在「生」，人之能在「成」。假若一任天生而不加人治，則天之所生濫而無節，而天功亦將有毀喪之虞。所以必須節之以禮義，而後乃能成其生。

總之，從「天生」一面看，皆是負面的、被治的，天生自然實無善之可言。從「人成」一面看，才是正面的、能治的，在人為禮義這裡，才可以說善——善是落在禮義上說。若依孔孟，禮義乃由天出，亦即由性分中出，這樣說的禮義，是有根的（既有天道作為它超越的根據，又有本心善性作為它內在的根據）。而荀子既以天為自然，又主性惡之說，如此一來，禮義遂失其根據而無處安頓，所以只好歸之於「人為」。但如此而為出來的禮義，實只有對治「天」與「性」的工具價值，而並無內在的價值。雖然荀子知統類、一制度、隆禮義，將人生宇宙皆統攝於一大理性系統之中，固已透顯客觀精神而達於莊嚴隆重之境；但與主觀精神（仁與心性）絕對精神（天道）相隔絕的「客觀精神」，是否足以盡其「人成」之責，實大有疑問。（此屬另一論題，須別論。茲只作一提示，不能詳。）

第四節　制天用天與事天

荀子認為人之所以為人，在於——

1. 人有辨：「人之所以為人者，何已（以）也？曰：以其有辨也。……辨莫大於分，分莫大於禮。」（非相篇）
2. 人能群：「人何以能群？曰：分。分何以能行？曰：義。故義以分則和，和則一，一則多力，多力則彊，彊則勝物，故宮室可得而居也。故序四時，裁萬物，兼利天下，無他故焉，得之分義也。」（王制篇）

以禮義明分，各任其事，各得其宜，因而上下齊心，和衷共濟，於是便有了力量。強有力則可以制裁自然，生活亦遂可得改善。所以說「序四時，裁萬物，兼利天下，無他故焉，得之分義也」。這就是荀子主張「禮義為制天用天之根本」的確切證明。

天論篇有一段話，特別為近人所稱賞，茲分句引錄解說如下：

大天而思之，孰與物畜而制之！（與其尊大天而思慕之，不如以天為自然物而制裁之。物畜、以天為一物也。亦即視天為自然，自然只作自然看之意。）

從天而頌之，孰與制天命而用之！（與其順從天而讚頌之，不如裁制天生之物而利用之。天命、謂天之所命，指天生之物。）

望時而待之，孰與應時而使之！（與其盼望天時調順而等待豐收，不如應時耕作而役使四時。）

因物而多之，孰與騁能而化之！（與其因任物類自然生長而望其豐足，不如運用智能以增加生產。化、生也。）

思物而物之，孰與理物而勿失之也！（與其思得物類以為己物，不如治理萬物而使之各得其宜、各盡其用。物之、謂徒視為物而不加治理。）

願於物之所以生，孰與有物之所以成！（物之所以生，在天；物之所以成，在人。與其希慕天之生物，不如致力於人事以成就萬物。有、借為右，右佑通，助也。）

故錯人而思天，則失萬物之情。（措置人事之努力而望求於天，則萬物亦將不能盡其用而違失自然之理。）

這是荀子「制天用天」之思想最有代表性的一段文字，語句的形式亦很明顯地是天人相對而說。荀子要把天當做自然物而制裁它，要憑藉天生之物而利用它，要應時耕作而役使它，要運用智能以增加生產，要治理萬物使之各得其宜、各盡其用。總之，他認為物之生在天，而成物則在人。為期在人為中成就價值，就必須制裁利用天生之自然物。而且，他把「裁萬物、養萬民」，看做是王者之政的要務。

王制篇云：

> 「王者之法（原本無法字，據王念孫補）：等賦、政事、財（裁）萬物，所以養萬民也。」[10]

非十二子篇云：

> 「一天下，裁萬物，長養人民，兼利天下……則聖人之得勢者，舜禹是也。」

「裁萬物以養萬民」，是王者之法，亦是舜禹之政。天論篇亦說：「裁非其類以養其類……順其類者謂之福，逆其類者謂之禍。」所謂「裁非其類以養其類」，亦即「裁萬物以養萬民」之意。能夠裁物以養民，是謂「福」，否則，萬民無以為養，便謂之「禍」。福禍雖與萬物有關，但得福招禍的權柄則操之在人。萬物本身固無所謂禍福，亦無所謂宜與不宜，故富國篇云：「萬物……無宜而有用於人」。人能裁之則可有用於人，有用於人就是宜，否則便是不宜。譬如水火，善用之則有益，不善用之則有害，故水火之宜與不宜，全在人之能裁與否。

然則，如何裁？王制篇云：

「草木榮華滋碩之時，則斧斤不入山林，不夭其生，不絕其長也。黿鼉魚鱉鰌鱣孕別之時（別、謂與母體分別，指生育而言），罔罟毒藥不入澤，不夭其生，不絕其長也。春耕、夏耘、秋收、冬藏，四者不失時，故五穀不絕，而百姓有餘食也。汙池淵沼川澤，謹其時禁，故魚鱉優多，而百姓有餘用也。斬伐養長不失其時，故山林不童，而百姓有餘材也。」

這一段話，著眼於一個「時」字。應時而養長生殺，謂之能裁；違時而養長生殺，是謂不能裁。「時」是自然法則，把握自然法則，就可以制裁自然，利用自然，而使百姓「有餘食，有餘用，有餘材」，此即荀子所謂制天用天。

10　按，等賦、猶言均賦。政事、韓詩外傳作「正事」，謂正理民事。鍾泰《荀子訂補》（商務版）則謂「事」字衍，原作「等賦政，財萬物」，義亦可通。

荀子既然視天為自然，又言「天人之分」，「天生人成」，而主張「制天用天」，何以又言「事天」？在此，可有二點解答：

1. 荀子所說的「天」，實含兩層意思，一是自然義，如前文所說。二是本始義。天地是「生之始」，亦是「生之本」。事天以報本返始，是道德真誠之流露，亦是人文精神之表現，而並非有所祈求於天。

2. 荀子不言天道，不言地道，而言人道、治道，故以「禮義之統」為其思想最高之綱領。在禮義之統所涵蘊的人文理想中，正人心、厚風俗的禮樂教化是重要的內容之一。禮中既有祭禮，則「祭天、事天」自是應有之義。

禮論篇云：

> 「禮有三本：天地者，生之本也。先祖者，類之本也。君師者，治之本也。無天地，惡生？無先祖，惡出？無君師，惡治？三者偏亡，焉無安人。（偏亡，闕其一也。焉、則也。）故禮上事天下事地，尊先祖，而隆君師，是禮之三本也。」

荀子尚理智，但他不是淺薄的「理智一元論」者，他的思想是理智的理性主義，或理智的人文主義。他反對慕天、頌天，而卻將事天地，與尊先祖、隆君師同時並舉，而稱之為「禮之三本」。這裡所顯示的純是「報本返始」之義，而並沒有祈願求福的意思，亦沒有依賴信靠的心理，更不帶任何迷信的色彩。儒家後來所特重的「三祭」之禮（祭天地，祭祖先，祭聖賢），正與荀子「禮之三本」相互關聯。

禮論篇又載荀子論祭之言曰：

「祭者，志意思慕之情也，忠信愛敬之至矣，禮節文貌之盛矣，苟非聖人莫之能知也。聖人明知之，士君子安行之，官人以為守，百姓以成俗。其在君子，以為人道也；其在百姓，以為鬼事也。」

子孫對於祖先的思慕，乃是人情之真。而儒家的祭祀之禮，即是順此思慕之情而設計的儀式，這是屬於人文活動中的事，並沒有祈福消災的心理夾雜，荀子所謂「其在君子，以為人道也」，正表示這個意思。而一般庸眾不明此意，所以「以為鬼事」。鬼事乃孔子所「不語」的「怪力亂神」，自應予以破斥。但破斥的乃是對鬼神之迷信，至於禮儀中所含藏的人文教化之意義，則必須加以認取。

天論篇云：

「日月蝕而救之，天旱而雩，卜筮然後決大事，非以為得求也，以文之也。故君子以為文，而百姓以為神。以為文則吉，以為神則凶。」

日蝕月蝕，天昏地暗，民心驚慌，故鳴鼓以示救護。久旱不雨，民情惶急，故祈禱求雨（雩、求雨之祭名），以撫慰人心。遇大事而朝議紛紛，故卜筮而後作決定（蓋事本兩難，互有利弊，故無論卜筮結果如何，無傷也）。這些事情，一方面是自古相傳的禮俗，一方面亦是人文世界中可被容許的活動，所以荀子並不反對。但亦須知，這些舉動乃是政事上的文飾（政治藝術的運用），並非真的認為可以得其所求。若認為禱祝可以得其所求，則人民事事禱祝，勢將荒廢人事，甚至招致禍亂，故曰「以為神則凶」。荀子以「非以為得求也，以文之也」一語，融通實然界與應然界之對立，他所表現的，正是理智的人文主義之精神。

第三章 荀子的性論

第一節 性之三義

荀子對於性的界說，有三則很簡要的話：

1. 正名篇：「生之所以然者，謂之性。性（生）之和所生，精合感應，不事而自然，謂之性。」
2. 性惡篇：「凡性者，天之就也，不可學，不可事……不可學不可事而在人者，謂之性。」
3. 禮論篇：「性者，本始材朴也。」

這三則文字，分別表示性之「自然義」、「生就義」、「質樸義」[1]。凡順「生之謂性」一路言性者，必涵此三義。這表示性只是自然生命之質，是中性的，沒有道德理性，沒

---

1 參見牟宗三先生《才性與玄理》（臺北、臺灣學生書局出版），頁二頁三。

有善的根。

第一則，直就「生之所以然」說性。「所以然」有從物理現象而經驗地說的、形而下的所以然，亦有從本體論的推證而超越地說的、形而上的所以然。荀子所說的「生之所以然」，是屬於形而下的所以然。他是就自然生命的自然徵象而作陳述，所謂「生之所以然謂之性」，意即「生之自然謂之性」。故下文接著又說：「性之和所生，精合感應，不事而自然，謂之性。」這幾句話，正是對上句「生之所以然者謂之性」所作的申述。依孔子之前「性者生也」的古訓（訓詁），可知性與生兩個字可以互用，「性之和」即是「生之和」[2]。楊倞注「和」字云：「陰陽沖和氣也。」牟先生解「生之和」為「自然生命之絪縕」[3]，義尤顯豁。自然生命之絪縕所生發（蒸發）的自然徵象，如感官之自然感應、生理之自然欲求、生物之自然本能、心理之自然情緒，總起來便名之曰「性」。這種意義的性，實只是「自然之性」。荀子的意思是說，自然生命之絪縕所生發的自然徵象，通過感官之精靈（自然的能力或作用）與外物相接觸，便引起主觀之反應（如耳目之精靈與外物接觸，便引起耳辨聲、目辨色之反應）。這些都是不待後天學習而自然而然的，荀子即就此先天本自如此的自然徵象而說「性」。此自然之性，即是所謂「生之所以然」（生之自然）。這是指說性之「自然義」。

第二則，由「天之就」說性。凡是天所生就的自然之質，都是「不可學」而得，「不可事」而成的。這先天生就、自然如此的質素，落在人的生命中，便謂之性。這是性之「生就義」。

第三則，就「本始材朴」說性。先天本始如此的素樸之材質，即是性。這是性之「質樸義」。董仲舒云：「性之名，非生與！如其生之自然之質，謂之性。」[4]董生之言，可以視為「生之謂性」最恰當的解析，亦可視為「性者本始材朴也」這句話的註腳。

第二節　性之內容（性惡）

荀子言性，其內容果何所指？

性惡篇云：

「夫好利而欲得者，此人之情性也。」

「今人之性，生而有好利焉……生而有疾惡焉……生而有耳目之欲、好聲色焉。」

「若夫目好色，耳好聲，口好味，心好利，骨體膚理好愉佚，是生於人之情性者

---

2 按，王先謙《荀子集解》即已作此解釋。

3 見牟宗三先生《心體與性體》（臺北、正中書局出版）第一冊頁八八。絪縕、交密之狀。二字語出易繫辭傳下第五章。

4 董子春秋繁露、卷十、深察名號第三十五。

也。」

榮辱篇云：

「凡人有所一同：饑而欲食，寒而欲煖，勞而欲息，好利而惡害，是人之所生而有也，是無待而然者也，是禹桀之所同也。目辨白黑美惡，耳辨聲音清濁，口辨酸鹹甘苦，鼻辨芬芳腥臊，骨體膚理辨寒暑疾養（癢），是又人之所常生而有也，是無待而然者也，是禹桀之所同也。」

據上引幾段文字，可知荀子言性的內容，不外下列三行：

1. 感官的本能——如耳目口鼻之辨聲色臭味，骨體膚理之辨寒暑疾癢等等。
2. 生理的欲望——如饑欲食，寒欲煖，勞欲息，以及耳目之欲等等。
3. 心理的反應——好利而欲得，好利而惡害，以及疾惡（恨怒厭惡）之情等等。

這三行內容，都是生物生命的內容，只能算是人的動物性之遺留。在這裡，只能見到「人之所以為動物」的自然生命之徵象，而不能見到「人之所以為人」的道德價值之內涵。就動物性而言性，則性中只有盲目的好與惡，而沒有合理的迎或拒；只有實然的生物生命之活動，而沒有應然的道德價值之取向。荀子所見到的人性，只是這一層生物生理的自然生命。如果順其生物生命之活動而不加引導節制，則「性惡」便是很自然的結論。而事實上，荀子亦正是把「性、情、欲」三者看做是同質同層的。

正名篇云：

「性者，天之就也。情者，性之質也。欲者，情之應也。」

「性者天之就」，是說性是先天生就、生而即有的。「情者性之質」，是說性以情為質（質地、本質），情外無性，情即是性，性與情是同質同位的。故荀子書中，情性二字常常連合做複詞用。「欲者情之應」，是說欲是應情而生的。耳目聲色之好即是欲，欲乃應愛好之情而生，有了愛好之情，便引生獲得之欲，所以說「好利欲得」乃是「人之情性」。荀子分別界定性、情、欲，卻正好說明三者並無實質上的差異。而「以欲為性」，亦遂成為荀子論性的最大特色。[5]既然以欲為性，所以性是惡的。

性惡篇云：

「今人之性，生而有好利焉，順是，故爭奪生而辭讓亡焉。生而有疾惡焉，順是，故殘賊生而忠信亡焉。生而有耳目之欲，好聲色焉，順是，故淫亂生而禮義文理亡焉。然則從人之性，順人之情，必出於爭奪，合於犯分亂理，而歸於暴。故必將有師法之化，禮義之道（導），然後出於辭讓，合於文理，而歸於治。用此觀之，然則人之性

5 參見徐復觀先生《中國人性論史先秦篇》（臺北、商務版）、頁二三四。

惡明矣，其善者偽也。」

又云：

「今人之性，饑而欲飽，寒而欲煖，勞而欲休，此人之情性也。今人饑、見長者而不敢先食者，將有所讓也。勞而不敢求息者，將有所代也。夫子之讓乎父、弟之讓乎兄，子之代乎父、弟之代乎兄，此二行者，皆反於性而悖於情者也。然而孝子之道，禮義之文理也。故順情性，則不辭讓矣。辭讓，則悖於情性矣。用此觀之，然則人之性惡明矣，其善者偽也。」

這二段文，從心理反應與生理欲望說性。前一段指出，人若依順「好利」「疾惡」「耳目之欲」，而不加「師法之化，禮義之導」，必將做出「爭奪、殘賊、淫亂」之行。人順情性必為惡，這是以行為之惡反映人性之惡。後一段則指出，人悖於情性而後有善，這是以善行不出於性反證人性之惡。總之，荀子的結論是：順情性則必為惡，悖情性乃能為善。荀子之所以如此看性，其本質的關鍵，是在「以欲為性」。

順自然生命的欲求說下去，當然不見有善而只見其惡。由「性惡」而透出自然之質這一層的不足，自然之質既有不足，則主觀地彰顯心君之重要，客觀地彰顯禮義之重要。（在荀子思想中，天與性皆屬負面，心與禮義則居於正面之地位。）其實，荀子亦未必不知自然之質既有惡的傾向，亦可有善的傾向。[6]但即使性有善的傾向，仍須治之以禮義，要通過「師法之化、禮義之導」，而後乃能表現合乎禮義文理的善行。人，不能停在自然之質這一層上，必須超越這一層以開出道德理性的領域，所以荀子既言人性惡，隨即又言「化性起偽」。平常總說荀子「主性惡」，我覺得這個「主」字下得太重。「人之性惡」其實只是荀子的觀點、說法，而「化性起偽」才是荀子的正面主張。

第三節　化性起偽

性惡篇開宗明義第一句，便說：「人之性惡，其善者、偽也。」善出於偽，不出於性。然則「性」與「偽」如何區分？

性惡篇云：

> 「凡性者，天之就也，不可學，不可事。禮義者，聖人之所生也，人之所學而能，所事而成者也。不可學、不可事，而在人者[7]，謂之性。可學而能，可事而成之在人

---

6 按，荀子禮論篇云：「無偽，則性不能自美。」性雖不能「自美」而可以使之美，荀子這句話實亦表示性含有「可美」的傾向。

7 「而在人者」，顧千里謂當作「之在天者」。見王先謙《荀子集解》引。

者，謂之偽。是性偽之分也。」

又云：

「若夫目好色，耳好聲，口好味，心好利，骨體膚理好愉佚，是皆生於人之情性者也；感而自然，不待事而後生者也。夫感而不能然，必且待事而後然者，謂之生於偽。是性偽之所生，其不同之徵也。故聖人化性而起偽。」

「不可學，不可事」的自然之質，以及「感而自然，不待事而後生」的愛好之情，是說明「性」之自然義。「可學而能，可事而成」，以及「感而不能然，必待事而後然」，是指說「偽」之人為義。這是荀子對性與偽所作的區分。

「偽」又有二層。正名篇云：

「情然而心為之擇，謂之慮。心慮而能為之動，謂之偽；慮積焉，能習焉，而後成，謂之偽。」

感官與外物接觸而引起好惡喜怒哀樂之情，此即所謂「情然」（如此這般之情）。對好惡喜怒哀樂之發作一選擇判斷，以決定其合理與否，這是「心為之擇」，亦即是所謂「慮」。情然，是性的自然反應；慮與擇，則是心的理智作用。心對情然加以選擇判斷之後，再由「能」（材性之能）為之發動而表現行為，這就是第一層意義的「偽」（偽的作用）。經過多次的選擇判斷（慮積焉）與多次的學習實行（能習焉），而後養成的善德善行，則是第二層意義的「偽」（偽的結果）。此第二層意義的偽，亦即上引性惡篇所謂「可學而能可事而成之在人者謂之偽」的「偽」。

就「性」而言，聖人與眾人同；就「偽」而言，則因人而有異。所以性惡論云：「故聖人之所以同於眾，其不異於眾者[8]，性也；所以異而過眾者，偽也。」

說到這裡，可以歸結為下面幾點意思：

1. 性是先天的自然，故人人相同；偽是後天的人為，故因人而異。
2. 聖人是人倫之極，但其人格乃由「積慮習能」而成，並非先天自然如此。
3. 偽，是塑造人格的動力。偽既因人而有異，故結果乃有高下之別；而人格之高下，不繫於性，而繫於偽。
4. 偽可以成就善，而不必盡善；所以荀子只說「其善者偽也」，而不說「其偽者善也」。

性與偽雖然不同，但偽卻必須以性為底子。性是原料，偽是加工（矯飾、美化），而人格則是加工之後的成品。[9]故禮論篇云：

---

8 「其不異於眾者」，俞樾謂當作「而不過於眾者」。見王先謙《荀子集解》引。

「性者，本始材朴也。偽者，文理隆盛也。（文理、謂禮文之理。）無性，則偽無所加；無偽，則性不能自美。」

本始材朴之性，是施設人為的底子（無性，則偽無所加），而人事之偽，則是矯飾或美化性的工夫（無偽，則性不能自美）。性雖不能自美，但加上偽的工夫，則可以成就「文理隆盛」之美善。可見善不出於性而出於偽，所以荀子主張「化性起偽」。董生賢良對策所謂「質樸之謂性，性非教化不成」，意亦同此。

然則，如何化性起偽？

性惡篇云：

「今人之性惡，必將待聖王之治，禮義之化，然後出於治，合於善也。」

「今人之性惡，必將待師法然後正，待禮義然後治。今人無師法，則偏險而不正；無禮義，則悖亂而不治。古者聖人以人性惡，以為偏險而不正，悖亂而不治，是以為之起禮義，制法度，以矯飾人之情性而正之，以擾化人之情性而導之也，始皆出於治，合於道者也。」

儒效篇云：

性也者，吾所不能為也，然而可化也。積也者，非吾所有也，然而可為也。注錯習俗，所以化性也。」（注錯、猶言措置、安排。意謂安排禮樂教化以移風易俗，即可化人之性。）

師法與禮義，是二事，亦是一事。故修身篇云：「禮者所以正身也，師者所以正禮也。」化性之道，只是通過師法而歸向禮義。可見荀子所謂「化性」，實只是行為方向之導轉，以使之「出於治，合於善」。而化性起偽，內在面要靠知慮，外在面要靠禮義。但心的知慮，只有選擇判斷的作用，卻不能發動行為；禮義是客觀外在的，它可以作為行為之規範，但不能使人就範。所以，行為的動機，出於情性之好惡；好惡之正確與否，出於知慮之選擇判斷；而依選擇判斷而發動實際之行為的，則是材性之能。榮辱篇云：「材性知能，君子小人一也。」可見不但「性」人人相同，「知」與「能」亦人人相同。正因為「知、能、性」同樣具有普遍性，「化性起偽」的可能性才可以建立起來。知（慮）可以積，愈積而愈明；能可以習，愈習而愈能。性則只能化而不可積，故荀子又有「隆性」「隆積」之辨。

儒效篇云：

「故有師法者，人之大寶也；無師法者，人之大殃也。人無師法，則隆性矣；有師法，則隆積矣。而師法者，所得乎積[10]，非所受乎性，性不足以獨立而治。」[11]

---

9 參見陳大齊先生《荀子學說》（臺北、中華文化出版事業社印行）、頁五八。

「隆性」，謂恣其情性之欲；這是順先天的自然生命走。「隆積」，謂重視積習以化於善；這是加強後天的人為以成就價值。茲表其意如下：

- 重師法、隆積習
  - 無師法則隆性
    - 恣其本性之欲
    - 不知化性積善
    - → 縱情性則必淪於惡
  - 有師法則隆積
    - 積慮習能以化性
    - 積善全盡以成德
    - → 隆積習可至聖人

依荀子，聖人由積而致，不由天生。聖人之所以大過人者，只是「積慮習能」之功。人的「知、能」與「性」同樣皆由天生，而性必須化，知慮才能則須加以積習。聖人既由積習而成，然則，人皆可至聖人否？

性惡篇云：

「今使塗之人……積善而不息，則通於神明，參於天地矣。故聖人者，人之所積而致矣。」

「聖人可積而致，然而皆不可積，何也？曰：可以而不可使也。……故塗之人可以為禹，則然；塗之人能為禹，則未必然也。雖不能為禹，無害可以為禹。足可以偏行天下，然而未嘗有偏行天下者也。……然則，可以為，未必能也；雖不能，無害可以為。然則能不能之與可不可，其不同遠矣。」

前一段指出聖人是人之所積而致，塗之人（一般人）如能積善不息，亦可至於聖人。後一段則謂塗之人可以為禹，而未必能為禹。「可」是原則的肯定，「能」是事實的檢證。原則上人皆可以為禹（為聖人），而事實上未必皆能為禹，此即荀子所謂「無辨合符驗」[12]之故。但反過來說，事實上雖不能為，並不妨害原則上仍可肯定人人可以為禹。荀子這個辯解，形式上並無問題。但從「足可以偏行天下，然而未嘗有偏行天下者也」這句話看，則「人可以為禹」，亦如「足可以偏行天下」一樣，將不免徒成空言。所以當人問到「聖人可積而致，然而皆不可積，何也？」荀子只好回答說：「可以而不可使也。」可以積而不可使之積，這正是問題的癥結所在。在此，我們可以問：人之積偽到底有沒有自發性？若有，他自能積慮習能以成就善；若無，則他可能根本沒有求積的意願，當然亦就不可強使之積，而「積善不息」之言亦遂失其根據矣。若在孟子，則可不發生這種問題。

孟子肯定仁義禮智是「天所與我者」，是「我固有之，人皆有之」的。人人皆有心性之善，皆有良知良能，人只須擴充其先天本有的心性之善與良知良能，就可以成就善德善行。此事完全操之在己而無須求之於外，所以是自覺自主的，道德的力量亦是內發自發的。以

10 「所得乎積」，積字原作性，楊倞注以為乃積字之誤，是，今據改。

11 「性不足以獨立而治」，原本無「性」字，據王念孫補。

12 「辨合符驗」，語見性惡篇。辨、別也；別、名詞，指券據而言（周禮小宰鄭注：別之為兩，兩家各執其一）。符、以竹為之，亦相合以取信之物。荀子是經驗主義之性格，故事事講求徵驗。

是，孟子只說「是不為也，非不能也」。人之「不為」，實只是一時之「弗思」，或物欲之「梏亡、陷溺」；而人之良知本心，必不安於「不為」，必不忍於「梏亡、陷溺」。此不安不忍之心隨時從內促使人警覺，所以必能自發地「悅理義」而好善惡惡，以表現道德行為，成就善的價值。

而依荀子，則欠缺這種內發自發的憤悱不容已的力量。因而，對於「塗之人」何以「可以為禹」而又「不能為禹」，事實上並不能提供充分的解答。因為人的內在生命中既然沒有善的根源（道德之根、價值之源），則其內發向善的意願與自發為善的力量，就欠缺先天的必然性，這正是荀子所謂「可以而不可使」的關鍵所在。

然則，「化性起偽」以成德成善的根據畢竟何在？依荀子，內在的根據是「心」，外在的標準則是「禮義」之道。

第四節　以心治性

前文說過，依荀子，性是負面的，心是正面的。所以荀子思想中的心性關係，可以說是「以心治性」。不過，並不是直接以心治性，乃是通過禮義而治性。

荀子言心，與孟子不同。孟子所說的仁義之心（四端之心、不忍之心、良心、本心），是「道德的心」，是道德主體（德性主體）。荀子所說的知慮思辨之心，則是「認知的心」，是認知主體（知性主體）。荀子說：「心，生而有知。」[13]這個具有「能知」作用的心，不但可以認知事物以成就知識（雖然荀子並沒有在這方面著力），而且可以認知「道」。

解蔽篇云：

「人何以知道？曰：心。心何以知道？曰：虛壹而靜。」

「心知道然後可道，可道然後能守道以禁非道。」

荀子在此，說到「心」與「道」（禮義）的關係。心的認知能力可以認知「道」，認知了道然後就能肯定道（可道），肯定了道就能守道不悖，以禁制不合禮義（非道）的行為。據此可知，「知道」是「可道」的前提，而「可道」又是「守道以禁非道」的前提。禮義之道是行為的標準，人必須「守道以禁非道」，而後乃能成就善的價值。

在此，我們可以進行三步義理的考察，以說明荀子如何「以心治性」。

1. 心是否必然地能認知禮義？

心有認知的作用，但心亦容易受到感官之欲的牽引干擾，而失去清明的心知之用。為期保持並發揮清明的心知之用，荀子在解蔽篇特別提出「虛壹而靜」的工夫。同時，他又以水

13 語見荀子解蔽篇。

喻心，認為「人心譬如槃水」。槃水放正，勿使動盪，則泥沙沉澱在下，水便清澈了。水要清明始能照見物象，同理，心亦要清明乃能察辨事理。對於心，必須「導之以理，養之以清」，使它平正而無偏邪，清明而不昏昧，如此，乃能不為異端外物所傾動移易，而可判定事理之是非，決斷疑似之困惑。「定是非、決嫌疑」的客觀標準，是「禮義」。禮義之道雖不在心中，而虛壹靜的大清明之心，其能認知禮義，自無可疑。所以，一般而言的心雖未必能認知禮義之道，但虛靜清明之心，則必然地可以認知禮義。

2. 心認識禮義之後，是否必然地能以禮義來治性？

清明之心既然能認知禮義，當然就隨之而認可禮義為行為的標準。在正名篇，荀子說到人雖「欲生」「惡死」，然而人卻可以「從生」「成死」（從、讀為縱，舍也。成、就也。「從生、成死」，意即舍生就死）。人之所以能夠不因「欲生」而即苟且偷生，是「心止之也」（心制止他不可偷生）；人之所以能夠不因「惡死」而即不願就死，是「心使之也」（心使令他勇於就死）。這表示人的行為活動，可以依從「心之所可」，而不依順「欲之所求」。根據荀子這個說明——對「心」與「欲」（性）的說明，我們可以稱之為「從心不從性」。在此，顯示荀子之言心，除了「認知義」，亦可含有「實踐義」，雖然荀子所說的心並不能「生起」行為活動，但卻能使行為活動依其「所可」而表現。[14]心既能認知禮義而且認可禮義為行為活動之標準，則它能以禮義之道來治性，自亦可以有其必然性。

3. 性是否必然地能依從心之「所可」而化惡成善？

依荀子，禮義之道是節欲唯一的標準，人在追求欲望之時，都應該以禮之「所可」「所不可」來作為取舍的界限。正名篇云：「凡人莫不從其所可，而去其所不可。知道之莫之若也，而不從道者，無之有也。」荀子認為，人既知節欲之方沒有比禮義之道更好的了（知「道」之莫之若也），天下自然就沒有人不從道而行了（而不從道者，無之有也）。這個說法，與解蔽篇所謂「心知道然後可道，可道然後能守道以禁非道」，意思相近。如此說來，心認可禮義，就必然地會以禮義來治性；心以禮義來治性，性就必然地會依從心之所可來表現，以完成「化惡成善」的道德實踐。

以上三步考察，第一問無問題，第二問亦可無問題，問題是在第三問。蓋心是否必然地能以禮義治性，關鍵不在心，而在性。心能「知道」而「可道」，當然亦能表示「守道以禁非道」的意思；但這只是心之知慮所作的選擇判斷，而真正發動實際之行為的，卻要靠材性之能。然而先天本「惡」的自然之性，果能依從「心之所可」而表現「善」的行為乎？這才是問題的關鍵所在。荀子雖說「知道之莫之若也，其不從道者，無之有也。」但這句話，其實只能說明「心」必從道，而不足以說明「性」必從道。不過，內在於荀子的系統，他的話

14　參見何淑靜小姐臺大哲學研究所碩士論文《論荀子道德實踐理論之根據問題》（牟宗三先生指導）第三章第二節之二。該段文中對於「荀子所主張的道德實踐途徑，是尅就虛壹靜之心來保證道德實踐之必然」一義，疏釋甚詳。

只能說到這裡。若再追究「性」何以必依「心之所可」而「從道」，荀子是沒有回答的。

但另外還有一個相關的問題，卻必須在此作一討論，是即「人之性惡，則禮義何由而生」？性惡篇云：

「凡禮義者，是生於聖人之偽，非故生於人之性也。……聖人積思慮，習偽故（偽故、謂往古累積而成之經驗知識），以生禮義而起法度，然則禮義法度者，是生於聖人之偽，非故生於人之性也。……故聖人化性而起偽，偽起而生禮義，禮義生而制法度；然則，禮義法度者，是聖人之所生也。

荀子認為禮義是「聖人所生」，這句話本身沒有問題。依孔孟，亦可以說禮義是聖人所生（創制），但聖人創制禮義法度的根據，決不在外，而必在內。故孔子曰「人而不仁，如禮何？」[15]孟子更明白表示「仁義禮智根於心。」[16]人人既皆有道德的本心，皆有仁義禮智之性，則聖人之創制禮義，亦不過是先得我心之同然而順仁義之心做出來亦即以心同理同的道德心性為根據而做出來。故依孔孟，應該說「順性起偽」，一切價值皆是順道德心性的內在要求而步步實踐出來。禮義法度本就是眾人性分中的事，人亦可以隨時隨分表現禮義法度。各人表現之程度雖有不同，但「人人皆於禮義有分」則無可疑。肯定人人皆於禮義有分，方能建立禮義的必然性與普遍性。

但依荀子的說法，聖人之性（自然本惡之性）與眾人同，則聖人之「偽起而生禮義」，並不繫於他的德性，而是繫於他的才能。性分中既無禮義之事而有待於聖人之才能，則無論「偽起而生禮義」或「禮義之偽」，皆將成為可遇而不可求，因而禮義之必然性與普遍性，根本無從建立。雖說禮義可學而知、可學而能，但眾人性分中既無此事，則雖「可」而「未必能」；如此，則眾人根本沒有「與於禮義」之分，豈不鄙夷生民甚哉！[17] 荀子隆禮義而反性善。「禮義」與「性善」既已置於相對衝突的位置，則其所謂禮義乃失去人性之基礎與內在之根據，而人之為善成德亦遂失其內發性與自發性矣。然則，由荀子一轉手而為李斯韓非，雖不是荀子始料之所及，而亦非偶然也。[18]

---

15 論語八佾篇。

16 孟子盡心篇上。

17 參看牟宗三先生《名家與荀子》（臺北、臺灣學生書局出版）頁二二七。

18 按，荀子雖言性惡，然更重化性起偽，以心治性；既由心知通向善而歸於禮義，可知荀子並非極端性惡論。然荀子既已抹去人性的光明之源，則李斯韓非順之而下趨，亦遂成為自然之勢。韓非變本而加厲，以為人之「性」皆自利自為，人之「心」皆計慮利害，既無父子之親、夫妻之情，亦無朋友之信、君臣之義。人之內在生命既成一片黑暗，故反對尚德尚賢，而主張嚴法任術以驅策人民。近人每以法家附會法治，殊不知法家之嚴法乃為尊君利君，故處心積慮以「愚民、防民、虐民、威民」，此既與儒家之「教民、養民、愛民、保民」絕不相類，而與「尊人權、重民意、尚自由、崇價值」之民主法治亦不可同日而語。

第四章 荀子的心論

荀子所說的「心」，與孟子不同。孟子所說的仁義之心——四端之心、不忍之心、良心、本心，乃是道德的心，是道德主體（亦曰德性主體）。而荀子所說的知慮思辨之心，則是認知的心，是認知主體（亦曰知性主體）。牟先生指出，孟子是「以仁識心」，荀子是「以智識心」[1]，這個分判，實信而有徵。孔子以後，先秦儒家的兩大代表人物，正是孟子和荀子，而二人能夠分別開出「德性主體」與「知性主體」，可謂雙美相濟。由此亦可看出先秦儒家的學術心靈，確實深廣而閎通；對於當前儒家第三期學術的發展，尤足顯示重大的意義。

第一節 以智識心

1 按，「以仁識心」與「以智識心」之分別，乃牟宗三先生首先提出。見民國四十二年印行之《荀學大略》（現已編入臺灣學生書局出版之《名學與荀子》一書，頁二二五）。

以仁識心，所識的是道德性的德性心，這是孟子以下正宗儒家所講述的通義。以智識心，所識的是理智性的認知心，這是荀子所特別彰顯的獨見。但有一個意思必須在此作一說明，即，以智識心的「智心」，實可開顯為二層：一是「知性層」，一是「超知性層」。

「知性層」的智心，是理智心、認知心。而認知心的活動是在「主客對列」的格局中進行：以主觀面的「能知」之心，去認知客觀面的「所知」之物（對象）。在這個層面上的心知，亦即北宋大儒張橫渠所說的「見聞之知」。[2]通過見聞之知，可以成就知識。但儒家講學的中心點，是落在成德的問題上，所以著重於「德性之知」一面說話，對於知識則採取消極的態度——對知識問題未予積極正視。因而知性層的智心，一直未能在儒家思想中充分透顯而獨立起用。不過荀子所講的心，卻正是知性層的智心，是認知的心。這一個思想端緒的發現，再加上朱子的心論及其「即物窮理」的方式，正可作為「從中國文化心靈中開出知識之學」的一個現成的觀念線索。（下第九章將有所論，茲不詳。）

「超知性層」的智心，亦是順「以智識心」而開顯出來的，像道家的虛靜心（道心）與佛教的般若智心，都是。所謂「超知性」，意即超越了認知心的「主客對列」，而通過道心的觀照與般若智心的照了，以達於「主客融通、一體而化」的境界。道家的道心顯發觀照之慧，佛教的般若智心顯發照了（證空）之智。二家所講的心，皆不同於理智心、認知心、而是超知性層的智慧心。為期眉目清楚，茲將「心」一觀念之全幅意義，列為表式，以供參證：[3]

心
- 以仁識心——德性層——道德心（仁心、良知）——仁智通而為一——（創造）
- 以智識心
  - 超知性層
    - 道心（道家之虛靜心）——顯智不顯仁——（觀照）
    - 般若智心（如來藏心）——證如不證悲——（照了）
  - 知性層——認知心（心知之明、知慮思辨）——（認知）——主客對列
- 習心——感性層——血氣心（心理情緒、情識意欲）

（創造）、（觀照）、（照了）：主客合一

說明：

1. 正宗儒家「以仁識心」，所識者乃德性層的仁心，亦即實體性的道德的本心。
2. 道家、佛教則「以智識心」，所識者乃超知性層的智心（不是仁心）。
3. 儒家中的荀子（與南宋朱子）亦是「以智識心」，所識者乃知性層的認知心。（又，西方哲學所講的心，亦是知性層的認知心。）
4. 感性層的心，不能成就價值，亦不能成就知識。就道德實踐、修養工夫而言，感性層的心乃屬負面被遮的成分。（在科學門類中，則劃歸心理學的範圍。）

---

2 張橫渠正蒙大心篇云：「見聞之知，乃物交而知，非德性所知。德性所知，不萌於見聞。」又誠明篇云：「誠明所知，乃天德良知，非見聞小知而已。」張子分別見聞之知與德性之知，實即分別「認知心」與「道德心」。

3 拙文〈心的性質及其實現〉（見《鵝湖月刊》九十四期），對「心」一觀念之性質、層次及其實現之脈絡，皆有所論，可參看。

何以說荀子所講的心是認知心？茲引據荀子書中之言略作解說。

解蔽篇云：

「人，生而有知……心，生而有知。」

「凡以知，人之性也；可以知，物之理也。以可以知人之性，求可以知物之理……」

性惡篇云：

「塗之人，皆有可以知仁義法正之質。」

正名篇云：

「所以知之在人者，謂之知；知有所合，謂之智。」

上引四則文字，第一則指出「人、生而有知」，這知字是落在「心」上說，故又云「心、生而有知」。第二則指出人有能知之性，物有可知之理。從「知」說性。這個「性」字自非性惡之性，而是指生而即有的質性之能，同於第三則所說的「可以知」之「質」。「知」（知覺、知慮、認知）是人的先天之性、先天之質，亦即人生而即有的認知能力。這種可以表現「認知」作用的質性之能，說實了也就是「心」。因此，從知說「性」說「質」，實亦無異於從知說「心」。從「知」說心，心為認知心，屬於「能知」。有主觀面的「能知」，就有它所對的客觀面的「所知」，第四則正名篇二句，非常明顯的就是指說這個意思。上句「所以知之在人者謂之知」的「知」，即是第一則所謂「人、生而有知……心、生而有知」的「知」，這種先天的稟賦，乃是知的作用，自是屬於「能知」一面。下句所謂「知有所合」，合、即接遇之意。能知之心接遇於物，而後乃能形成對物的知識，這是知的結果，屬於「所知」一面。因此，「知有所合謂之智」的「智」字，實際上是指「知識」而言。這是認知心向外發用而得到的收穫。

認知心的基本作用是成就知識。但荀子用心的重點，卻不落在知識問題上，而是注目於行為問題。道，是行為的準衡，所以荀子的心論，亦是直接從心能知「道」說起。解蔽篇云：

> 「人何以知道？曰：心。」
>
> 「故心不可以不知道。心不知道，則不可道而可非道。……心知道，然後可道。可道，然後能守道以禁非道。」

據此可見，人之所以能「知」道，是由於人有「心」。心不是道，而能「知」道；這個「知道」的心，自是認知心。人「知道」之後，便能進而「可道」。可，謂認可、肯定。人肯定了道，便能守道而不悖；守道不悖，然後乃能行為中理（合理）。可見行為之能否中理，關鍵就在於心能否知道。因此，「知道」乃是「可道、守道」的先決條件。一個人能夠知

「道」，自屬明智之士，而其行為亦必中節合理而可免於過差，所以勸學篇說：「君子博學而日參省乎己，則知明而行無過矣。」（參省、謂參驗省察。知明之知，讀為智。）在此，可以看出荀子重智主義的精神。

由上所述，可以證實荀子是由智識心，所識的乃是理智性的認知心。認知心能知能慮，亦能思辨決疑。茲仍摘錄荀子之言以為證。

「情然而心為之擇，謂之慮。」（正名篇）

「禮之中焉，能思索，謂之能慮。」（禮論篇）

「其知慮足以應待萬變……其知慮足以決疑。」（君道篇）

「人之所以為人者，何已也？曰：以其有辨也。」（非相篇）

「吾慮不清，則不能定然否也。」（解蔽篇）

心能擇、能慮、能思、能辨，因而足以決疑似、定然否。順此而論，可以導出「心」的主宰義。

第二節　心之主宰義

在荀子書中，有幾處言論，頗顯示心的主宰義。

天論篇云：

「心居中虛，以治五官，夫是之謂天君。」

解蔽篇云：

「心者，形之君也，而神明之主也，出令而無所受令。自禁也，自使也，自奪也，自取也，自行也，自止也。故口可劫而使墨云（墨、默也；云、言也），形可劫而使詘申（屈伸），心不可劫而使易意，是之則受，非之則辭。」

第一則指出心居於中虛之位，以統治五官，所以荀子稱之為「天君」。天、自然義，君、主宰義。天君，意即自然感官（五官）的主宰。故第二則又說「心」是「形之君」，是「神明之主」。神明，略同今語所謂精神、意識。依荀子之意，心不但是形體感官的主宰，而且亦是意識的主宰。所以，心只「出令」而不「受令」。所謂「自禁、自使、自奪、自取、自行、自止」，是表示心的活動，完全由「自」不由「他」，不因外力而有所改變。所以人之「口」可在外力劫持之情形下迫使它沉默或言說，人之「形體」亦可因外力劫持而迫使它屈曲或伸直，唯有「心」則不因外力之劫持而改變意志。心能是其所是，非其所非，故「是之則受，非之則辭」；無論接受或拒絕，皆由自主。據此可知，荀子所說的「心」，頗能顯示其主宰的能力。論者亦依此而說荀子所言之心有「自由意志」。所謂心有自由意志，可有二義：

一是指心可以自由地選擇，而不受任何禁制或限制。

一是指心能自立法則，而即自主地依其所立之法則而生起行為活動。

前者是就「認知心」而說的自由意志；後者則是「道德心」之自主自律、自決自定，因而是具有創造性的自由意志。就荀子所講的認知心而說自由意志，是屬於前者；而孟子與正宗儒家所講的道德心之自由意志，則屬於後者。

由認知心而說的自由意志或主宰能力，是否可以達於充盡之境？對於這個問題還須作進一步的考察。解蔽篇有一段譬喻之言，最能顯示荀子言心的觀點。

> 「故人心譬如槃（盤）水，正錯而勿動，則湛（沉）濁在下，而清明在上，則足以見鬚眉而察理矣（理、謂肌膚之紋理）。微風過之，湛濁動乎下，清明亂於上，則不可以得大形之正也。心亦如是矣。故導之以理，養之以清，物莫能傾，則足以定是非、決嫌疑矣。小物引之，則其正外易，其心內傾，則不足以決麤（粗）理矣。」（麤理，原作庶理。茲依盧文弨據宋本校改。）

盤水放正，勿使動盪，則渣滓沉澱在下，水便清澈了。清明之水可以照見鬚眉膚理，而混濁之水則連大形（人之形體）亦映照不出來。水如此，心亦然。心之見理，正如水之照物。水清則能照物，心清則能見理。然而，物並不在水中，理亦不在心中。可見荀子所說的

「心」，實只是一「見理」的認知心，而不是「具理」的道德心[4]。「見」理的認知心，能知慮，能思辨，亦能選擇判斷；但問題是在，認知心的選擇判斷並不能必然地正確無誤而合理合道。故正名篇云：

> 「心之所可，中理……心之所可，失理。」

可、謂認可，亦即選擇判斷之意。中理、謂合理合道；失理、謂不合理不合道。這表示認知心的認知能力並不能必然地正確無誤。因此，心雖有主導行為之作用，而人的行為活動亦可以依「心之所可」而表現，但如「心之所可，失理」，則心之主宰能力就無法保證人的行為必然是善的。因此——

1. 「心」能「知道」，能「見理」；但認知了善（道），並不表示即可行善、成善。（因為認知心不能自主地依其所認知的理、道，而生起行為活動。）
2. 「心」能認知，但其認知能力既不絕對可靠（其認知之是否正確，並無邏輯之必然性），則心之主宰乃屬有限而不充盡。

---

4 按，孟子講「心悅理義」、「仁義內在」，陸象山講「心即理」，王陽明講「良知即天理」，皆是「具理」的道德心（道德的本心自具道德的理則）。雖然人皆有仁心、道德心，在日常生活中，人亦不時有道德心之呈露；但若欠缺真切的體會體證，便難以自覺地加以正視，因而此「生而即有」的仁心、道德心，亦將不能進入他的思想系統而成為基本的觀念。荀子便是如此。

何以如此？其關鍵即在荀子以智識心，而不是以仁識心。以智識心，心為「見理」的認知心；以仁識心，心為「具理」的道德心。必須是理內具於心的道德心，始能自發命令、自定方向、自作主宰，才是能夠自發內發地「生起」行為活動的「創造性的心」。若心只是「見理」的認知心，則理在心外，心與理便形成主客相對而有彼此之限隔。在如此情形之下，心之見理亦因而有了限制而並無必然性。而且，心在應物之時，常易為外物所牽引，所以必須「導之以理，養之以清」，使心不為外物所傾動，而後乃能顯示其「定是非、決嫌疑」的能力。「導之以理」的「理」，即荀子所謂「大理」，乃指「道」而言。荀子的意思是說，必須導之以道，使心平正而不偏邪；再養之以虛靜，使心清明而不昏昧；如此乃能不為異端外物所傾動移易，因而可以判定事理的是非，決斷疑似的困惑。否則，「小物引之，則其正外易，其心內傾，則不足以決粗理矣」。小物，指異端。這幾句話是指出，人一旦為異端引誘，則外在的正理隨之而移易（不再能維持其規範標準的作用），內在的心意亦因之而傾動搖惑（不再能顯示其知慮思辨的功能）；如此，則連粗淺的事理亦將不能決斷，更勿論嫌疑難明的是非了。

由此可知，就荀子所講的心而說自由意志，只表示心可以不受禁限而自由地作選擇判斷；而所謂心的主宰能力亦須「導之以理，養之以清」，而後乃能「定是非，決嫌疑」。至於自主地依其選擇判斷而生起行為活動以成就善的價值，則顯然非認知心之所能為力。可見認知心的主宰性實屬有限而不充盡，並不是普遍地必然的。

第三節 虛壹靜與大清明

上文說及人之所以能「知道」，是由於人有「心」。若問「心」何以能「知」道？荀子亦有說明。

解蔽篇云：

「心何以知？曰：虛壹而靜。心未嘗不臧也，然而有所謂虛。心未嘗不兩也（兩、原作滿，據楊倞注校改），然而有所謂壹。心未嘗不動也，然而有所謂靜。人，生而有知，知而有志（誌），志也者，臧也；然而有所謂虛。不以所已臧害所將受，謂之虛。心，生而有知，知而有異；異也者，同時兼知之。同時兼知之，兩也；然而有所謂一（一、當作壹）。不以夫一（彼一）害此一，謂之壹。心臥則夢，偷則自行，使之則謀；故心未嘗不動也，然而有所謂靜。不以夢劇亂知，謂之靜。」

荀子指出，心能「臧」（通藏）、能「兩」、能「動」。臧、謂容收積藏，兩、謂同時兼知，動、謂意念活動。「藏、兩、動」是心一般性的作用，而「虛、壹、靜」則是心之所以為心的特性。

1.人能認知，能將所認知的事物一一記在心裡，故謂之「藏」。但心之積藏知識，不同於倉庫之存藏貨物。倉庫縱大，總有貨物滿溢之時；而心則虛而能容，並無限量。所以心的第一個特性，就是不會因為所已積藏的舊知而妨害（排斥）所將接受的新知，這便是所謂「虛」。

2.心的認知作用，最明顯的表現就是辨別事物的不同。不同的事物可以同時加以認知辨識，故謂之「兩」（同時兼知之）。心同時兼知不同的事物而又能分別主從、輕重、先後、緩急，擇其一而專心致力[5]，所以不會以彼一事而妨害此一事。可見心所具備的第二個特性，便是「壹」。

3.心，在人睡眠時會做夢，在偷惰懶散時會胡思亂想，而使用它的時候則能計慮謀劃，可見心一直都是在活動的。「夢劇」，謂胡思亂想的雜念。夢、想像也，指自起的雜念而言；劇、煩囂也，指他起的雜念而言[6]。「不以夢劇亂知」，是表示無論自起的雜念或他起的雜念，都不會擾亂心的知慮作用，這就是心的第三個基本特性：「靜」。

總此三點，可知心虛而能容，能兼知亦能專一，能活動亦能靜慮。「虛、壹、靜」是心的特性，亦同時是一種工夫。通過虛壹靜的工夫，即可達到「大清明」。

故解蔽篇又云：

「未得道而求道者，謂之虛壹而靜……知道察、知道行，體道者也。虛壹而靜，謂之大清明。
萬物莫形而不見，莫見而不論，莫論而失位。坐於室而見四海，處於今而論（聞）久遠。疏觀萬物而知其情，參稽治亂而通其度，經緯天地而材官萬物，制割大理而宇宙裡（理）矣。」7

「謂之」，猶言「告之」。對於尚未得道而又有志求道的人，荀子認為必須告訴他「虛壹而靜」的工夫，使他能以虛靜清明之心認知禮義之道（荀子所謂「道」，實指「禮義」之治道而言）。「知道察」、謂認知道而能明通辨察，「知道行」、謂認知道而能力行實踐；如此，則可謂「體道者也」。體、即身體力行之意。依荀子，心能由「藏」而顯「虛」，由「兩」而用「壹」，由「動」而致「靜」；「虛壹而靜，謂之大清明」。這大清明之心，是通過虛壹靜的修養工夫而達到的最高境界。而依「知道察、知道行」之句，以及上第一節所引「心」能「知道、可道、守道、禁非道」之言，又可看出荀子所說的認知心，實兼含

5 解蔽篇下文有云：「類不可兩也，故知（智）者擇其一而壹焉。」其意與此所謂「同時兼知之，兩也，然而有所謂一（壹）」，正可相參。

6 楊倞注：「夢、想象也。劇、煩囂也。」並請參閱李滌生先生《荀子集釋》（臺灣學生書局）頁四八六之附註。

7 「處於今而論久遠」，盧文弨謂、元刻「論」作「聞」（見王先謙集解引）。「制割大理而宇宙裡矣」，楊注謂「裡」當作「理」，條理也。

「知、行」二方面，不只具有「認知義」，亦含有「實踐義」。8

虛壹而靜之心，可以通明於事物，故凡有形者莫不能見知，凡見知者莫不能論說，凡論說之事皆可不失分位以得其宜。而且，人有了大清明之心，則「坐於室而見四海，處於今而聞久遠」。前句表示心可以超越空間（四海）之限隔，故能「疏觀（通觀）萬物而知其情」；後句表示心可以超越時間（久遠）之限隔，故能「參（驗）稽（考）治亂而通其度（典制法度）」。不僅此也，有了大清明之心，還可以「經緯天地而材官萬物，制割大理而宇宙理矣」。經緯，猶言經理、治理。材，通裁；官，謂各任其事以當其用。材官，猶言裁度也。大理，指道而言，「制割大理」句，意謂以清明之心運用禮義之道，則宇宙間的萬般事物，皆可得其條理而各當其分、各適其用。天論篇所謂「聖人清其天君……天地官而萬物役矣」，正是此義。而富國篇所謂「天地生之，聖人成之」，以及王制篇所謂「天地生君子，君子理天地」，亦皆可以與此相參。

依荀子，虛壹而靜的大清明之心，可以「知道」、「可道」、「守道」以「禁非道」。此即表示人可以依據心之「認知禮義、肯定禮義」，而即從事於道德實踐（治性、導欲）以成善致治。但這裡還有一個問題必須作進一步的考察，是即人之從事「虛壹靜」的工夫有沒有普遍的必然性？於此，有二義可說：

1.心雖「生而有知」，但心亦會為外物所牽引傾動而不清不明，所以必須「導之以理，養之以清」；否則，便不足以「定是非，決嫌疑」，甚至不足以「決麤理」。可見心之「虛、壹、靜」必須靠後天工夫來修養；既是後天養成，即表示心之「大清明」並非先天必然如此。

2.人可以作虛壹靜的工夫，以使心達於大清明之境。但據上文「未得道而求道者，謂之（告之）虛壹而靜」的話看來，人之作虛壹而靜的工夫，有待於他人的提醒告知，而並非出於心之自動自發。此即表示心之「虛壹而靜」實無內在的必然性。因此，並不是人人皆必然地會去從事虛壹而靜的工夫。

據此二點考察，可知荀子從心之「知道、可道、守道」以「禁非道」來建立道德實踐的根據，實在欠缺普遍的必然性。因而，「心」以禮義來治「性」，亦同樣欠缺普遍的必然性。

總而言之，荀子所講的禮義之道，只是心所認知的外在標準；依外在的禮義而成就的道德，乃是他律道德。同時，心之認知禮義，亦有賴於後天的虛靜工夫而後可；因此，心亦不能自主地生起道德行為，更欠缺自發內發的力量來從事道德的實踐，以完成道德的價值。這就是「以智識心」而顯示的限制。

---

8 按，上第三章第四節論「以心治性」，曾指出荀子之言心，除了「認知義」，亦可含有「實踐義」。但雖含有實踐的意義，但卻不能直接說荀子所言之心是實踐主體。（必須是孟子所言之道德心，才是能自主地生起行為活動之實踐主體。）

第四節 蔽與解蔽之道

一、論蔽

心有認知的作用，但卻不是認知的準則，所以心的認知未必正確。不正確的認知所形成的偏見便是「蔽」。

解蔽篇云：

「凡人之患，蔽於一曲，而闇於大理。治則復經，兩疑則惑矣。天下無二道，聖人無兩心。今諸侯異政，百家異說，則必或是或非，或治或亂。亂國之君，亂家之人，此其誠心莫不求正而以自為也。妬繆於道，而人誘其所迨也（迨、借為殆，近也。所近、謂所好也）。私其所積，唯恐聞其惡也。倚其所私以觀異術，唯恐聞其美也。是以與治離走（離、原作雖，據楊注與郝懿行、王念孫說校改），而是己不輟也。豈不蔽於一曲，而失正求也哉！心不使焉，則白黑在前而目不見，雷鼓在側而耳不聞；況於使者乎！德（得）道之人，亂國之君非之上，亂家之人非之下，豈不哀哉！」

上引三小節，乃解蔽篇首段之文。第一小節指出，「凡人之患」，乃由於「蔽於一曲，而闇於大理」。一曲，謂一偏、一隅。大理，猶言大道。人在認識上的通病，是蔽於道之一偏一隅（為一孔之見所蔽），而不見大道之全。若能對治這種「蔽於一曲」的情形，自可復合於常理大道；反之，如果三心兩意（不專一於道），則必滋生疑惑（而有所蔽塞）；故曰「治則復經，兩則疑惑矣」[9]。經，常也，謂常理大道。下句「天下無二道」之道，即指此常理大道；「聖人無兩心」，亦即專一於此常理大道。而天下諸侯之所以「異政」（政治措施不同），諸子百家之所以「異說」（學說思想不同），正是由於「兩心」而「二道」（不識道之全體，故不能專一於道），所以「或是或非，或治或亂」。要之，皆因「蔽於一曲，而闇於大理」之故。

第二小節指出「蔽」之所由起的心理狀態。亂國之君與亂家之人[10]，其本意並非不想求正道，只因他們「妬繆於道」（妬人之美，迷謬於道），而別人亦就投其所好而引誘他向「非道」的路上走。久而久之，他便偏愛自己積累而成的私意成見，唯恐聽到別人的批評。同時他又依據自己的私見（偏見）來衡量別家的學說，唯恐聽到有人對別家學說加以讚美。由於他形成一套「以己為是，以人為非」的成見積習，結果便「與治離走，而是己不輟」

---

9 按，「兩疑則惑矣」，當作「兩則疑惑矣」，據下句「天下無二道，聖人無兩心」，以及解蔽篇下文「心枝則無知，傾則不精，貳則疑惑矣」之言，皆可證。

10 按，「亂國之君，亂家之人」，乃承上文「諸侯異政，百家異說」而言，故「亂家之人」即指「異說」之諸子百家。或解亂家之人為卿大夫，非是。

（與正道相背而馳，而猶然自以為是，不加改正）。這樣一來，不就「蔽於一曲」而喪失當初求正道的本意了嗎？

第三小節就「心之用」而指出二種情況：一是「心不使焉」，使，謂役使、使用。人不用心，雖白黑在前亦將視而不見，鼓聲如雷亦將聽而不聞。二是「況於使者乎」，此指用心於邪道曲說者（如亂國之君、亂家之人）。荀子之意，謂人當用心於正道，不用心則不能見道，更何況用心於邪道曲說乎——當然離道益遠而難以見道了。「德道之人」以下數句，乃是荀子的感慨之言。德、通得。得道的君子，亂國之君在上面責難他，蔽於一曲的諸子百家又在下面反對他；正道不明，曲說肆濫，豈不是很可哀歎的事嗎！

總之，心有蔽塞，便不能認識大理以明辨是非，而行為亦將流於邪僻。然則何者為蔽？解蔽篇曾舉出十種蔽以為例證：

> 「欲為蔽，惡為蔽；始為蔽，終為蔽；遠為蔽，近為蔽；博為蔽，淺為蔽；古為蔽，今為蔽。凡萬物異則莫不相為蔽，此心術之公患也。」

此十蔽可分為五組：

1. 欲與惡之蔽：欲惡，猶言好惡。人之所欲與所惡，其本身是中性的；欲惡不得其正，便生蔽，反之，欲惡皆得其正，則不為蔽。孔子曾說：「唯仁者能好人，能惡人。」而一般人往往「愛之欲其生，惡之欲其死」，可見人之所好所欲與所憎所惡，易於失平而不得其正。荀子列「欲、惡」為十蔽之首，或者存有深意。

2.始與終之蔽：始與終是時間方面起止生死之兩端。能敬始慎終，則不為蔽，若不善始或不善終，有如厚於事生而薄於送死，便是為始所蔽，荀子稱之為瘠道（墨道）；反之，厚於送死而薄於事生，便是為終所蔽，荀子稱之為野、為惑。又如只觀其始而不問結果，是始之蔽；反之，只觀結果而不究其始（不責問動機），便是終之蔽。另陳大齊先生謂，邏輯上有「訴諸語源之過失」，亦是始之蔽。在詮釋名言之時，追溯語源雖亦可供參考，但若忽視後來之演變引申，而死守原始之字義，則將造成學術思想上之蔽害與謬誤。[11]

3.遠與近之蔽：遠近指空間之距離。荀子嘗謂從山上望山下之牛，其小若羊；從山下望山上之木，其小若箸。不過，這種蔽依據日常之經驗便可解除。又如諺語：「遠來和尚會念經」，是遠之蔽；蘇東坡詩云：「不識廬山真面目，只緣身在此山中」，則是近之蔽。數十年來，我國學界人士，一切唯西方之馬首是瞻，而對自己之文化傳統則懵然無知，「遠來和尚」「身在山中」二句妙喻，亦可謂盡之矣。

4.博與淺之蔽：修身篇云：「多聞曰博，少聞曰淺。」少見寡聞，知識孤陋，是淺之蔽；博而寡要，雜而無統，或博而不能返之約，則是博之蔽。淺之蔽，人易知之，而博之蔽則人不易知。荀子曾說：「君子之所謂知者，非能偏知人之所知之謂也；君子之所謂辯者，

11 參見陳大齊先生《荀子學說》頁一一〇。

非能偏辯人之所辯之謂也；君子之所謂察者，非能偏察人之所察之謂也。」[12]孟子亦說：「堯舜之知而不偏物，急先務也。堯舜之仁不偏愛人，急親賢也。」[13]這都是很得肯要的話。一般人總以為聖賢無所不知，甚至還說「一物不知，儒者之恥」，此皆不知「約」與「統」之重要，而唯以量上之廣博為貴所產生之蔽塞。

5. 古與今之蔽：古與今乃是時間之先後，其本身無所謂蔽。但以古為必是、以今為必非，或以今為必是、以古為必非，便足以形成蔽塞。所以，言古者必有節於今，言今者必有徵於古，如此乃可無蔽。

關於蔽塞，當然不限於這十種，舉一隅而以三隅反，則貴乎學者之善學與深思。

二、諸子學術之蔽

繼十蔽之後，荀子又列舉「人君」「人臣」之蔽與不蔽而加以論述，進而更就「蔽」而「不知」之意，以評論諸子：

「墨子蔽於用而不知文，宋子蔽於欲而不知得，慎子蔽於法而不知賢，申子蔽於勢而不知知（下知字，同智），惠子蔽於辭而不知實，莊子蔽於天而不知人。

故由用謂之道，盡利矣。由欲謂之道，盡嗛矣（欲、原作俗，據楊注改。嗛，足也）。由法謂之道，盡數矣。由勢謂之道，盡便矣。由辭謂之道，盡論矣。由天謂之道，盡因矣。此數具者，皆道之一隅也。」

⑴墨子之學，是實用主義、功利主義的態度，凡論及是非善惡亦以「有用無用」、「有利無利」為準衡。他本欲「以質救文」，結果卻落於非人文的立場，而忽視禮樂文化之價值，所以荀子說他「蔽於用而不知文」。⑵宋子即宋鈃，孟子書中作宋牼。宋子言「人之情，欲寡」[14]，而不知人亦有「欲多、貪得」一面，所以荀子說他「蔽於欲而不知得」。按荀子嘗謂：「心之所可中理，則欲雖多，奚傷於治？……心之所可失理，則欲雖寡，奚止於亂？」[15]可知荀子並不以寡欲為貴，適與宋子相反。⑶慎子即慎到，趙人，為法家人物。法家重法，以法為首出之標準，而不知徒法不能以自行，必待賢者而後乃能盡法之用，所以荀子認為慎到「蔽於法而不知賢」。⑷申子即申不害，亦法家人物。相韓昭侯，主張得權勢以法術御下，而不知權勢法術，須得人之才智始能發揮功效，所以荀子說他「蔽於勢而不知智」。⑸惠子即惠施，名家人物。辭，謂名言、概念。惠子主「合同異」而言「天與地卑，山與澤平」，莊子天下篇與荀子非十二子篇皆評述其學。名家之說雖持之有故，言之成理，

12 見荀子儒效篇。
13 見孟子盡心上篇。
14 見荀子正論篇末段。
15 見荀子正名篇。

但琦辭怪說，往往不合事物之情實。所以荀子認為惠施「蔽於辭而不知實」。(6)莊子為道家人物。天，指自然無為之道；人，謂人為。莊子以天為宗，尚自然而薄人文，與荀子重人為以制天用天之思想正相反，所以荀子說他「蔽於天而不知人」。

荀子認為：若如墨子以實用為道，一切講求實用實利，則道盡於利，利之外無復有道矣。若如宋子以寡欲為道，欲寡則易足，如此，則道盡於足欲[16]，足欲（嗛）之外無復有道矣。若如慎子以法為道，則道盡於度數（法令條文），度數之外無復有道矣。若如申子以權勢為道，則道盡於因利乘便，因利乘便之外無復有道矣。若如惠子以名言概念為道，則道盡於論辯，論辯之外無復有道矣。若如莊子以天為道，則道盡於因任自然，因任自然之外無復有道矣。

以上是對「墨、法、名、道」四家六人學術之蔽的批評。荀子認為，六子之道術皆蔽於「道之一隅」，而不足以盡道之全體。「夫道者，體常而盡變，一隅不足以舉之。曲知之人，觀於道之一隅而未之能識也。故以為足而飾之，內以自亂，外以惑人，上以蔽下，下以蔽上，此蔽塞之禍也。」[17]真能全盡於道而無所蔽者，唯有孔子，故下文又云：「孔子仁知（智），且不蔽，故學亂術（亂、治也）足以為先王者也。一家得周道，舉而用之，不蔽於成積也；故德與周公齊，名與三王並，此不蔽之福也。」孔子開啟儒家之學，而得周至之道。「周道」，正與諸子之「曲知、曲說」相對，舊解「周道」為周之治道或周之至道，皆不諦當。得周道，亦即得道之全也（周，亦有周遍、周全之義）。成積，謂既成不變之積習。依荀子之意，諸子百家「蔽於一曲，而闇於大理」，只有孔子大中至正，得道之全而無所蔽，此其所以為聖人。

三、解蔽之道

蔽塞之種類既多，而為害又大，然則如何消解蔽塞？解蔽篇云：

「聖人知心術之患，見蔽塞之禍，故無欲、無惡、無始、無終、無近、無遠、無博、無淺、無古、無今。兼陳萬物而中懸衡焉。是故眾異不得相蔽以亂其倫也。」

所謂無欲、無惡等等，是說聖人能保持虛靜清明之心而不偏於一隅，故能免於「欲、惡、始、終……」之蔽。上文曾說「萬物異則莫不相為蔽」，此又言「眾異不得相蔽以亂其倫」，這是分別從正反二面說。蔽於異，故有所偏而「闇於大理」。不蔽於異，則其倫（理）不亂，故無所蔽。荀子認為，聖人「知心術之患，見蔽塞之禍」，所以不偏於欲或惡、始或終……他不存任何成見，只是面對紛然雜陳的事物，在心中立起一個正確的標準，

---

16 按，宋子主張「見侮不辱」，「情欲寡淺」（參見荀子正論篇），正是墨家非攻尚儉之旨。所謂人我之養，畢足而止是也。此種「欲寡易足」之道，與荀子強調人為創造之精神正相反，故荀子在天論篇亦說「宋子有見於少，無見於多」，在非十二子篇更以宋子與墨子並列而評述之。

17 見荀子解蔽篇。

以度量各種事物的本末輕重利害得失，然後再作一合理的選擇判斷；因此，種種不同的事物或觀念思想，皆能明其分際，定其層位，使之不至相互為蔽以淆亂條理秩序。此之謂「兼陳萬物而中懸衡焉，是故眾異不得為蔽以亂其倫（理）也」。

「懸衡」，意謂立起一個標準，而這個標準（衡）即是「道」。（解蔽篇云：何謂衡？曰：道。）何謂道？荀子曰：「先王之道，仁之隆也，比中而行之。曷謂中？曰，禮義是也。道者，非天之道，非地之道，人之所以道也，君子之所道也。」[18]可見荀子所說的「道」實指「禮義」而言。禮義之道，是荀子系統中衡量一切的標準，所以亦是衡量「蔽與不蔽」的準衡。說到這裡，我們可以明瞭荀子論「解蔽」，具有內外二個準衡：

1. 外在客觀面的準衡，是「禮義之道」。
2. 內在主觀面的準衡，是「虛壹而靜」的「大清明」之心。

人有了清明的智心，自然就可以認識正確而無所蔽。故解蔽篇云：「虛壹而靜，謂之大清明。萬物莫形而不見，莫見而不論，莫論而失位。坐於室而見四海，處於今而論（聞）久遠。疏觀萬物而知其情，參稽治亂而通其度……明參日月，大滿八極，夫是之謂大人，夫惡有蔽矣哉！」

至於解蔽的具體方法，⑴消極地說，是避免「十蔽」，亦即上引文所謂「無欲無惡，無始無終……」。⑵積極地說，是要兼顧正反二面。若只顧此一面而忽略彼一面，便將為此一面所蔽。譬如十蔽之形成，皆因「欲與惡，始與終，遠與近，博與淺，古與今」此五組正反二面沒有兼顧之故。諸子學術之蔽，亦是由於沒有兼顧二面，所以蔽於此而不知彼。由此可知，解蔽之道，端在顧及此一方面，同時又顧及彼一方面。凡不同的方面莫不一一顧到，則各種偏見自然互相抵消，而所得的結論乃能趨於正確而無誤。而這種面面顧到的解蔽方法，即荀子所謂「兼權」。

「兼權」與「解蔽」，相輔為用，關係密切，是荀子針對人的「心術之患、蔽塞之禍」，而提供的一個消解之道。果能面面顧到，兼權而無遺，則一切蔽塞自然消解。不苟篇云：

> 「欲惡取舍之權：見其可欲也，則必前後慮其可惡也者；見其可利也，則必前後慮其可害也者；而兼權之，熟計之，然後定其欲惡取舍，如是則常不失陷矣。凡人之患，偏傷之也。見其可欲，則不慮其可惡也者；見其可利，則不慮其可害也者；是以動則必陷，為則必辱，是偏傷之患也。」

偏，即顧此失彼之意。對於事物的衡量，必須經過「兼權」與「熟計」，則庶可不為單方面的欲惡利害所蔽。所謂偏則傷，兼則成。能兼顧而權衡之，自可是非明，取舍當，而蔽塞自解。

18　見荀子儒效篇。「所以道」「所道」二道字，由也、行也。

荀子論「心」之義用，除了知慮思辨與解蔽之外，還可以從正名以及知類明統方面作進一步之了解，當於下兩章加以論述。

第五章 荀子的名論

第一節 名之類別

「名」為儒家素所重視。所謂「春秋以道名分」[1]，表示孔子作春秋的基本目的，就是為了正名定分。而孔子答齊景公問政，曰：「君君、臣臣、父父、子子。」答子路問「為政奚先」，又曰：「必也正名乎！」[2]二者亦是正名實、正名分之意。孟子未嘗說及正名，但他嚴「義利、人禽、夷夏、王霸」之辨，又鄭重於「知言」，亦正與孔子正名之義相通。到了荀子，乃正式作「正名」之篇。

正名篇首段云：

「後王之成名：刑名從商，爵名從周，文名從禮。散名之在萬物者，則從諸夏之成俗

1 語見莊子天下篇。

2 分見論語顏淵篇、子路篇。

曲期，遠方異俗之鄉，則因之而為通。散名之在人者：生之所以然者，謂之性；性之和所生，精合感應，不事而自然，謂之性。性之好惡喜怒哀樂，謂之情。情然而心為之擇，謂之慮。心慮而能為之動，謂之偽；慮積焉，能習焉，而後成，謂之偽。正利而為，謂之事。正義而為，謂之行。所以知之在人者，謂之知；知有所合，謂之智。所以能之在人者，謂之能；能有所合，謂之能。性傷，謂之病。節遇，謂之命。——是散名之在人者也。是後王之成名也。」

首先，荀子依名之內容意指而劃分為四類：

一為「刑名」。

二為「爵名」。

三為「文名」。

四為「散名」。

前三類中的「刑名、爵名」屬於政治，「文名」屬於教化，三者都是在歷史文化的演進中所形成的典章制度之名。既然前有所承，自然宜有所從。所謂從商、從周、從禮，正是順歷史文化之事實而為言。(1)「刑名從商」：左傳昭公六年：「叔向曰：商有亂政，而作湯刑。」竹書紀年：「祖甲二十四年，重作湯刑。」墨子非樂上：「湯之官刑有之。」呂氏春秋孝行覽：「商書曰：刑三百莫重於不孝。」凡此，皆商有刑書之證。(2)「爵名從周」：據楊注，爵名是指公侯伯子男五等諸侯與三百六十官而言。⑶「文名從禮」：文名、謂節文威儀之名，禮、謂周之儀禮。在這三種名中，刑名源於商，爵名源於周，文名源於禮；故刑名必從商，爵名必從周，文名必從禮。這是表示：一切典章制度之名，凡是足以綱維人群而為言行之模型者，都是經過歷史文化的累積，漸次演變而成。換句話說，都是在長期的實踐之中而後成為定型。無論刑名、爵名、文名，一旦成為「定名」，它就指謂一個「定實」，名與實一一互相對應，不可混淆。前人累積而成，後人便應順之而進，不可隨意妄作，所以必有所「從」。

每一個名，都是相應事實而出現。刑名、爵名、文名，既皆通過實踐而形成，自亦為此實踐之事實所限，而不得遊離漫蕩，故名皆有其實效性，亦有其時效性。實效性是說，典章制度之名必不離於實踐之事實，故各有實際之效用。時效性是說，名須隨時，可循者循之，當作者作之。故荀子以為，「若有王者起，必將有循於舊名，有作於新名。」（見後引）

荀子言名，包括典章制度，而一般「名學」則並不涉及歷史文化所演成的典章制度之名，而只以荀子所說的散名為主題。因此，就名理學的觀點來講，當以第四類的「散名」為主。依荀子，散名又分二類：

1.「散名之加於萬物者」——有如日月星辰，山川湖海，花草樹木，蟲魚鳥獸，以及宮室器皿……，這些名，應該「從諸夏之成俗曲期」。曲期二字，或上屬，或下屬，今仍從楊注屬上讀。劉念親曰：曲，周也、徧也。荀書「曲」字，多有周徧之義。期，要也、約也。成俗、謂習俗之既成者；曲期、謂要約之周徧者。在荀子的時代，諸夏地區早已為文明禮義之鄉，萬物之名不但由於約定俗成而普遍通用，而且雅馴平易，應用利便。遠方異俗之人，正可取則於諸夏，藉諸夏通用之名而使彼此的心意易於互相溝通。

2.「散名之在人者」——有如「性、情、慮、偽、事、行、知、智、能、病、命」，荀子皆一一為之下定義：⑴「生之所以然者，謂之性；性之和所生，精合感應，不事而自然，謂之性」：此是從「生之所以然」說性，亦即從「生之自然」說性，自然生命之絪縕所生發的自然徵象（生物本能、生理欲望、心理情緒），通過感官精靈與外物接觸而引起的種種反應，皆是不待人事而自然而然的，荀子即就此生之自然而說性。[3]⑵「性之好惡喜怒哀樂，謂之情」：人之性感於物而有好惡喜怒哀樂之反應，此便是情。⑶「情然而心為之擇，謂之慮」：然、猶言如此、這般。如此這般之情（如飢而欲食）發出來，而心為之選擇可否，便叫做慮。（情乃性之自然反應，慮乃心之理智作用。）⑷「心慮而能為之動，謂之偽；慮積焉，能習焉，而後成，謂之偽」：心擇定之後，由「能」（感官之能、情性之能）發動行為，這是第一層的偽（偽的作用）。經多次之選擇思慮與學習實行而養成的善德善行，是第二層的偽（偽的結果）。⑸「正利而為，謂之事」：正、鵠的也。以利為目標的行為，叫做事（如農工商之事業）。⑹「正義而為，謂之行」：以義為目標的行為，叫做行（行、讀去聲，謂德行）。⑺「所以知之在人者，謂之知」：知，指在於人心的認知能力，是知的作用，屬於「能知」。⑻「知有所合，謂之智」：知的作用與外物相接觸（合）而獲得明晰之認知，此即今日所謂知識。這是知的結果，屬於「所知」。⑼「所以能之在人者，謂之能；能有所合，謂之能」：上句之能，指人本有的耳目口鼻形體之能，即今日所謂「本能」；下句之能，謂本能應用於事而有所當，便成任事處事之能，亦即所謂「才能」。⑽「性傷謂之病」：性（自然生理）有所損傷，便謂之病。⑾「節遇謂之命」：節、猶適也。節遇、謂適然（偶然）遇上之事，便稱之為命。（據此，可知荀子不承認命之必然性、定然性。）——以上皆是屬於人身的散名；一名一定義，以指示事實之理。另天論篇與修身篇亦有若干定義，如「天職、天功、天情、天官、天君、天養、天政」，以及「教、順、諂、諛、知、愚、讒、賊、直、盜、詐、誕、無常、至賊、博、淺、閑、陋」等，皆是。

正名篇又云：

「故王者之制名，名定而實辨，道行而志通，則慎率民而一焉。故析辭擅作名，以亂正名，使民疑惑，人多辨訟，則謂之大姦，其罪猶為（偽）符節度量之罪也。故其民莫敢託為奇辭以亂正名，故壹於道法（道，由也、從也），而謹於循令矣。如此，則其跡長矣。跡長功成，治之極也。是謹於守名約之功也。今聖王沒，名約慢，奇辭起，名實亂，是非之形不明，則雖守法之吏，誦數之儒，亦皆亂也。若有王者起，必將有循於舊名，有作於新名。然則所為有名，與所緣以同異，與制名之樞要，不可不

3 參閱上第三章第一節論性之「自然義」。

察也。」

荀子以為，王者制名以指實，名一經制定，即可循其名而辨其實。制名之道實行之後，上下的志意乃可互相溝通，而政府亦應慎率人民一律遵守，不可隨意變易。若有人分析言辭而擅作新名以擾亂名實，使人民滋生疑惑而爭辯不休，便是大姦之行，其罪與偽造符節度量者相同。王者之民，誠謹易使，故能專一於遵從法度，循行政令；而國家建設亦遂得以隨時進展而獲得成功，這就是「謹守名約」的功效。但聖王既沒，名約之守日漸輕慢，是非標準日漸不明，即使守法之吏亦徒知法之數而不知法之義，而儒生之徒又不過誦說文句而不通曉義理，面對這種名實混亂、是非不明的情勢，荀子乃提出他「正名」的主張。

陳大齊氏指出，荀子此論，「把壹於道法而謹於循令，歸功於莫敢託為奇辭以亂正名；把跡長功成，歸功於謹守名約；又把守法之吏與誦數之儒之所以亂，歸罪於名約之慢與名實之亂。他所說的名，功用之大，影響之鉅，有如是者。若從邏輯來看，概念的正確，誠極重要，思想的不正確，誠亦有許多出於概念的不正確或概念的混亂，然而除此以外，亦有出於別的原因者。僅賴概念的正確，猶未足以保證思想的必能正確。準此而論，荀子所說的名，實已超越邏輯所說概念或名言的範圍，而具有更廣大的功用。」[4] 陳氏的說明是對的。荀子言「名」，除了「散名」（相當於邏輯所說的概念）之外，還有屬於典章制度的「刑名、爵名、文名」。因此，王者制名的目的，不只是知識層上的「別同異」，還有政治教化層上的

「明貴賤」。（詳見下節）

第二節　制名之標準（三標）

荀子認為若有王者起而制名，必將「有循於舊名，有作於新名」。這是通觀歷史文化的發展而提揭的一句總要之言。但無論「正名」以定是非，或「制名」以明貴賤、別同異，都必須建立準衡，標示原則。所以荀子鄭重指出，「所為有名」，與「所緣以同異」，與「制名之樞要」，不可不察。而荀子有關名的理論，亦主要集中在這三個問題上。學者通稱之為三標——制名的三個標準。茲分別說明於後。

一、所為有名

「所為有名」，為、讀去聲。所為，猶言何為、為何。為何要有名？這個問題的提出是在說明所以制名之故。明瞭了制名的原故，亦就同時明瞭制名的目的。

正名篇云：

「異形離心交喻，異物名實玄紐。貴賤不明，同異不別。如是，則志必有不喻之患，

---

4 見陳大齊先生《荀子學說》（臺北、中華文化出版事業社），頁一二一。

> 而事必有困廢之禍。故知（智）者為之分別制名以指實，上以明貴賤，下以別同異。貴賤明，同異別，如是則志無不喻之患，事無困廢之禍。此所為有名也。」

首二句，楊注作三句，每句四字；今從王先謙集解之句讀。但王解未當，試解如下：前句「異形離心交喻」，楊注解離為分離，意謂形狀不同之物分離人心，使人喻解錯雜而互為出入。或又讀離為罹、為麗，亦可通。意謂形狀不同之物與心接遇（罹）而附著（麗）於心，這些形形色色的印象，使人喻解錯雜而互為出入。如此則物之同異將難以分辨。次句「異物名實玄紐」，玄、即眩字，亂也。紐、糾結也。意謂事物的種類不同，若不制名以別之，則名實眩亂糾結而難明。如此，則不但物之同異難以分辨，而貴賤之等亦將無從分判。這二句是說明在沒有制名之時的一般情形。

在如此情形之下，價值的層級位序不清楚（故貴賤不明），事物的界限分際不確定（故同異不別），人的心意無法溝通以相互喻解，人間的事情亦無從分工合作而將陷於困廢。明智的聖王不忍見此情形，故「分別制名以指實，上以明貴賤，下以別同異。」「明貴賤」的名，是指典章制度之名，亦即荀子所謂「刑名、爵名、文名」。「別同異」之名，是指事物之名，亦即荀子所謂「散名」。「上、下」是表示價值意義，人為重，物為輕，故有上下之別。[5]總之，由於名實眩亂、貴賤不明、同異不別，以致於言難曉，志難喻，事困廢，所以必須制名。

明貴賤，是為了貞定價值的層位；別同異，是為了成立正確的知識。西方名理只著重別同異，屬於知識問題。而荀子言正名，則既通於知識以別同異，又通於政治教化以明貴賤，兼顧了知識與價值兩層。就文化心靈而言，荀子較西方名理學者為弘深博厚，但就名理之學而言，荀子實只肇其端，而並未如亞里斯多德以來之西方邏輯家能充分作出也。

二、所緣以同異

「所緣以同異」，緣、因也。所緣，猶言何因、因何。因何而有同異？此一問題之提出，是在說明同名異名之所由起。

正名篇云：

「然則何緣而以同異？曰：緣天官。凡同類同情者，其天官之意物也同。故比方之疑（擬）似而通，是所以共其約名以相期也。形體色理以目異，聲音清濁調竽奇聲以耳異（調竽，不詳。俞樾謂當作調笑，即談笑也），甘苦鹹淡辛酸奇味以口異，香臭芬鬱腥臊酒酸奇臭以鼻異（酒酸，當從王念孫據周禮校改為「漏庮」，漏音婁，臭味。庮音酉，惡臭也），疾養滄熱滑鈹輕重以形體異（鈹，當作鈒，與澀同），說故喜怒哀樂愛惡欲以心異（說、同悅。故、讀為

5 見李滌生先生《荀子集釋》（臺北、臺灣學生書局），頁五一二。

固。悅謂心情舒暢，固謂心情鬱結）。心有徵知。徵知，則緣耳而知聲可也，緣目而知形可也。然而徵知必將待天官之當簿其類，然後可也。五官簿之而不知，心徵知而無說，則人莫不然謂之不知。此所緣而以同異也。」

首節「緣天官」一句，是總說之詞，表示事物的異同，是由自然感官感覺到的。人類具有相同的感官，通過感官而攝取的物象自無不同；只要用各種比喻把事物摹擬到大體相似的程度，就可以相互通曉。而亦正以此故，人必須應用共同約定之名以便與所指之物兩相期會。如此，方能曉知某一名指的是什麼物，某一物當用什麼名。

但物類紛繁，如何辨別？荀子順著「緣天官」這句話分別從視覺、聽覺、味覺、臭覺、觸覺以及心理感應而作了詳細的說明。天論篇謂：「耳目鼻口形、能各有接而不相能也，夫是之謂天官。」但荀子此處說「緣天官」則實可分為兩類，五官（耳、目、鼻、口、形體）屬於外部感覺，心官則屬於內部感覺。外感給予人以形色聲臭味觸等等的外部現象，內感則給予人以好惡喜怒哀樂等等的心理現象。天官所攝取的物象，同中有異，異中有同；要想辨識層層的異同，並不能只靠感覺印象，還要有知性的理解。所以，荀子又提出「徵知」這個觀念。

「徵知」之徵，或解為召，或解為證。說心能召物而知之，可；說心能證驗事物而知之，亦可；二種解釋在訓詁上皆可以通。而牟先生則直指其義，認為心之「徵知」即是心之智用，所謂理解也。[6] 蓋感官攝取的物象，只是一堆印象資料，若不通過心的理解，便無由類族辨物，分別異同，以建立類名。所以，感官的感覺加上心官的理解（徵知），才能對事物獲致清晰的認知。不過，心的理解作用並不能憑空而表現，它必須有感官所給予的資料，而後才能對事物加以辨識而獲得清晰的認知。因此，心雖然可以「緣耳」而「知聲」，「緣目」而「知形」，但必須耳目感官正好記錄下了這種聲、這種形，心乃能據之而知。所以荀子說：「然而徵知必將待天官之當簿其類，然後可也。」（簿、猶言記錄。當簿之當，正也、適也。）譬如耳官一聞鐘聲，心官根據原先的記錄，即可判知它是鐘聲。如果耳官從未聽過鐘聲，沒有鐘聲這項記錄，則雖耳聞其聲，而心官亦無從判認它是鐘聲。可見心之徵知，既必須有感官攝取的物象作憑藉，又必須有經驗記憶以為基礎，乃能比類而通，以成知識。否則，「五官簿之而不知，心徵知而無說（無說明、或說不明白），則人莫不然謂之不知」。

依據荀子此說，五官只能感知外物，攝取物象，而不能加以辨識、理解；心可以徵知（理解）外物，但須有經驗記憶以為基礎，然後才能辨識（說明）事物的異同，進而制定同

6 見牟宗三先生《荀學大略》四十二年單行本，頁五四。後合編為《名家與荀子》，句中「理解」二字改為「知性」（見頁二六二），用詞不同，而義相通貫。

異之名。

三、制名之樞要

「制名之樞要」，包括制名的原則與類稱，同時亦說明了名無固宜、無固實、而有固善，以及事之稽實定數等問題。

正名篇云：

「然後隨而命之。同則同之，異則異之。單足以喻則單，單不足以喻則兼，單與兼無所相避則共，雖共不為害矣。知異實者之異名也，故使異實者莫不異名也，不可亂也，猶使同實者莫不同名也。（同實者，原作異實者，茲從王念孫校改。）故萬物雖眾，有時而欲徧舉之，故謂之物；物也者，大共名也。推而共之，共則有共，至於無共，然後止。有時而欲偏舉之（偏原作徧，茲從俞樾校改），故謂之鳥獸；鳥獸也者，大別名也。推而別之，別則又別，至於無別，然後止。名無固宜，約之以命，約定俗成謂之宜，異於約謂之不宜。名無固實，約之以命實（王念孫云，實字衍），約定俗成，謂之實名。名有固善，徑易而不拂，謂之善名。物有同狀而異所者，有異狀而同所者，可別也。狀同而為異所者，雖可合，謂之二實；狀變而實無別而為異者，謂之化，有化而無別，謂之一實。此事之所以稽實定數也。此制名之樞要也。」

此段分四節。首節闡述制名之原則。「隨而命之」，是承上段之意，謂隨物之同異而命之以同異之名。命乃「命名」之命，亦即「制名以指實」之意。當理解運用於經驗事象時，可以緣耳而知聲音，緣目而知形色；此時之知，不只是直接的見聞，而是清晰化了的概念。依於概念（名）的運用，則聲音形色種種的事象，皆可一一加以區別。此時，即可根據「同則同之，異則異之」的原則，而分別命以同異之名。用單名可以喻解者，則用「單名」，如牛、馬。單名不足以喻解時，則用「兼名」（複名），如黃牛、白馬之類。「單與兼無所相避則共」。共、謂共名。單名與兼名，是具體的指謂名，共名則是抽象的普遍名。當單名與兼名二者不相排斥（無所相避）時，則用共名。蓋單兼不亂，相容不悖，共用一名，自可無傷。譬如馬一方為單名，一方亦可為共名；白馬一方為兼名，一方亦可為共名。而單名之馬與兼名之白馬，二者並不相斥（同為馬故），所以說「雖共不為害矣」。有了這樣的了解，則凡同實者皆用同名，異實者皆用異名，「名」「實」對應而不亂，則「同則同之，異則異之」的原則，乃可普遍獲得實現。

次節提出「共名」與「別名」之觀念。物，是偏舉的大共名，這是向上「推而共之，共則有（又）共，至於無共然後止」而形成的最高之綱名或類名。譬如鳥、獸、草、木，都是物類的共名，向上再推，共鳥獸而名為動物，共草木而為植物，又共動物植物為生物，再共生物無生物而總名為「物」；物，是最高的普遍名，到此無可再共而上推，於是「物」便成為「大共名」。而從另一面說，鳥獸又是從物類中偏舉出來的別名，這是向下「推而別之，別則有（又）別，至於無別然後止」而形成的具體的族名或目名。譬如鳥獸對物而言，是別名，向下再推，別獸為牛、馬等，又別馬為黃馬、白馬等，又別白馬為此白馬、彼白馬；這匹或那匹白馬，乃是獨立的個體，到此不能再析而別，於是個體名便成最小之別名。在這一層層的別名中，鳥獸在位序上是最高的（暫依荀子之說），故鳥獸是「大別名」。同時，「共名」與「別名」，又可因上下位序之不同而互為遞換而易其名稱。譬如「獸」對物而言，是別名；對牛馬而言，便成共名。「馬」對獸而言，是別名；對黃馬白馬而言，便成共名。其餘可類推。為助參證，特列一表於後。

按：據此表，「大共名」乃指「物」，而「大別名」則當指「生物、無生物」而言。唯荀子之時，尚無生物與無生物之名稱，故以鳥獸為大別名。又，除最高層之「物」永為共名，最低層之個體（此白馬或彼白馬）永為別名，中間各層則皆兼具「共名」與「別名」雙重性質。

第三節言名由約定。凡「名」之成，皆係「約之以命」，「約定」則「俗成」。約定俗成之名，是「宜名」，異於約定者則是不宜之名。制名以指實，故約定俗成之宜名，亦同時即是「實名」（有實指的名）。而徑直平易、無所違逆而易曉者，則為「善名」。此處所謂名之「宜」，名之「實」，名之「善」，都不是指名的客觀內容，而是指名本身而說，亦即就制名或用名而說。名之宜不宜，以及名所指的實，皆由約定，在約定俗成之前並沒有定準，所以說「名無固宜」，「名無固實」。但名之善與不善，則應以「徑易不拂」為準，故「名有固善」。

以上三節皆言「名」，第四節則轉到「實」的問題上說。「同狀而異所」之物，雖形狀相同，但因處於兩個不同的空間位置，便成為兩個實物，兩個對象，故謂之「二實」。譬如彼馬與此馬，雖同名為馬，但實是二而非一，所以是「二實」。至於「異狀而同所」之物，其形狀雖有變化，而實則並無分別，仍然是一個實物，故謂之「一實」。譬如蠶化為蛹，蛹化為蛾，或蝌蚪變為青蛙，其形狀雖有變異，而以數而言，仍是一實。這樣加以察辨，荀子便稱之為「事之稽實定數」。定數，是定「實」之數。「數」亦是一種類名，故只注重同所異所、一實二實，而不必注重其狀態形貌的變化與同異。前三節言單、兼、共、別，是指性質而言；此節則指數量而言，故為數名，是之謂「稽實定數」。

凡是有「實謂」（真實的指謂）之名，不過「質」「量」「關係」三種（關係名為荀子所未及），握其樞要，則名理可得而言。牟先生曰：「夫名數之學，乃所以窮盡知性之能，光照外物之性者也。磨練認識之主體，貞定外在之自然，莫過於此者。故在知性活動，必尊名崇數，而名數者，亦所以成就知性活動也。此為積極而建構者，故科學由之而成。凡知性活動之範圍亦莫不由之而定而成也。是故人心之知性活動亦為積極而建構者，故必尊乎名數而又攝乎名數於其自身也。」[7]又曰：「夫名數之學，在彼西方如是其廣大，而在中土則如是其式微。荀子者，不可謂非鳳毛麟角也。其為特出，非謂其於名數之學有若何之成就，乃謂其心靈與路數乃根本為名數的也。故其不觸則已，一經觸及，便中肯要。而於名數之學之文化意義，輒能卓然識其大。於其在心智運用中之成就，輒能知其當，反覆言之而不覺其辭之複。於其所形成之心智之了解與規定，輒能順其理之必然而保持其系統之一貫。此種心靈不可謂非建構的也。」[8]

第三節　制名的告誡（三惑）

對於「析辭擅作名以亂正名」者，荀子稱之為「大姦」。可見他作「正名篇」是有所對治的。因此在揭示三標之後，接著即提出有關制名之告誡：一不可惑於「用名亂名」，二不可惑於「用實亂名」，三不可惑於「用名亂實」。茲分別說明於後。

1. 用名亂名

正名篇云：「見侮不辱，聖人不愛己，殺盜非殺人，此惑於用名以亂名者也。驗之所為有名（「所」字下，原衍「以」字，據王引之校刪），而觀其孰行，則能禁之矣。」

楊注謂：「見侮不辱，乃宋子之言。聖人不愛己，未聞其說，似莊子之意。」而殺盜非殺人，則為墨子小取篇語。在此三句之中，唯「殺盜非殺人」類乎用名以亂名（盜是別名，人是共名），前二句則是「見」的問題。各人依其所見而立某義、持某說（如見侮不辱、聖人不愛己），其說之當與不當，自可加以評議，但這是思想問題，而不是邏輯名理的問題，所以不能以「用名以亂名」加以概括。「見侮不辱」，是從人生修養的立場說。受侮而不以為辱，是因為過不在我，我何辱之有？顏子「犯而不校」[9]，亦猶此意。「聖人不愛己」，是表示聖人捨己愛人，故不愛私己。凡此類言語，皆不屬邏輯名理之範圍。只有「殺盜非殺人」類乎用名以亂名之詭辯。須知「名」之立，本為期實而喻志，若說「殺盜非殺人」，則名不能用，實不能期，志不能喻，如此，便等於名之否定。（而且，若有人說「殺妻非殺人」，將如之何？）凡此類好用奇辭怪說之詭辯家，由於不明瞭第一標「所為有名」，或用

7 牟宗三先生《名家與荀子》（臺北、臺灣學生書局），頁二六五。
8 同上，頁二六六。
9 見論語泰伯篇。

名以亂名，或用實以亂名，或用名以亂實，皆不足語於名理之正。

2. 用實亂名

> 正名篇云：「山淵平，情欲寡，芻豢不加甘，大鐘不加樂，此惑於用實以亂名者也。驗之以所緣以同異（「緣」字下，原衍「無」字，據王引之校刪），而觀其孰調，則能禁之矣。」

「山淵平」，意同於莊子天下篇所記惠施「山與澤平」之句。「情欲寡」乃宋鈃之說，見荀子正論篇。「芻豢不加甘，大鐘不加樂」，則是墨者依於尚儉、非樂而發出的議論。此四句可以是名理問題（如平不平、寡不寡、甘不甘、樂不樂），亦可以是形上學的見解問題（從相對以見絕對，以絕對消融相對）。荀子未能由理解活動而上達，故對此二者之界限分際未能加以分別，又未將「山淵平」此類名理之詭辯與屬於學說之「不加甘、不加樂」的問題分別開，而一律斥以用實亂名，自欠恰當。但推求荀子此處之意，其所斥者主要是指名家。名家辯者之徒不知第二標「所緣以同異」，而以不平為平，以不寡為寡，以甘為不甘，以樂為不樂，凡此奇辭怪說，皆是惑於「實無定名」而滋生的詭辯。（按，「名無固實」，是就制名之初、實無定名而言。既經制名而約定俗成，則每一名皆有實指，每一實皆有定名。此時便須遵守名約，不得以詭辯之辭而混亂同異之名。）

3. 用名亂實

正名篇云：「非而謁，楹有牛，馬非馬也，此惑於用名以亂實者也。驗之名約，以其所受，悖其所辭，則能禁之矣。」

「非而謁」「楹有牛」二句，未詳所出。雖學者考證紛紜，仍然莫衷一是，姑闕疑從略。「馬非馬」，蓋即公孫龍「白馬非馬」之說[10]。白馬為個體名（別名），馬為類名（共名），公孫龍子白馬篇有云：「求馬，黃黑馬皆可致。求白馬，黃黑馬不可致。」這個說法，顯然含有個體名與類名之分別。區別白馬之名與馬之名有所不同，可；但藉此而謂白馬非馬，則不可。公孫龍提出「白馬非馬」這個命題，亦本非「白馬不是馬」之意，他用「非」這個字實不含否定排斥之意，而只是表示白馬「不等於」馬，以指出「白馬」與「馬」兩個概念之不同。但亞里斯多德善言個體綱目，卻不聞其有白馬非馬之說，而公孫龍用一詞意含混之「非」字以惑亂人，表示他並不是一個健全的邏輯心靈。荀子認為他違背第三標名約（約定俗成）的原則，又不知單名之馬與兼名之白馬指同一種實體物，乃以奇辭怪說混亂事實，故斥其「用名以亂實」。從名約的立場看，公孫龍「所辭」而以為非者（白馬是馬），正是事實；但「所受」而以為是者（白馬非馬），卻反而與事實相悖違。

---

10 按，陳大齊、牟宗三先生皆作此解。李滌生先生則採孫貽讓說，以「牛馬非馬也」為句，認為係評斥墨經「牛馬非牛非馬」之說，可相參。拙著《墨家哲學》（臺北、東大圖書公司）頁一四三，對墨經此條有解說，可參看。

荀子認為，「凡邪說僻言之離正道而擅作者，無不類於三惑」，君子「無勢以臨之，無刑以禁之」，所以不得已而辯說。

第四節 名、辭、辯說

荀子所說的「名」，相當於今之所謂概念；而所謂「辭」，則相當於今之所謂命題或語句。正名篇云：

「名也者，所以期累實也。」

「辭也者，兼異實之名以論（諭）一意也。」（王念孫謂：論、當為諭字之誤。）

「辨說也者，不異實名以喻動靜之道也。」

首句說「名」。「期累實」之期字，謂會也、合也；累字，亦是結合之意。制名以指實，「名」本就是用來會合「實」的。其目的在使「名」各有實指，「實」各有定名。名實對應則言語可曉，志意可喻，此亦荀子所謂：「名聞而實喻，名之用也」。

次句說「辭」。辭，是「兼異實之名以諭一意」（諭、同喻）。每一個辭都應該表述一個完整的意思。而一個完整的意思並非單一之「名」所能表示，故須兼合「異實之名」，始足「以喻一意」。譬如「馬會拉車」或「馬是會拉車的動物」，這二個辭（命題、語句）中的「馬」「車」「動物」，正是三個實指不同的名，必須兼合其中二個或三個異實之名，才足以說明一個完整的意思。故曰「辭也者，兼異實名以喻一意也」。

後句言「辯說」。「不異實名」，意謂實指不異之名。辯說之時，所用之名的意指不可前後歧異；若用實指歧異之名進行辯說，必將形成前後矛盾。譬如某人宣稱馬會拉車，並舉國王之白馬寶車為證，這表示他承認白馬亦是馬，但隨後又提出「白馬非馬」之論。或某人既云上仰觀於天，下俯察於地，表示他承認天地有上下之別，但隨後又主張「天與地卑」之說。凡此，皆將淆亂是非，使辯說失去意義。所以荀子特別指出：辯說必須用「不異實名以喻動靜之道」。楊注：「動靜、是非也。」動靜之道，猶言一切事物的是非之理。運用實指相同之名以闡明是非之理，才是辯說之正。

荀子之重視辯說，其用心與孟子類同，皆是不得已而辯說。孟子是見到「聖王不作，諸侯放恣，處士橫議」，所以出來「正人心，息邪說，距詖行，放淫辭」，他說：「豈好辯哉，予不得已也。」[11]荀子亦認為居勢位之明君，可以盡其分以化民而不必辯說，但「君子」則「必辯」。其言曰：

「故明君知其分而不與辨也（辨同辯，下同）。夫民易一以道，而不可與共故。故明君臨之以勢，道（導）之以道，申之以命，章之以論，禁之以刑。故民之化道也如

11 見孟子、滕文公下篇。

神，辨說惡用矣哉？今聖王沒，天下亂，姦言起，君子無勢以臨之，無形以禁之，故辨說也。」（正名篇）

「法先王，順禮義，黨（親比）學者，然而不好言，不樂言，則必非誠士也。故君子之於言也，志好之，行安之，樂言之，故君子必辯。凡人莫不好言其所善，而君子為甚。」（非相篇）

總上二段文意，「君子必辯」的理由，消極地說是為了對治姦邪之言；積極地說，則是「言其所善」以闡揚正理。故非相篇又云：

「君子必辯。小辯不如見端，見端不如本分（「本分」上原有「見」字，據王引之說刪）。小辯而察，見端而明，本分而理。」

小辯、見端、本分（分、讀去聲），是辯說的三個層次。「小辯而察」，只能察辨瑣細之事，口給便捷而已。「見端而明」，則能進一步明察事理之端緒，但未能充其類以盡其理。「本分而理」，分字如「辨莫大於分，分莫大於禮」（亦非相篇語）之分。本於「分」然後乃能終始條貫，充其類而盡其理，這才是全而盡的辯說。由此可知，「理」即是辯說的標準。

君子之辯，不但有其理由，有其標準，而且有其範圍與分際。荀子有云：

「言必當理。……凡知說，有益於理者為之，無益於理者舍之。」（儒效篇）

「無用之辯，不急之察，棄而不治。」（天論篇）

「君子之所謂知者，非能徧知人之所知之謂也；君子之所謂辨者，非能徧辨人之所辨之謂也；君子之所謂察者，非能徧察人之所察之謂也。有所止矣。」（儒效篇）

前二則表示辯說的範圍，當以是否「有益於理」為界限，而「無用之辯，不急之察」，則非君子之所急。第三則指出君子之「知」「辨」「察」，皆有所「止」（止限分際）。「有所止矣」之止，原作正，據楊注引或說校改。止，是止於禮義。禮義即是辯與不辯的分際所在。而辯說的究竟目的，則在於「象道」。

正名篇云：

「辯說也者，心之象道也。……心合於道，說合於心，辭合於說……辨異而不過，推類而不悖。聽則合文，辯則盡故。」

心不只要知道、可道，還須「象道」。象、效也，法也。象道，即謂法道而合乎道。故下文曰「心合於道」云云。心必須合道，乃能確知正道之所以為正，姦道之所以為姦，而說出其所以然之故。此即所謂「辯則盡故」。如此，方能使人信服而悔改。所以，「象道」與「盡故」，乃是辯說的二大任務。[12]

12 同註4，頁八八。

荀子對於辯說的態度，可以從兩方面說。從消極方面說，是「辯而不爭」。故荀子曰：

「有爭氣者，勿與辯也。」（勸學篇）

「君子……辯而不爭。」（不苟篇）

荀子認為「君子……說不貴苟察……惟其當之為貴。……山淵平、天地比、齊秦襲、入乎耳、出乎口、鉤有須、卵有毛，是說之難持者也，而惠施鄧析能之。然而君子不貴者，非禮義之中也。」（不苟篇）又說：「人無師法……察則必為怪，辯則必為誕。」（儒效篇）據此可知，怪異放誕之辯，是荀子所不取的。他甚至認為「默」與「言」同等重要：「言而當，知也；默而當，亦知也。故知默猶知言也。」（非十二子篇）

從積極方面說，荀子的辯說態度，則是「以仁心說，以學心聽，以公心辯」。正名篇云：

「以仁心說，以學心聽，以公心辯。不動乎眾人之非譽，不治觀者之耳目，不賂貴者之權勢，不利傳辟者之辭。故能處道而不貳，咄而不奪（咄，原作吐，據俞樾說改。咄乃詘之假借字，謂困詘而志不奪也），利而不流。貴公正而賤鄙爭，是士君子之辯說也。」

首三句，最見荀子靈魂之高貴弘偉。「以仁心說」，表示辯說之事，非為爭勝，而是出於仁心之不容已。「以學心聽」，表示不輕忽對方之意見，故能虛心而聽以便定其取舍。「以公心辯」，則表示所見不同而有所辯駁時，必須無偏私，無成見，而唯理是從。「公」是仁心學心所透示出來的，仁則能虛能公，故仁為辯說之本。牟先生《荀學大略》所附正名篇疏解後段[13]，論及辯說根於仁，其次則以智，仁且智則大勇生焉。茲錄其要，以供參省。

> 天下亂，姦言起，邪說僻辭，流湎無窮。或用名以亂名，或用實以亂名，或用名以亂實；名實亂，一切皆乖。三亂惑天下，故須辯說也。荀子非相篇云：「法先王，順禮義，黨學者，然而不好言，不樂言，則必非誠士也。」孟子亦曰：「予豈好辯哉？予不得已也。」不得已者何？仁心之不容已也。非誠心，則無仁心也。故辯說根於仁。仁為辯說之大本。
>
> 其次則以智。荀子大略篇曰：「智者明於事，達於數。」又曰：「語曰，流丸止於甌臾（汙下之地），流言止於智者。此家言邪學之所以惡儒者也。是非疑，則度之以遠事，驗之以近物，參之以平心。流言止焉，惡言死焉。」截斷眾流，整齊惑亂，自悟悟他，拔邪去毒，此智光之普照也。……智之用，一在守名理，二在明層次。知何者屬於知性，何者屬於超知性。在知性範圍內，邏輯數學其大規範也。故不得用名以亂名，用實以亂名，用名以亂實。奇辭怪說之詭辯，可得而廓清也。
>
> 仁且智，則大勇生焉，浩然之氣至焉，故殿之以勇。荀子曰：「不動乎眾人之非譽，不

---

13 同註7，頁二七三至二七七。

治觀者之耳目，不賂貴者之權勢，不利傳辟者之辭。」此即勇也。孟子曰：「我知言，我善養吾浩然之氣。」知言、智也，浩然之氣、大勇也。孔子畏於匡，亦曰：「匡人其如予何！」又曰：「不怨天，不尤人，下學而上達，知我者其天乎！」是則自信自肯，一理平鋪，更無走作，故能自由自在，無怖無畏也。自由、自在、無怖、無畏，從容而言，平心而辯，自解於恐懼，亦解除人之恐懼，乃為最高之德慧。

第六章 荀子「禮義之統」析論

第一節 隆禮義而殺詩書

「隆禮義而殺詩書」（儒效篇語），是荀子的一大主張，亦是足以代表他學術精神之矢向的一句話。荀子何以必推尊禮義而貶抑詩書？其故自非一端。茲分三點作一說明。

1. 從禮義與詩書本身的性質功能看

勸學篇云：

「學惡乎始，惡乎終？曰：其數（數，術也、程也），則始乎誦經（詩書），終乎讀禮。其義，則始乎為士，終乎為聖人。真積力久則入，學至乎沒而後止也。……故書者，政事之紀也。詩者，中聲之所止也。禮者，法之大分，類之綱紀也。故學至乎禮而止矣。夫是之謂道德之極。」

詩書之博，散雜而無統。荀子在非十二子篇即以「聞見雜博」「不知其統」評議孟子。

欲博而有統，必須至乎禮。禮是「道德之極」，又是「法之大分，類之綱紀」（大分，含有原則、準繩之意），所以「學」必須「至乎禮而後止」。詩言情，書紀事。自人生言，詩書可以興發，而不足語於堅成；自史事言，「詩書故而不切」（亦勸學篇語），必待乎禮之條貫以通之。[1]人若止於詩書之博雜，便將只是「散儒」「陋儒」而已。

故勸學篇又云：

「不道（由）禮憲，以詩書為之，譬之以指測河也，以戈舂黍也，以錐飡壺也，不可以得之矣。故隆禮，雖未明，法士也；不隆禮，雖察辯，散儒也。」

「上不能好其人，下不能隆禮，安特將學雜志、順詩書而已耳；則末世窮年不免為陋儒而已。」

此二段文，即是「隆禮義而殺詩書」之義。當初孔子以「詩書禮樂」教人，詩書與禮樂，二面兼備，無所偏倚。荀子何以對二者加以抑揚，而必推尊禮義而貶抑詩書？禮義與詩書本身的性質功能只是原因之一，而荀子自己的生命氣質與心靈形態，亦應該有重大的關係。

2.從荀子的生命氣質與心靈形態看

荀子是一誠樸篤實人，牟先生指出：「誠樸篤實之人常用智而重理，喜秩序，愛穩重，厚重少文，剛強而義，而悱惻之感、超脫之悟，則不足。其隆禮義而殺詩書，有以也夫。而孟子正相反。孟子善詩書，詩言情，書紀事，皆具體者也。就詩書自身言，自不如禮義之整齊而有統，崇高莊嚴而為道之極。然詩可以興，書可以鑑。……由詩書之具體者而起悱惻之感，超脫之悟，因而直至大道之本，大化之原。孟子由四端之心而悟良知良能，而主仁義內在，正由具體的悱惻之情而深悟天心天理之為宇宙人生之大本也。」[2]由這段話，可以看出孟荀二人的生命氣質與心靈形態，實有不同。

荀子以誠樸篤實之心，表現明辨之理智，用智而重理，喜秩序，崇綱紀，因而特重客觀之禮義，而亦深識禮憲之大。所謂「禮者，法之大分，類之綱紀也。」法之大分從義方面說，類之綱紀則從統方面說，故荀子又喜言統類、禮義之統（見下第三節）。雖然詩言情，可以興，書紀事，可以鑑，但詩書之所說，多是具體散列的言和事，不顯條理，不成統貫，所以不為誠樸篤實的荀子所喜。

3. 從歷史文化之發展與治道之意義上看

孔子「祖述堯舜，憲章文武」（中庸語），對於周公所構造的周文，尤其眷眷致意而形之於夢寐之間。周公順二帝三王的政教之跡而制禮作樂，乃是「據事」以「制範」[3]。孔子則進而反身上提而透顯形而上的仁義之心，給予周文以超越的解析與安立，使生活行事的形

---

1 參見牟宗三先生《名家與荀子》（臺北、臺灣學生書局），頁一九六。
2 同上，頁一九九。
3 按，文心雕龍、宗經第三有云：「禮以立體，據事制範」。

式規範轉而為生命德性的自覺實踐。孔子這一步反省，一方面是為周文「畫龍點睛」，一方面亦把內聖成德之教（仁教）的核心點示出來，而開發了儒家二千年來的基本方向。荀子所謂「王者盡制，聖者盡倫」（解蔽篇語），亦未嘗不是有見於此而云然。

孟子敦詩書而言性善，是向深處悟，向高處提；荀子隆禮義而殺詩書，則是向廣處轉，向外面推。一在內聖，一在外王。[4]孔子之後，曾子、子思，以及中庸、易傳的傳承，都是本乎孔子的仁教而開展，而其中又實以孟子為中心。孟子講仁政王道，他的精神器識自然足以籠罩外王，但孟子學的核心畢竟是落在內聖之本這一點上。而荀子則是順承孔子外王禮憲而發展，他重視社會群體之組織，重視分與義，他最所注目的乃是治道的問題。這種精神轉到歷史文化上，則首先重視百王累積的法度。因此，我們可以說，荀子對於周公的「據事制範」，其感受之親切，實遠過於對孔子仁教的契會。他所注意的是「經國定分」（非十二子篇），「明分使群」（富國篇），是「總天下之要，治海內之眾」（不苟篇）。在荀子看來，詩書之博，固不足以言治道，所以「殺詩書」而「隆禮義」。

「隆禮義」是荀子所透顯的精神方向，孟子「仁義」連言，荀子則「禮義」連言。二人所說的「義」，內涵意指並不相同。孟子的「義」是主觀內在的（仁義內在），故義與仁相通，而荀子言「義」則重客觀義，故義與禮連稱。講仁義，是以修養成德為問題的核心；隆禮義，則著重於政治社會方面的效用。二者雖不同，但絕不相斥。儒家之學，「以內聖為本質，以外王表功能」[5]，因此，荀子不取孟子內轉的路而要求向外開，亦仍然是儒家原本應走的道路。

第二節 法先王與法後王

隆禮義以經國定分，是為了成就治道。治道必須在歷史文化上有所本，而不可徒託空言。因此，荀子提出「法後王」的主張。

一般學者喜歡以孟子「法先王」與荀子「法後王」作對比，似乎認為荀子反對法先王。這種看法是錯誤的。試看荀子自己的話：

「儒者法先王，隆禮義。」（儒效篇）

「不聞先王之遺言，不知學問之大也。」（勸學篇）

「先王之道，忠臣孝子之極也。」（禮論篇）

「凡言不合先王，不順禮義，謂之姦言。」（非相篇）

據此各條，可見荀子不但不菲薄先王之道，而且認為先王足堪效法。不過，先王之所以值得

---

4 同註2。

5 參閱拙著《新儒家的精神方向》（臺北、臺灣學生書局）、頁九六至一〇〇。

效法，乃是因為先王「審禮」，「明禮義」，而能「立文」。荀子曰：

「古者，先王審禮以方皇周浹於天下（方、皇，皆有大之義；周、浹，皆有偏之義。此謂周徧大行於天下），動無不當也。」（君道篇）

「先王明禮義而一之。」（富國篇）

「先王案為之立文，尊尊親親之義至矣。」（禮論篇）

先王「審禮」而行，動無不當，又能「明禮義」而「立文」（文、謂禮文制度），以作為人民生活行事的規矩法式。但問題是我們將如何「法」先王？先王之道有何可據可徵者足供我們來取則效法？問到這裡，即已觸及關鍵。這個問題，荀子在非相篇有所說明：

「妄人者，門庭之間猶可誣欺也，而況於千年之上乎？……五帝之外無傳人，非無賢人也，久故也。五帝之外無傳政，非無善政也，久故也。禹湯有傳政而不若周之察也，非無善政也，久故也。傳者久則論略，近則論詳；略則舉大，詳則舉小……是以文久而滅，節族久而絕。」（非相篇）

先王之道，歷時久遠，難以詳知。後人傳聞之言，不過舉其大略，未可盡信。首句「門庭之間」云云，是表示眼前的事情尚且時有誣妄，不盡可信，何況遠古之事！荀子這個說法，實本於孔子。子曰：「夏禮吾能言之，杞不足徵也；殷禮吾能言之，宋不足徵也；文獻不足故也。」[6]「文獻不足」與所謂「文久而滅，節族（謂禮樂文制）久而絕」二句，意正相近。荀子還曾說過：

「言道德之求，不二後王。道過三代謂之蕩，法二後王謂之不雅。」（儒效篇）

二、不一也，謂不專一於法後王。蕩、謂廣漠久遠而難知。實則，不僅「過三代」謂之蕩，即使三代之中的夏禹、商湯，亦已過於久遠。故曰「禹湯有傳政、而不若周之察也」。由此可知，荀子所說的「後王」，正是指周代的文、武、周公。「法後王」即是「法周」，這仍然是承接孔子「吾從周」[7]之義而來。

先王之道，年代久遠，略而難詳，所以「法後王」，但這只是消極的理由。而法後王的積極理由，還須另作說明。

非相篇云：

「欲觀聖王之跡，則於其粲然者矣，後王是也。彼後王者，天下之君也；舍後王而道上古，譬之是猶舍己之君而事人之君也。故曰：欲觀千歲，則數今日，欲知億萬，則審一二，欲知上世，則審周道。故曰：以近知遠，以一知萬，以微知明，此之謂也。」

6 論語、八佾篇。

7 同上，子曰：「周監於二代，郁郁乎文哉！吾從周。」

不苟篇云：

「百王之道，後王是也。君子審後王之道，而論於百王之前，若端拜而議。」

據此二段文字，則荀子法後王的積極理由，可以歸結為二點：⑴後王之禮義法度，粲然明備，可據可徵。故言治道者，不能不以周文為根據。⑵「欲知上世，則審周道」，周道，亦即後王之道，乃由百王之禮法損益累積而成。欲知先王之道，必須從後王中求，不能舍後王而別求先王之道。故曰「百王之道，後王是也」。荀子的說法，其實還是從孔子來。子曰：「殷因於夏禮，所損益可知也。周因於殷禮，所損益可知也。其或繼周者，雖百世可知也。」[8]荀子所謂「以近知遠，以一知萬」，亦即孔子「百世可知」之義。唯荀子是由今世推知往古，是往上推；孔子說百世可知，則是往下推；方向雖不同，而其為推則一。

在荀子的意識中，「先王」與「後王」，並無本質之異，只有詳略之別。世人不加詳察，而判二者為兩途，非荀子意也。

儒效篇云：

「略法先王而足亂世術……不知法後王而一制度……呼先王以欺愚者而求衣食焉……是俗儒也。法後王，一制度，隆禮義……是雅儒也。」

俗儒假借先王之名，欺愚者，求衣食，自為可恥。但其過錯不在「法先王」，而在「略法先王」以逞虛說，故關鍵只在「略」。略則難徵難據而無從取則效法。而後王之禮粲然明備，乃屬當朝之文制，故可據可徵而可法。荀子批評孟子「略法先王而不知其統」（非十二子篇），關鍵亦在「略」而不知「統」，而不在「法先王」這個原則本身。

統，是荀子承接孔子「因革損益」之觀念而提供的一個具體的原則。上文引述非相篇有云：「欲觀千歲，則數今日」，「以近知遠，以一知萬」。一般而言，這類話是容易招致懷疑的。何況「古今異情，治亂異道」，豈能「審周道」便足以「知上世」？荀子之所以言「統」，言「統類」，言「禮義之統」，正是對此而發。蓋歷史的演進，治道的遞嬗，雖然事象紛繁，但總有它依據的共理；從禮義法度的演進中，發現其不變的共理，此即荀子所謂統類，所謂禮義之統。「審周道」，亦即審識此禮義之統；知其統，即可以「知上世」。而荀子之法後王，其要旨亦正在知統類。但知統類不能憑空而知，其根據即在粲然明備之後王。得其統，則歷史發展之跡，禮憲興廢之故，皆可得其脈絡。而這亦仍然是孔子「損益三代，百世可知」之義。[9]

---

8 論語、為政篇。

9 按，孔孟法先王，是「祖述堯舜」，是理想主義的，牟先生稱之為「立象」。立象者，乃就義理之當然處，直下肯定堯舜之德，為道德人格樹立典型，以為萬世之則。然孔子言夏殷之禮，而又注意其文獻之足徵不足徵，此則切實而慎矣。荀子法後王，即是此切實而慎之態度。然荀子是實在論之心態，故不解「立象」之意。

第三節　知統類與禮義之統

「統類」是荀子所獨發的觀念。首先指出荀子這個觀念之重要性的，是牟先生的《荀學大略》（四十二年單行本），接著陳大齊先生的《荀子學說》（四十五年出版）亦有所論。自此以後，治荀學者始稍能言之。荀子以「知通統類」者為大儒，以「壹統類」者為聖人，可見統類觀念有其極為鄭重的意義。

「統」字在荀子書中，有的與思想有關，有的則無甚關聯。凡統字作統領、制治解釋時，都是不含具思想性的通用義。唯有作「綱紀」解釋時，才是與荀子思想有關的特定義之統。如非十二子篇云：「若夫總方略，齊言行，壹統類。」這個「統」字就含有「綱紀」之義。能識綱紀，即能識統之理。統由理而成就，理由類而顯示。牟先生曰：每一類有其成類之理，理即成類之根據。握其理，則可以通。「法教之所不及，聞見之所未至」（儒效篇語），皆可以類通。以類通，即以同類之理通也。[10]據此可知，說統由理成，亦無異於說統由類成。「知類」「明統」，義相通貫；知類而後可以明統，故統類連言，而曰「知統類」、「壹統類」。

「類」字，在荀子書中，亦多有作類似、同類、種類（含事類、物類）解釋者，此皆與思想無關或至少不直接相關。唯有「與統相連」而言或「與法相對」而言之「類」，才是與荀子思想有關的特定義之類。與「統」相連而言之「類」，有如——

「脩脩兮其用，統類之行也。」（儒效篇）

「卒然起一方，舉統類而應之。」（同上）

「志安公，行安修，知通統類，如是則可謂大儒矣。」（同上）

「多言則文而類，終日議其所以，言之千舉萬變，其統類一也，是聖人之知也。」（性惡篇）

上引各句，皆統類二字連言。統與類皆由理而成，皆有條理秩序之義。依事類之共理而成統，故曰統類。至於與「法」相對而言之「類」，有如

「有法者以法行，無法者以類舉。」（王制篇）

「依乎法，而又深其類，然後溫溫然。」（修身篇）

「以聖人之制為法，法其法以求其統類。」（解蔽篇）

據此而觀，法是具體的，類是原則性的。當法無明文，則須依類而推。類，深藏於法之裡層而不易見，常須緣法探索而後得。故荀子又曰：

「君子……知（智）則明通而類，愚則端愨而法。」（不苟篇）

10 同註1，頁一九九、二〇〇。

「故多言而類，聖人也；少言而法，君子也。」（非十二子篇）

君子而智，則能知類，君子而愚，則僅知守法；類難知而法易明，可見類比法深一層。言而類者為聖人，言而法者為君子，聖人高於君子，故類又比法高一層。據上引各條文字，可知類與法雖然關係密切，但層次不同。凡與法相對而言的類，即是統類之類。

簡要而言，統類乃是一切事類所依據的共理，亦是禮法制度的原理原則。荀子隆禮義而殺詩書，表示他雖不識詩書的興發性，卻能深識禮義的統類性。所謂「知統類」，即是發現禮義發展中的共理、而提供的一個原則。共理，是禮義法制所共同依據的理，荀子以智識心，其心靈之表現是智的形態，所以能把握共理而言「禮義之統」。[11]

不苟篇云：

「君子審後王之道而論於百王之前，若端拜而議。推禮義之統，分是非之分，總天下之要，治海內之眾，若使一人。故操彌約，而事彌大。五寸之矩，盡天下之方也。故君子不下室堂，而海內之情舉積此者，則操術然也。」

禮義之統，簡言之，亦即所謂「禮憲」也。由百王累積之法度，統而一之，連而貫之，綜而成為禮義之統，由此乃可言治道。君子所「審」的「後王之道」，及其所「操」之「術」（道術），亦正指禮義之統而言。所操持的雖然「彌約」，而其事效功用則「彌大」。苟能分辨事理的是非，使之各當其分，總持天下政事的樞要，以治理四海之內的民眾，必能以簡馭繁，舉重若輕。何以能如此？則以能「推」禮義之統而「行」於萬變之事故也。天下古今之事紛紜繁雜，但每一事類皆各有其成類之理，「類不悖，雖久同理」（非相篇），事物一經分類，其中皆有條理脈絡可尋，而可以統類之理行於散雜之事，此即王制篇所謂「以類行雜，以一行萬」。只要「以類度類」（非相篇），則可「推類而不悖」（正名篇）。舉「統類」而應之，則「坐於室而見四海，處於今而論久遠」（解蔽篇），而天下之事物，古今之制度，皆可以損，可以益，以求其順於時宜而切於世用。故「推禮義之統」，則既可處常，又能應變；而荀子亦正以應變為大事，以能應變為大本領。故以「知通統類」而能「舉統類」以應事變者為大儒。

大儒即是聖人，聖人亦即經國定分的大政治家（聖王）。荀子曰：

「舉措應變而不窮，夫是之謂有原，是王者之人也。」（儒效篇）

「宗原應變，曲得其宜，如是然後聖人也。」（非十二子篇）

---

11 按，榮辱篇有云：「今夫。先王之道，仁義之統，以相群居，以相持養……」其中「仁義之統」一語，似顯突兀。實則，凡荀子書中言「仁義」，皆與孔孟之意不盡同。荀子在文字上雖用「仁義」之詞，而意涵則大體指向「禮義」。李滌生先生謂「仁義之統」即「禮義之統類」。此是融通荀子之思想而作解，實得荀子之意。見《荀子集釋》頁六七。

> 「百王之無變（無變、謂不變易，乃指道而言），足以為道貫。一廢一起，應之以貫，理貫不亂。不知貫，不知應變。」（天論篇）

前二條所謂「原」，實即指統類。第三條之「道貫」，陳大齊先生謂：「道能貫通一切，貫乃道之功用，故稱道貫，亦簡稱貫。」[12]李滌生先生申之曰：「道以禮義為實質，禮義之條貫為統類，故道貫即是禮義之統類。」[13]總之，「原」「道」「貫」的內容意指與「統類」並無不同，三者皆可視為統類之異名。而所謂「有原」「宗原」「知貫」，亦即是「知通統類」。能通統類之理者，然後可以舉措應變而不窮。由此可知，荀子的「統類」觀念是與「篤行」原則相隨不離的。

儒效篇云：

> 「行之，曰士也（曰、猶言則也）……知之，聖人也。」
>
> 「知之不若行之，學至乎行之而止矣。行之，明也；明之，為聖人。」

前條說「知之，聖人也」，後條又說「知之不若行之」，似乎前後牴牾，其實不然。前一條重在說知，「知之」即是「知統類」，這個知字，是兼攝行而說的。後一條重在說行，楊注云：「行之，則通明於事也。」通明於事者，唯君子、大儒、聖人能之。故曰「行之，明也；明之，為聖人」。行之明也，亦即「舉統類而應之」的篤行。故「行之明也」的行字，是兼攝知而說的。因此，後條「行之明也，明之為聖人」，與前條「知之，聖人也」，意正相通，並不矛盾。

荀子就篤行而言知、言明，此即表示：「知」必須在篤行中完成，「明」必須在篤行中表現。「行之明也」乃由理而明，由理而明亦即由統類而明。「明之為聖人」，意即「知通統類」者乃是聖人。能知通統類的君子、大儒、聖人，可以通名之曰「篤行之人」。篤行之人，其生命必強毅而剛健，又能依乎禮義法度，而「以法行，以類舉」。這種依「禮義之統」而篤行的大君子，既為師，又為法，故曰「師法」。荀子之隆師法，並非今人所謂崇拜權威，而是重視客觀的真實生命。「真實生命者，人類之精英，價值之所在，湧發理想之源泉也。焉得不尊崇之？故荀子盛贊大儒雅儒也。」[14]

依牟先生之疏解，「知統類」當有二層：[15]

第一層，是荀子所說的「法後王，統禮義，一制度」。這是就禮憲發展之跡，本其粲然明備者而條貫之，以運用於當時。荀子即以此而衡定雅儒大儒與聖人。

第二層，是明察時代精神之發展，人心風俗之隆替，通古今之變，以觀人心之危。孔子

12 見陳大齊先生《荀子學說》（臺北、中華文化出版事業社）、頁七九。
13 見李滌生先生《荀子集釋》（臺北、臺灣學生書局）、頁三七九。
14 見《名家與荀子》、頁二一二。
15 同上，頁二〇八。

由損益三代而至仁義之點醒，並以斯文為己任，體天道以立人道，乃是通二層而為一。孟子道性善，言必稱堯舜，闢楊墨以承三聖，即是通古今之變，以觀人心之危（故孟子長於知言）。孟子是居於第二層而立言，在境界上高於第一層。

第一層是落在實際的禮憲上而切於實，第二層則已進於通脈絡之虛矣（虛指理道而言）。荀子所謂雅儒大儒與聖人，實際上是指堅實之政治家，而孔孟則已進於聖賢境界。由於荀子之知統類是外在的，所以必須重師法，隆積習；而孔孟垂教，則必點醒仁義之心，道性善以立人極。

第四節　禮義與辨分群

荀子言禮義之統，言統類，其目的是在於經國定分，化成天下，以完成外王之治。這是實事，而非空言，所以終必落於現實的社會政治，乃能收其實效。而辨、分、群，即是禮義之統落於現實所顯發的作用與功能。

荀子所說的禮，乃是一切規範的總稱[16]。陳大齊先生指出：禮的範圍至為廣大，上自人君治國之道，下至個人立身處世之則，乃至飲食起居的細節，莫不為禮所涵攝。禮不但是行為方面的準繩，而且亦是思想言論方面的準繩；不但是處理社會現象的準繩，而且亦是應付自然現象的準繩。[17]

「禮者，法之大分，類之綱紀也。」（勸學篇）

「禮義生而制法度。」（性惡篇）

「農分田而耕，賈分貨而販，百工分事而勸，士大夫分職而聽，建國諸侯之君分土而守，三公總方而議，則天子共己而已。出若入若（出入、謂內外。若、如此也。此承上文而言，謂外而百姓如此，指農賈百工而言；內而百官亦如此，指士大夫、諸侯、三公而言），天下莫不平均，莫不治辨，是百王之所同也，是禮義之大分也。」（王霸篇）

「足國之道，節用裕民……節用以禮，裕民以政。」（富國篇）

「上不隆禮，則兵弱。」（同上）

禮，是「法之大分」，「禮義生」而後「制法度」。自「農分田而耕」直到「三公總方而

16 按，儒家言禮，義本深廣。六月末應邀赴新加坡「東亞哲學研究所」作學術訪問，曾論及禮有四個層面：⑴從「理道」的層面看，禮不但通於道德，亦通於宗教。⑵從「政治」的層面看，禮是立國治國的綱常。無論典章制度，綱紀體統，以及政治運作的軌道法度，都是禮的內容和它的功能表現。⑶從「社會」的層面看，禮是社會群體生活的秩序，亦是人倫活動的規範。⑷從「生活」的層面看，禮涉及到人類全面的生活範圍。無論政治生活、社會生活、宗教生活，以及家庭私己的生活，都不能脫離禮的規範。（參見《中國文化月刊》五九期拙文〈禮與法的層位及其效用〉乙篇第二節。

17 見《荀子學說》第九章第一節，頁一四〇以下。

議」，都是政治上的制度，而荀子一律以禮稱之。乃至財政方面的「節用」，以及「治兵」之道，亦是禮。可見一切治國的規範，荀子皆稱之為禮。

「國無禮則不正，禮，所以正國也。」（王霸篇）

「禮義之謂治，非禮義之謂亂也。」（不苟篇）

「隆禮貴義者，其國治；簡禮賤義者，其國亂。」（議兵篇）

「禮者，治辨之極也，威行之道也，功名之總也。」（同上）

由於各種治國的規範都屬於禮，所以禮是正國之具。國家之治亂，亦取決於政治措施是否合理。所以禮是「治辨之極」。

「禮者，所以正身也。」（修身篇）

「食飲、衣服、居處、動靜，由禮則和節，不由禮則觸陷生疾。容貌、態度、進退、趨行，由禮則雅，不由禮則夷固僻違，庸眾而野。」（同上）

「凡治氣養心之術，莫徑乎禮。」（同上）

「今之人，化師法，積文學，道（由）禮義者，為君子；縱情性，安恣睢，而違禮義者，為小人。」（性惡篇）

禮不但是正國之具，亦是正身之具。舉凡飲食衣服、居處動靜，容貌行止，乃至於治氣養心，都要由禮。因此君子小人之別，亦以其行為是否合禮作為決定的因素。

「凡用血氣、志意、思慮，由禮則治通（條理通達）；不由禮，則勃亂提僈（悖亂怠慢）。」（修身篇）

「禮之中焉，能思索，謂之能慮。」（禮論篇）

「（君子）說不貴苟察……山淵平……是說之難持者也，而惠施鄧析能之；然而君子不貴者，非禮義之中也。」（不苟篇）

志意思慮要由禮，君子不以「苟察」為貴，亦是因為苟察不合乎禮。合禮的思索，始可謂之「能慮」。據此而言，禮不僅是行為的規範，亦是思想言論的是非標準。

「天地以合，日月以明，四時以序，星辰以行，江河以流，萬物以昌……萬物變而不亂，貳之則喪也。禮，豈不至矣哉！」（禮論篇）

此條表示，自然現象的律則，亦通乎禮。禮是宇宙萬物得以運化昌盛的根據，無論天時與人事，皆當以禮為極則。

荀子有時單言「禮」，有時「禮義」連言，在意指上並無殊別。大略篇云：「義、禮也，故行。」可見義與禮具有同樣的功用。總合以上各條之意，可以看出荀子所說的禮，實已概括了一切規範。因此，個人的生存，事業的成就，國家的安寧，都不能脫離禮的規範。

故修身篇曰：「人無禮則不生，事無禮則不成，國家無禮則不寧。」最後，荀子還說了一句綜結性的話：

「禮者，人道之極也。」（禮論篇）

在本節開端曾經提到，「辨、分、群」是禮義之統落於現實所顯發的作用與功能。荀子常將「辨」字與「治」字連言而說「治辨」。注釋家謂古無「辦」字，遂以為「治辨」即「治辦」，而訓辨為治。這種解釋，有時似乎亦可通，但如果對荀子言治道的獨特理路有了解，就可以看出「治辨」二字亦如「統類」一樣，乃是荀子有意創用的新詞。因此，「治辨」之辨並不同於辦字，不作治字解，亦不作思辨解，而是順分辨之意而加深了它的內涵。非相篇云：「人之所以為人者何已也？曰：以其有辨也。」牟先生指出，「以其有辨」之辨，同於議兵篇「禮者治辨之極」之辨，認為兩「辨」字「皆指別異定分言，不作思辨解。」[18]牟先生此解之所以重要，不在解「以其有辨」之辨，而在衡定「治辨之極」之辨。樂論篇謂「樂合同，禮別異」。凡貴賤之等、隆殺之宜、繁省之節、以及先後內外、親疏厚薄等等的差別，皆須別其同異，以定其位分。可見別異正是禮的基本精神。荀子既以禮義為治國之大道，所以特將別異定分之「辨」字與「治」字合成「治辨」一詞，以見其意。

儒效篇云：

「分不亂於上，能不窮於下，治辯（辨）之極也。」

王霸篇云：

「天下莫不平均，莫不治辯，是百王之所同，禮法之大分也。」

此二條皆言「治辨」，與議兵篇「禮者，治辨之極」，皆是「別異、定分」之義。

君道篇云：

「聖王財衍以明辨異（財、讀為裁，謂裁其有餘，使當其分，以明辨上下貴賤之不同），上以飾賢良而明貴賤，下以飾長幼而明親疏。上在王公之朝，下在百姓之家，天下曉然皆知其所以為異也，將以明分達治而保萬世也。」

此條言「辨異」以「明分達治」，亦足顯示辨與治道相通。與「辨」有密切關係的，還有「分」（讀去聲）與「群」。

非相篇云：

「人之所以為人者，何已（以）也？曰：以其有辨也……故人道莫不有辨。辨莫大於

18 見《荀學大略》第七條案語，《名家與荀子》頁二〇四。

分，分莫大於禮。」

王制篇云：

「人有氣有生有知，亦且有義，故最為天下貴也。力不若牛，走不若馬，而牛馬為用，何也？曰：人能群，彼不能群也。人何以能群？曰：分。分何以能行？曰：義。故義以分則和，和則一，一則多力，多力則彊，彊則勝物。……故序四時，裁萬物，兼利天下，無他故焉，得之分義也。」

在這二段引錄中，「禮、義、辨、分、群」，皆已說到。人之為人，在於「有辨」，辨莫大於「分」，分莫大於「禮」。而人之所以能役使牛馬，是因為人「能群」；人之所以能群，是因為人有「分」；分之所以能行，是因為人有「義」。總之，言辨必須通於分，「明分」而後可以「使群」。王制篇云：「君者，善群也。」君道篇亦云：「君者，能群也。」群居和一，則可以「序四時，裁萬物，兼利天下」。這就是「禮義之統」所顯發的大用。

在辨異、明分、能群之中，「明分」尤為重要。因為辨異的目的就是為了明分，明分而後才能推禮義之統以善群。所以荀子講說明分定分之意亦特為剴切。同時，荀子所說的「人」，亦自始便是「分位等級」中的客觀存在。（而「仁者人也」一路，則為荀子所忽略。）茲再引錄荀子言「分」之言於後，以見其概。

榮辱篇云：

「先王案為之制禮義以分之，使有貴賤之等，長幼之差，知愚能不能之分，皆使人載（任）其事而各得其宜……是夫群居和一之道也。」

王制篇云：

「聽政之大分：以善至者，待之以禮，以不善至者，待之以刑。兩者分別，則賢不肖不雜，是非不亂……王者之事畢矣。」

王霸篇云：

「治國者，分已定，則主相臣下百吏，各謹所聞……百姓莫敢不敬分安制（敬慎其分，安於制度）。」

「農分田而耕，賈分貨自販，百工分事而勸，士大夫分職而聽，建國諸侯之君分土而守，三公總方而議，則天子共己而已……是禮法之大分也。」

富國篇云：

「人之生不能無群，群而無分則爭，爭則亂，亂則窮矣。故無分者，人之大害也；有分者，人之大利也。」

「窮者患也，爭者禍也。救患除禍，則莫若明分使群矣。」

以上各條皆言「分」。正名定分，辨治群倫，乃荀子所雅言。而重群、重分、重義，隆禮義而殺詩書，知統類而一制度，皆是客觀精神之顯示。客觀精神必從現實組織方面顯，而國家即是群體組織之典型。故客觀精神，亦即尊國家尊群體的精神。尊群體，不是直接尊這個群體組織，而是尊群體的「義道」[19]。群體的構成，必以義道為基礎。以義道之「分」統而一之，類而應之，則群體歙然而凝定。荀子通於分而言辨，明其分而使群，由百王累積之典憲以言「禮義之統」，其建構之精神，實令人起莊美之感。世之視國家政治為俗物，視禮義法度為糟粕，而自退於山林以鳴其風雅者，實乃德性貧弱、精神虛脫之徵，其去荀子也遠矣。

19 按，上第一章第三節之一，曾論及荀子「遙承孔子之緒，表現客觀精神」，並對其「禮義之統」（義道）之限制有所說明。請參看。

第七章　荀子論道德修養

第一節　道德與禮樂

荀子很少直接用「道德」二字，而是將道德攝入「禮義」之中。致士篇云「故禮及身而行修」，「行修」表示道德修養之美善，而人之所以行修，是由於「禮」之「及身」，可見禮是道德修養的規範。

性惡篇云：

「故順情性，則兄弟爭矣，化禮義，則讓乎國人矣。……人無禮義則亂，不知禮義則悖。然則生（性）而已，則悖亂在己。」（盧文弨云，元刻本「生」作「性」，王叔岷云，百子本亦然。）

「人無禮義則亂，不知禮義則悖」，這裡所謂禮義，實即道德之意。人有禮義道德，可以「讓乎國人」，沒有禮義道德，則雖「兄弟」，亦必「悖亂」相「爭」。可知禮義道德具有息爭止亂的功能。依荀子性惡之說，人若一任自然之性發展，而不知禮義，不行禮義，則悖亂之過失必將發生在自己身上。故曰「然則性而已，則悖亂在己」。禮義是道德的規範，但先天自然之「性」中並無禮義，然則禮義從何而來？道德實踐的根據又是什麼？這二個問題必須作一討論。

第一、作為道德規範的禮義從何而來？

依荀子，禮義既不是得之於天，亦不是出於性之本然，而是「聖人所生」。故性惡篇云：

> 「凡禮義者，是生於聖人之偽，非故生於人之性也……故聖人化性而起偽，偽起而生禮義，禮義生而制法度。然則禮義法度者，是聖人之所生也。」

說禮義法度是「聖人所生」，這句話本身不成問題，問題是在聖人如何生禮義？依孔孟，聖人創制禮義，是「先得我心之同然」而順「仁義之心」做出來。所以孔子說「人而不仁如禮何」，孟子亦說「仁義禮智根於心」。[1]依孔孟的意思，不能說「化性起偽」，而應該說「順性起偽」。但荀子認為人性惡，聖人之性亦與眾人同；如此，則聖人之「生禮義」，並不繫於他的德性，而是繫於他的才能。在人的性分之中沒有禮義之根，必將有待於聖人的才能來制作，而聖人又不世出，如此，則禮義之普遍性與必然性根本無法建立。雖說禮義可學而知，可學而能，但禮義既已失去人性之基礎與內在之根據，則人之成善成德亦將無有內發性與自發性之可言矣。[2]既然禮義在人性中沒有根，它便只是一個外在的標準。而荀子之所以求之於歷史文化而從百王法度之累積而說禮義之統，亦以此故。

第二、道德實踐的根據是什麼？

荀子認為，心能認知禮義，並能以禮義來對治性之惡以化惡成善[3]。這表示，心是道德實踐的內在根據（禮義則是外在的標準）。荀子以智識心，它所說的心是「認知心」，雖然亦可通到實踐義上說心，但畢竟不是以仁識心的道德心，所以心雖知善（知道），而卻不即是善，亦不能發動實際的行為以成就善[4]。因此，就心作為道德實踐之根據來看，並不能如孟子般悟出心性之善，而即就此善心之自然流露處開出沛然而發的道德實踐之動源。荀子之心，只是道德實踐的「憑依因」，因而對人作道德實踐所能提供的保證，其強度是有所不足的。

以是，通過心來化除天性之惡以成就道德之善，還須另有一套修養工夫，是即所謂「治氣養心之術」（詳下一節）。在此，且先略說禮樂在道德修養上的導化之功。

樂論篇云：

1 見論語八佾篇、孟子盡心篇上。
2 參閱上第三章第四節，頁四三四、四三五。
3 同上，頁四三三、四三四。
4 參閱上第四章第三節，頁四五一。

「樂也者，和之不可變者也。禮也者，理之不可易者也。樂合同，禮別異；禮樂之統，管乎人心矣。窮本極變，樂之情也。著誠去偽，禮之經也。」

「夫民有好惡之情，而無喜怒之應則亂（而、如也，如無禮樂以節導其喜怒之情，則將形成暴亂）先王惡其亂也，故脩其行，正其樂，而天下順焉。」

「故樂行而志清，禮脩而行成，耳目聰明，血氣和平，移風易俗，天下皆寧。」

禮從「理」言，樂從「情」言；理以別異，情以合同。故「禮」的基本功能在於區別人倫關係，使能各安其位，各當其分；而「樂」的基本功能在於合同人群之情感，藉志意之溝通以和洽人心。李滌生先生指出，「樂合同，禮別異」，是言禮樂相互間之功用，而禮記樂記篇言之尤詳：「樂者為同，禮者為異；同則相親，異則相敬。樂勝則流，禮勝則離；合情飾貌者，禮樂之事也。」又曰：「樂自中出，禮自外入。」二者一內一外，相互調劑，於是理智與情感皆得其平。故樂記又曰：「樂至則無怨，禮至則不爭，揖讓而治天下者，禮樂之謂也。」[5]荀子所謂「禮樂之統，管乎人心」，正是指禮樂的功能而言。「窮本極變」（本、指心），是說「樂」能徹通人心深處，以極盡情感之變化。「著誠去偽」，是說「禮」能表現誠敬之心，以消除詐偽的行為。所以次條說「脩其行、正其樂，而天下順焉」。後條又說「樂行而志清，禮脩而行成」，「移風易俗，天下皆寧」。

樂論篇又云：

「樂者，聖王之所樂也，而可以善民心；其感人深，其移風易俗易（末「易」字，據漢書禮樂志補），故先王導之以禮樂，而民和睦。」

音樂可以善化人心。譬如中正和平之樂能使人民和敬而不流蕩，肅穆莊嚴之樂能使人心齊一而不惑亂，故感動人心，移風易俗，莫善於樂。儒家言教化，分開說，稱之為「禮教」、「樂教」，合而言之，則曰「禮樂教化」。而凡禮典（無論婚喪喜慶）進行之時，亦必有適當之樂相配合，這是最能發揮移風易俗之功的最佳做法。今後有關新禮樂的制作，此意決不可忽。

儒家言禮，不限於人事界，亦通於宗教之領域，故「五禮」（吉凶軍賓嘉）之中特重喪祭。荀子在禮論篇中特別提出「禮三本」：

「禮有三本：天地者，生之本也。先祖者，類之本也。君師者，治之本也。無天地，惡生？無先祖，惡出，無君師，惡治？（三惡字，音烏，何也。）三者偏亡，焉（則）無安人。故禮，上事天，下事地，尊先祖，而隆君師，是禮之三本也。」

儒家的「三祭」之禮（祭天地、祭祖先、祭聖賢），即依此「禮三本」而來。天地是宇宙生命之始，祖先是個體生命或種族生命之始，聖賢是文化生命之始。報本而返始，慎終而追

5 見李滌生先生《荀子集釋》（臺北、臺灣學生書局），頁四六三。

遠，所以必須祭祀。關於喪祭之禮，荀子亦言之極剴切。

禮論篇云：

「禮者，所以治生死也。生，人之始也；死，人之終也。終始俱善，人道畢矣。故君子敬始而慎終，終始如一，是君子之道也，禮義之文也。夫厚其生而薄其死，是敬其有知而慢其無知也，是姦人之道而倍（背）叛之心也。君子以倍叛之心接臧穀（奴婢小兒），猶且羞之，而況以事其所隆親乎！……故事生不忠厚，不敬文，謂之野；送死不忠厚，不敬文，謂之瘠。君子賤野而羞瘠。」

禮，通貫生死，故應「終始俱善」。若厚其生而薄其死，則生前之孝養，乃轉而為功利而非出於真情，故曰「是敬其有知而慢其無知也，是姦人之道而背叛之心也」。君子對於奴婢小兒，尚且羞以背叛之心相待，又怎能用來對待自己的父母尊親！故「事死如事生，事亡如事存」，然後乃可謂之孝心盡、人道備。

禮論篇又云：

「三年之喪，何也？稱情而立文，因以飾群，別親疏貴踐之節，而不可益損也。……三年之喪，二十五月而畢，哀痛未盡，思慕未忘，然而禮以是斷之者，豈不以送死有已，復生有節也哉！……故先王安（乃）為之立中制節，一使足以成文理……」

三年之喪，孔子孟子亦曾論及。喪服之期，久暫不一，父母三年，祖父母周年（期），其餘大功九月、小功五月、緦三月不等。荀子認為，這是為了表現群族（親屬）之關係，分別其親疏貴賤之界限，稱人情之輕重而制定的禮文；所以不可隨意增減。人子於其親，思慕懷恩之情無有已時，但「送死有已，復生有節」，故「三年」之喪，「二十五月」而畢。這是先王酌裁情理，「立中道，制節限」，使敦厚君子得以節其哀傷而不過，愚陋小人不敢輕忽縱肆而不及；如此則無分智愚賢不肖，都可以在禮的節限中得到適度的表現。這就是禮對人的「導化」之功。

禮論篇又云：

「祭者，志意思慕之情也。忠信愛敬之至矣，禮節文貌之盛矣，苟非聖人，莫之能知也。聖人明知之，士君子安行之，官人以為守，百姓以成俗。……事死如事生，事亡如事存，狀乎無形，影（景）然而成文。」（影字，楊注屬上與形字連文，鍾泰、久保愛皆下屬，當從後說。）

祭祀亦是禮。這表示儒家之禮已將道德與宗教二界徹通而為一。祭，一方面如荀子所說是表達「志意思慕之情」，一方面亦是一種「報恩之心」的表現。禮記樂記篇有云：「禮也者，報也。」報，與祈禱的禱求之情是不同的。報是人道，而非神意，所謂「慎終追遠，民德歸厚」是也。這種道理，「聖人明知之，士君子安行之」，官人守其禮制之文，而百姓則日用之而形成風俗。故祭祀之禮的重點，並不在鬼神本身，而是在人這方面，在人能置身於莊嚴肅穆的祭禮之中以致其誠敬之情。而祭禮的儀式節文之所以有其意義，亦正因為有與祭者誠摯的志意思慕之情貫注其間，而顯發了敦厚崇禮的實理。所謂「事死如事生，事亡如事存」，要者是在「事」。事，乃是人道也。因此，神靈雖然無有形跡可見，但在祭禮的莊盛敬穆之中，「文理情用，相為內外表裡」（禮論篇），而真實的人文之道，人文之理，乃得自然而遂成。所以祭禮不直接是道德，而有成就德行之功；不直接是宗教，而有導化人心之用。此之謂「道德禮樂化、宗教人文化」。

第二節　學與修養

學的範圍甚廣，知識的累積，道德的修養，人品的完成，乃至於善群治國，莫不由乎學。茲據勸學篇之言，分四點以略述荀子論「學」之意。

1. 學之憑藉

荀子認為，為學首須重視環境，所謂「蓬生蔴中，不扶而直，白沙在涅，與之俱黑」，此亦俗諺所謂「近朱者赤，近墨者黑」之意。所以荀子認為「君子居必擇鄉，遊必就士，所以防邪僻而近中正也」。擇鄉是希望借助於環境的薰炙，就士是希望親近學博行潔的賢士以期獲得指點與啟發，所謂「學莫便乎近其人」，「學之經（徑）莫速乎好其人」，亦是這個意思。荀子認為，人的德業不由天生，而由人成，成之之道，惟假於學。故曰「假輿馬者，非利足也，而致千里；假舟楫者，非能水也，而絕江河。君子生（性）非異也，善假於物也。」物、事也，即指學而言。君子稟受之性與人不異，因為善假於學，故能成就君子之德。

2. 學之方法

為學重積，用心專一，學不可已，這是荀子提出的為學之方。

「積」是荀子特為重視的觀念。所謂積土而成山，積水而成淵，「積善」而「成德」。積善而達於「全盡」，便稱之為「聖人」。故儒效篇曰：「塗之人百姓，積善而全盡，謂之聖人。彼求之而後得，為之而後成，積之而後高，盡之而後聖。故聖人者，人之所積也。」荀子主張「化性起偽」，通過學而積慮習能，即是偽。積偽的工夫必須精誠專一，故曰：「無冥冥之志者，無昭昭之明；無惛惛之事者，無赫赫之功。行衢道者不至，事兩君者不容。目不能兩視而明，耳不能兩聽而聰……故君子結於一也。」冥冥、惛惛，皆專默精誠之意。為學治事，皆須精誠專一，否則，必無清明通達之智與顯赫彪炳之功。「結於一」之結，有固而不解之義，此言君子之為學治事，其心皆能固結於專一上。若一心兩用，必無所成，故曰：「自古及今，未有兩而能精者也。」（解蔽篇）積學之功在專一，「真積力久」而後能「入」，故「學不可以已」，一有間斷，便將前功盡棄。

3. 學之效驗

通過積學的工夫，而後始有效驗之可言。故荀子曰：

「積善成德，而神明自得，聖心備焉。」

「君子博學而日參省乎己，則（知）智明而行無過矣。」

前條之積善，亦即「積學」之意，「積學成德」與次條「知明而行無過」，意實相同。在此，顯示荀子是以「智」成德，與孔孟以「仁」成德之進路不同。「神明」，意謂智慧超常。「聖心」，猶言道心[6]，亦即解蔽篇所謂「虛壹靜」的「大清明」。人能積學不息而成就高尚的道德人格，就可以得到超常的智慧，而具備大清明的聖心。又次條言君子「博學」而「日參省乎己」（每日以所學參驗省察自己的言行），則可以智慧日明而行無過失。從荀子論學之效驗，可以看出他重智的精神。但學與德亦總是相關聯的，所謂「物類之起，必有所始。榮辱之來，必象其德……故言有召禍也，行有召辱也，君子慎其所立乎！」（楊注、所立，謂所學也。）榮辱禍福，皆由自取，而榮辱之來，必與其人之德行以類相應，善行則榮至而得福，惡行則辱至而召禍。而善德之立，必由於學，君子慎其所學，故能遠禍而得福。

4. 學之程序與目的

荀子指出，為學之程序，「始乎誦經，終乎讀禮」。「學至於禮而止」。而為學的目的，則「始乎為士，終乎為聖人」。荀子之意，禮是王道之所出、仁義之所成，學者如欲窮究先王的道術，探求仁義的實質，則由禮入手，才是最為切當的途徑。所以說「將原先王，本仁義，則禮正其經緯蹊徑也」。學禮，即可以通倫類，一仁義，否則便「不足謂善學」。通倫類是就「知」說。一仁義是就「行」說。所謂「倫類通，仁義一」，實亦「知明行修」之意。如果智而不能通類，行而不能全一，就不算是全盡之學。

勸學篇末段有云：「君子知夫不全不粹之不足以為美也，故誦數以貫之，思索以通之。」反覆誦讀以貫串其學，所謂「全」也；不斷思索以通達其理，所謂「粹」也。學至於全而粹，則內可以貞定自己，外可以應事處變，如此便是成德之人。而為學的最高目的，亦正是要成就「通倫類，一仁義」的健全人格，所謂「始乎為士，終乎為聖人」是也。茲列一表，以見荀子論學之大意。

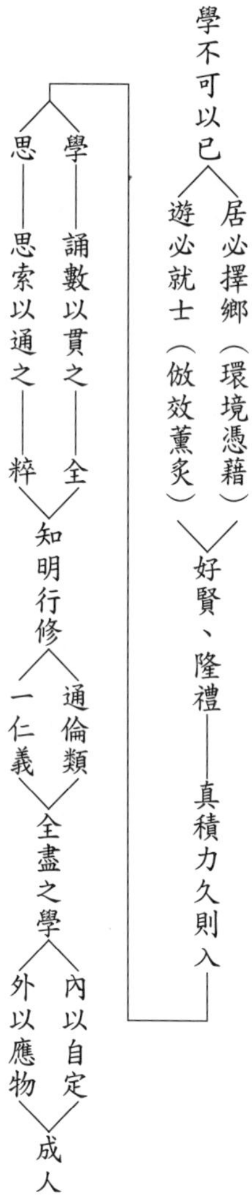

6　按，解蔽篇云：「道經曰『人心之危，道心之微』。危微之幾，惟明君子而後能知之。」

學，當然包括「修養」的工夫。上節曾提到荀子有所謂「治氣養心之術」，茲引錄其文說明於後。

修身篇云：

「治氣養心之術：血氣剛強，則柔之以調和。知慮漸深，則一之以易良。勇膽猛戾，則輔之以道順。齊給便利，則節之以動止。狹隘褊小，則廓之以廣大。卑濕重遲貪利，則抗之以高志。庸眾駑散，則刦之以師友。怠慢僄弃，則炤之以禍災。愚款端愨，則合之以禮樂，通之以思索。凡治氣養心之術，莫徑由禮，莫要得師，莫神一好。夫是之謂治氣養心之術。」

治氣養心之術，亦即宋儒所謂「變化氣質」的工夫。荀子列出九點以指說人的氣質之偏，並一一提出導化之方：

1.「血氣剛強，則柔之以調和」：血氣剛強的人，好與人爭，故應以調和之德來柔化他。

2.「知慮漸深，則一之以易良」：王念孫云：漸、讀為潛。潛深、猶言深沉。易、謂平易坦率。良通諒，忠直也。知慮深沉的人常多隱曲，故應以坦率直諒之德來純一他的志意。

3.「勇膽猛戾，則輔之以道順」：說文云：順、理也。道順即道理。勇猛暴戾則易於衝動，故應以道理加以輔導，使他冷靜。

4. 「齊給便利，則節之以動止」：齊、疾也。齊給、便利，皆捷速之意。言語行動太過快捷，便應以安詳徐緩的舉止來節制他。

5. 「狹隘褊小，則廓之以廣大」：心胸狹隘、器量褊小的人，應以廣大之德來開廓他的胸襟。

6. 「卑濕重遲貪利，則抗之以高志」：卑濕、謂志意卑下，重遲、謂性情迂緩。抗、舉也，猶言振拔也。對於卑下迂緩貪圖小利的人，應以高尚的志趣來振拔他、鼓舞他。

7. 「庸眾駑散，則刦之以師友」：散、謂不自檢束。刦、奪也。對於庸俗駑下而又不自檢束的人，應以師友夾持的力量來移奪他的舊習氣。

8. 「怠慢僄弃，則炤之以禍災」：僄音標，輕也，謂自輕其身。炤與照同，于省吾讀為昭，曉喻也。對於怠慢，不謹，自暴自棄的人，應以災禍曉喻他，使他知所警惕。

9. 「愚款端愨，則合之以禮樂，通之以思索」：愚誠端愨的人，多無文采，故應以禮樂加以和合調理。（韓詩外傳無「通之以思索」五字，俞樾以為當衍。）

以上九點皆言修身之術首在變化氣質之偏。而最後「莫徑於禮（徑、速也），莫要得師，莫神一好」數句，即「隆禮義」「重師法」「貴專一」之義。荀子此段「治氣養心之術」，實偏重於「治氣」，而「養心」之意，則並無積極之說明。「不苟篇」卻有一段專論養心，茲分四節錄列於下：

「君子養心莫善於誠，致誠則無它事矣。惟仁之為守，惟義之為行。誠心守仁則形，形則神，神則能化矣。誠心行義則理，理則明，明則能變矣。變化代興，謂之天德。天不言而人推其高焉，地不言而人推其厚焉，四時不言而百姓期焉。夫此有常，以至其誠者也。

君子至德，嘿（默）然而喻，未施而親，不怒而威。夫此順命，以慎其獨者也，善之（善於）為道者，不誠則不獨，不獨則不形，不形則雖作於心，見於色，出於言，民猶若未從也，雖從必疑。

天地為大矣，不誠則不能化萬物；聖人為知矣，不誠則不能化萬民；父子為親矣，不誠則疏；君上為尊矣，不誠則卑。夫誠者，君子之所守也，而政事之本也……」

首節言「誠心守仁則形，形則神，神則能化」；「誠心行義則理，理則明，明則能變」。與中庸所謂「誠則形，形則著，著則明，明則動，動則變，變則化」[7]，意正類同。荀子之意，謂君子誠心守仁，則實德形著於外，誠中形外，則「至誠如神」（中庸語），故能使人變化而日遷於善。君子誠心行義，則處事得其條理，而能明辨是非，如此，則人不敢誣妄而能改其舊習（楊注云，改其舊習謂之變）。君子的誠心神明能化能變，變化交相為用，是謂「天德」。考荀子在天論篇言天職、天功、天情、天官、天君、天養、天政，皆自然而生、自然而有，並沒有形上的或道德價值的意味；天與性一樣，都是負面的、被治的，無可言善。而此乃改從正面說「天德」，顯得非常特殊。

次節指出，天地四時皆不言，而人之所以推其高厚，期其時節，正因為天地四時之運行「有常」，而能極至其「誠」之故。荀子此說，實亦中庸所謂「至誠無息」之意。天地以至誠而生生不息，表示生化之事不只是自然之變化，而實有真實無妄者為其本，然後才有生化之功、化育之德。故上引第四節亦說天地不誠則不能化萬物。由此可知，荀子此處所說的「天」乃是正面意義的天，與「天生人成」中被治的負面的天，迥不相侔。

第三節言君子有「至德」，故默然不語而人自能喻解其意，未嘗施惠而人自然來相親近，未嘗現其怒容而人自然心生敬畏。何以能如此，則「順命以慎其獨也」。「順命」二字，據上文之意看，當指天命之常。慎、誠也。獨、專一也。慎其獨，即上文「致誠則無它事」之意。善於為道之人，必須誠心守仁行義。若不誠心，則不能專一於守仁行義；不專一於守仁行義，則其德非實而不能表現於容色之間，至於偶發性的誠意以及暫時性的誠懇之態度與言語，則難以取信於人。即使人表面順從，而內心仍將疑慮不安。荀子此處言「慎獨」、言「誠」，字面上與中庸相同。牟先生指出，若由此而能如孟子所謂「反身而誠，樂

7　見中庸、二十三章。

莫大焉」，則本原之「天德」即時呈露於心，何至斥孟子之性善哉！[8]

第四節說到以天地之大，不誠則不能生化萬物；以聖人之知（智），不誠則不能教化萬民；以父子之親，若不誠亦將日漸疏離；以君上之尊，若不誠亦將墜於卑下之地。所以「誠」乃是君子「養心」所必守，亦是為政治國的根本之道。

上文通過「誠」而言「養心」，實與荀子之思想不甚一致。與荀子之思想一致的養心之道，當從解蔽篇所謂「虛、壹、靜」的工夫上說。「虛壹而靜」謂之「大清明」。有了虛壹靜的大清明之心，以之通觀萬物則可以知其情，以之參稽治亂則可以通其度，以之經緯天地，則可以裁制萬物，使之各得其宜，各盡其用。[9]

此外，荀子論及修養之言甚多，茲再錄二段，以見其概。

性惡篇云：

> 「夫人雖有性質美而心辨知，必將求賢師而事之，擇良友而友之。得賢師而事之，則所聞者堯舜禹湯之道也；得良友而友之，則所見者，忠信敬讓之行也。身日進於仁義而不自知也者，靡使之然也。」

「靡使之然」之靡，通摩。禮記學記篇云：「相觀而摩謂之善」。摩之古音與靡相近，故二字相通。（語見說文通訓定聲。）荀子認為，「求賢師」「擇良友」以觀摩其善而倣效之，積習漸摩既久，則可日進於仁而不自知。

儒效篇云：

「習俗移志，安久移質。……居楚而楚，居越而越，居夏（華夏）而夏，是非天性也，積靡使然也。故人知謹注錯，慎習俗，大積靡，則為君子矣。（注錯、猶言措置、安排。）

習俗能轉移人的志向，安之既久，則將改變人的氣質，可見環境習俗對於修養的影響甚大。安排生活的環境，慎選善良的習俗，加強積靡的工夫，都是道德修養所不可忽視的。

第三節　論儒：人格的等第

8 見牟宗三先生《名家與荀子》（臺北、臺灣學生書局），頁一九八。牟先生謂：至誠中見天德，即見仁見義也。「唯仁之為守，唯義之為行」，仁與義非外在者，而備吾人之守之行之也，乃真誠惻怛之至誠中即仁義之全德具焉。孟子即由此而言仁義內在，而言性善，荀子於此不能深切把握也。故大本不立矣。大本不立，故轉而言師法，言積習。其所隆之禮義繫於師法，成於積習，而非性分之所具，故性與天全成被治之形下的自然的天與性，而禮義亦成為空頭的無安頓之外在物，此荀子之正面主張也。荀子只知君師能造禮義，庶人能習禮義，而不知能造能習禮義之心即是禮義之所從出也。

9 參閱上第四章第三節，頁四四八、四四九。

「儒」字在論語與孟子書中，僅各出現一次。論語雍也篇載孔子謂子夏曰：「汝為君子儒，無為小人儒。」孟子盡心下云：「逃墨必歸於楊，逃楊必歸於儒。」到荀子，始對儒之為儒，廣為論說。（又，禮記儒行篇，亦宜參看。）

儒效篇云：

「儒者法先王，隆禮義，謹乎臣子而致貴其上者也。人主用之，則埶在本朝而宜；不用，則退編百姓而愨；必為順下矣。雖窮困凍餧，必不以邪道為貪（貪、或作食）。無置錐之地，而明於持社稷之大義。嗚（叫）呼而莫之能應，然而通乎財（裁）萬物、養百姓之經紀。埶在人上，則王公之材也；在人下，則社稷之臣，國君之寶也。雖隱於窮閻漏屋，人莫不貴之，道誠存也。」

此段總述儒之為儒。首節指出儒者「法先王」，「隆禮義」，能謹守臣子之分以尊貴其君上（杜詩云「致君堯舜上」，亦猶此意）。人主用之主政，必能使政事無不合宜；不用，則身居百姓之位，亦能誠謹奉公，必無悖亂之行。次節分三句說明儒者之德操與學行。儒者雖窮困凍餒，亦必以義自守，決不以非義之手段滿足一己之欲求。雖自身無有安居之地，亦必心存社稷，且能明曉扶持國家之大義（此句說明儒者不為己謀而心念家國天下）。儒者見微知著，常先天下之憂而憂而有所呼號，雖然人無遠慮而莫之能應，但儒者決不灰心氣餒，仍然未雨綢繆而能明通「裁制萬物，長養百姓」之法度。後節言儒者之才具與人品。位在人上，乃是為王為公之材；位在人下，亦是社稷之臣，國君之寶。儒者縱或隱居窮巷陋屋，世人亦莫不敬重而尊貴之。何以故？因為「道」確確實實存於儒者之「身」也。

儒效篇又云：

「故有俗人者，有俗儒者，有雅儒者，有大儒者。

不學問，無正義，以富利為隆，是俗人者也。

逢衣淺帶，解果其冠，略法先王而足亂世術；繆學雜舉，不知法後王而一制度，不知隆禮義而殺詩書；其衣冠行偽（為）已同於世俗矣，然而不知惡（惡、讀去聲，惡下原有者字，王念孫謂乃衍文，茲據刪）；其言議談說已無異於墨子矣，然而明不能別；呼先王以欺愚者而求衣食焉，得委積足以揜其口，則揚揚如也；隨其長子，事其便辟，舉其上客，偲（億）然若終身之虜而不敢有他志；是俗儒也。

法後王，一制度，隆禮義而殺詩書；其言行已有大法矣，然而明不能齊（濟）法教之所不及，聞見之所未至，則知不能類也；知之曰知之，不知曰不知，內不自以誣，外不自以欺，以是尊賢畏法而不敢怠敖；是雅儒者也。

法先（後）王，統禮義，一制度；以淺持博，以古持今，以一持萬……倚物怪變，所未嘗聞也，所未嘗見也，卒然起一方，則舉統類而應之，無所儗怍（疑滯愧怍）；張法而度之，則晻然若合符節；是大儒也。」（楊注云：「以古持今」，當作「以今持古」。）

俗人不從事學問，不明辨是非（無正義），以財富利益為人生最高目標，可置勿論。

1.俗儒：

荀子對於俗儒的描述：(1)身穿寬大的衣服，腰束寬博的圍帶，頭戴一頂很特殊的帽子。(2)只知粗略地效法先王之遺言，而不識禮義之統類，反而擾亂了治世的道術。(3)所學乖謬，所學雜博，不知法後王而一制度，不知隆禮義而殺詩書。(4)其衣冠行為已同於世俗，而恬然不知自慚自惡，其議論談說猶如墨子之尚同無別，而不能明辨先王後王之差異。(5)口稱先王欺蒙愚庸之君以求衣食，略有積蓄以餬口便揚揚得意，每日追隨王公大人，逢迎那些親信與上客，安然若將終身，而不敢有他志。總之，略法先王，學術雜博，不知隆禮義，法後王，只為謀食而胸無大志，有儒者之名無儒者之實，此之謂俗儒。（另勸學篇又有「散儒」「陋儒」之目，已見上第六章第一節，茲不贅。）

2.雅儒：

雅、正也。雅儒，(1)能法後王，一制度，亦能隆禮義而殺詩書。(2)其言行合乎法度，但明智不足以濟「法教之所不及，聞見之所未至」。故只能依法而行，而不足以依類推理，觸類旁通。(3)知之曰知之，不知曰不知，不自欺，不欺人。(4)尊賢、畏法，勤慎不懈，所謂忠信篤厚君子也。總之，雅儒能法後王，隆禮義，但其智不能「通統類」以濟法教之所不及，故只能依法而行，而不能比類而通。（按，統類，解見上章第三節。簡言之，一切事類所依據之共理，以及禮義法度之原理原則或其基本精神，皆荀子所謂統類。）

3. 大儒：

大儒，(1)能法後王，亦能以後王之禮義，調一天下之制度。(2)能以淺近推知繁博，以今世推知往古，以一理推知萬殊。(3)對未嘗聞未嘗見之奇物怪變，皆能依統類之理而從容肆應，而且能做得若合符節而毫無差錯。總之，大儒不僅法後王，隆禮義，一制度，而且智通統類，能推度事物之理，應事變而曲當。

荀子認為大儒「善調一天下」，如果「用百里之地，而不能以調一天下，以制強暴」，便不得謂之大儒。儒效篇云：

「彼大儒者，雖隱居窮閻漏屋，無置錐之地，而王公不能與之爭名；用百里之地，而千里之國莫能與之爭勝；笞棰暴國，齊一天下，而莫能傾也。是大儒之徵也。其言有類，其行有禮，其舉事無悔，其持險應變曲當。與時遷徙，與世偃仰，千舉萬變，其道一也。是大儒之稽也。其窮也俗儒笑之，其通也英傑化之，嵬瑣（狂怪之人）逃之，邪說畏之，眾人媿之（媿、楊注云，或作貴）。通則天下一，窮則獨立貴名，天不能死，地不能埋，桀跖之世不能汙，非大儒莫之能立，仲尼子弓是也。」

首節言大儒之徵驗：大儒雖隱居窮困，王公亦不能與之爭賢聖之名；用百里之地，則能制暴國，安百姓，齊一天下。次節言大儒之稽（稽、謂考成，指大儒之成就）：大儒之言論合乎禮義之統類，行事亦合乎禮法，其舉措得宜而從無悔誤，其扶持危局必能應變得當。一切因時因事而制宜，故千舉萬變，皆能合乎治道。後節言大儒所樹立之德業人格，昭顯百世，故「天不能死，地不能埋」，而與天地同垂不朽。

在儒效篇首段，荀子曾舉周公為例以言大儒之功效。大意是說：武王崩，太子成王年幼，諸侯有背周之心，周公不欲天下背離周朝，故以弟繼兄，屏退成王而自即天子之位。管叔疑周公將不利於孺子，乃聯合武庚（商紂之子）叛亂。周公一面平亂，一面教導成王。迨成王成年，即將天子之位歸還成王，使他承續文武之業。荀子對此大事有下列幾點評論：(1)周公屏成王而自即天子之位，是「惡天下之背周」；天下亮察其心，故無人說周公是貪圖權位。(2)周公誅殺管叔，又將殷之頑民遷於雒邑，殷之故都幾成廢墟；這是釜底抽薪以消弭亂源，故無人說他的做法是殘暴之政。(3)平亂之後，周公封侯立國七十一，而姬姓獨佔五十三；因為東征平亂，周之宗室出力特多，論功行賞，理所當然，故天下無人批評周公偏心。(4)天子以一身繫天下安危，能者在位則天下歸順，不能者居位則天下叛離。由此可知，天子既「不可以少當」（所以屏退年幼之成王），亦「不可以假攝為」（所以周公必須自己即天子位）。⑸成王成年之後，周公歸天子之位於成王，自己退居臣位，北面而朝；這是表示「枝不滅主」之義。故周公既非禪位於成王，成王亦非向周公奪回天子之位，而是應變之勢與位次之序，適合於作如此的處置。最後，荀子作了如下的總結：「故以枝代主（周公即天子位）而非越也；以弟誅兄（周公殺管叔）而非暴也；君臣易位（先是周公屏成王而自己即君位，後又還政於成王而自居臣位）而非不順也。因天下之和，遂文武之業，明主枝之義，抑亦變化矣，天下厭然猶一也（在如此鉅大之變化中舉措應變而得宜，所謂「以義變應」，「於變時雍」，重措斯民於衽席之安，故變猶未變）。非聖人莫之能為。夫是之謂大儒之效。

儒效篇又有一段論及「眾人」「小儒」「大儒」之等第。其言曰：

「志不免於曲私，而冀人之以己為公也；行不免於汙漫，而冀人之以己為脩也；甚愚陋溝瞀（音扣冒，亦愚而無知之意），而冀人之以己為知也，是眾人也。

志忍私，然後能公；行忍情性，然後能脩；知而好問，然後能才；公脩而才，可謂小儒矣。

志安公，行安脩，知通統類，如是，則可謂大儒矣。」

此段從「志」「行」「知（智）」三方面論人格等第，含有總論之意。⑴眾人的心志不免於曲私，卻希望別人說他公正；其行為不免於汙穢，卻希望別人說他脩潔；其資質本屬愚陋無知，卻希望別人說他明智。此類人既無自知之明，又不肯在修養上下功夫以求進益，此其所以為庸眾之人。(2)小儒強忍其內心之私，然後才能做到心志公正；強忍其情性之欲，然後才能做到行為脩潔；有知慮而又虛心好問，然後才能成就應世治事之才。這一類人雖然終於進到公正、脩潔而有才，但未能知通統類，所以名之為小儒。(3)大儒順性而行，心志自然公正，行為自然脩潔，而其明智又能通禮義之統類。這種人的才具，既能守常度以治國，又足以應事變以救世，故荀子稱之為大儒。

第八章　論君：荀子政治思想闡微

一般討論政治思想，總是喜歡把某人某家的一些主張，條列出來加以論述。這種平列式的敘說，雖然亦有它的意義，卻不足以顯示思想的理路與特色。譬如指說荀子是禮治主義，或者舉出尊君、尚賢、富國、裕民、王霸等等分條論列，便不免是這種情形。尤其有些人喜歡用禮治主義、德治主義、人治主義一類的詞語來標示儒家的政治思想，而又特意抬出法家的法治主義來作對比，彷彿儒家的政治思想與法治水火不相容。這些都是皮相之見。

中國的政治問題，其實不是什麼人治法治的問題；在儒家禮治德治的綱領之下，人與法都是不可或缺的。孟子就曾說過「徒善不足以為政，徒法不能以自行」，另外還有「上無道揆，下無法守」的話[1]。這表示，儒家不可能採取一種排斥法治的人治。禮法規矩，乃是儒家的常言，禮法之中豈能無「法」？事實上，儒家乃是「以禮為綱，以法為用」[2]，這是一

1　見孟子離婁上篇首章。

2　參閱拙文〈禮與法的層位及其效用〉（中國文化月刊、五九期）。

個很好的原則，在二千多年的歷史上亦完成了廣大而久遠的政治功績，但其中有一個最重大的關結，是即：這個原則一直局限於治權的範圍，它所顯發的功能和成就亦只是治道方面的成就，而未能應用到政權的範圍，以開出安排政權的客觀法制化的「政道」。這才是儒家思想功能限制之所在，亦是整個中國傳統政治思想的限制所在[3]。據此而言，人在討論中國政治思想之時，如果只知道拿法家的所謂法治來和儒家的禮治德治人治作對比，則仍然是在治道上兜圈子；那樣將無法觸及傳統政治的核心問題政道的問題。

本章討論荀子的政治思想，擬先就荀子論「堯舜不禪讓」之意作一思想的解析，以討論君（天子）這個觀念所涉及的種種問題，最後一節則就一般的意義綜述荀子的政治思想。

第一節　天子無讓說

孔孟稱述堯舜，而說堯舜禪讓。戰國法家則以其逆詐之心，說堯舜是篡奪而非禪讓。荀子亦說堯舜不禪讓。但荀子並不說堯舜篡奪，而他所謂堯舜不禪讓亦與法家之說絕異。正論篇有一大段相關的文字，茲分節加以討論。

一、天子有傳而無讓

正論篇云：

「世俗之為說者曰：『堯舜禪讓。』（禪，原作擅。為便於讀，一律改為禪。）是不然。天子者，勢位至尊，無敵於天下，夫又誰與讓矣？道德純備，智惠（慧）甚明，南面而聽天下，生民之屬莫不震動從服以化順之。天下無隱士，無遺善，同焉者是也，異焉者非也。夫又惡禪天下矣！（惡、平聲，何也。）

「曰：『死而禪之。』是又不然。決德而定次（決、原作圖，據或本與韓詩外傳改），量能而授官，皆使民載（任）其事而各得其宜……聖王已沒，天下無聖，則固莫足以禪天下矣。天下有聖而在後子（嗣子）者，則天下不離；朝不易位，國不改制，天下厭然與鄉（向）無以異也。以堯繼堯，夫又何變之有矣！聖不在子而在三公，則天下如歸，猶復而振之矣，天下厭然與鄉無以異也。以堯繼堯，夫又何變之有矣！唯其徙朝改制為離（離、異也，原作難，劉師培謂當作離，是，今據改）。故天子生則天下一隆，致順而治，論德而定次，死則能任天下者必有之矣。夫禮義之分盡矣，禪讓惡用矣哉？」

前節說明「天子無敵，無誰與讓」。敵、謂敵體，匹敵之等也。天子「勢位至尊」，「道德純備」，「智慧甚明」。他南面而治，百姓從服。天下沒有隱而不用的賢士，亦沒有

---

3 參閱本書孟子之部第八章第三第四兩節、頁三四三以下。另拙文〈儒家思想與中國現代化〉（鵝湖月刊九五期），亦可參看。

棄而不為的善行。此時，理無不明，事無不治，一切以天子為準：同於天子則為是，異於天子則為非。據荀子之意，天子的本質乃是純理純型，純理純型的天子，乃是無敵無對的絕對體，獨一無二，一代只有一個，所以無誰與讓。牟先生指出[4]，孔孟稱美堯舜，意在建立「天下為公」的政治理想，並從「德」上建立一個為君的標準。而荀子說堯舜不禪讓，是要就天子之所以為天子的本質，建立一個純理念。無論孔孟或荀子，說的都是「理想」問題，而不是「歷史事實」的問題。說禪讓，是要肯定公天下；說不禪讓，是說明天子無可讓之理。當然，如果落在具體的人上說，堯舜有聖德而不願為天子，則依其自由而將天下讓與別人，亦並非無可能。但一個人既已為天下之君，則其身已非私己之身，亦不是可以依個人自由而隨意來去之身；因此，雖能去而不可以去，雖能讓而不可以讓。因為依天子這個理念，實無可讓之理；如果不顧此理而隨意去位，便是不依「君之理」行事。荀子正是默定這個原則而主張「堯舜不禪讓」之說。

次節說明「死而有傳，無所謂讓」。無敵於天下的天子，並世無兩；若有兩，則是有敵而非絕對。既然純理純型的天子一代只有一個，當然只容許縱的傳承，而不容許橫的禪讓。故死則有傳，而無所謂讓。聖王既沒，如果天下「無聖」以繼其後，自然不可能有所謂禪讓。若聖王死後而天下「有聖」以傳其位，則有二種可能的情況出現，是即所謂「傳子」與「傳賢」。依荀子之意，聖在子則傳子，聖在三公則傳三公。其實「子」與「三公」的差別並不重要，要者是「傳聖」。後聖繼前聖，天子之所以為天子的本質（純理純型）並沒有變異，故曰「以堯繼堯，夫又何變之有矣」；只不過朝代名號與服色之制有前後之不同而已。總之，天子在世，天下統於一尊，百姓化於道而順治，用人則以才德定位次；每一代天子各盡禮義之分，死則必有足以任天子之重者，故用不著安排禪讓之事。

二、天子無老衰

正論篇又云：

「曰：『老衰而禪。』是又不然。血氣筋力則有衰，若夫智慮取舍則無衰。曰：『老者不堪其勞而休。』是又畏事者之議也。天子者，勢至重而形至佚，心至愉而志無所詘，而形不為勞，尊無上矣。……居如大神，動如天帝。持老養衰，猶有善於是者與？……故曰：諸侯有老，天子無老；有禪國，無禪天下，古今一也。」

此節說明「天子無老衰」，亦無所謂「不堪其勞而休」。天子既是純理純型，自然是以「理」定，不以「氣」定。體氣上的強弱，對天子之本質並不相干。人的「血氣筋力」有老衰，至於「智慮、取舍」則並無老衰（呂覽亦云：人之老也，形益衰而智益盛）。何況天子勢位至為尊隆，形體至為安逸，心情至為愉悅，而其志意尤其無所屈抑而可以無限伸張。依

4 牟宗三先生《荀學大略》，對荀子論君之意有精闢之解析，見《名家與荀子》（臺北、臺灣學生書局）頁二二九至二三三。

荀子看來，一個做天子的人，「居如大神，動如天帝」，難道還有比天子之位更宜於「持老養衰」的嗎？既然「形不為勞」，當然無所謂「不堪其勞而休」。

至於「諸侯有老，天子無老；有讓國、無讓天下」，此須分別而論。就諸侯而言，既非純理純型，亦非「無敵」的絕對體。諸侯受天子之命而分守四方，不過是政治等級中的一個爵稱；其生命行事，有時順理當理，有時則可能不順理不當理，在此情形之下，或者老衰而休，或者禪位讓賢，故曰「諸侯有老」，「有讓國」。而天子則是純理純型，是無敵無對的絕對體，既無所謂老，亦無誰與讓。故曰「天子無老」，「無讓天下」。末句「古今一也」，亦不是從「事」上說，而是從「理」上說。「古今一也」猶言「古今一理也」。

順著天子「為純理純型，無老衰，無禪讓」之意，可以進一步討論「天子」與「道」的關係。

三、天子乃「道」與「群」的媒介

據以上的解析，可以了解荀子心目中的天子，乃是「道」的身分（其本質為純理純型）。但這個道，不能只是一個空掛的道，而必須是落在現實中的道。既是落在現實組織中講的道，則道固然不可少，而象徵這個道的具體的人亦不可少。「天子」，即是這個「道」的象徵。

天子以他象徵「道」的具體之身與現實相接遇，因而成為群倫所仰望的對象。故王制篇云：「君者，善群者也。」富國篇亦云：「君人者，所以管分之樞要也。」（按，此所謂

「君」，不是指諸侯國君，而是指天子而言。）可見君（天子）是「道」與「群」之間的媒介。有了君，才能使「道」落實下來與現實接頭，而表現「分」與「義」。所以，道不可少，君亦不可少。道，是永恆的常數，君，則是時間中的常數。（君雖在時間中存在，但同一時間只有一而無二，所以是絕對無限體。）

在這個「道」沒有表現為憲法形態或民主政治形態之時，它必然是直接以君為媒介，在這種情形之下的君，其本質便是純理純型，所以「有傳」而「無讓」。傳，是以聖為準，聖在子則傳子，聖不在子則傳賢；而且一旦為君，則終其身而無讓。牟先生指出，道通過這種形態而表現，乃是直接的形態；通過憲法形態而表現，則是間接的形態。直接形態落下來，就是「君主專制形態」；間接形態則必為「民主政治的形態」。

從直接形態轉到間接形態，是人類歷史與思想上的大進步，亦是人類經歷很長時期的一步大奮鬪。荀子所講的是直接形態，而今天中國所要求的則是完成間接的形態。所以民主政體的建國，乃是中華民族當前的大事。

第二節　論君之四義與天子之道德擔負

順著這個直接形態來考察，可以就荀子論君（天子）之意，疏導出下列四義：

一、天子，是就君之為君的「理」說，不是就為君者這個具體生命的「氣」說。

二、凡是為君的人，他的生命（氣）總是「必當順理」的。

三、君可傳，無可讓。但君雖可傳，卻沒有下傳之道。因此，君之傳只有靠自然之出生或代替，而並沒有開出一個可以據之而下傳的客觀法制之軌道。後來依宗法而定為「傳子」（傳嫡），即表示未能想出「傳賢」的確當辦法。但傳子而子未必賢，未必能合乎君之理；當君失德之時，遂委之於天命，而取決於戰爭。

四、就已經即位為君者而言，當他理不勝氣而不合君之理時，便成為失德之君；失德之君當然不足以「善群」，亦不足以為「管分之樞要」。但依荀子，天子以「理」定，故無可讓；而且不賢之君亦未必承認自己失君德，因而事實上亦沒有讓之可能。在這種情形之下，勢必有「革命」之說。革命這個觀念的出現，正是因為「傳賢」的軌道未能開出之故。

這個客觀法制化的軌道，即是安排政權轉移的「政道」。孔孟「天下為公」的禪讓說，在原則上可以向間接形態轉，所以高於荀子的無讓說。但禪讓說亦同樣沒有開出客觀法制化的軌道，因此，天下為公之禪讓說，亦仍然是一個不完整的理想。一落於現實的政治，還是革命，還是委諸天命。而二千年來的政治形態，事實上是向荀子的直接形態走。歷代儒者的講論，亦只是就君德而講說其純理的本質，而並沒有順著天下為公的禪讓說，而向間接形態方面去想；客觀的軌道開不出，天下為公的理想就無法獲得真正的實現。這才是中國政治思想史上一個最大的缺憾。

孟子曾說：「聞誅一夫紂矣，未聞弒君也。」（梁惠王下篇）荀子亦有同樣的論斷。正論篇云：

「（桀紂）不材不中，內則百姓疾之，外則諸侯叛之。近者境內不一，遙者諸侯不聽。令不行於境內，甚者諸侯侵削之，攻伐之。若是，則雖未亡，吾謂之無天下矣。……天下無君，諸侯有能德明威積，海內之民，莫不願得以為君師……故桀紂無天下，而湯武不弒君。」

據此可知，晚周諸大儒都主張革命之說，對於政權之轉移，亦同樣委諸天命之選擇。而且此義一直貫穿秦漢以下二千年之歷史，而迄未想出其他善法以作進一步之安排。這裡的關鍵，完全在於對作為時間中之常數的「君」，沒有一個合理合法的產生方式。二千年來的政權始終在於皇帝一家，雖屢屢鼎革改姓，亦總是君主專制。面對這樣一個政治形態，昔賢一致的想法，不外下列各點：

1. 認為「天子」神聖崇高，非聖者不能居君位。
2. 以聖德期望天子，注意力只集中於天子的聖德。[5]

5　按，平常臣下以「聖明」稱天子，不應只視為臣下之卑賤；此中實含有以聖道期勉君王之深意。日常第二人稱多用「賢者」「仁者」「大德」，亦猶此意。

3. 由於對天子沒有一個客觀有效的法制加以安排，所以完全要靠天子自身最高的道德覺悟與智慧以自律。（諫諍的效用，是有時而窮的。）

4. 在荀子，特別注意天子的德能：知統類，善禁令，總方略，齊言行，道德純備，智慧甚明，純依乎理，不勞而至「治辨之極」。而漢代以下，更進而認為天子上同於天道，其言行德量必須全同於天；若天子之德不能法天，便是失君之德。

以上幾點，都表示對君之期望太高，君之道德擔負太重。除非君王有最高的道德覺悟，能夠敬畏天命以自律，否則便別無其他有效的辦法加以限制或夾持。天道天命雖然超越於君而可對君形成一種限制，但這種限制仍須靠君王自身的道德感敬畏感而後乃能有效。如果君王的道德感敬畏感不足夠，他便不能自律，天下人對他亦就無可奈何。而且在荀子這裡還有一層困難，由於荀子視天為自然、為被治者，於是對天之敬畏亦被拆穿。在君主專制的形態之中，對於君王的限制本來就微乎其微，敬天畏天之觀念一旦拆穿。君便首出庶物，成為一個全無限制而可以自由揮灑的人（黑格爾所謂「中國只有一個人的自由」，即是對此而言）。因此，革命代興便成為勢所必然之事。革命本是針對家天下之不合理而發，但事實上隨革命而來的仍然是家天下，其中的癥結，總是由於政權的轉移未能建立客觀法制化的軌道之故。（或以為天子之位乃是利之所在，所以易於使人有取而代之之想。這是淺一層的看法。其實，人之所以會興起取而代之的野心，還是由於政權之轉移無有客觀軌道之故。軌道既已建立，則雖有野心，亦只能在軌道中行，野心受到軌道的限制，其災害性自然大為降低，甚而可以漸趨消弭。）

第三節　政教分合之問題[6]

在以往，文化大統落於政治，亦仍然是以道德教化的形式來表現。擔負這個責任的，就是宰相系統的士大夫（主要是儒家之徒）。基本上他們是以道德教化的精神貫注到全部的政治組織，以期安治天下。所以大學有云：「自天子以至於庶人，壹是皆以修身為本。」在這種「修德愛民」的政治要求下，君必須是聖君，相必須是賢相。有了聖君賢相，就可以使道德教化的精神恢弘光大，造成政治清平、風俗淳厚的太平盛世。但是道德教化必須依賴人的道德感，而道德感的發揚又有賴於人的天資才氣；天資不高，才氣不大，便難以推擴得開。所以為君為相者，必須道德與智慧一齊俱茂，而一般的拘拘小儒固不足以語此。所謂聖君賢相，正是指這種仁智俱茂的人。

由於道德教化的浸潤，眾庶百姓可以不為惡，但卻未必推擴得開。因此，他們大體只是被動地沐浴在聖君賢相的清風惠澤之中，而並不能興發客觀精神以對群體盡其義務。而為君為相的聖與賢，亦只是表現個人精神與天地精神（或主體精神與絕對精神），而同樣不能表

6　本節所論，並請參閱《名家與荀子》頁二三六至二四四。

現「相對制約」中的客觀精神。在一個自上至下皆未能表現真正的客觀精神之情況下

1.「庶民」還沒有成為一個「公民」，因而亦不是自覺的個體。未能成為公民的庶民，無法對君相產生「對待限制」的積極作用，結果，庶民在政治上的表現乃形成二個極端：或者是睡眠狀態的馴服，或者是暴亂式的造反。

2.君相方面則須以他充量之極的德慧，來擔負無限重大的責任（不只是政治的責任），直到死而後已。諸葛亮即是一個顯例。

如此一來，君相的擔負過重，而庶民則擔負過輕（甚至根本不負政治上之責任而一無擔負）。或者有人說，君相如果達到「無為而無不為」，便可不發生所謂擔負過重的問題；殊不知「無為而無不為」的境界，乃是最高的神聖之境，以神聖境界期望於君相，正是一種最重最大的擔負。而且君相愈神聖，則庶民就愈是趨於隱伏而無須有擔負，此即所謂羲皇上人（如擊壤歌所描述的）。說起來，這種政治境界甚為美善，但事實上這已經不是政治，而是超政治的生活；何況這樣的聖人之治千百世難一遇，當然不足以言政治的軌道。因此，傳統政治的癥結，仍然是「治道雖美，而政道不立」，仍然是在沒有客觀軌道之下的直接形態。

據荀子論君之意，「君之格」確實定得太高，為君者必須「備德全美」，必須是純理純型，其生命必須通體透明而無一毫隱曲之私，這真是談何容易！在數千年的歷史上，又有幾人能合此標準？此其故可以思矣！天子，本來就是一個爵稱，是政治等級中的一位。春秋公羊家如此說，孟子亦如此認為，故曰：「天子一位，公一位，侯一位，伯一位，子男同一

位，凡五等也。」[7]把天子（君）看做政治等級中的一位，而不視之為超越的絕對無限體，實在比較合乎君之為君的本質。對於政治等級中的君，只能要求他實踐客觀的尊尊之義道（荀子所謂禮義，所謂辨、分、群，亦本是指尊尊之義道而言），而不宜以過高的境界與圓滿的德慧來責望他（荀子於此，未能簡別清楚）。君，只是「國家形式」中的一個存在，不能同時又要求他成為「道德形式」中的聖人。古人有云「至高者不能為君，至低者亦不能為君」，這句話正透露出個中消息。

自從孔子承當「定文統，立人極」的大使命，即已暗示聖人的責任與天子不同。「君」「師」可以分途，而不必兼於一人之身。君負政治之責，屬於外王一面；師儒負道德教化之責，屬於內聖一面。故君師之分途，即是政教之分立。

一般對「政與教之分合」問題，常有混淆與夾纏。在西方，這個問題比較容易說清楚，中古時期，教權與政權（王權）合而為一，是典型的「政教合一」之形態。到了近代民主政治出現，政治與宗教即分而為二，完成了國家的形式。而「政教分立」亦遂成為定常（唯一的例外是梵帝岡，但梵帝岡算不算真正的國家，則見仁見智，似難定論）。在中國，這個問題就較為複雜。如上所說，以往文化大統是以道德教化的形式來表現，因此，數千年來的政治，似乎與道德教化分不開。但這種情形，與歐洲中古時代的「政教合一」並不一樣

7　見孟子萬章下篇。並請參看牟先生《政道與治道》（臺北、臺灣學生書局），頁一五。

1.譬如說「作之君，作之師」[8]，這是指三代聖王「保民如赤子」，既要為民之君以治民事，又要作民之師而教以人倫。所謂作君作師，並不是從權力上著眼，故不同於歐洲中古的政教合一。（不過，「作之君，作之師」的心態，在中國政治社會上卻是相當普遍，甚且於今為烈。）

2.從社會文化的整體來看，儒家認為政治與教化的原理本屬相融相通，而並無本質上的差異（故內聖與外王相通）。但儒家絕不主張「政」與「教」合於皇帝一人。而自漢代以下，天子祭拜孔子，尊敬聖人，正表示居於政治權力中心的天子，亦承認「教」有獨立的地位。就此而言，乃是君師殊途，政教分立。故儒家思想實不走政教合一的路。

在先秦諸子中，只有墨法二家的形態有政教合一的意味。但法家「以法為教，以吏為師」[9]，它是以政代教，根本不承認「教」有獨立的地位。墨家「天志、尚同」，最合乎政教合一之形態，但墨家對中國政治幾乎沒有影響，當然不能依據墨家而判中國的傳統政治為政教合一。由此可知，從「政教之分與合」著眼，並不足以觸及中國政治的核心問題。

上文疏導荀子論君之意，而指出「道」表現於政治，不能停於直接的形態，而必須轉出間接形態（憲法形態）。同時論及文化大統不能只表現為道德教化的形式，而必須轉出國家形式。就國家形式而言，「君」「士」「民」三足鼎立，各以表現客觀精神為職責。至於道德（教化）形式，則為主體精神與絕對精神之所繫。大聖大賢、高人逸士、天才詩人，以及藝術家、思想家、宗教家、科學家等，雖不負國家政治之責，但國家形式一經出現，則此等人所特為彰顯的主體精神與絕對精神，亦必與客觀精神相輔而不相違（否則，其人為不足道）。道德教化的形式，是文化大統所表現的本原形態；而國家形式則是文化大統顯示的組織形態（民主憲政的文化意義由此而見）。二者必須兼備而諧和於一，文化大統乃能進於充實飽滿之境。

第四節 綜述荀子的政治思想

荀子的政治思想，若採取條舉的方式，可以列出很多的項目，例如禮治、善群、君道、臣道、足國、富民，乃至法後王、分與義等等，皆是。關於禮與分義以及法後王，已於前章分別有所論述，而荀子論君之意，亦在上三節作了疏解，本節只綜括三點以補述荀子的政治思想。

1. 善群之道：具四統。

---

8 見尚書、泰誓上。

9 韓非子五蠹篇云：「故明主之國，無書簡之文，以法為教；無先王之語，以吏為師。」又，李斯亦同此說，可見此乃法家之共同立場。

君道篇云：

「君者，何也？曰：能群也。能群也者，何也？曰：善生養人者也，善班治人者也，善顯設人者也，善藩飾人者也。善生養人者，人親之；善班治人者，人安之；善顯設人者，人樂之；善藩飾人者，人榮之。四統者具，而天下歸之，夫是之謂能群。」（四統者具，具字原作俱，據韓詩外傳改。）

荀子以善於「生養人，班治人，顯設人，藩飾人」為善群之四統。「四統者具，則天下歸之」。可知四統即是君王為政之四大要項。茲再引錄荀子之言，分別說明於後。

「省工賈，眾農夫，禁盜賊，除姦邪，是所以生養之也。」（君道篇）

為政之首要在民生，故荀子列生養人民為四統之首。「省工賈」四句，不過略舉以示例。荀子認為，「天之生民，非為君也；天之立君，乃為民也。」（大略篇）「王者之等賦政事，財（裁）萬物，所以養民也。」「選賢良，舉篤敬，興孝弟，收孤寡，補貧窮。如是，則庶人安政矣。」（皆見王制篇）生養之事，包括教與養，故大略篇曰：「不富無以養民情，不教無以理民性。」

「天子三公，諸侯一相，大夫擅官，士保職，莫不法度而公，是所以班治之也。」

（同上）

班治，即設官分職之意。天子設三公（太師、太傅、太保），以總理天下之政事，諸侯設相以綜理一國之政事，大夫各有專責以治一官之事，士則謹守其職位而已。各級官吏莫不奉公守法，此即所謂班治也。王制篇序官一節中，列舉宰爵、司徒、司馬、太師、司空、治田、虞師、鄉師、工師、巫覡、治市、司寇、冢宰、群公、天王等十五類級。陳大齊先生指出，其所舉職掌，包括土木、水利、農業、漁業、林業、商業、工藝、交通、教育、音樂、司法、軍政、警察、銓敘以至祭祀卜筮；政治措施上一切項目幾乎列舉無遺。[10]

「論德而定次，量能而授官，皆使其人載其事，而各得其宜，上賢使之為三公，次賢使之為諸侯，下賢使之為士大夫；是所以顯設之也。」（同上）

顯設，謂任用、安排。德與能，是用人的要件。以德決定位次的高低，依能而授予適當的官職。此即孟子所謂「貴德而尊士」以使「賢者在位，能者在職」之義[11]。又王制篇有云：「無德不貴，無能不官，無功不賞，無罪不罰。朝無幸位，民無幸生。尚賢使能，而等位不遺。」這亦是用人惟德惟能之表示。荀子還曾說過：「雖王公士大夫之子孫也，不能屬於禮

---

10 見陳大齊先生《荀子學說》第十章，頁一六五。

11 見孟子公孫丑上篇第四章。

義，則歸之庶人。雖庶人之子孫也，積文學，正身行，能屬於禮義，則歸之卿相士大夫。」（亦王制篇語）在荀子心目中，人才是不分階級的。有德有能，即當重用，無德無能，即應廢免。

> 「修官弁之裳，黼黻（音斧扶，古禮服上繡飾之紋）文章，雕琢刻鏤，皆有等差，是所以藩飾之也。」（同上）

藩飾、猶言裝飾，以其在身之外，故謂之藩。各句雖就衣冠文繡、器具雕刻之等差而言，而實意是指說「制祿」之道。富國篇云：「德必稱位，位必稱祿，祿必稱用。」國家設官分職，除了爵祿之尊，還應從服飾器用上顯示尊卑貴賤，使德稱其位，位稱其祿，祿稱其用。一方面是榮顯功勳，一方面亦所以獎勵進取。

總此四統之意，實已概括社會民生之問題，國家設官分職之層序，以及用人制祿之制度；其目的在於使人親、使人安、使人樂、使人榮，此即所謂善群之道。故王制篇云：「君者，善群也。群道當則萬物皆得其宜，六畜皆得其長，群生皆得其命。」群道即君道；善群，亦即禮義之統運用於國家社會政治之領域所顯發的功效。

2. 富國之道：節用、裕民。

富國篇云：

「足國之道，節用裕民，而善藏其餘。節用以禮，裕民以政。彼（夫）裕民，故多餘。裕民則民富……上以法取焉，而以禮節用之，餘若丘山，不時焚燒，無所藏之；夫君子奚患乎無餘？故知節用裕民，則必有仁聖賢良，而且有富厚丘山之積矣……不知節用裕民則民貧……上雖好取（巧取）侵奪，猶將寡獲也。而或以無禮（謂不用禮）以節用之，則必有貪利糾譑（收取）之名，而且有空虛窮乏之實矣。」

節用、裕民，是足國之道的兩大綱。節用必以「禮」，裕民必以「政」。關於節用之意，荀子只是提到，而所論不多。因為節用只是一個消極性的原則，積極的工作是在裕民；故荀子對裕民之意，言之較為具體。

富國篇云：

「輕田野之賦，平關市之征，省商賈之數，罕興力役，無奪農時，如是則國富矣。夫是之謂以政裕民。」

此處所說五點，皆是裕民之政。於此，實顯示重農抑商之意。就古代社會之背景而言，重農抑商幾乎是必然的。如今時過境遷，自當別論。但所謂「裕民則民富」，正表示要「藏富於民」以培養富厚之社會。故荀子又曰：

「故明主必謹養其和，節其流，開其源，而時斟酌焉。潢然（水深廣貌）使天下必有餘，而上不憂不足。如是，則上下俱富，交（皆）無所藏之。是知國計之極也。」

國計之極則，即是「開其源，節其流」，使上下「俱富」。今日所謂「均富」之社會，亦猶此意。（按，荀子直指墨子「昭昭然為天下憂不足」乃是「私憂過計」，即據「節用以禮，裕民以政」之義而斥之。）

3. 主道：利明不利幽，利宣不利周。

正論篇云：

「世俗之為說曰：主道利周。

是不然。主者，民之唱也；上者，下之儀也。（唱謂倡導，儀謂儀則。）彼將聽唱而應，視儀而動；唱默則民無應也，儀隱則民無動也；不應不動，則上下無以相有也[12]。若是，則與無上同也，不祥莫大焉。

故上者，下之本也。上宣明，則下治辨矣；上端誠，則下愿愨矣；上公正，則下易直矣。治辨則易一，愿愨則易使，易直則易知。易一則彊，易使則功，易知則明，是治之所由生也。

上周密，則下疑玄矣（玄，讀為眩，惑也）；上幽險，則下漸詐矣（漸，亦詐也）；上偏曲，則下比周矣。疑玄則難一，漸詐則難使，比周則難知。難一則不彊，難使則不功，難知則不明，是亂之所由作也。故主道利明不利幽，利宣不利周。」

此段言主道。「主道利周」之說，乃法家之主張[13]。牟先生指出，儒家重君德，法家重君術。儒家之君為神聖，以德成；法家之君為不測，以術成。以術成，則其君詭密陰險，無仁無智，無禮無義，只是陰森之深潭。法家之為法家，不在其用法，而在其用法之根據，在其用法之君以術成，在其視人為性惡，視人民為芻狗、為純然之物質原料，此法家之所以為法家處。[14]荀子門下出韓非與李斯，人遂喜言荀子與法家之關係，其實，韓非李斯除了承襲性惡之說而變本加厲，對荀子之正面思想，無一可謂善紹。而荀子主群反獨、尚德反術，更與法家相反對。茲列表式於後，以供參較：

12 李滌生先生《荀子集釋》（臺北、臺灣學生書局）頁三八六、註四云：「有」、楊樹達說，謂親愛也。大略篇云「友者所以相有也」，有、亦親愛之意。

13 韓非子主道篇云：「道在不可見，用在不可知。虛靜無事……官有一人，勿令通言，則萬物皆靜（靜、當作盡，以音誤，陳奇猷說）。函（掩）其跡，匿其端，下不能原（察）；去其智，絕其能，下不能意（度）。」此即「主道利周」之意。

14 參閱《名家與荀子》頁二四五至二五二。

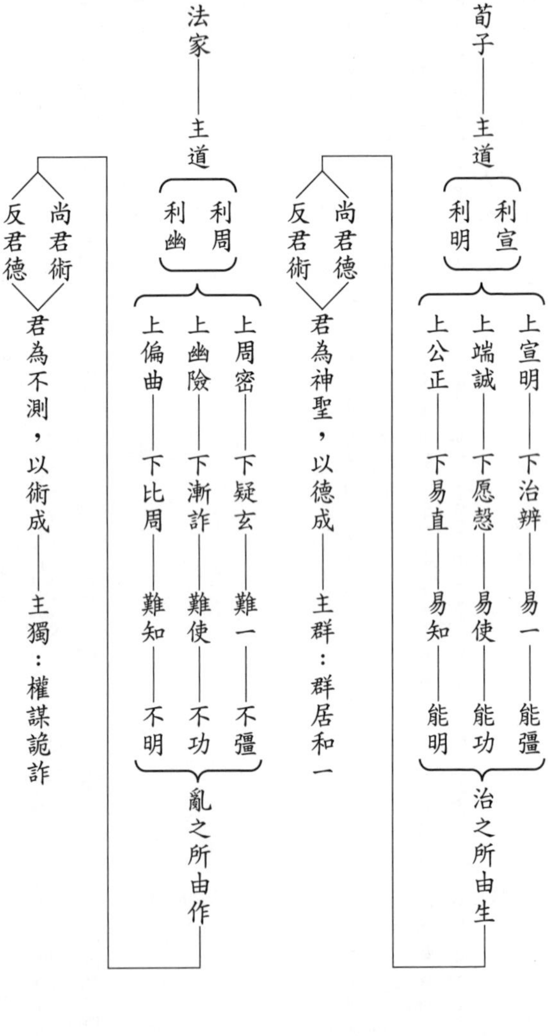

此外，荀子在王制篇曾論及「君人者」之「三大節」，一是「平政愛民」，二是「隆禮尊士」，三是「尚賢使能」。而欲使三大節得以實行，自必君上「宣明、端誠、公正」而後可。若是人主「周密、幽險、偏曲」，將如何能平治政事以愛護人民？將如何能崇隆禮義而尊敬賢士？將如何能尚用賢良而任使才能？主道「利明不利幽，利宣不利周」，豈不然乎！

第九章 荀學的新評價

第一節 荀學的性格

荀子思想的線索及其理論的架構，可以從下列表式以見其概：

- 天生人成
  - 天（自然）——制天用天（裁萬物以養人）
  - 人
    - 性（自然之性、性惡）——化性起偽、以心治性
    - 心（虛壹靜）
      - 知慮思辨
      - 解蔽正名
      - 知類明統
      - → 禮義之統
        - 修養論
        - 禮樂論
        - 政治論
        - → 明分使群
        - → 人文化成

「天生人成」是荀子的基本原則[1]。荀子視天為自然，亦視性為自然。凡屬自然，皆不

1 參見牟宗三先生《名家與荀子》（臺北、臺灣學生書局）、頁二一三以下。

能自成，皆是負面的、被治的，必須加人為而後成。所以，荀子既主張制天用天，又主張化性起偽。由負面的「天」與「性」，進到正面的「心」，而後才顯出荀子積極的理論，諸如解蔽、正名與禮義之統，以及禮樂、政治、修養之論，皆由此開出而建立。

在上文第一章，曾就「表現客觀精神」與「透顯知性主體」，以略述荀子對儒學的貢獻。本節擬就荀子主智的、經驗的性格，分為六端，作一說明。（按以下六點所說的文獻根據，皆已見於以上各章，不再一一註記。）

1. 從論天方面看

荀子天論所彰顯的只是天之自然義，而完全不賦予天以價值的色彩。天當然生萬物，但荀子卻不認為「生」是天地之德、天地之善，他只承認那是一個自然的事實。他是以理智主義的態度，來認識天之「真」，而不是以理想主義的態度，來體認天之「善」（德）。所謂「天有常道，地有常數」，是意指自然的法則，自然的秩序。而「天行有常」亦不過指說自然的天依循一個恆常的軌道，機械地周而復始地運行而已。即使有時天象會有變異，如「日月之有蝕，風雨之不時，怪星之黨見」，以及水旱之災，社木之鳴，亦全都是「天地之變，陰陽之化」，並沒有意志或目的存乎其間。可見荀子對於天的論點，純是理智的、經驗的，完全割離了儒家正宗形上天、德化天之天道、天德的意涵。

2. 從論性方面看

荀子論性，強調「辨合、符驗」。辨、通別，是古時的券據憑證，別之為兩，各執其一以合驗。符、亦是相合以徵信之物。荀子認為一切言論，皆須合乎事實，就像「辨、符」之可以「合」，可以「驗」。荀子在性惡篇所舉述的例證，不外乎(1)「感官本能」，如耳目口鼻之辨聲色臭味與身體之感受寒暑疾癢；(2)「生理欲望」，如飢欲食、寒欲衣、勞欲息，以及耳目之欲等等；(3)「心理情緒」，如好利、欲得，以及爭奪之心、好惡之情等等。在荀子看來，這些都是「有辨合」「有符驗」的。但如此說性，只是對經驗事實作理智的辨認，而不是就德性之善作自覺的反省體證。荀子既已判認先天自然之性為惡，便很自然地轉向後天人事而主張「化性起偽」，以期成就行為之善。

3.從論心方面看

心是一個極為重要的觀念。大別而言，儒家講心有二條進路，一是以仁識心，所識的是道德性的德性心，這是孟子以下儒家主流所講述的通義。一是以智識心，所識的是理智性的認知心，這是荀子所彰顯的獨見。荀子所說的心，能知、能慮、能擇、能辨，乃是以清明的思辨與認知為主的智心（理智心）。智心的明辨，不但可以「定是非、決嫌疑」，而且還可以「治性」。因此，「心知」乃成為荀子思想中「由惡向善」的通路[2]。不過，以心來治性，並不是以智心本身來治性，而是通過禮義來治性。[3]

2 參見徐復觀先生《中國人性論史先秦篇》（臺北、商務版）、頁二三九以下。

3 同註1，頁二二六。

4.從論名方面看

荀子論名，有「刑名」「爵名」「文名」「散名」之分，他擴大了孔子的正名主義，使正名從倫理的政治意義而進到名理的意義。牟先生指出，析事正名有四義可說：⑴尅就經驗事物而為言，經驗事物不可離，離則必漫蕩而無足以核限之者。⑵心智必運用於經驗事物以彰顯其明理之用，若離思遠遊，則必落空而不足以正名辨實，亦且必琦辭詭辯而足以淆亂是非。⑶必將有循於舊名，有作於新名。⑷心智之運用固須限於經驗，亦須遵守邏輯之法則。定名辨實，實物限之；而辯說道理，志達心通，則不能不守律則——同一律、矛盾律、排中律，是也。前三義為荀子所已具，第四義乃西方邏輯所提供，而為荀子所未及[4]。就名理之為「學」而言，荀子雖有所未備，但從名理的本質來衡量，類族辨物，析事正名，定名辨實，稽實定數，荀子皆言之切實而有度。可知荀子的名數（邏輯）心靈，實較名家辯者之徒更為健康而正大。

5.從論禮方面看

荀子論禮，亦顯示其主智的經驗的性格。依孟子，仁義禮智，我固有之，人皆有之，恭敬辭讓之心顯發為生活行事的規矩法度，便是禮。孔子所謂「人而不仁，如禮何」，亦表示仁義之心是禮的內在根據。而荀子論禮，則順外在的經驗事勢而說。禮論篇首先從「禮起於何也」，而指出人生而有欲，欲而不得便有所求，求而無度量分界便有所爭，爭則亂，亂則窮。「先王惡其亂也，故制禮義以分之，以養人之欲，給人之求」。在性惡篇，荀子更指出聖人是見到人之性惡、人之偏險悖亂，所以才為之「起禮義，制法度，以矯飾人之情性而正之，以擾化人之情性而導之」。所以，禮義是「生於聖人之偽，非故生於人之性也」。而聖人之「生禮義而起法度」，乃由「積思慮，習偽故」而做成，「偽故」，正指累積而成的經驗知識。順荀子的意思說下去，禮是沒有人性作基礎的。所謂「隆禮義」亦只是尊崇一個外在的標準，而人之學禮義，行禮義，亦不是由於人之「性」內發自發地要求表現禮義之善，而只是人之「心」認知了禮義之善。然則，要使性惡之人順心之認知而行善（行禮義），其可能性到底有多大呢？有必然性嗎？這在荀子是難以作答的。（又，性惡何以能生禮義？亦同樣是一個難題。請參看上第三章第四節之末。）

6.從論學方面看

荀子論學，重視環境憑藉，重視師法積習，重視為學之程序及其效驗，同時更重視聞、見、知、行[5]。這些，都顯示他重智重經驗的性格。孟子認為人性善，所以說「學問之道無他，求其放心而已矣」。心不放失而存之養之，則「求則得之」，「反身而誠」。荀子認為人性惡，所以求之於外而重師法，隆積習，以為聖人是「人之所積而致」（性惡篇）。孟子

4 同上，頁二五七、二五八。

5 儒效篇云：「不聞，不若聞之；聞之，不若見之；見之，不若知之；知之，不若行之；學至乎行之而止矣。」

是把為學的重點放在先天德性的存養充擴上，荀子則把為學的重點放在後天的經驗積習上。二人論學的差異，顯然可見。

由以上六點說明，可以看出荀子主智的、經驗的性格。即使作為治道或足以成就治道的「禮義之統」，亦是由百王累積而成，而不是立根於仁義心性，這仍然是依於荀子主智的經驗的性格而建立的一個外在的標準。他本是順孔子的外王禮憲而發展，但孔子是將禮內化於仁（孟子正是順此而發展），而荀子則將禮外化於法。他對孟子順孔子之仁而發展的文化學術之意義，忽而不察甚且全然不解，他透顯「知性主體」，而貶斥「德性主體」，卻不知二者實相輔而不相害。他駁斥孟子言性善，實無異於將客觀的義道之根、禮義法度之根揮而去之。何以如此？歸結地說，亦仍然是他主智的經驗的性格所決定的。荀子於本源有不透，正是他最根本的限制所在。

第二節　荀子與朱子之比較

在儒學大家之中，先秦時期的荀子與南宋時代的朱子，心態實相近似。但荀子之學，沉晦二千年而無人傳承；朱子之學，則自元明以來，奉為儒學之正宗。二人遭際何以如此不同？其最本質的關鍵，就是荀子講性惡，而朱子倡性理。

荀子與朱子的性天之論，截然不同。荀子視天為自然，性亦為自然，「性、天」皆置於負面被治之列。朱子講天道、性理，則純為正面的意義。這是二家最大的差異。但從心性關係上考察，二人論性雖相反，論心則相類同。二人所說的心，皆不同於孔孟以下儒家主流所講的實體性的道德的本心。荀子以智識心，他所講的心，能知、能慮、能擇、能辨，是以清明的思辨與認知為主的智心，是知性層的認知心，而不是德性層的道德心。朱子以心為「氣之靈」，「氣之精爽」，所以心之靈明知覺與發用流行，即是心氣之靈的氣化不息。他所謂能知覺、有動靜的心，自亦是以智識心的認知心，而不是以仁識心的道德心。就荀子而言，心能「知」道，但心不即是道；就朱子而言，心能窮理明理，但心不即是理。由此可知，二人所說的心，在性質層次上正相類同；都是知性心，而非德性心。（但朱子從未覺察到這一點，所以對荀子無所契知。）茲分二點，作一比較說明。

1.「以心治性」與「心統性情」

荀子認為「心居中虛，以治五官」，所以稱心為「天君」。天君，意即自然感官的主宰。又說「心」是「形之君」，是「神明之主」，神明二字，略同於今語所謂精神、意識。依荀子看來，心不但是形體感官的主宰，而且亦是意識的主宰。這樣的心，可以用來對治性之惡。因此，荀子思想中的心性關係，乃是「以心治性」。不過荀子所說的心，雖然「能知、能慮、能擇、能辨」，足以「決疑」而「定然否」[6]，但「心」卻不是行為的標準，心

---

6 請參看上第四章第一節、第二節。

所認知的「禮義」（道）才是行為的標準。因此，「以心治性」亦並不是直接以心來治性，而是通過心所認知的禮義之道來治性。

但話說到這裡，問題仍然不算解決。因為荀子所說的心雖然能作選擇判斷，卻不能發動行為；而心所認知的禮義，亦只是一個外在的標準（沒有內在的仁義心性作基礎），它雖然是行為規範，卻不能使人就範。因此，在心作了選擇判斷，亦肯認了行為的準則之後，隨即而發動行為的，則必須靠感官情性之能。然而，本無價值取向的感官與本惡的自然之情性，能依從心之判斷而即遵行禮義之道以表現善的行為嗎？在這裡，實在沒有必然的保證。（若是道德心，它就能依於不安不忍而自覺地「由仁義行」（順由內在於道德本心的仁義之則——道德律則而行），而「沛然莫之能禦」，這才是無待於外而純然內發自發的力量，這是有必然性的。）因此，在荀子思想系統中的「以心治性」，實有本質性的困難。[7]這個困難，亦就是「他律道德」的困難。

至於朱子系統中的心性關係，則是「心性情三分」、「心統性情」。依朱子的分解——

(1)「性」即是理，亦只是理。性理是靜態的形上實有，是心氣活動所當遵依的標準。

(2)「心」是氣之靈，能知覺，有動靜；而所以知覺所以動靜的理，則是性。因此，心不是性，心性隔而為二；心亦不是理，心理隔而為二。心，只能合乎理，而不能即是理。

(3)「情」是心氣之發或心氣之變。

心性情既已三分，則此三者又將如何關聯？朱子在此，乃提出「心統性情」之說。「心、統性情者也」，本是張橫渠一句孤立的話，其意不易確切而知。依朱子義而說心統性情，這個「統」字，應該是統攝義、統貫義，而不是統屬統帥之意。而心之統性與心之統情，又有不同。

甲、心統性，是認知地關聯地統攝性而彰顯之——因為性是靜態的實有，是潛存的，所以必須因著心覺而彰顯。但心的靈明知覺常為私意雜念所蔽，所以必須涵養。朱子所謂涵養，不是涵養本心性體，而是以肅整莊敬之心，汰濾私意雜念，以達到「鏡明水止」，「心靜理明」之境。心靜，則能復其靈明知覺，以認知性理，並與性理相近合，此時，心即統貫於未發之性。

乙、心統情，是行動地統攝情而敷施發用——情是從心上直接發出來，此時，心即統貫於已發之情。但已發之情未必合理中節，所以必須察識。朱子所謂察識，不是識仁之體，而是用「通過涵養而顯現」的心知之明，來察識已發的情變（喜怒哀樂愛惡欲），以期心之所發的情變，皆能合理中節。

朱子所謂「心統性情」，並不是一句很好了解的話，在此，還須作二點說明：⑴依朱子，性是理，屬形而上；心與情是氣，屬形而下。據此而言，應該說「性統心情」才是。但

7 請參看上第三章第四節之末。

在朱子系統中的性雖然是理，卻亦只是理而已——是割離了「心義、神義」以及「寂感義」的靜態的理則。這樣的性理，只是一個所當遵依的標準，而不是能活動、能妙運氣化生生的創造原理，所以「統」字不能落在性理上說。⑵心是氣之靈，能知覺，有動靜，因此在「心」上可以說「統」。不過，這個「統」字，對情而言是實說，對性而言則只是虛說。因為形下之心不能統形上之性。所以，心之統性，不過是認知的關聯，這個統字是沒有力量的。

以上是對荀朱二家心性關係的解析，茲以表式作一簡括之對照。

荀子	朱子
心	心
性	情
禮義	性理

⑴荀朱二人所說的心，同為認知心（並非實體性的道德的本心）。

⑵依荀子，「性、情、欲」三者同層同位，其所謂性，實相當於朱子所說的情。

⑶荀子所說的禮義，實即是道，其層位與朱子之性理相同。

如果將荀子的「禮義」換成「性理」，則其系統實與朱子相近似。「心」能知覺，能思慮，能選擇，能判斷，但心只能明理而不即是理，只能知道而不即是道。「情」（荀子所說之性，實即是情）可以概括生物本能、生理欲望、心理情緒，而氣質之偏雜亦繫於此，所以是負面的，必須察識對治而加以導化。「性」（荀子所說的禮義之道，與此相當）是理、是道，是行為活動所當遵依的標準。依於這一步比對疏導，可以進而說第二點。

2.「化性起偽」與「化氣合理」

荀子說：「性者，本始材朴也。偽者，文理隆盛也。無性，則偽無所加；無偽，則性不能自美。」[8]本始材朴的性，是施設人為的底子（無性，則偽無所加），而人事之偽，則是矯飾或美化性的工夫（無偽，則性不能自美）。性雖不能自美，但加上偽的工夫，則可以成就「文理隆盛」之美善。可見善不出於性，而出於偽，所以荀子主張「化性起偽」[9]。

依朱子，善是從性理上說，在心上則不能直接說善，必須理寓於心以成德，而後才能說善。所以朱子有「心有善惡，性無不善」[10]之言。而情的善惡，則看情之發是否順性合理，而情本身並不能決定它是善或是惡。依朱子涵養察識之說，涵養是涵養心氣之靈，這是對心而言；察識是察識心氣之發，這是對情而言。心與情皆屬於氣，而涵養察識的目的，亦無非要使氣（心、情）順性合理以成就行為之善。如此，則以「化氣合理」來說朱子的心性工夫，似乎亦無不可。（按，就心而言，是通過涵養工夫以澄化私意雜念，使之近合於理而具理；就情而言，是通過察識工夫以導化情之偏雜，使之發而中節合理。）

---

8 見荀子禮論篇。

9 請參看上第三章第三節。

10 見朱子語類卷五，漢京影本上冊頁三六下欄。

茲仍以表式，簡括大意如下：

荀子：化性起偽

- （理）——禮義之道（客觀而不內在）
  - 禮義是行為規範
  - 但不能使人就範
- （氣）
  - 心（虛壹靜）——知慮思辨
    - 心能認知禮義（道）
    - 通過禮義對治性惡
    - ——以心治性
  - 性（情、欲）——自然生命之質
    - 生物本能
    - 生理欲望
    - 心理情緒
    - ——治氣化性

朱子：化氣合理

- 理（性）——只是理（超越而不內在）
  - 性理乃靜態的形上實有
  - 為心氣所當遵依之標準
  - ——此乃性理之偏義——割離了
    - 心義
    - 神義
    - 寂感義
    - ——只存有而不活動
- 氣
  - 心——氣之靈（對此講涵養工夫）
  - 情
    - 心氣之發
    - 心氣之變
    - ——對此講察識工夫
  - ——靜養動察、居敬窮理

從「理」這一層看，荀子所講的禮義乃聖人所創制，是人為的；但聖人「偽起而生禮義」，並不是繫於他的德性，而是繫於他的才能，在人（含聖人）的性分之中並沒有禮義，所以禮義「客觀而不內在」。而朱子的性理則通於天道，並非人為（就此而言，自與荀子之禮義不同）。但朱子義的性理，並不內在於心（與心相隔為二）；必須通過涵養攝取，而後心靜理明，理寓於心而後乃可成德，故朱子所謂「心具眾理」，實乃後天的當具，而不是先天的本具（若是先天本具，便應說「心即理」矣。）因此，直就朱子的性理而言，畢竟是「超越而不內在」。據此而論，荀子的禮義與朱子的性理，皆只是行為活動或心氣活動所當遵依的標準，而它本身並不含具活動義，不能作為道德實踐的動源。故荀子與朱子皆為他律道德（與儒家主流的自律道德有著根本上的差異）。

在「氣」這一層[11]，荀子所說的心，與朱子所說的心，同為知性層（非德性層）的認知心；荀子就心而說的虛壹而靜的工夫（虛壹而靜謂之大清明），與朱子所說的涵養工夫（養得鏡明水止、心靜理明），亦實相通而不相異。荀子所說的性，與情、欲同層同位，自與朱子所說的情相當；而化性起偽以成就善，與察識情變而使之合理中節，亦同樣是屬於他律道德的助緣工夫。所以就道德實踐而言，二家都未能從先天心體開發道德的動源，在內聖成德

---

11 按，荀子並未就「理」「氣」而論學（惟亦言及治氣養心），茲為與朱子對較，故亦將荀子之禮義心性分繫於理氣二行，以便說明。

的本質工夫上亦皆有所欠缺。在此，可以看出荀朱二家都是漸教的性格。

此外，在主智的、經驗的性格上，二人亦相近似。荀子重師法，隆積習，朱子亦致力於讀書講論，重視下學工夫。在學術批評方面，荀子非十二子，又作正名，作正論；朱子更對自古以來下及南宋當代的學術，廣泛而持續地展開講論與評議。而二人之學，亦同顯厚實而博大。凡此種種，皆人所共知，可勿詳論。

第三節　荀學的時代意義

儒家之學，自孔子以來，便以「仁智雙彰」為模型。但內聖之學的本質是成德，所以究竟而言，實為「攝智歸仁，仁以養智」。這裡的智，乃是德性之知所顯發的德慧明智（不同於知性的知識之知）。在德性主體的籠罩之下，知性主體未能獲得獨立的發展，因此，儒家亦並沒有開出知識性的學問傳統。

在今天，人人都已認識到知識性的學問之重要，而所謂學習西方文化，亦主要是學習西方知識性的學問：邏輯、數學、科學。但學習西方的目的，是要使中國文化獲得進一步的充實和發展，而不應該只是文化的移植；即使說是移植，亦必須落土生根，自力滋長。然則，中國文化的土壤，能不能產生科學知識？能不能開出知識性的學問傳統？李約瑟主編的《中國科學文明史》，雖然足以證明中國民族有很高的科學心智，但我們還是願意承認：中國並沒有開出知識性的「學統」。以往所謂學統，是合道統而說的，那是內聖之學，成德之學，而不是知識之學。知識之學不能直接從德性主體開，而必須從「知性主體」開出來。

然則，在中國傳統的學術思想中，那一家的思想透顯了「知性主體」？也許有人說是名家或墨家，其實，名家表現的邏輯心靈是不平正不健康的，琦辭詭辯的方式亦不足以透顯知性主體。墨辯之中雖然討論到科學知識的問題[12]，但墨家所表現的乃屬實測之知，其質樸實用的態度，亦不能透露清明的理智以開出名數之學。因此，從中國文化心靈中透顯知性主體，仍當求之於儒家，而荀子即其選也。

荀子的思路，與儒家正宗的重仁系統似乎格格不入，反而與西方重智系統相接近。荀子之學，雖然不是面對邏輯而以邏輯名數為主題，但荀子實具邏輯名數之心靈。荀子用心的重點雖然不是落在知識性的問題上，但其基本精神與學術性格，則是主智的、經驗的。居今日而談中國文化之新開展，其首要之事即在調整民族文化心靈的表現形態，以透顯知性主體，成立理解型態；而荀子正可提供這一個思想的線索。他的心論、名論、與天論，亦都是順這個線索而展現。因此，要在中國文化或儒家重仁的系統中，使知性主體充分透顯出來獨立起用，以自本自根地開出知識之學，荀子的思路是必須鄭重正視而加以疏導的。而荀學的時代意義，亦主要是落在這裡說。（至於由德性主體的良知、自覺地坎陷一步、轉而為認知心，

12 請參看拙著《墨家哲學》（臺北、東大圖書公司、三民書局），下卷第三章。

則是另一個講法。拙著《王陽明哲學》三民版第四章、拙文〈心的性質及其實現〉——鵝湖月刊九十四期，皆有所論述，請參閱。）

另外，荀子雅言知統類，一制度，明分使群，辨治群倫，對於作為「構成社會人群之法式」的禮憲，尤特為鄭重，故能彰顯「禮義之統」。荀子所表現的客觀精神，不但對儒家有其重大的貢獻（請參看上第一章第三節），對當前國家之政治社會而言，亦有其重大的意義。在此，只就荀子對「人」之觀點作一省察之說明。

王制篇云：

「水火有氣而無生，草木有生而無知，禽獸有知而無義；人有氣有生有知，亦且有義，故最為天下貴也。力不若牛，走不若馬，而牛馬為用，何也？曰：人能群，彼不能群也。人何以能群？曰：分。分何以能行？曰：義。故義以分則和，和則一，一則多力，多力則彊，彊則勝物；故宮室可得而居也。故序四時，裁萬物，兼利天下，得之分義也。」

水火——有氣而無生
草木——有生而無知
禽獸——有知而無義

人（有氣、有生、有知）亦且有義——故最為天下貴（能群、明分、有辨）

以禮義定分
- 分則和
- 和則一
- 一則多力
- 多力則彊
- 彊則勝物

以分義
- 序四時
- 裁萬物
- 利天下

群居和一之道

荀子認為，人之所以能「序四時，裁萬物，兼利天下」，乃是「得之分義」。在非相篇荀子亦說「人之所以為人」，是在於「人有辨」，而「辨莫大於分，分莫大於禮」。由此可知，荀子看人，並不從「仁者人也」一路把人作為一個道德存在看，而是把人置於「分位等級」中作為一個客觀的存在來看。而人間社會的「群居和一」之道，亦是由於「先王制禮義以分之」（使人各得其位，各當其分），故能使「貴賤」「長幼」「智愚」「能不能」者，皆「任其事而各得其宜」[13]。荀子這一個線索，實可與今天的「公民」觀念相關聯。

中國自古以來，無論從人品人倫或從政治方面，都是總歸為一個觀念：「把人當人看」。這句話單純而莊嚴。從倫常教化方面說，人人都是「子弟」，從政治方面說，人人都是「子民」。就原則上說，為政者「修德愛民」，「保民如赤子」，當然很好。但人的地位，事實上是套在廣義的「親親」原則之下而成為春風吹拂、仁恩沐浴中的「赤子」，而並

13 見榮辱篇，上第六章之末亦有引錄，可參看。

沒有突顯出作為一個獨立的人之客觀的地位（德性人格上的自立自成是另一義）。所以，中國的人品，是以德性為綱（這並不錯，亦沒有什麼不好），對於政治人物，亦論德過於論才。人在這裡所完成的，是「道德的存在」。而作為「政治的存在」這一面，則似乎沒有進入中國人的意識之中，作為「權利義務之主體」的人的身分，一直沒有建立起來。所以有人民，有子民，有天民，唯獨沒有「公民」這個觀念。

荀子雖然亦同樣沒有順權利義務而建立「公民」的觀念，但他所說的「人」，既然自始便是「分位等級」中的客觀存在，則由之而建立作為一個「權利義務之主體」的人，乃屬極為順適的一步。無論對中國文化或儒家思想而言，人作為「政治的存在」這一層身分之確立，都是非常重要的事。必須如此，才能使客觀的「義道」獲得真正的尊立。而尅實而言，此中的關鍵，乃是二步立法的問題，一是限制君王權力的立法，一是確定人民（公民）之權利義務的立法。這二步立法，乃是近代民主政治最大的貢獻，而亦正好是中國傳統政治所欠缺的（未能進到客觀法制化的解決）。今天的憲法雖已在原則上做成這二步立法，但順憲法原則而當完成的客觀實踐，則是全面性的，必須全民族持續努力以求貫徹。

依於上述的意思來看荀子，則凡荀子論說「禮、義、辨、分、群」的意義，皆可以更為突顯，更為明確。從儒家思想看中國民主政體的建國大業，乃是理所當然的。就孟子所代表的民貴民本而言，是原則性方向性的肯定；就荀子方面說，則是客觀的義道之極成。我們認為，要從中國傳統思想中疏導民主法治的精神淵源，必當從儒家著眼。而古代法家的意識方向，則反而與民主法治的精神相悖相逆而不相契應。

本節所說，只是就「知性主體」之透顯以開出知識之學，與突顯人作為權利義務之主體以建立其客觀的公民地位，以指述荀學的時代意義。相關於這二點意思的論述，在本卷第一章第三節、第六章第四節、以及第八章第三節，皆有所涉及，並請參看。

國家圖書館出版品預行編目資料

孔孟荀哲學

蔡仁厚著. – 修訂一版. – 臺北市：臺灣學生，2025.06
面；公分

ISBN 978-957-15-1973-9 (精裝)
ISBN 978-957-15-1972-2 (平裝)

1. 儒家 2. 儒學 3. 研究考訂

121.2 114006376

孔孟荀哲學

著作者 蔡仁厚
出版者 臺灣學生書局有限公司
發行人 楊雲龍
發行所 臺灣學生書局有限公司
地址 臺北市和平東路一段75巷11號
劃撥帳號 00024668
電話 (02)23928185
傳真 (02)23928105
E-mail student.book@msa.hinet.net
網址 www.studentbook.com.tw
登記證字號 行政院新聞局局版北市業字第玖捌壹號
定價 精裝新臺幣九〇〇元
平裝新臺幣六〇〇元

二〇二五年六月修訂一版

12111